BIBLIOTECA DE DERECHO CIVIL

FILIPPO VIGLIONE
(Director)

Carlos Antonio Agurto Gonzáles
Sonia Lidia Quequejana Mamani
Benigno Choque Cuenca
(Coordinadores Generales)

GILBERTO GUERRERO-QUINTERO
Titular catedrático de Derecho Civil
Universidad Católica Andrés Bello
(Venezuela)

TERMINACIÓN Y EXTINCIÓN DEL CONTRATO CIVIL

Ediciones Olejnik

TERMINACIÓN Y EXTINCIÓN DEL CONTRATO CIVIL

© Ediciones Olejnik
Huérfanos 611, Santiago-Chile
E-mail: contacto@edicionesolejnik.com
Web site: http://www.edicionesolejnik.com

Primera edición en Ediciones Olejnik: 2021

ISBN: 978-956-407-080-3

Diseño de Carátula: Ena Zuñiga
Diagramación: Janett Ruiz Rebaza

Impreso en Argentina 2021 Printed in Argentina

Dios no manda cosas imposibles sino que, al mandar lo que manda, te invita a hacer lo que puedas y pedir lo que no puedas y te ayuda para que puedas (San Agustín).

En cuanto alguien comprende que obedecer leyes injustas es contrario a su dignidad de hombre, ninguna tiranía puede dominarle (Mahatma Gandhi).

DEDICATORIA

En recuerdo de ANDRÉS BELLO, *"El más chileno de los extranjeros"*, nació en Caracas (29 de noviembre de 1781) y murió en Chile (15 de octubre de 1865). Ahora a los 240 años de su nacimiento y muerte. El humanista e intelectual más destacado y de mayor relieve en la cultura hispanoamericana del siglo XIX, según así ha sido reconocido. Jurista, escritor, filósofo, político, pedagogo, políglota, poeta, traductor y humanista venezolano-chileno.

Maestro de Simón Bolívar. Participó en el proceso que llevó a la independencia de Venezuela. Como ha ocurrido siempre, sin el aprecio de Venezuela por los hombres grandes, Chile, el gran país, lo hizo su hijo. Como jurista, fue el principal impulsor y redactor del Código Civil de Chile, una de las obras jurídicas americanas más novedosas e influyentes de su momento. "Largos años costó a don Andrés Bello la preparación de los materiales que le habían de servir para levantar este monumento de nuestra legislación. Estudió prolija y detenidamente el Derecho Romano y los códigos y leyes de las naciones más adelantadas. Leyó y releyó los comentarios que sobre ellos se hablan escrito. Examinó las obras de los jurisconsultos más notables" (AMUNÁTEGUI REYES, Miguel Luis. Don Andrés Bello y el Código Civil, Imprenta Cervantes, Santiago de Chile, 1885, p. 4).

En 1842 fue creada la Universidad de Chile (hoy, Universidad Nacional Andrés Bello) bajo su inspiración, siendo su primer rector por más veinte años. En su discurso pronunciado en la instalación de la Universidad, el día 17 de septiembre de 1843, dijo: "La libertad, como contrapuesta, por una parte, a la docilidad servil que lo recibe todo sin examen, y por otra a la desarreglada licencia que se rebela contra la autoridad de la razón y contra los más nobles y puros instintos del corazón humano, será sin duda el tema de la Universidad en todas sus diferentes secciones".

Y como se ha afirmado, "En Chile pudo Don Andrés Bello hacer más que en cualquier parte, porque había una generación brillante y consistente que supo entender lo que tenía entre sus manos, que estuvo al tanto de conocer a fondo la realidad de su país y que valoró lo que significaba Bello" (GORROCHOTEGUI M., Alfredo. "Andrés Bello: una vida de servicio y heroísmo silencioso. Semblanza para educadores", http://ve.scielo.org).

ÍNDICE

CAPÍTULO III
¿TERMINACIÓN DEL CONTRATO Y EXTINCIÓN DE LA OBLIGACIÓN?

CAPÍTULO IV
INTANGIBILIDAD DEL CONTRATO Y TERMINACIÓN CONTRACTUAL

CAPÍTULO V
MEDIOS TÍPICOS PARA LA TERMINACIÓN DEL CONTRATO

CAPÍTULO VI
CONDICIÓN RESOLUTORIA IMPLÍCITA Y TERMINACIÓN DEL CONTRATO

CAPÍTULO VII
MEDIOS ATÍPICOS DE TERMINACIÓN DEL CONTRATO

CAPÍTULO VIII
TERMINACIÓN *IPSO IURE* DEL CONTRATO

CAPÍTULO IX
EL INCUMPLIMIENTO

CAPÍTULO X
EFECTOS GENERALES DE LA TERMINACIÓN Y EXTINCIÓN DEL CONTRATO

ABREVIATURAS

CCaus	Código Civil de Austria
CCes	Código Civil de España
CCal	Código Civil de Alemania
CCbr	Código Civil del Brasil
CDC	Código de Derecho Canónico
CCi	Código Civil de Italia
CCb	Código Civil de Bolivia
CCch	Código Civil de Chile
CCco	Código Civil de Colombia
CCcr	Código Civil de Costa Rica
CCf	Código Civil de Francia
CCh	Código Civil de Honduras
CCCN	Código Civil y Comercial de la Nación (Argentina)
CCg	Código Civil de Guatemala
CCFmex	Código Civil Federal de México
CCpan	Código Civil de Panamá
CCpar	Código Civil de Paraguay
CCp	Código Civil de Perú
CCpr	Código Civil de Portugal
CCur	Código Civil de Uruguay
CCrd	Código Civil de la República Dominicana
CCn	Código Civil de Nicaragua
CCsen	Código Civil de Senegal

CCv	Código Civil de Venezuela
LAU	Ley General de Arrendamientos Urbanos de España
LGAUS	Ley General de Arrendamientos Urbanos y Suburbanos de Costa Rica
LH	Ley Hipotecaria de España

PRÓLOGO

¿Por qué este libro se intitula «Terminación y Extinción del Contrato»? El tema *de visu* no aparece atractivo, estando como estamos tradicionalmente acostumbrados a oír y decir, sin establecer diferencia alguna, que los contratos se terminan y las obligaciones se extinguen; motivo por el cual esta temática la presentamos racionalmente descriptiva, relativamente inconforme y controversial en apariencia.

Ensayar diferencias sustanciales entre "terminación" y "extinción" conceptualmente referidas al contrato o a la obligación, no es ni pretende ser nuestro cometido; más aún cuando estas locuciones son conceptos jurídicos indeterminados que, siendo abiertos a través de la interpretación se les llena de contenido para su aplicación en la praxis. Pero sí es pretensa nuestra apuntación cuando se orienta a señalar en qué sentido el contrato se termina o se extingue, denotando en ocasiones que el significado *in terminis* no es igual ni puede justamente asimilarse, ni que esos conceptos trasciendan bajo el rigor de las mismas consecuencias.

Cuando se predica sobre el incumplimiento del contrato, o de la obligación, en la doctrina, legislación y jurisprudencia son utilizados, por lo general, indistintamente los vocablos "terminación" y "extinción", tal y como se puede apreciar en el transcurso de nuestro trabajo; pues en ocasiones se da en los textos o la legislación el mismo significado a estos dos conceptos, al referirse a la terminación del contrato o la extinción de la obligación.

Existen contratos que sin incumplirse, una causa diferente al incumplimiento conduce a que el contrato se termine o extinga, o extinga sin pasar por su terminación. Por esto, ¿cuándo el contrato se termina y extingue? O, ¿cuándo el contrato llega a su directa extinción? A veces se habla en la doctrina, jurisprudencia y legislación solamente de la terminación o la extinción del contrato, o de uno y otro vocablo con el mismo significado. ¿Es esto correcto?

También existen medios admitidos *ex lege* que se utilizan para poner término al contrato por causa de incumplimiento u otro motivo (medios típicos), mientras otros medios no se aplican con esta finalidad (medios atípicos), sino que ante determinados hechos o circunstancias, diferentes al incumplimiento, el contrato queda directamente terminado o extinguido, de acuerdo con las circunstancias. A estos diversos medios de terminación del contrato procuramos dar un tratamiento especial.

En ocasiones no es raro encontrar la afirmación de que solo[1] los contratos terminan y las obligaciones se extinguen, sin que parezca lógico que los contratos también puedan extinguirse. Y no solo esto, sino que también en algunas legislaciones, como veremos, las obligaciones se resuelven, lo cual puede no acostumbrar a los profesionales del Derecho a dejar de pensar que lo tradicional consiste en que los contratos se resuelven y las obligaciones se extinguen.

En la doctrina algunos participan del criterio según el cual solo puede terminar un contrato continente de un término de duración, cuando este se agota o concluye, v. gr., el contrato de arrendamiento; mientras los otros tipos de contratos se extinguen conforme a las causas establecidas *ex lege*. Sin embargo, esta apreciación es discutible pues el contrato de duración no solo puede terminar sino también extinguirse. ¿De qué manera esto último se cumple? Y, asimismo, otros contratos también pueden ser objeto de terminación y extinción.

El incumplimiento voluntario o culposo de la obligación o del contrato, como continente este que la contiene, no es el único motivo del cual puede devenir la terminación y extinción de la relación contractual; sino que otra tipología causal también puede originar directamente la extinción, ante un incumplimiento involuntario, v. gr., la causa extraña no imputable; o producirse la terminación del contrato por el desistimiento en el contrato de obra.

No menos importante la problemática relativa a la terminación *ipso iure* o de pleno derecho del contrato sinalagmático, como consecuencia de la cláusula resolutoria expresa estipulada por lo contratantes en ejercicio de la autonomía de la voluntad. Desde esta perspectiva, ¿este tipo de cláusula impide que el juez o tribunal pronuncie la resolución del contrato, pues quien declara la terminación es el contratante cumpliente en ejercicio del derecho que le otorga la cláusula? La respuesta a esta interrogante la apuntamos en consideración a su inacabada polémica en el campo doctrinal y jurisprudencial.

Se consagra en algunos códigos civiles que en los contratos bilaterales va siempre implícita la condición resolutoria por falta de cumplimiento. Ahora bien, ¿lo que está implícito en el contrato bilateral es la condición resolutoria o es el derecho de la parte cumpliente, o que ofrece eficazmente cumplir, para solicitar la resolución del contrato ante el incumplimiento de la otra?

Por último, no pretendemos cometer la imprudencia y temeridad de asumir una responsabilidad tan exigente, como la de colmar de contenido a aquellas lo-

1 La nueva Ortografía de la Real Academia Española, aprobada en consenso panhispánico que reúne a las Academias de la Lengua Española de todo el mundo, con algunas "innovaciones puntuales"; ante la sugerencia observada para la eliminación de las tildes en "solo", los demostrativos (este, esta...), como de otras palabras monosílabas; hacemos uso de la insinuación para suprimir, en lo posible, la tilde o el acento gráfico en las mismas.

cuciones (terminación y extinción), para coligarlas o diferenciarlas en su sustancia y aplicación práctica contractual, y tampoco la vana pretensión de querer indicar cuándo, cómo y por qué esos términos se aplican al contrato o a la obligación. Sin embargo, este trabajo carece de justificación si no apuntamos algunas ideas, en relación con esos vocablos en el tiempo y espacio tanto contractuales como de la obligación, y cada uno a su turno. ¿Que nos equivocamos? Lo más seguro. ¿No decimos nada para eludir la equivocación? De ninguna manera.

GGQ

CAPÍTULO I

Terminación y extinción del contrato

1.1. EL SIGNIFICADO DE LAS PALABRAS

En la ciencia como en la legislación, el lenguaje empleado no es preciso ni constante, de tal suerte que ocurre muchas veces que dos diversas especies de ineficacia se llaman con el mismo nombre, y otras muchas, una especie particular se designa con un nombre que, por ser general, abraza también otras especies. Tal confusión de palabras genera confusión de las ideas, porque así los principios propios de una especie se extienden a otra especie diversa, de donde dimanan efectos prácticos dañosos. Por eso creemos que es útil fijar, ante todo, la terminología, por más que esta deba tener un valor meramente convencional; y, al hacerlo tendremos en cuenta la doctrina más reciente y autorizada, antes que la práctica forense y que la ley misma, que adolece de poca exactitud de lenguaje[2]. Indudablemente que los términos, vocablos, conceptos, explicaciones, interpretaciones, como conjunto de símbolos, signos, son temas que ocupan la mente del ser humano, y con mayor exigencia la del jurista quien se preocupa por fijar el significado o sentido de los términos o vocablos que utiliza, tal vez por los efectos o consecuencias que su uso generan, sobre todo en el ámbito jurisdiccional.

El sistema está integrado por palabras que, indudablemente, forman una estructura de contenidos que se interpretan y también originan conceptos y significados que se contrastan y llegan a contradecirse, que dan lugar a diferencias y sentidos disímiles, o en ocasiones se confunden los conceptos, o se emplean indistintamente los mismos. Desde esta perspectiva, el presente trabajo es un claro ejemplo de la anunciada confusión *in terminis,* o interconceptual si se prefiere. Ante esta significación el Código Civil español es suficientemente preciso y claro al disponer que, las palabras que puedan tener distintas acepciones serán entendidas en aquella que sea más conforme a la naturaleza y objeto del contrato (art. 1286).

---

2 COVIELLO, Nicolás: Doctrina general del Derecho Civil, pp. 365-366, traducción al castellano de la cuarta ed. italiana, Unión Tipográfica Editorial Hispanoamericana (UTEHA). México, 1949.

Se critica que en ocasiones el lenguaje del jurista es oscuro, misterioso e ininteligible para el "común de la gente" y, por supuesto, como hechura humana no queda exento de errores. También se descuida en forma inconsciente el lenguaje común, que se deteriora cada día más por diversas circunstancias, sobre todo a través de las redes sociales en donde se escriben las palabras con graves errores gramaticales, sin que el autor del texto revise las palabras antes de remitir el mensaje. Esto indudablemente va creando una cultura gramatical errónea y desfigurada.

Sin duda alguna, el núcleo de la especificidad del lenguaje jurídico se encuentra más en un acervo de palabras que en unos rasgos morfosintácticos específicos o en determinado estilo. Así es, pues mientras los rasgos gramaticales y estilísticos presentan variaciones importantes a lo ancho de los diferentes lenguajes del derecho (de la jurisprudencia, del foro, del lenguaje administrativo, de la literatura científico-jurídica), el núcleo de términos jurídicos, su valor semántico y su juego de relaciones, permanece invariable en todos ellos. Este léxico cumple la función de condensar, en un conjunto de palabras, los conceptos básicos en los que se sustenta la experiencia y el saber metódico acerca del Derecho. Su razón de ser es evidente: la univocidad semántica, la economía léxica y, en definitiva, la precisión conceptual. Al contrario de otros lenguajes técnicos, la proporción de palabras usadas de forma exclusiva por el Derecho es muy escaso (litispendencia, litisconsorcio, interdicto); la cuota mayor corresponde a términos del léxico común, e incluso de otros léxicos técnicos, que el Derecho modula semánticamente con acepciones propias. Esto, según se mire, es un inconveniente o una ventaja. El inconveniente se halla en la equivocidad, para el profano, del sentido de unas palabras que tenderá a traducir al significado corriente que conoce. Pero, desde una perspectiva más amplia, hemos de reconocer que, a la postre, es mejor que sean así las cosas, pues, en definitiva, el profano siempre parte de una idea aproximada sobre el significado jurídico de las palabras de la ley, dado que entre las acepciones jurídicas y no jurídicas existe relación semántica de analogía; si todo el léxico jurídico se basara en vocablos exclusivos, la posibilidad de que los no iniciados lleguen a entender, siquiera, algo de lo que dice la ley sería nula[3]. Resulta obvia la imposibilidad de que todo el léxico jurídico se fundamente o estructure en vocablos exclusivos, únicos, pues la diversidad de contenidos culturales, usos, costumbres, tradiciones, realidades concretas y, en definitiva, el acervo cultural de las personas, de los pueblos, impide la posibilidad de imposición de vocablos exclusivos en todo el léxico jurídico; más aún cuando la sociedad continuamente genera nuevos vocablos.

Las controversias terminológicas no solo son frecuentes, sino constantes y hasta necesarias; manteniéndose por lo mismo la pluralidad de criterios, casi siempre disímiles sobre la comprensión de los términos y conceptos, lo que contribuye al enriquecimiento de los contenidos temáticos y del nuevo Derecho; y de tal manera

3 PRIETO DE PEDRO, Jesús: Lenguas, lenguaje y Derecho, Editorial Civitas, Madrid, 1991, pp. 168-169.

van apareciendo - a través del razonamiento y la crítica - más argumentos para sustentar los necesarios cambios en la sociedad en medio de la vital contradicción. En este punto el presente trabajo, "terminación y extinción del contrato", solo pretende señalar la equivocidad de estos dos conceptos jurídicos indeterminados, y constatar la dificultad para encontrar la univocidad *in terminis; pues* no solo se utilizan indistintamente sino que a veces, en el ámbito de las relaciones contractuales, de forma impropia se les da el significado que se piensa no tienen. Pero de ninguna manera pretendemos, en este sencillo trabajo, cometer la imprudencia y temeridad de asumir una responsabilidad tan exigente, como la de llenar de contenido a esos vocablos, para coligarlos o diferenciarlos, y tampoco la vana pretensión de querer indicar cuándo, cómo y por qué esos términos se aplican en la vida contractual. No obstante, este trabajo carecería de justificación si no sugerimos o realizamos algunas anotaciones, en relación a los indicados vocablos: "terminación " y "extinción", en el tiempo y espacio contractuales. ¿Qué nos equivocamos? Lo más seguro. ¿No decimos nada? Imposible.

Obviamente que no se trata de formalismos inútiles o no esenciales, pues esos términos o vocablos (terminación y extinción) se encuentran no solo en los textos legales, sino que forman parte del léxico recurrente; sin importar la calificación jurídica que se realice, pues no es vinculante para el juzgador quien, en definitiva, conoce el derecho *(iura novit curia);* por lo cual no está sometido al derecho invocado por las partes, aun cuando las mismas no lo aduzcan o afirmen improcedente o con errores en materia jurídica, el juez puede dictar su decisión fundándose en las normas que considere apropiadas, sin que, así, con su proceder, infrinja el principio según el cual el juzgador está obligado a atenerse a lo alegado y probado en autos, sin poder sacar elementos de convicción fuera de estos.

A la hora de interpretar las normas, que contienen los requisitos procesales, se plantea el interrogante de si realmente es posible interpretar una norma que impone un requisito de forma. Si recordamos el aforismo "*in claris non fit interpretatio*"[4], vemos que el presupuesto de la interpretación es que haya ambigüedad, que haya

---

4 *In claris non fit interpretatio* (en las cosas claras, no se hace interpretación). PAULO, D. 32.25.1: *cum in verbis nulla ambiguitas est, non debet admitti voluntatis quaestio* (cuando no hay ambigüedad en las palabras, no debe admitirse la cuestión de interpretar la voluntad). Al brocardo latino se califica como inaceptable, pues llegar a afirmarse que un texto es claro supone ya una previa interpretación, pues de otra manera ¿cómo se hizo para llegar a tal conclusión? Se llegó por medio de la interpretación. La interpretación es una actividad absolutamente necesaria a fin de que el negocio jurídico pueda mostrar los efectos que está llamado a producir. Es necesario que, en la relación obligatoria, los participantes puedan solucionar las dudas o diferencias que puedan presentarse; más aún cuando los contratantes, la mayoría de las veces, utilizan expresiones, palabras o términos que dan lugar a su interpretación cuando presentan diversos sentidos o comprensiones, que en apariencia presentan claridad. La interpretación de contratos o actos que presenten oscuridad, ambigüedad o deficiencia,

una *"res dubia"*, o de alguna variante admisible en la interpretación de los preceptos legales, y haya distintos modos de entender la norma. Luego si una norma contiene claramente un requisito de forma, será difícil interpretarlo o, mejor, imposible, pues lo que se estaría haciendo sería cambiar la norma, sustituir un requisito por otro. En el fondo, se argumenta, la interpretación más favorable se puede traducir en que una decae en su imperatividad para un supuesto concreto por ser contraria a la Constitución, por terminar de aplicarse la lesión de un derecho fundamental prevalente. El resultado es correcto jurídicamente y quizás la única manera de conseguirlo sea la aplicación judicial caso por caso de este principio, aunque también se ha objetado que hubo de ser el legislador el que debió cuestionarse la inconstitucionalidad de la norma que establece tal requisito procesal. Estas soluciones pueden ser más correctas técnicamente, aunque es de reconocer que ello hubiera supuesto retrasar considerablemente el remedio.

De alguna manera la anterior anotación pretende, dentro de lo posible, reforzar por qué nos referimos en este trabajo a los conceptos jurídicos indeterminados "terminación" y "extinción" del contrato; más aún cuando el legislador con harta frecuencia los utiliza indistintamente y a veces tácitamente los diferencia. Desde luego que así como los conceptos "nulidad" y "resolución" del contrato no tienen el mismo significado y efectos, asimismo aquellos vocablos o conceptos tampoco los tienen. Valga como ejemplo de esta afirmación, los artículos 1076 y 1077 CCCN, al expresar lo siguiente: El contrato puede ser extinguido por rescisión bilateral. Esta extinción, excepto estipulación en contrario, solo produce efectos para el futuro y no afecta derechos de terceros (art. 1076); mientras que, el contrato puede ser extinguido total o parcialmente por la declaración de una de las partes, mediante rescisión unilateral, revocación o resolución, en los casos en que el mismo contrato, o la ley, le atribuyen esa facultad (art. 1077). El CCg, dentro de esta misma información, preceptúa que los contratos válidamente celebrados, pendientes de cumplimiento, pueden rescindirse por mutuo consentimiento o por declaración judicial en los casos que establece este Código (art. 1579). Como se puede constatar, se emplean indistintamente los conceptos rescisión, revocación, resolución; cuando en realidad los mismos tienen un significado diferente, como se puede observar en este trabajo (cfr. V y VII); y no solo esto sino también el sentido de los conceptos "terminación" y "extinción" que, aun cuando de forma incompleta y posiblemente inexacta, anotamos en el transcurso de nuestro trabajo (cfr. 1.2 y 1.3 *infra*).

1.2. RELACIÓN JURÍDICA MATERIAL, TERMINACIÓN Y EXTINCIÓN

A tenor de lo anteriormente expuesto, *"extinción de la relación jurídica"* y *"extinción de la obligación"*, que vincula a las partes, no son lo mismo como tampoco es igual *"terminación y extinción del contrato"*.

---

los jueces se atendrán al propósito y a la intención de las partes o de los otorgantes, teniendo en miras las exigencias de la ley, de la verdad y de la buena fe.

El ordenamiento jurídico, dice BARASSI, protege a través de sus normas los intereses de los distintos individuos, siendo la relación jurídica el instrumento esencial de que se vale. Esta es el vínculo que liga a la persona, cuyo interés quiere protegerse contra otro u otros individuos. Este vínculo cubre jurídicamente - como si fuera una red de seguridad - la relación existente entre ambos sujetos, creando para el interesado la seguridad de "poder" actuar su interés y en los demás el "deber" de no obstaculizar dicha protección. Y por ello la seguridad del primero de que podrá reaccionar contra la agresión o el desconocimiento de su derecho dirigiéndose al Estado. En este sentido la relación jurídica crea un derecho subjetivo en favor del interesado, que le permite exigir de otro u otros sujetos una determinada conducta[5]. Es indudable que el ordenamiento jurídico no puede dar protección al interés de una persona ante otra, si entre las mismas no existe ningún vínculo jurídico por medio del cual asuman obligaciones bilaterales o sinalagmáticas, o que una sola se obligue y de este vínculo emerjan obligaciones especialmente las señaladas en la ley o no prohibidas por esta; pues el contrato es fuente de obligaciones, no la única.

La relación jurídica denota una *relación intersubjetiva,* o sea entre dos (o más) sujetos: uno (o algunos) sujeto activo y el otro (o los otros) sujeto pasivo. Y para determinar el significado específico (jurídico) de esta relación y distinguirla de otras relaciones posibles, se puede decir que tiene como contenido una relación social, que el ordenamiento jurídico hace relevante, determinando que la relación social se eleve, precisamente, a la categoría de relación jurídica. Relevantes para el ordenamiento jurídico son las relaciones sociales, que tienen necesidad de tutela jurídica y también que son merecedoras de esta tutela, o sea, las relaciones en las cuales está en juego un interés de la vida económica, ética, política. Por el hecho de ser jurídica, la relación queda diferenciada, respecto de las relaciones humanadas, que no son jurídicas: relaciones que pueden llamarse extrajurídicas (como es, por ejemplo, la relación de compañerismo que tiene lugar entre dos personas que ejercen la misma profesión; o la que puede establecerse entre dos personas, extrañas entre sí, que realizan, en el mismo medio de transporte, un largo viaje)[6]. La relación jurídica intersubjetiva así considerada nace, pero no se mantiene a perpetuidad, para satisfacer un interés del acreedor o del deudor y viceversa, especialmente en el *contrato sinalagmático*[7]. De esta manera la relación jurídica que ha generado obligaciones,

5 BARASSI, Ludovico: Instituciones de Derecho Civil, traducción por Ramón García de Haro Goytisolo, Editorial Bosch, vol. 1, Barcelona, 1955, pp. 105-106.

6 MESSINEO, Francisco: Manual..., ob. cit., vol. 2, p. 3.

7 *¿En qué consiste el interés del acreedor*? En ocasiones - como se ha observado -, no es factible precisar a qué se ha obligado el deudor y a qué tiene derecho el acreedor, y viceversa. Al celebrarse el contrato las declaraciones de voluntad son, casi siempre, insuficientes e incompletas, ambiguas e imperfectas; pues los contratantes en ese instante están más atentas al interés económico que las mueve a contratar, que en los posibles efectos o consecuencias del contrato que celebran. Quiérase o no, así es. Cada vez que dos o más personas estiman o les conviene relacionarse mediante un vínculo

al ser satisfecha las mismas termina y se extingue[8]. Termina solamente o se extingue únicamente, u ocurren los dos hechos consecuentemente. El siguiente ejemplo permite observar esta apreciación: el contrato de arrendamiento que llegado el término de su duración determinada, la relación arrendaticia termina en cuanto a lo temporal de su duración; pero si el contrato se prorroga por un tiempo más, la relación no ha terminado y cumplida su duración sin que se produzca ninguna otra prórroga, entonces el contrato termina y se produce su consecuente extinción. En el caso de la nulidad del contrato (cfr. V. 5.2), declarada que sea la misma el contrato no termina sino que se extingue. No termina sino se extingue, pues en tal

---

obligatorio para asumir compromisos en espera de obtener mejores resultados, lo que les mueve (hacerlo) es un deseo de tipo material o económico. El negocio, las ganancias, el éxito relacional, los beneficios, las ventajas, la inversión, su aporte en espera de acrecentar su economía, el menor esfuerzo en espera de mayor ganancia; todos estos hechos o ideales de realización conducen a los contratantes a obligarse de la manera como sus respectivas capacidades les permiten. Entonces, el dilema se resguarda, a la hora de la contradicción, para preguntarse recíprocamente: ¿"A qué me he obligado" y "a qué tengo derecho"? Y aparece el interrogante: ¿"Quién incumplió"? ¿"A qué consecuencias estoy sometido"? No resulta fácil determinar o establecer cuál es el comportamiento debido del deudor que satisfaga el interés del acreedor, pues es elemental decir que "el comportamiento" es la conducta del deudor orientada y dirigida a cumplir la obligación que asumió, y que necesariamente no tiene que ser de naturaleza patrimonial; no sin razón se afirma que no se requiere que sea patrimonial el interés particular y concreto que el acreedor tenga en el cumplimiento de la prestación (y mucho menos el interés que constituye el motivo por el cual ha contratado y que puede insertarse en la causa de la obligación o en la condición, pero no en la prestación). Basta que se trate de una prestación con un valor patrimonial. Pero una vez establecida la patrimonialidad de la prestación, en cuanto se exige que la prestación se enderece hacia el acreedor y en cuanto se considera que en esto hay un interés de aquel, de suyo la patrimonialidad se está reflejando en una valoración del interés en la prestación. Y a su turno, el interés puede influir en la propia valoración patrimonial.

8 El cumplimiento o pago a satisfacción por el acreedor y la prestación recibida por parte del deudor a quien también puede satisfacer, es decir, un cumplimiento recíproco, puede dar como resultado la terminación del contrato de que se trate. Pero esto puede resultar complejo en un tipo de contrato que como el de la venta, pues si en el momento de su celebración el comprador paga el precio y el vendedor le transfiere la propiedad del bien vendido; en esta hipótesis ¿el contrato se termina? No podríamos decir que el mismo se termina sino se cumple, pues ese contrato subsiste pues del mismo devienen las contraprestaciones y que, cumplidos los requisitos legales pertinentes, permite al comprador demostrar su cualidad de dueño o propietario. Lo que ocurre es que estamos en presencia de un contrato que como en ese caso es cumplido ab initio, que no se encuentra en expectativa de cumplimiento pues el mismo se ejecutó al momento, de manera instantánea. Lo mismo no es predicable, v. gr., en el caso de la hipoteca, el pagaré, la fianza, el préstamo; que luego de su cancelación o pago quedan extinguidos.

hipótesis la extinción deviene porque el contrato nació con un vicio o defecto que lo hace inválido e ineficaz; mientras que en el ejemplo la terminación tiene su motivo o causa en una circunstancia sobrevenida. La terminación se aproxima más en su significación a lo temporal (el contrato de duración) y la extinción se explica más como medio indicativo de que el contrato ya no existe jurídicamente (queda como si no se hubiera celebrado), y de haber prestaciones que deban repetirse o reintegrarse (efecto retroactivo), la parte que las haya recibido tiene la obligación de ejecutarlas en beneficio de la otra parte.

Así también la relación jurídica se presenta como el vínculo que une a dos o más personas, para realizar determinados intereses o fines que pueden ser patrimoniales cuando los mismos presentan o tienen naturaleza económica; pero no es una vinculación de la persona a la cosa o el bien, sino estrictamente entre sujetos o personas. Es una relación que produce consecuencias jurídicas. Toda relación jurídica es una relación social, pero no toda relación social es una relación jurídica. Y ese vínculo, que es solo entre personas o sujetos, uno el activo de la relación y el otro el pasivo. El primero como el titular del derecho subjetivo, a quien corresponden por atribución derechos y facultades, y otro el titular del deber, el obligado a un determinado comportamiento (derecho de obligación); que en las relaciones jurídicas obligatorias (bilaterales) cada sujeto asume este comportamiento (debido) de modo recíproco, pues las obligaciones, en tal caso, son correspectivas distinguidas por la simultaneidad: frente a cada derecho hay un deber y de manera recíproca. Se da, entonces, el derecho recíproco de reclamarse la acción u omisión debidas. La noción en cuanto a que el vínculo que une a dos o más personas, para realizar determinados intereses o fines que pueden ser patrimoniales, cuando los mismos presentan o tienen naturaleza económica; nos relaciona con el negocio jurídico patrimonial que se orienta a constituir, reglar, transmitir, modificar o extinguir entre ellas un vínculo jurídico; pero dentro de la noción del contrato como negocio jurídico bilateral y fuente de obligaciones[9].

Asimismo, toda relación jurídica está engendrada por un *hecho jurídico.* Este está integrado por dos elementos: material el uno, formal el otro. El primero está constituido por la relación concreta; en otros términos, por la realización en el mundo corpóreo de un hecho material. El segundo, que es el *prius, lo* da el derecho objetivo que reconoce y eleva a la categoría relación jurídica la relación material específica. El derecho objetivo es, pues, él solo creador del efecto jurídico; él es el alma que comunica a la relación material el movimiento y la vida. La voluntad humana no puede por sí misma crear efectos relevantes para el orden jurídico. Ese ideal de poder le es solo accesible merced a la ayuda del derecho positivo. A ella solamente le está permitido elegir los elementos de hecho, *la materia* de la relación jurídica concreta, y, en esta elección, la voluntad humana es en principio autóno-

9 GUERRERO-QUINTERO, Gilberto: La resolución del contrato, 4a ed., Universidad Católica Andrés Bello, Caracas, 2014, pp. 540-541.

ma. No obstante, su autonomía está limitada por el mismo derecho objetivo, que en ciertos y determinados casos niega el efecto jurídico deseado, rehusándole su protección y su defensa. Ella podrá elegir esta o aquella categoría de hechos reconocidos por el derecho positivo para formar relaciones jurídicas y nada más. Su acción fuera del campo donde el derecho objetivo actúa, o contraviniendo a normas de derecho cogente, queda desprovista de los efectos jurídicos queridos, y, si produce algunos, es para castigar a los transgresores. La materia de la relación deseada queda fría y oscura porque el sol del mundo jurídico le niega su calor y su luz. Negándole su protección, el derecho objetivo toma una actitud defensiva del orden jurídico, impidiendo que la voluntad de las partes den nacimiento a negocios jurídicos patológicos que perturbarán el organismo jurídico. El derecho objetivo es un concepto límite, y, como dice BIERMANN, no es fin a sí mismo, sino medio a fin. Cuando todos los presupuestos de hecho, de los cuales la ley hace depender un efecto jurídico, se han realizado, es decir, cuando un hecho jurídico se ha cumplido, entonces nace, o se transforma, o se extingue una relación jurídica. Los presupuestos de hecho han de verificarse todos, íntegramente, pues de lo contrario, se tendrá una *expectativa* de relación jurídica, que en ciertos casos, muy especiales, merece la ayuda del derecho[10].

Se considera que el contrato en cuanto negocio jurídico bilateral es fuente de relaciones jurídicas (obligatorias) y queda por preguntarse si el contrato, en sí mismo, puede considerarse a su vez como relación jurídica. La cuestión parece legítima, solo que se recuerde que es de uso común, en la jerga de la práctica, la expresión "*relación contractual*". Hay que ver si tal expresión es justificada, y en qué sentido lo es especialmente, teniendo presente la relación jurídica que nace del contrato, es decir, la relación obligatoria. En un caso es concebible el contrato como relación jurídica: cuando es de ejecución *continuada o periódica* e involucra reiteración de actos ejecutivos por parte de los contratantes. Entonces debe admitirse que el contrato, además de negocio, es una relación que dura, y dura para disciplinar la obligación en sus múltiples fases de cumplimiento. 0 como se sostiene[11], las relaciones jurídicas no son otra cosa que relaciones (uniones) establecidas por el Derecho. La noción más amplia y sencilla de relación jurídica es la de una relación constituida por el derecho entre dos sujetos respecto a un objeto[12]. Pero, además, se escribe que un fenómeno distinto del contrato en sí mismo considerado es lo que puede llamarse "relación contractual". El contrato es un acto o una acción de los interesados y, además, una norma o una regla de conducta a la que se someten. La "relación contractual" es algo diverso. No es el acto, ni la norma en

10 LORETO, Luis: "*El concepto de la relación jurídica en Derecho Privado*", ensayo publicado en la Revista ASTREA, de Derecho y Legislación, vol.1, n. 12, Venezuela, diciembre 1925.

11 CARNELUTTI, Francisco: Teoría general del Derecho, ob. cit., p. 183.

12 MESSINEO, Francisco: Doctrina general del contrato, ob. cit., vol. 1, p. 45.

que el acto consiste, sino la situación en que las partes se colocan después de haber celebrado el contrato, es decir, la situación que crean, modifican o extinguen. Se puede distinguir así, nítidamente, por ejemplo, el contrato de compraventa y la relación de arrendamiento[13].

La obligación puede extinguirse y todavía quedar vigente el contrato que vincula a las partes, v. gr., el pago de las mensualidades arrendaticias hace que las mismas se extingan, en cuanto concierne a cada mensualidad pagada, pero la relación arrendaticia no concluye o termina, sino dentro de los términos o exigencias de las partes en concordancia con lo que dispone la ley; por lo cual lo que se pretende buscar no son los fenómenos por los cuales queda cumplido o extinguido un derecho de crédito o la liberación del deudor de una deuda, sino los fenómenos extintivos de la relación obligatoria considerada como una unidad; lo que equivale a decir que la relación arrendaticia una vez terminada es posible queden prestaciones pendientes de ejecución (devolución de la garantía prestada, la devolución del inmueble en las condiciones en que fue recibido por el arrendatario). Tal y como observamos en este trabajo, la extinción de la relación obligatoria es el punto final del sistema de organización de intereses establecido entre las partes y el agotamiento de la relación de intercambio y de cooperación existente entre ellas; y extinguida la relación es posible que subsista la necesidad de liquidar sus resultados. Desde esta perspectiva es que hacemos distinción, una vez más, entre los conceptos "terminar" y "extinguir", pero esto de ninguna manera explica la diferencia interconceptual que les caracteriza; y de ninguna manera nos atrevemos a decir que podemos precisarlas, y menos aún que estemos en capacidad de introducir estos conceptos dentro de un círculo, del cual no podrían salir para recibir nuevas y amplias comprensiones. El círculo sería como el aro para mantenerlos prisioneros, pues quedarían definidos y esto resulta imposible.

Es posible también que, como antes hemos observado, el contrato termine y la extinción de este no se produzca de inmediato. Esto ocurre cuando la terminación produce el efecto *ex nunc* (hacia el futuro). Este denota no solamente que de allí en adelante, desde la terminación, las partes no están obligadas a continuar cumpliendo las obligaciones del contenido contractual, pues este llegó a su término, quedando extinguido, por cualquiera de los motivos establecidos en la ley, o a través de los medios que conducen a su terminación y resulten aplicables (resolución, cumplimiento, entre otros); pero la extinción no concluye de quedar obligaciones o prestaciones pendientes de liquidación y hasta que este hecho tenga lugar; liquidación posible mediante el pago o cumplimiento como medio normal o típico; pero también a través de otro medio o forma que sea anormal, v. gr., por medio de la prescripción de la obligación de pagar. Esta disensión o pendencia puede hacer que transcurra el tiempo y las mismas no se liquiden, en cuyo caso la prescripción puede ser medio conducente a su extinción (VII.7.7).

---

13 DÍEZ-PICAZO: Fundamentos..., ob. cit. p. 90.

"Terminar" y "extinguir" también pueden acarrear el mismo resultado, pues el contrato terminado pierde todo efecto como resultado del acuerdo coincidente y recíproco entre los contratantes, aun cuando se puede decir que primero termina la relación obligatoria y después se extingue; v. gr., en el contrato de compraventa a plazo si vendedor y comprador desisten del mismo; el desistimiento pone fin al contrato y se extingue, recibiendo el vendedor la cosa vendida y el comprador el precio pagado conforme ellos lo dispongan. La extinción aparece como resultado o consecuencia de la terminación, luego de liquidar las prestaciones por cumplirse según ese acuerdo o por disposición *ex lege*. En el primer caso, v. gr., el contrato termina y ante las prestaciones pendientes de cumplimiento, los contratantes disponen que el deudor las cumpla en la forma que acuerdan, o la ley impone el deber de cumplir con las prestaciones existentes en beneficio de terceros, como en el caso de la sociedad mercantil que disuelta por voluntad de los socios, los liquidadores deberán concluir las operaciones sociales pendientes al tiempo de la disolución, cuando ello fuere legalmente posible.

Desde el contexto anterior, que la extinción del contrato es una consecuencia, casi siempre, de la terminación de este, se puede observar, a manera de ejemplo, en el Capítulo XI, LGAUS que denomina "Terminación del Arrendamiento", mientras que en el artículo 113 previene: "Causas de extinción del arrendamiento. El contrato de arrendamiento se extingue por las siguientes causas..." El legislador especial arrendaticio coloca en primer lugar la expresión "Terminación del Arrendamiento" y luego las causas de "extinción" del mismo. Esta elaboración conceptual parece advertir que el contrato primero termina y luego se extingue, puesto que es una relación jurídica contractual de tracto sucesivo o cumplimiento periódico, y emplea estas dos locuciones dentro de un orden de prioridades, pues en caso contrario habría dispuesto la terminación del arrendamiento y luego como causas de terminación las que indica en la norma en comentario. Desde luego que la distinción pareciera *de visu* no presentar mayor importancia, de considerarse a sendos vocablos con el mismo significado. En realidad, no es lo mismo "terminar el contrato" que la "extinción del contrato", si observamos esta hipótesis: A y B celebran un contrato de arrendamiento y por determinadas circunstancias el contrato termina, pero existen prestaciones por liquidar conforme a la ley. Se pregunta: ¿quedó el contrato extinguido? No. No quedó extinguido, pues hay necesidad, en tal caso, de liquidar estas prestaciones para que solo así podamos hablar con propiedad sobre su extinción; más aún cuando en el artículo 72 LGAUS estatuye que, "... La extinción del contrato no altera las responsabilidades de las partes en cuanto a los demás derechos y obligaciones nacidos del arrendamiento"; texto normativo este que se refiere a la terminación del contrato y luego a la subsiguiente extinción.

La configuración de la relación obligatoria como una relación jurídica compleja y unitariamente organizada, para la realización de unos determinados fines e intereses empíricos, dentro de un cuadro o marco de reglamentación de derechos y obligaciones, conduce sin embargo a un planteamiento diferente del tema de la extinción. Una cosa es la extinción de una obligación y otra cosa distinta es la extinción de la relación jurídica que liga a las partes. El pago (cfr. V. 5.1) y la compensación (VII.7.1) determinan una satisfacción total o parcial del derecho de crédito y, al mismo tiempo, una extinción liberatoria total o parcial del deber de prestación. Del mismo modo la condonación (vid. VII.7.3) opera como una voluntaria abdicación del crédito con la consiguiente liberación de la deuda, pero en ninguno de estos casos existe, necesariamente, al menos, una terminación de la relación inter partes. Si el arrendatario paga las mercedes arrendaticias o las compensa con otros créditos que tuviera contra el arrendador o este las condona, es claro que no por ello finaliza la relación de arrendamiento. Lo que hay que buscar, por tanto, no son los fenómenos por los cuales queda satisfecho o extinguido un derecho de crédito o por los cuales se libera al deudor de una deuda, sino los fenómenos extintivos de la relación obligatoria considerada como una unidad. La extinción de la relación obligatoria constituye así el punto final del sistema de organización de intereses establecido entre las partes y el agotamiento de la relación de intercambio y de cooperación existente entre ellas. Extinguida la relación, puede todavía subsistir la necesidad de liquidar sus resultados. LARENZ ha hablado de unos "deberes de liquidación" para designar aquellos especiales deberes de conducta que surgen como consecuencia precisamente de la finalización de una relación obligatoria. La persistencia de tales deberes liquidatorios, no obsta para que la relación obligatoria, considerada como unidad jurídica, deba entenderse como desaparecida desde el momento en que pierde vigencia el sistema que se encontraba instaurado entre las partes.

Lo antes afirmado por LARENZ y con fundamento en el ejemplo que suministra, permite señalar que cuando la "terminación del contrato" tiene lugar de manera definitiva, la consecuencia inmediata consiste en que el contrato deja de producir sus efectos regulares y, por tanto, concluye la finalidad para la cual había sido celebrado; y, desde luego, la necesaria extinción del vínculo que une a las partes. Decimos "de manera definitiva" pues no siempre la terminación del contrato significa que este llega a su fin, ni conduce de inmediato a su extinción, como ocurre con el arrendamiento que termina a la llega del tiempo predeterminado de duración, y sin embargo se puede prorrogar de forma automática conforme la disposición *ex lege* aplicable (tácita reconducción, prórroga legal) y también por voluntad de las partes; en cuya hipótesis la relación arrendaticia continúa por otro tiempo más según el contrato o la ley.

1.3. LOS CONCEPTOS JURÍDICOS INDETERMINADOS "TERMINACIÓN" Y "EXTINCIÓN"

Los vocablos "terminación" y "extinción" son sustantivos que derivan respectivamente de los verbos infinitivos "terminar" y "extinguir". Según RAE "terminación" es la acción y efecto de terminar o terminarse, la parte final de una obra o de otra cosa; mientras que "extinción" es la acción y efecto de extinguir o extinguirse

(DRAE). De tal modo ambos conceptos se presentan o entienden como sustantivos que derivan respectivamente de los verbos en infinitivo "terminar" y "extinguir".

Algunos diccionarios señalan que extinción es un sustantivo femenino. La acción y resultado de extinguir o extinguirse, que la palabra está compuesta del verbo activo transitivo "extinguir" y del sufijo "ción" que indica efecto, hecho o acción que también viene del latín "*exstinctio*". La palabra extinción deriva de *exstintio, exstintionis*, término formado, en primer lugar, por el prefijo *ex* que significa hacia afuera, separación del interior. Está asociado con la raíz indoeuropea *eghs* que indica fuera de. Luego, se añade la raíz del verbo *stinguo, sitinguis, stinguere* que significa pinchar, extinguir, apagar. Y finalmente el sufijo -tio (n) que señala acción y efecto. Se puede señalar entonces, que el concepto etimológico de esta palabra es la acción y el efecto apagarse, y que apagar denota extinguir o disipar.

El diccionario SPES indica que la palabra "*exstinctio*" denota *aniquilamiento*. "Aniquilar" significa, según los diccionarios "reducir a la nada". O según RAE: Reducir a la nada, destruir o arruinar enteramente. Lo mismo no puede ciertamente decirse de la palabra "terminación". Volvamos a SPES: "terminar" es poner fin. Pero también "poner término a una cosa, acabarla" (Enciclopedia ESPASA). De admitirse estos significados, es posible hacer estas deducciones: a) el contrato que se extingue queda reducido a la nada, pero no como si no se hubiera celebrado sino en cuanto deja de producir sus efectos hacia el futuro, y para que esto suceda los contratantes deben haber liquidado sus correspectivas prestaciones como consecuencia de la extinción; pues no es permitido extinguirlo sin que las prestaciones que deban repetirse o reintegrarse se liquiden; pues conforme al artículo 1157 del CCes, no se entenderá pagada una deuda sino cuando completamente se hubiese entregado la cosa o hecho la prestación en que la obligación consistía; y, asimismo, b) cuando el contrato se termina es porque el mismo ha llegado a su fin, su término ha concluido; pero también que una causa ha dado lugar a que el contrato concluya. En esta hipótesis se puede hablar de la conclusión de lo temporal, es decir, del tiempo fijado como de duración del contrato; aun cuando también por un motivo sobreviniente que permita darle termino. Desde esta perspectiva, existen contratos que directamente se extinguen, mientras otros primeramente terminan y luego se extinguen, tal y como de nuevo podemos observar.

En observancia a lo antes apuntado, la "terminación del contrato" y la consiguiente "extinción" del vínculo de derecho que une a los contratantes es una relación de consecuencia: si el contrato no termina no se extingue, aun cuando la directa extinción de modo terminante implica su terminación y viceversa. La sola terminación del contrato no extingue al mismo cuando existen prestaciones por liquidar o cumplir, pues la extinción denota la desaparición de todo rastro obligatorio. Nos referimos a un orden prelativo normal, sin mayores accidentes funcionales en la realización práctica, a lo que puede considerarse normal en el proceso de desaparición del vínculo obligatorio, por causas especialmente determinadas *ex lege*. La extinción en cuanto a los efectos, de existir prestaciones por liquidarse. De no haber prestaciones o patrimonio por liquidar, la terminación y la extinción aparecen en forma coetánea, aun cuando en muchas ocasiones de forma imperceptible.

No es lo mismo la extinción de la relación jurídica que la extinción de la obligación que obliga a las partes. La relación jurídica puede establecerse entre sujetos pura y simplemente, o bien entre sujetos pero con relación a un bien, y a esto corresponde una distinción fundamental de las relaciones jurídicas, las cuales, por tanto, se llaman - respectivamente - personales y reales. A veces, según algunos, se emplea la expresión "relación jurídica" para indicar un conjunto de efectos, en antítesis de los singulares derechos subjetivos (o deberes) que a ella se vinculan. Según otros, en cambio, la expresión "relación jurídica" debería reservarse para designar una cosa más restringida, a saber, una relación de la cual deriva el deber de observar un determinado comportamiento. En conexión con el concepto de relación jurídica, debe indicarse que se llaman "partes" a los sujetos que concurren a constituir la relación jurídica y, de ordinario, son los mismos que sienten los efectos. El concepto encuentra típica (pero no exclusiva) aplicación en el campo del derecho contractual[14]. Las relaciones jurídicas, dice CARNELUTTI, no son otra cosa que relaciones (uniones) establecidas por el Derecho. La noción más amplia y sencilla de relación jurídica es la de una relación constituida por el derecho entre dos sujetos respecto a un objeto[15].

Los diversos significados anteriormente anotados no aportan la posibilidad para establecer una distinción sustancial entre uno y otro vocablos, de manera que exista aproximación comprensiva del significado y las consecuencias que de los mismos puedan derivarse, cuando de la terminación y extinción del contrato se habla; más aún de tomarse en cuenta que en algunas legislaciones se confunden o usan indistintamente estos conceptos, o se emplea el vocablo (extinción) para referirse en exclusividad a la extinción de las obligaciones. Desde luego que es imposible ponerse de acuerdo sobre el significado de los vocablos, más aún cuando la doctrina habla de "extinción" para referirse a los casos de "muerte anticipada del contrato"

Es posible pensar que carece de importancia jurídica hacer distinción entre los conceptos jurídicos indeterminados "terminación" y "extinción" del contrato, de considerarse que tanto "terminar" como "extinguir" denotan lo mismo, o tienen igual significado; y que carece de importancia hacer alguna distinción inter vocablos cuando lo importante es entender que si el contrato llega a su consumación, por un motivo no prohibido en la ley, el mismo se ha terminado o extinguido; e incluso podría decirse que si el contrato se extingue es de suponer, obviamente, que ha

---

14 MESSINEO, Francisco: Manual de Derecho Civil y Comercial, traducción de Santiago Sentís Melendo, Ediciones Jurídicas Europa-América, Buenos Aires, 1955, vol. II, pp. 3-7.

15 CARNELUTTI, Francisco: Teoría general del Derecho, Revista de Derecho Privado, Madrid, 1955, pp. 183-184.

terminado. ¿Viceversa también? No. A la extinción se llega cuando ya no hay más posibilidad de que el contrato mantenga su vigencia, mientras que la terminación no denota lo mismo cuando se analiza un contrato como el de duración continuada, que como se ha observado tiene la virtualidad de su continuación en cuanto al tiempo de su duración.

Vistas así las cosas, de modo tan sutil, es fácil llegar a la conclusión que hablar de uno u otro concepto (terminar y extinguir, terminación y extinción), las consecuencias o efectos podrían ser los mismos en determinados casos: terminado el contrato este no produce efectos hacia el futuro y posiblemente tampoco hacia el pasado, retroactivamente, como en los contratos de tracto sucesivo o de cumplimiento periódico. En estos contratos, la repetición de las prestaciones cumplidas no se produce en virtud de que las mismas no pueden, obviamente, sustraerse de la realidad al haber sido consumidas (*factum fieri nequit infectum*: Lo que hecho es, no se puede deshacer, o *facttum infectum fieri non potest*), como ocurre en el caso del arrendatario que ha usado o tenido la cosa arrendada, y el arrendador, en orden a la reciprocidad, no puede ser obligado a repetir el quántum de los cánones o pensiones arrendaticias recibidas, pues el locatario ha disfrutado de la cosa arrendada durante determinado tiempo y pagado el precio, salvo, por supuesto, tratándose del cobro en exceso del precio que, según la ley, haya cobrado el arrendador; o cualquier otro pago indebido. El arrendatario ha usado la cosa arrendada y el uso no es susceptible materialmente de devolución al arrendador, pues la prestación ha sido consumida o agotada temporal y espacialmente. El uso de por sí, es intangible y no se puede tocar o captar con ninguno de los sentidos. El usuario no puede devolver el fluido eléctrico consumido y, de consiguiente, la empresa de energía eléctrica no está obligada a repetir los pagos recibidos por tal concepto. Se ha producido una especie de compensación con las prestaciones que se han consumido y que, por tanto, no están sujetas a repetición. En los contratos de tracto sucesivo los cumplimientos se aplazan en el transcurso del tiempo, la relación contractual tiene estabilidad y se van cumpliendo paso a paso, periódicamente; siendo que los efectos que producen son imposibles de borrar, pues el pasado siempre es irrevocable e inalterable en el tiempo, por lo cual resulta casi imposible modificarse por un acto posterior, y en razón de que las contraprestaciones periódicas se van cumpliendo, consumiendo o agotando de modo recíproco. Estos efectos solo operan hacia el futuro (efecto *ex nunc*), excepto cuando se hayan pagados cantidades en exceso conforme a una disposición legal que expresamente ordene la repetición.

Tradicionalmente y para algunos, la expresión "terminación" es utilizada en dos sentidos: en un sentido amplio se refiere a cualquier causa de extinción, y en un sentido más restrictivo como resolución o rescisión. De esta forma la noción permite observar la evidente confusión *in terminis*[16]. En su sentido amplio *terminación* alude

---

16 La *resolución* es el derecho que tiene la parte cumpliente de su obligación, o que ofrece eficazmente cumplirla, de pedir la terminación judicial del contrato si la otra no ha

a la extinción del contrato por cualquier causa, en cuyo caso la más frecuente es la terminación natural del contrato por la finalización del plazo. En esta hipótesis la terminación es una consecuencia de la extinción, y no a la inversa; lo cual deviene también en confusión pues la extinción es consecuencia de la terminación. Asimismo, se considera terminación natural o normal cuando ha vencido el plazo, o se ha cumplido la finalidad del mismo, o las partes de mutuo acuerdo han decidido su terminación. En cambio, la terminación anormal o forzada aparece cuando surgen algunas causas que impiden la continuación del contrato.

Se ha sostenido que por terminación de los contratos se entiende la extinción de estos, en el sentido de que el contrato como tal deja de producir sus efectos jurídicos normales y cesa de cumplir los fines para los cuales había sido celebrado. Aquí los conceptos se funden en la misma noción: terminación y extinción significan lo mismo, pero no es así.

a) La terminación y extinción son disímiles

En los contratos de cumplimiento periódico o sucesivo, v. gr., el arrendamiento, cuando se produce la conclusión temporal del mismo o el vencimiento del

---

cumplido su correspectiva obligación. La acción resolutoria es una acción constitutiva (cfr. cap. V, 2.2), pues se orienta a una sentencia que constituya, modifique o extinga una relación jurídica; o que sin restringirse a la simple declaración de un derecho, y sin crear una condena a la ejecución de una prestación, tiene como finalidad crear, modificar o extinguir un estado jurídico. En efecto, la acción resolutoria se dirige a obtener una sentencia que ponga término a la relación contractual y obviamente la extinción de la misma.

La *rescisión* es un medio de terminación del contrato, con carácter subsidiario, autorizado por la ley, es decir, a falta de otro medio de terminación y por causa de lesión. La lesión consiste en el perjuicio pecuniario que una de las partes sufre y percibe como resultado de la falta de equivalencia de las prestaciones recíprocas en un contrato conmutativo; y solo procede en los casos expresamente determinados por la ley, especialmente cuando existe lesión. La rescisión por lesión aplica en aquellos contratos en los que una de las partes ha soportado un perjuicio, debido a que su prestación es desproporcionada con relación a la prestación de la otra parte. El *quid*, esencia, de la rescisión por lesión, se conforma cuando las partes no han tenido la intención de que sus prestaciones sean desproporcionadas, por lo que esta clase de rescisión debe utilizarse en los contratos conmutativos, es decir, en aquellos en los que las partes conocen de manera precisa la extensión de sus prestaciones, por lo que difícilmente podría utilizarse la rescisión por lesión en los contratos en los que su causa se funda en el *alea* (los contratos aleatorios), en los que las partes, o al menos una de las mismas, desconocen con precisión la extensión de las prestaciones; por lo cual se ha podido afirmar que al contrato aleatorio no resulta aplicable uno de los modos de terminación de los contratos, como es la rescisión por lesión (GUERRERO-QUINTERO, Gilberto: La resolución del contrato, Universidad Católica Andrés Bello, 4a ed., Caracas, 2013, pp. 79-93, 174 y 235-239.

tiempo previsto como de duración; no puede decirse que el arrendamiento ha terminado y menos que se haya extinguido. Aquí el tiempo puede influir de varias maneras: es posible que por voluntad de los contratantes al vencimiento del plazo de duración este se prorrogue por determinado tiempo más, o es la ley la que dispone la prórroga obligatoria del plazo predeterminado. En cualesquiera de estas hipótesis, el contrato no ha terminado y menos se ha extinguido. Solo cuando en una y otra hipótesis se haya cumplido este plazo de duración, el contrato termina en cuanto a su duración, pero no podemos afirmar con certeza que el contrato se ha extinguido; pues puede producirse la tácita reconducción en algunos casos o las partes deciden darle nueva continuación en el orden temporal atinente a su duración. Para que la extinción tenga lugar hay necesidad de conocer si esa terminación temporal genera efectos o consecuencias en orden a la liquidación o cumplimiento de prestaciones pendientes, v. gr., reintegro de depósito, pensiones arrendaticias adeudadas, reclamo por daños y perjuicios ocasionados al inmueble arrendado, entre otras obligaciones. Y si cualquier de estos hechos acontece, se presume que el contrato ha llegado a su conclusión extintiva.

b) La terminación y extinción pueden sobrevenir al mismo tiempo

Cuando termina el contrato porque ya no hay más posibilidad de continuación del mismo, sigamos el ejemplo propuesto del arrendamiento, por ser uno de los contratos de mayor aplicación práctica, en el cual arrendador y arrendatario ya no tienen ninguna obligación por exigirse. Aquí, en esta hipótesis, sí es posible afirmar que el contrato se ha extinguido ante la ausencia de prestaciones por liquidar o cumplir. Pero este hecho de ninguna manera significa que terminación y extinción signifiquen lo mismo, pues extinguida la relación obligatoria (con la consecuente liberación del deudor y satisfacción definitiva del crédito), se trata entonces de definir la suerte del contrato mismo y, por ende, de las demás obligaciones (y derechos de crédito) que hayan surgido de él, como afirma BETTI[17].

El presente trabajo tiene como punto central la temática relacionada con la terminación y extinción del contrato civil, de modo normal voluntario, anormal o involuntario, en consideración a que existen contratos que primeramente terminan y luego pueden extinguirse, o se extinguen como consecuencia de la terminación sobreentendida o no; mientras que otros contratos directamente se extinguen sin que previamente para nada tenga que ver hablar de su terminación. Así, determinados hechos ocasionan la terminación y extinción (involuntarias, como la muerte), o por el acuerdo de los contratantes (mutuo disenso), o aún con el acuerdo de ambos contratantes el contrato solo termina para uno de ellos (la cesión para el cedente); por voluntad unilateral de uno de los contratantes (el pago); por decisión judicial (ejecución o cumplimiento total, resolución del contrato).

17 BETTI, Emilio: Teoría general del negocio jurídico, trad. A. Martín Pérez, Granada, Editorial Comares, 2000, p. 169.

(i) En la primera hipótesis que antecede, el contrato termina de modo normal cuando las partes han previsto un momento temporal conclusivo de la relación jurídica, v. gr., cualquier contrato en el cual se fije un término de duración, llegada esta, de modo normal es pertinente admitir que su conclusión temporal ha llegado, a menos que una disposición legal disponga lo contrario, como acontece en algunas legislaciones a través de la denominada prórroga legal o de la tácita renovación del contrato de arrendamiento; aun cuando también el contrato normalmente puede terminar por el *mutuo disenso* de las partes; e incluso en el caso del cumplimiento total del contrato o la obligación, sin que el tiempo en nada influya, v. gr., el contrato de obra cuya realización de esta ha terminado por el trabajo a que el contratista se obligó. Y esto mismo acontece cuando el comodante necesita el bien dado en comodato, la posibilidad de requerirlo sin esperar el cumplimiento de algún tiempo.

(ii) En la segunda hipótesis nos referimos al contrato que termina por un motivo anormal o involuntario, en consideración a que los contratos deben cumplirse y pueden terminar o extinguirse en contra de su voluntad por una causa expresamente prevista en la ley, v. gr., por causa de incumplimiento involuntario de cualesquiera de las partes, o porque en el nacimiento del contrato este quedó inficionado por un motivo que lo hace inválido e ineficaz (v. gr., la nulidad que directamente extingue el contrato en algunos casos, v. V.5.2). De acontecer la imposibilidad de cumplimiento no imputable al deudor, en la doctrina se ha sostenido que la extinción de una obligación, en este caso, surgida de un contrato bilateral, afecta sustancialmente la estructura interna del contrato, ya que en la medida en que el concepto de causa del contrato señala el necesario carácter sinalagmático entre las prestaciones correlativas de las partes, tal extinción impide el mantenimiento de la interdependencia o mutua condicionalidad entre las obligaciones convencionales, lo que debe motivar la extinción del contrato.

(iii) Existen contratos que primeramente terminan y luego pueden extinguirse, denotando esta hipótesis que no siempre al concluir determinado contrato, este tiene la virtualidad de su continuación, no de su extinción, v. gr., el contrato de cumplimiento periódico que al concluir el plazo de su duración, se prorrogue por disposición de los contratantes o por una causa instituida *ex lege*; salvo que los contratantes lo declaren terminado, en cuyo caso deviene en la extinción del modo estipulado interpartes; mientras que otros contratos se extinguen directamente sin pasar por su previa terminación, tal como puede suceder, entre otros, con el contrato de compraventa que habiendo nacido con vicios, que lo hagan inválido, al ser declarada su nulidad queda extinguido, pues la nulidad declara por el judicante o tribunal produce efectos retroactivos; o el cumplimiento total del contrato que da lugar a su extinción por fuerza de la liberación que produce aquel.

(iv) También existen *contratos que se extinguen como consecuencia de la terminación*, es decir, que la terminación del mismo da lugar a su extinción, v. gr., la cesión de un contrato con término de duración, al ser cedido y consentida la cesión por el otro contratante, el contrato se traslada al tercero y de este modo se extingue para el acreedor o el deudor, según corresponda; o como acontece en el usufructo que al terminar se extingue, y ejemplo de esto es el artículo 619 CCv cuando contempla entre "los modos como *termina* el usufructo", señalando *numerus apertus* que se *extingue* por la muerte (en los supuestos que indica), por la reunión en la misma persona de las cualidades de de usufructuario y propietario, por el uso durante quince años, por el perecimiento total de la cosa sobre la cual fue establecido. La ley General de Arrendamientos Urbanos y Suburbanos costarricense, contempla la extinción de este contrato como consecuencia de la terminación del mismo, al expresar que salvo pacto escrito en contrario, el contrato de arrendamiento se extingue cuando el arrendatario avisa al arrendador, con tres meses de anticipación, su voluntad de terminar el arrendamiento. La extinción del contrato no altera las responsabilidades de las partes en cuanto a los demás derechos y obligaciones nacidos del arrendamiento (vid. art. 72). Esto puede interpretarse en el sentido de que la terminación del contrato conduce a la extinción del mismo, al quedar obligaciones pendientes de ejecución.

(v) En el *contrato bilateral o sinalagmático*[18], ante el incumplimiento definitivo de la prestación asumida por el deudor, o por cualquiera otra causa establecida

18 Los contratos bilaterales se denominan también sinalagmáticos, vocablo que deriva del griego *synallagmatikós. Syn* con*; y allasein,* cambiar. Cambiados unos con otros (BARCIA: Diccionario Etimológico, vol. IV). El contrato es bilateral y sinalagmático (palabra esta última no explicada, sino oscurecida, dice ENNECCERUS) cuando la relación contractual constituye a ambas partes en deudoras o acreedoras recíprocamente, es decir, cuando produce una obligación bilateral, cuya esencia consiste en el mero concurso de doble cualidad de acreedor y deudor en cada uno de los términos de la relación. Sin embargo, se observa que la expresión "sinalagma" nada tiene que ver con la bilateralidad, que se trata de una expresión griega que quiere decir "*contractus*" o "*conventio*", pero por un error de interpretación de los compiladores y comentaristas de la época posclásica, vinculándola al "*ultro citroque obligatio*" *(citro,* unido a*ultro*en la expresión *ultro et citro, ultro citroque* significa de una parte hacia la otra, de lo que está acá, de lo que está allá, lo que está arriba y lo que está abajo, y viene empleado para indicar el movimiento de las cosas, el cual se cumple de esta a la otra parte, o de aquí, de la otra a esta*);* y atribuyéndole una significación más amplia, se comenzó a afirmar que contrato bilateral era el contrato sinalagmático, resultando su característica esencial la reciprocidad e interdependencia de las obligaciones, es decir, el "*ultro citroque obligatio*". La doctrina moderna acepta que el sinalagma nos ofrece una visión impropia de la bilateralidad, como sinónimo de convención, acuerdo que produce obligaciones (contrato), porque apunta a aquella bilateralidad terminológica o subjetiva de los llamados negocios jurídicos bilaterales.

Están también los denominados *contratos sinalagmáticos imperfectos*, porque tienen el primer elemento principal, la *reciprocidad*, pero no la *interdependencia*, pues no existe relación entre ambas deudas; por lo cual se dice que son aquellos que, en el momento del nacimiento de la convención, las obligaciones recaen sobre una sola parte, no obstante que al momento de la liquidación del contrato, la otra puede resultar oblien la ley, puede ponérsele término (o termina) y como consecuencia de este acto la extinción contractual. Algo similar puede señalarse de los contratos unilaterales o *sinalagmáticos imperfectos*[19], que se dejan sin efecto conforme algún motivo *ex lege*,

---

gada. *V. gr.*, el comodato y el depósito en los cuales el obligado es el comodatario y el depositario, pero al final pueden resultar obligados el comodante y depositante, por los perjuicios de la mala calidad de la cosa, o por la conservación de la misma. En realidad, el contrato bilateral *ex post facto* (o sinalagmático imperfecto) da una idea impropia en cuanto a lo que nos referimos, pues estos contratos son unilaterales. Lo que existe con posterioridad es el nacimiento de una obligación legal autónoma, no interdependiente como en los contratos bilaterales. La obligación insurgente o nueva, no deriva del contrato sino especialmente de la ley.

Se acepta en la doctrina que el negocio jurídico puede ser calificado de "unilateral" cuando es fruto de la expresión de voluntad de una sola parte (*ex uno latere*), mientras que se lo califica de "bilateral" o "plurilateral" cuando resulta de la expresión de voluntad de dos o más partes (*ex duobus vel pluribus lateribus*). De tal modo, el contrato, como especie de negocio jurídico, es siempre bilateral. Nótese la diferencia: mientras que unilateralidad y bilateralidad referidas al *genus* negocio implican un calificativo atribuido en virtud de la proveniencia de la manifestación de voluntad de una o más partes, la clasificación de los contratos en unilaterales y bilaterales se realiza en función de que las obligaciones que de él derivan resulten a cargo de una sola o ambas partes. Mientras que la calificación de los negocios jurídicos en bilaterales y unilaterales se realiza teniendo en cuenta el dato externo y cuantitativo relacionado con el número de manifestaciones de voluntad que en él intervienen, el distingo entre los contratos unilaterales o bilaterales se lleva a cabo teniendo en cuenta la estructura interna del negocio, sus aspectos intrínsecos. Se distingue, de este modo, entre la bilateralidad "genérica o terminológica", propia de los llamados negocios jurídicos bilaterales - y, por tanto, de todos los contratos -, que se da cuando dos sujetos emiten declaraciones de voluntad que resultan vinculantes por efecto de la autonomía privada; y bilateralidad "específica o sustantiva", vinculada a la relación sinalagmática, esencialmente referida al llamado contrato bilateral, que no tiene en cuenta el dato externo y cuantitativo de las manifestaciones de voluntad, sino la circunstancia del nacimiento de obligaciones recíprocas, expresión de atribuciones patrimoniales correlativas que operan el intercambio de bienes o servicios.

19 Se les denomina *contratos sinalagmáticos imperfectos* porque tienen el primer elemento principal, la *reciprocidad*, pero no la *interdependencia*, pues no existe relación entre ambas deudas; por lo cual se dice que son aquellos que, en el momento del nacimiento de la convención, las obligaciones recaen sobre una sola parte, no obstante que al momento de la liquidación del contrato, la otra puede resultar obligada. Por ejemplo, el comodato y el depósito en los cuales el obligado es el comodatario y el depositario, pero al final pueden resultar obligados el comodante y depositante, por los perjuicios de la mala calidad de la cosa, o por la conservación de la misma. En realidad, el contrato bilateral *ex post facto* (o sinalagmático imperfecto) da una idea impropia en cuanto a lo que nos referimos, pues estos contratos son unilaterales. Lo que existe con posterioridad es el nacimiento de una obligación legal autónoma, no interdependiente como en los contratos bilaterales. La obligación insurgente o nueva, no deriva del contrato sino especialmente de la ley. Por consiguiente la doctrina tradicional rechaza

v. gr., el mandato que se termina por la revocación del mandante o la renuncia del mandatario, o al ocurrir la muerte de cualquiera de estos a menos que se trate del mandante en cuyo caso el mandatario debe continuar en su desempeño (lo cual demuestra la no extinción del mandato), si los herederos no proveen respecto del negocio, y si de obrar él de otra manera les pudiera resultar algún perjuicio; por el desempeño del negocio para que fue constituido, ante la expiración del término o por el evento de la condición prefijados para la terminación del mandato, por la quiebra o concurso del uno o del otro, caso de interdicción del mandante o del mandatario, por la cesación de las funciones del mandante, si el mandato ha sido dado en ejercicio y por razón de ellas, por el nuevo poder conferido a otra persona para el mismo negocio o acto, salvo que se diga lo contrario. Y como otra muestra de que el mandato aún no se extingue con la renuncia del mandatario, consiste en que este queda obligado a continuar en el desempeño de aquellos negocios cuya paralización pueda perjudicar al mandante, hasta que avisado este de la renuncia haya tenido tiempo bastante para proveer al cuidado de sus intereses. Desde luego que en todas estas hipótesis el contrato de mandato termina y también puede quedar extinguido de no haber obligaciones por cumplir entre mandante y mandatario, como se puede apreciar, en refuerzo de esta apreciación, en la previsión conforme a la cual todas las veces que el mandato expira por una causa ignorada del mandatario, lo que este haya hecho en ejecución del mandato será válido y dará derecho contra el mandante a terceros de buena fe; y quedará asimismo obligado el mandante, como si subsistiera el mandato, a lo que el mandatario sabedor de la causa que lo haya hecho expirar, hubiere pactado con terceros de buena fe; pero tendrá derecho a que el mandatario le indemnice. Cuando el hecho que ha dado causa a la expiración del mandato hubiere sido anotado en el Registro, cesa desde la fecha del asiento la responsabilidad del mandante.

En ocasiones el legislador estatuye normas en donde se pasa de modo directo a reglar el tratamiento de la extinción del contrato, y en otras se presentan los vocablos "terminación" y "extinción" como sinónimos; y, asimismo, en algunas legislaciones hay referencia únicamente a la terminación de determinada relación jurídica.

(vi) Los códigos civiles en la mayoría de las veces solo se refieren a la "extinción de la obligación", v. gr., artículos1156 CCes[20], 1282 CCv[21],

en forma terminante que la acción resolutoria se aplique a tales contratos, en virtud de no cumplirse en los mismos el requisito de que las obligaciones que surjan, al celebrarse el contrato, deben ser recíprocas y simultáneas, es decir, los contratantes como deudores y acreedores al mismo tiempo; mientras que en tales contratos solo nacen obligaciones para una parte.

20 Las obligaciones se extinguen: Por el pago o cumplimiento. Por la pérdida de la cosa debida. Por la condonación de la deuda. Por la confusión de los derechos de acreedor y deudor. Por la compensación. Por la novación.

21 Las obligaciones se extinguen por los medios a que se refiere el código y por los demás que establezca la ley.

CCco[22], 633 CCcr[23]; y en la praxis la posible confusión entre "contrato y "obligación", o que obligación y contrato parezcan asimilarse, *v. gr.*, artículos 627 y 1007 CCcr; conforme a los cuales, para la validez de la obligación es esencialmente indispensable: 1. Capacidad de parte de quien se obliga. 2. Objeto o cosa cierta y posible que sirva de materia a la *obligación*. 3. Causa justa (art. 627); pues, además de las condiciones indispensables para la validez de las *obligaciones en general*, para las que nacen de *contratos* se requiere el consentimiento y que se cumplan las solemnidades que la ley exija (art. 1007). Ambos tratamientos no pueden ser considerados el uno sin el otro, más aún cuando tales requisitos resultan exigentes tanto en la obligación como en el contrato; por lo cual puede explicarse que a veces se hable de obligación y en otras de contrato. En realidad el contrato y la obligación no son lo mismo. O como se señala en la doctrina, la palabra "obligación" designa de una manera indiferenciada tanto la situación existente entre las personas, como el acto que la crea u origina, especialmente en aquellos casos en que este acto es un contrato. Este tiene siempre como efecto la creación de una obligación con fuerza de ley entre los contratantes, como convención que es entre dos o más personas para constituir, reglar, transmitir, modificar o extinguir entre ellas un vínculo jurídico; pues como dispone el artículo 1254 del CCes, el contrato existe desde que una o varias personas consienten en obligarse, respecto de otra u otras, a dar alguna cosa o prestar algún servicio.

También hay referencia directa a la extinción del contrato, v. gr., cuando se contempla que, son modos especiales de extinción de la locación: el cumplimiento del plazo convenido, o requerimiento previsto en el artículo 1218, según el caso; y la resolución anticipada (art. 1217 CCCN); no obstante que si vence el plazo convenido o el plazo mínimo legal en ausencia de convención, y el locatario continúa en la tenencia de la cosa, no hay tácita reconducción, sino la continuación de la locación en los mismos términos contratados, hasta que cualquiera de las partes dé por concluido el contrato mediante comunicación fehaciente (art. 1218 *eiusdem*).

(vii) En los *contratos de duración continuada o duradera* se da la realización de una serie de prestaciones periódicas, tales como en el arrendamiento, suministro, seguro, servicio eléctrico, gestión, depósito; y en ellos el tiempo tiene especial importancia porque, además del cumplimiento de la prestación, aquel puede indi-

---

22 Toda obligación puede extinguirse por una convención en que las partes interesadas, siendo capaces de disponer libremente de lo suyo, consientan en darla por nula. Las obligaciones se extinguen además en todo o en parte: 1o.) Por la solución o pago efectivo. 2o.) Por la novación. 3o.) Por la transacción. 4o.) Por la remisión. 5o.) Por la compensación. 6o.) Por la confusión. 7o.) Por la pérdida de la cosa que se debe. 8o.) Por la declaración de nulidad o por la rescisión. 9o.) Por el evento de la condición resolutoria. 10.) Por la prescripción (cfr. art. 1625 CCco).

23 Art. 633. Las obligaciones se extinguen: por el pago, por la compensación, por la renovación, por la emisión, por confusión, por el evento de un obstáculo que haga imposible su cumplimiento, por la anulación o rescisión y por la prescripción.

car la terminación de la relación obligatoria y la subsiguiente extinción, es decir, se termina y surge su extinción con el efecto de la liquidación de las prestaciones pendientes de cumplimiento que existieren. Ejemplo de esto es lo que dispone el artículo 1695 CCp, al referirse al subarriendo: "El subarrendamiento no *termina* si el arrendamiento cesa por consolidación en la persona del arrendatario y del arrendador"; mientras que, a la conclusión del arrendamiento se *extinguen* los subarrendamientos cuyos plazos no han vencido, dejándose a salvo el derecho del subarrendatario para exigir del arrendatario la indemnización correspondiente (art. 1694). Esto indica que la conclusión o terminación del arrendamiento entre arrendador y arrendatario, da lugar a la extinción de la relación arrendaticia del arrendatario con el subarrendatario, aun cuando el plazo de duración del subarrendamiento no haya concluido. Aquí la extinción es consecuencia de la terminación, y por esto el derecho del subarrendatario a requerir del locatario la indemnización que indica la norma en comentario.

(viii) El concepto "extinción" también puede denotar la supresión total de los efectos de determinada situación jurídica, cuando se pasa de modo directo a aquella por entenderse no haber nada por "terminar" y menos por liquidar; pues en tal hipótesis la extinción borra la realidad concreta a que la misma se refiere, como se prevé, v. gr., en el artículo 192 del CCur según el cual, "La acción de divorcio se extingue absolutamente por la muerte de uno de los cónyuges". Aquí la extinción opera con efecto directo y absoluto, *ope legis,* sin que nada más haya por dirimir al respecto; tema este totalmente diferente a la subsiguiente liquidación de la comunidad patrimonial que existiera, cuyos bienes quedan en comunidad ordinaria. El efecto en referencia es directo sin necesidad de declaratoria formal adicional que lleve a la extinción de esa acción, sin que bajo ninguna forma pueda continuar la acción judicial y cuyo proceso queda absolutamente extinguido *ipso iure*

(ix) *También se encuentran contratos que terminan por determinadas causas.* Entre otros ejemplos, el contrato de obras que *termina* por el cumplimiento del trabajo u obra encomendada al contratista por el contratante; la muerte del contratante o el contratista, o por el desistimiento por el contratante de la construcción de la obra aunque se haya empezado, indemnizando al contratista de todos sus gastos, de su trabajo y de la utilidad que hubiese podido obtener de ella (arts. 1639 y 1640 CCv); y termina también por el flujo de la fecha límite para la finalización de la obra, la terminación del contrato, mediante notificación, por defecto de cualquiera de las partes o por la imposibilidad de continuar el contrato, causada por fuerza mayor (art. 607 CCbr). Según el CCFmex, el dueño de una obra ajustada por un precio fijo puede *desistir* (forma de terminar el contrato por voluntad unilateral) de la empresa comenzada, con tal que indemnice al empresario de todos los gastos y trabajos y de la utilidad que pudiera haber sacado de la obra (art. 2635).

(x) *El legislador para determinados contratos utiliza el concepto "terminación" en lugar de "extinción".* El artículo 2000 CCg dispone que la transacción es un contrato en que las partes *terminan* extrajudicialmente un litigio pendiente, o precaven un litigio eventual. En esta norma no hay referencia a "extinción", pues se supone que la terminación del litigio pendiente la hacen mediante recíprocas concesiones. Y lo mismo sucede en CCb, al instituir en el artículo 607 que el contrato de prestación de servicio *termina* con la muerte de cualquiera de las partes. *Termina* también por el flujo de la fecha límite para la finalización de la obra, la terminación del contrato, mediante notificación, por defecto de cualquiera de las partes o por la imposibilidad de continuar el contrato, causada por fuerza mayor. Aquí es de presumir que al concluir o terminar el contrato de obra las partes tienen, obviamente, el derecho a ejercer la liquidación de las prestaciones pendientes de ejecución, es decir, la extinción de estas obligaciones mediante cumplimiento o pago. Lo mismo puede decirse sobre la terminación y subsiguiente extinción del contrato de usufructo: Si el usufructo comprende las cosas de que no se puede usar sin que se consuman, como el dinero, los granos y líquidos; el usufructuario tiene derecho para servirse de ellas, pero con la obligación de restituir otras en igual cantidad y de la misma calidad y valor, o bien su precio al *terminar* el usufructo (art. 587 CCrd).

Por eso no se predica en ocasiones la terminación y extinción del contrato sino solamente la extinción de la obligación. Es un problema de conceptos en el vocabulario jurídico, en donde la interpretación pretende encontrarles el verdadero sentido (*rectius*: el que aparenta ser el mejor sentido o el más adecuado para el caso concreto); pues como se ha afirmado, interpretar significa buscar el sentido de algo que aplicado al mundo del Derecho, significa encontrar el sentido adecuado de una norma en relación con su finalidad. Siempre que se aplica una norma hay una labor previa de interpretación y toda norma antes de ser aplicada exige que previamente se determine su sentido.

(xi) *También es posible encontrar que determinado contrato al terminarse origina su extinción, que da lugar a la liquidación.* Así, v. gr., podrá pedir un cónyuge la *terminación* del régimen de participación cuando la irregular administración del otro comprometa gravemente sus intereses. Y producida la *extinción* se determinarán las ganancias por las diferencias entre los patrimonios inicial y final de cada cónyuge (v. arts. 1416 y 1417 CCes). Sin pretender la interpretación de estas dos normas, se comprende que la terminación del régimen de participación conyugal al terminarse, según las causas establecidas en la ley, la extinción se origina como consecuencia de la terminación, y aquella (extinción) da lugar a que se practique la liquidación, es decir, la determinación de las ganancias por las diferencias entre los patrimonios inicial y final de cada cónyuge. Algo similar puede decirse cuando en la ley se establece las causas que dan lugar a la extinción del contrato de asociación que da lugar a la liquidación y destino de los bienes, es decir, que la extinción de este contrato trae como consecuencia la liquidación del activo y pasivo social. En este sentido, el artículo 65.I CCb preceptúa que, "Extinguida la asociación, se procederá a la liquidación del patrimonio". Como se aprecia, no hay ninguna referencia a la "terminación del contrato de asociación", sino que ante una causa *ex lege* que dé lugar a la finalización de la sociedad, se va directamente a su "extinción", en cuya hipótesis nada hay por terminar sino liquidar, es decir, la liquidación del patrimonio, del activo y pasivo existentes en protección de los asociados y terceros, como consecuencia de la extinción del contrato societario.

En ese sentido puede apuntarse que por terminación del contrato se entiende la extinción del mismo, significando así que el contrato como tal deja de producir sus efectos jurídicos normales y cesa de cumplir los fines para los cuales había sido celebrado; pero no toda terminación del contrato conduce a la extinción del mismo, v. gr. el contrato de arrendamiento en el que se ha fijado un término de duración, y como se dispone en algunas legislaciones que llegado este, el contrato no termina si el arrendador omite antes notificar al arrendatario de la no renovación de la relación arrendaticia; o al finalizar el tiempo prefijado de duración el contrato se prorroga por determinado tiempo más (prórroga tácita), o por disposición legal, quedando vigentes todas las estipulaciones del contrato.

Desde luego que en la anterior hipótesis, se encuentra importante dato para sostener que (en ese caso) el contrato no se extingue sino termina, pues lo que termina es el tiempo de duración y el contrato todavía no se ha extinguido sino que esta ocurrirá al cumplir los contratantes las obligaciones pendientes de ejecución; más aún cuando el pago o cumplimiento es uno de los modos de extinción de las obligaciones, aun cuando hay diferencia entre obligación y contrato. La extinción tiene el significado de no haber más exigencias efectivas de cumplimiento de obligaciones pendientes por cada una de las partes en la relación obligatoria; mientras que la terminación indica la conclusión del contrato por cualquier motivo o causa no prohibida *ex lege.* De no haber obligaciones pendientes de cumplimiento, en tal hipótesis, denota al mismo tiempo que el contrato se ha extinguido, es decir, ya no hay efectos hacia el pasado (retroactivamente o *ex tunc*); ni hacia el futuro (efecto *ex nunc*). En este último contexto la extinción del contrato denota que este deja de producir sus efectos jurídicos normales y cesa de cumplir los fines para los cuales había sido celebrado; lo cual implica que se ha de producir la extinción.

CAPÍTULO II

Formación del contrato y su terminación

2.1. LA FORMACIÓN DEL CONTRATO COMO EJERCICIO DE LA LIBERTAD HUMANA

El contrato se forma e inicia su devenir orientado hacia el cumplimiento del mismo, de las prestaciones u obligaciones que lo integran, como aspiración de los contratantes, pues de conocer anticipadamente que no se va a cumplir lo más seguro es que no lo concierten, lo cual resulta obvio; pero también el contrato termina y se extingue, pues no se forma para existir a perpetuidad. Esto hace pensar que el contrato se forma para que tenga conclusión, es decir, no para que permanezca de manera indefinida en el tiempo, sin terminación o extinción (de manera natural o accidental), a través de pago o cumplimiento o de otro medio establecido en la ley; pues el derecho de crédito, como se afirma[24], es por su naturaleza una relación perecedera, no vive perpetuamente, su fin es proporcionar al acreedor una ventaja patrimonial, y cuando realiza este fin, cuando satisface el interés del acreedor, el vínculo carece de razón de ser, de objeto.

La actividad contractual en el Derecho Privado es una constante manifestación de la libertad humana y libre desarrollo de la persona como derecho fundamental, pero que en defensa de tal postulado y de la dignidad personal, las obligaciones del contrato deben basarse en la recíproca lealtad, en los valores que de carácter económico deben someterse a los de orden humano y social, y en la justicia como valor fundamental; en la igualdad jurídica y la necesaria protección del *débil contractual* (cfr. IV, 4.5) para impedir que este quede sometido bajo el poder del más fuerte; y todo dentro de la aspiración de un Estado Democrático Social de Justicia y de Derecho.

Los contratantes celebran el contrato con la finalidad de satisfacer el interés de cada uno de los contratantes, que se realiza a través del cumplimiento de las obligaciones concertadas en el abanico clausular acostumbrado en la praxis, aun cuando existen obligaciones que la ley considera incorporadas al contrato. Desde luego que

24 DE RUGGERO, Roberto: Instituciones de Derecho Civil, tomo 2, vol.1, p. 214.

el contrato está orientado a su cumplimiento por medio de las obligaciones contenidas en las cláusulas que las contienen, dada su *fuerza relativamente obligatoria*, y por esto debe nacer perfecto, sin vicios o defectos que lo hagan inválido o ineficaz; por lo cual la imperfección e invalidez del contrato pueden conducir a la nulidad del mismo, o de las cláusulas *contra legem* (cfr. V.5.2).

2.2. LA FORMACIÓN DEL CONTRATO

Tradicionalmente se ha admitido en la doctrina que el contrato transcurre en tres momentos principales como son: la *formación, perfección y consumación*. El primero, constituido por los preliminares o el proceso interno de formación del contrato, es decir, el período preparatorio que da lugar a varios actos; de los cuales se llega al resultado del consentimiento contractual. El segundo, la perfección del contrato, donde tiene lugar el encuentro de las voluntades de los contratantes que da origen al nacimiento del contrato a la vida jurídica. El tercer momento, la consumación del contrato, que se refiere al cumplimiento de la finalidad para la cual el contrato se celebra, es decir, la efectividad de las prestaciones que se derivan de la relación obligatoria.

Sin embargo, una observación atenta enseguida nos hace comprender que más que existir tres fases o etapas en el *iter* del contrato, solo hay dos que se encuentran separadas por un punto o momento. A la primera puede llamársele fase de preparación o de formación del contrato y a la segunda, fase de ejecución. Con el nombre de "formación del contrato" comprendemos, por consiguiente, los actos o la serie de actos que preceden o que pueden preceder a la perfección de un contrato y que llevan a cabo con esta finalidad[25]. No obstante, observando que el contrato nace a la vida jurídica con una finalidad dada por los contratantes o la ley, al cumplirse la misma el contrato no se mantiene de manera indefinida o a perpetuidad, sino que la consecuencia del cumplimiento, o por cualquier otro motivo indicado *ex lege*, hace que el contrato termine o se extinga. En la primera suposición (contrato cumplido), v., gr., el pago de la deuda en su totalidad o cuando se reúnen en una misma persona las cualidades de acreedor y deudor, produce los mismos efectos que el pago; y en la segunda (cualquier otro motivo), *v. gr.*, la novación, imposibilidad de cumplimiento, la nulidad. Por esta observación y los ejemplos dados, entre otros, preferimos hablar de un tercer momento o fase en la vida del contrato, señalándola como el "*momento de su terminación o extinción*", especialmente en los contratos de cumplimiento periódico.

Desde luego que la afirmación resulta un poco extraña, pues se habla más de extinción de la obligación que de su terminación. ¿Por qué así? No hay contrato perpetuo. Cualquier tipo de contrato llega a un fin o alcanza una finalidad. Unos contratos finalizan de una manera u otra, pero todos finalizan por cumplimiento o por cualquier otro motivo indicado en la ley. Aquí su finalización denota conclu-

---

25 DÍEZ-PICAZO, Luis: Fundamentos..., ob. cit., p. 187.

sión o materialización, pero también terminación, pues cumplido el contrato no continúa cumpliéndose, y valga un poco la redundancia. Y esto, indudablemente, se traduce en que el contrato de toda forma se conduce hacia su conclusión (terminación) como tal. Nace a la vida jurídica, se realiza en su dinámica obligacional estipulada o dispuesta en la ley, se mantiene inerte sin ejecución alguna o se cumple; pero todo esto lleva al contrato, inevitablemente, a un desenvolvimiento conclusivo. Un contrato de venta se consuma cuando vendedor y comprador manifiestan su consentimiento sobre la cosa o bien y el precio; y al cumplir recíprocamente sus obligaciones en relación con todo esto, de aquí en adelante ya el contrato cumplió su cometido; pues en caso contrario este contrato, o bien termina y se extingue por causa de incumplimiento y a través del medio que la ley concede al contratante cumplidor (v. gr., resolución del contrato); o en caso contrario, de haber nacido con vicios o defectos que lo hacen inválido e ineficaz, el medio de la nulidad conducente a su extinción; pero lo ideal es que el contrato nazca perfecto pues se forma para ser cumplido. Cuando tiene lugar este hecho, el cumplimiento no se queda aquí, sino que de inmediato genera consecuencias que, aun cuando se deducen, no obstante es importante se señalen: la terminación y extinción, así como los efectos de estas consecuencias que pueden acontecer en algunos casos. Y no solo esto, sino que el contrato puede adquirir su terminación y extinción por otros motivos o causas, especialmente establecidas en la ley (cfr. V, VII y X). En el caso propuesto de la venta, transferida la propiedad del bien por el vendedor y pagado el precio por el comprador, el contrato de venta cumplió su cometido, y de allí en adelante lo que hay es una realidad diferente: un nuevo dueño que pagó el precio del bien, y un vendedor que dejó de ser propietario por haber recibido la contraprestación.

El contrato por lo general no se forman a "primera vista", en el mismo instante o inmediatamente que las personas se comunican para iniciar las conversaciones orientadas a la celebración del negocio a que aspiran; sino que para la formación del contrato se realizan diversas conversaciones preparatorias aun cuando puedan ser de corta duración, sin que se excluya que el contrato puede formarse de manera instantánea, y esta tiene lugar cuando nace sin que las partes hayan tenido un lapso o período de conversaciones, discusión o preparación. Incluso, el estado anímico o emocional de cada una de las personas que intervienen tiene influencia casi determinante en la formación del contrato, la conveniencia o la necesidad de la negociación y diversas circunstancias intervinientes según el interés de cada una. Por ello no existe ninguna metodología que precise los pasos o momentos que se cumplen para que el contrato se forme, y a lo más guías escritas para sugerir o recomendar la manera como el vendedor y comprador (o arrendador y arrendatario) se desenvuelven de manera más efectiva, como simples orientaciones pero nada más, que casi siempre pecan por exceso o simplezas, aun cuando pueden ejercer alguna influencia, sobre todo con los nuevos métodos de cómo hacer negocios.

En contadas ocasiones el contrato se forma de inmediato cuando coinciden los intereses de los contratantes, y sin embargo ha precedido el conocimiento sobre lo que constituye el objeto y ese interés. De todas manera hay un tiempo de preparación del contrato hacia su formación que se realiza con la intervención de las personas (las interesadas o intermediarios), que por lo general no origina vínculo alguno sobre la obligación de celebrar el contrato, mientras que se produzca la concurrencia de las voluntades en la celebración de la relación obligatoria, mediante el consentimiento expresado que no ofrezca duda alguna, a través de cualquier medio admitido en la ley como prueba de su formación.

No obstante, los tratos preliminares no constituyen contrato ni precontrato, pero como relaciones humanas destinadas a un fin jurídico, cual es la perfección de un contrato, no son indiferentes para el Derecho, como se ha visto por las consecuencias que pueden producir, y de ahí que la doctrina entienda que ya en la fase preparatoria del contrato hay una "vinculación jurídica especial", que origina deberes precontractuales, no confundibles con los derivados de una relación obligatoria análoga al contrato que existe con independencia de que el contrato llegue o no a concluirse. No da lugar a ningún deber de prestación judicialmente exigible, sino solo a deberes de conducta en la medida exigida por la buena fe[26].

Por lo general el contrato entra en su fase de formación por medio de la oferta, o la declaración que una persona hace a otra u otras ofreciendo determinada cosa o bien, a través de cualquier medio de información, tales como los avisos de prensa, página web, televisión, correo electrónico, y cualquier otro medio que permita que la propuesta de venta, prestación de servicio u otro acto, llegue a conocimiento de la persona. Cuando esta tiene interés en la promoción u oferta, puede entrar en contacto con el oferente para celebrar el contrato, pero la simple oferta realizada de tal manera no indica que el contrato se forma por la aceptación de quien observa o ve el aviso o la propaganda. Se requiere de algunos requisitos, tales como: la oferta debe emitirse con la intención de que las partes pueden obligarse de modo definitivo y que se produzca la emisión del consentimiento; que la oferta sea íntegra o completa, sin que quede alguna duda de que quien oferta quiere realmente celebrar el contrato bajo el tenor del consentimiento, objeto y causa lícita, a fin de que el otro pueda aceptar la oferta; y cuando la ley exige determinada formalidad para que el contrato se celebre y perfeccione, la oferta debe llenar tal formalidad.

El contrato se forma desde que la estipulación se acepta, quedando perfecto el contrato de cumplirse las exigencias requeridas para su validez, salvo los casos en que la ley exija alguna otra formalidad; pero para que el contrato sea perfecto el consentimiento de las partes debe ser libre y claramente manifestado, bien de palabra, por escrito o por hechos de que necesariamente se deduzca. Desde luego que el oferente puede retirar la oferta mientras no haya sido aceptada por la otra parte; pero el contrato propuesto será válido si la persona a quien se hizo la proposición la acepta puramente antes de tener noticia de que había sido retirada.

---

26 LARENZ, Karl: Derecho de obligaciones, traducción española, Revista de Derecho Privado, Madrid, 1958, vol. 1, pp. 110 y ss.

Cuando la aceptación envolviere modificación de la propuesta o fuere condicional, se considerará como nueva propuesta. Asimismo, es por lo general admitido que si las partes estuvieren presentes, la aceptación debe hacerse en el mismo acto de la propuesta, salvo que ellas acordaren otra cosa; mientras que si las partes no estuvieren reunidas, la aceptación debe hacerse dentro del plazo fijado por el proponente para este objeto. Si no se ha fijado plazo, se tendrá por no aceptada la propuesta, si la otra parte no respondiere dentro del tiempo previsto en la ley, cuando se halle en el mismo territorio o fuera de este pero sí en la República, o de encontrarse fuera de esta. De igual modo, el proponente está obligado a mantener su ofrecimiento, mientras no reciba respuesta de la otra parte en los términos ex lege; siendo que si al tiempo de la aceptación ha fallecido el proponente o se hubiere vuelto incapaz, sin que el aceptante fuere conocedor de su muerte o incapacidad, los herederos o representantes de aquel quedan obligados a mantener el contrato.

Se supone que el contrato llega a través de su aceptación al punto conclusivo de su formación, pues resulta imposible que se termine y se extinga sin haber surgido a la vida jurídica. La aceptación es el medio a través del cual la parte aceptante del contrato se adhiere al ofrecimiento o propuesta que hace el otro contratante. En este punto la propuesta u oferta atiende a su reciprocidad como culminación de las propuestas recíprocas que dan lugar al nacimiento de la relación obligatoria. La aceptación puede ocurrir de inmediato y en presencia de las partes, pero también que transcurra algún tiempo hasta llegar a la aceptación o que la oferta llegue a la persona que se encuentra distante del lugar de aquella; y en esta temática la importancia de figuras tales como el de los contratos electrónicos (*Clickwrap, Shrinkwrap y Browsewrap*, v. 2.3 *infra*).

Desde que la estipulación se acepta queda perfecto el contrato, salvo los casos en que la ley exija alguna otra formalidad esencial; por lo cual se debe determinar el momento en que la aceptación ocurre y por tanto la celebración de la relación obligatoria, que incluso puede ocurrir cuando la otra parte inicia la ejecución del contrato propuesto (aceptación tácita), v. gr., el mandato se entiende aceptado ante la realización por el mandatario de cualquier acto en ejecución del mandato; salvo que la ley exija una específica formalidad, como acontece con la fianza que no se presume sino que debe ser expresa.

2.3. EL CONTRATO ELECTRÓNICO

A través de Internet se establece contacto entre personas y sistemas[27], y entre las consecuencias que se pueden producir algunas son reguladas por el Derecho,

---

27 El Código Napoleón o CC francés, según Orden n° 2016-131 de 10 de febrero de 2016 se reformó el derecho contractual, el régimen general y la prueba de las obligaciones; disponiendo:

«Art. 1125.- La vía electrónica podrá usarse para suministrar condiciones contractuales o información sobre bienes o servicios. «Art. 1126.- La información que se solicite con vistas a la celebración de un contrato o la que se remita en el transcurso de su especialmente en relación con el nacimiento de obligaciones o del contrato; pues cuando existe la manifestación de voluntad de las partes de celebrar un contrato y el consentimiento es expresado de manera libre y sin vicios, ya sea por correo electrónico o por adhesión a un documento en la Web, el contrato se perfecciona cuando una parte hace una oferta y otro la acepta.

La mayoría de los contratos en Internet se celebran por medio de correo electrónico a petición del interesado o la aceptación de oferta de bienes[28], servicios o productos. Según la doctrina, una noción amplia de documento electrónico lo entiende como aquel formado cuando la electrónica, la informática o telemática intervienen en la elaboración de cualquiera de los elementos del documento. Desde un punto de vista restringido, como se ha aceptado, documento electrónico es la representación idónea capaz de reproducir una manifestación de voluntad, materializada a través de las tecnologías de la información sobre soportes informáticos, que se expresa a través de mensajes digitalizados que requieren de máquinas para ser percibidos y comprendidos por el hombre. De esta manera también se forma el contrato.

Uno de los problemas que se puede presentar consiste que por Internet el contrato se forma entre contratantes ausentes. La contratación electrónica se carac-

---

ejecución podrá transmitirse por correo electrónico si su destinatario ha aceptado el uso de dicho medio.

«Art. 1127.- La información destinada a un profesional podrá remitírsele por correo electrónico, siempre que haya comunicado su dirección de correo electrónico. «Si dicha información debe introducirse en un formulario, este se suministrará por vía electrónica a la persona que deba rellenarlo.

28 «Art. 1127-1. - Quien ofrezca, a título profesional, por vía electrónica, la entrega de bienes o la prestación de servicios, suministrará las condiciones contractuales aplicables de tal manera que posibilite su conservación y reproducción. «El autor de una oferta quedará comprometido por ella mientras permanezca accesible por vía electrónica por su causa. «La oferta enunciará además: «1° Los distintos pasos que se han de dar para celebrar el contrato por vía electrónica; «2° Los medios técnicos que permitan al usuario, antes de la celebración del contrato, percatarse de los errores cometidos en la introducción de los datos y corregirlos; «3° Los idiomas ofrecidos para la celebración del contrato, entre los que tiene que constar el francés; «4° En caso necesario, los preceptos de archivo del contrato por el autor de la oferta y las condiciones de acceso al contrato archivado; «5° Los medios de consulta por vía electrónica de las normas profesionales y mercantiles a las que el autor de la oferta pretenda, en su caso, someterse. «Art. 1127-2.- Para que el contrato esté válidamente celebrado, el destinatario de la oferta o de la invitación a entrar en negociación debe haber tenido la posibilidad de comprobar su pedido detallado y su precio total, y de corregir posibles errores, antes de confirmarlo para expresar su aceptación definitiva. «El autor de la oferta deberá acusar recibo sin dilación injustificada y por vía electrónica del pedido que así se le haya remitido. «El pedido, la confirmación de la aceptación de la oferta y el acuse de recibo se considerarán recibidos cuando las partes a las que estén dirigidos puedan tener acceso a ellos.

teriza, según la doctrina, por la ausencia de las partes en la perfección del negocio, aunque no en términos absolutos, debido a que el tiempo transcurrido entre la oferta y la aceptación puede llegar a ser muy reducido, lo que la hace más parecida a una contratación entre presentes, por lo que llega a decirse que se trata de una contratación entre ausentes en tiempo real; que el correo electrónico constituye la forma más usada en el comercio electrónico, aquí la persona a la que se hace la oferta la lee al consultar su buzón, teniendo esta oferta efectos desde el momento en que es leída por la persona a la que se dirige, dependiendo de esta devolver un correo de aceptación a quien se la dirigió, viéndola como una contratación entre ausentes.

En ese tipo de contrato resulta exigente la determinación de la hora en que el contrato se celebra y el lugar donde el contrato nace; la necesidad de verificar la identidad de las partes, como su capacidad de contratar. Existen algunos sistemas electrónicos que permiten conocer si el correo electrónico remitido fue **abierto y leído**, así como el día y la hora en que estos hechos ocurrieron.

Desde luego ¿cuál es la ley aplicable en la solución del conflicto de intereses que pueda presentarse? Los oferentes extraños contienen en la oferta, por lo general, una cláusula de reserva de domicilio en su lugar y el conocimiento de la causa por el tribunal del mismo o el que determinen recíprocamente. Ante el cometido del presente trabajo y en este punto, lo que aquí nos interesa es determinar cuándo se forma el contrato, que en definitiva va a llegar a su momento de terminación y extinción, pues no es perenne.

Un contrato se perfecciona cuando una parte hace una oferta y otro la acepta. La aceptación de la oferta perfecciona el contrato electrónico o de Internet, momento en el cual es posible decir que se perfecciona y surgen obligaciones y derechos para los contratantes. Cuando existe manifestación de la voluntad de las partes de celebrar un contrato y el consentimiento es expresado de manera libre y sin vicios de la voluntad, ya sea por correo electrónico o por adhesión a un documento en la Web, este contrato existirá conforme al principio consensual del derecho contractual, siempre y cuando no requiera de formalidades especiales *ex lege*.

Los contratos de licencia de uso de software conceden al usuario el derecho (a usar) el software, respetando los derechos de autor protegidos por la licencia. Estos contratos debido a su distribución masiva, modelos tipo y uniforme, son contratos de adhesión, en donde el contratante adquirente no tiene acceso a la discusión de las obligaciones y derechos: dando lugar así a desigualdad entre los contratantes. Varias de las cláusulas son abusivas, por lo cual la doctrina y jurisprudencia someten el consentimiento contractual al cumplimiento de la información previa por parte del licenciante; siendo las principales licencias de software los contratos de *Clickwrap, Shrinkwrap y browsewrap*, en cada uno de los cuales podemos observar el momento de su formación.

a) *Clickwrap*

Es un tipo de contrato utilizado ampliamente con licencias de software y transacciones en línea, en las que un usuario debe aceptar términos y condiciones antes de utilizar el producto o servicio; cuyo formato y contenido de los acuerdos varían según el proveedor. El usuario puede rechazar el acuerdo haciendo clic en el botón "cancelar" o cerrando la ventana. Luego de rechazar la solicitud el usuario no puede utilizar el producto o servicio.

Esa forma contractual hace referencia al modelo de contratación por el cual las condiciones y términos de un sitio web deben ser aceptados expresamente con anterioridad a completar una transacción, a través de un acto expreso que normalmente consiste en un "click", en el hecho de "pulsar" sobre un botón con la leyenda "acepto", "estoy de acuerdo", o una expresión similar. Se trata de contratos de adhesión donde se exige un acto expreso de aceptación para entender vinculado al usuario de la web con los términos de uso de esta, pues de lo contrario no tiene acceso. En estos casos es el "click" el que perfecciona el contrato entre las partes. Hay consentimiento desde que se manifiesta la aceptación. Es el acto de "clickar" el que presume la manifestación necesaria y suficiente del consentimiento a un contrato de adhesión con condiciones generales. Una vez que el comprador indica su consentimiento en obligarse, se forma el contrato en los términos publicados, y la venta se ha consumado. Generalmente no se crea ningún registro en papel ni la firma del comprador es requerida. El problema está en que el aceptante desconoce el contenido y condiciones del producto o bien, no obstante que la ley otorga derechos al consumidor, entre otros la devolución de lo adquirido, pero después de haber pagado. En algunos casos el engaño, pues el desprevenido aporta sus datos personales de identificación y los de la tarjeta de crédito. De esta manera la asunción de obligaciones.

b) ***Shrinkwrap***

Son acuerdos de licencia u otros términos y condiciones de naturaleza contractual que pueden ser leídos y aceptados por el consumidor solo después de que este abre el producto. El término se refiere a las shrinkwrap, envoltorio plástico que se utiliza para recubrir software en cajas, porque este tipo de envases hace que sea imposible para que el comprador lea el contrato antes de completar la compra. Este tipo de contrato con condiciones generales o licencias de uso aparecen diariamente dentro de las cajas de los programas de ordenador, de ahí su denominación. Pueden ir impresos en papel (shrinkwrap), pero también suelen aparecer en la pantalla del ordenador cuando es instalado el programa, o cada vez que se inicia. En los acuerdos shrinkwrap el consentimiento sobre dichos acuerdos se entiende prestado en la medida en que el usuario adquiere el producto y paga el precio, siempre que, en ese momento, se garantice que este tenga la posibilidad de acceder a dichas condiciones generales.

c) ***Browsewrap***

Explorar-envolver (también browserwrap o navegar-wrap licencia) es un término utilizado en Derecho de Internet para hacer referencia a un contrato o acuerdo de licencia que cubre el acceso o uso de materiales en un sitio web o producto descargable. En estos casos, el comprador no se ve obligado a aceptar ni incluso a conocer o visualizar los términos del contrato para realizar la operación, sino que únicamente se facilita un enlace a otra página del sitio web en el que constan estos.

La vinculación de las cláusulas expuestas de este modo ha planteado algunas dudas, principalmente en Estados Unidos, *v. gr.*, la Corte de Apelaciones (*Ninth Circuit*[29]) sostuvo en su sentencia de fecha 18/08/2014, en el asunto NGUYEN v. BARNES & NOBLE, Inc.; que un usuario de una web no presta su consentimiento vía un *browsewrap agreement* cuando la web falla en proporcionarle suficiente advertencia sobre la existencia de unos términos de uso que contiene una cláusula de arbitraje obligatorio, más aún cuando dichos términos se encuentran accesibles vía un hipervínculo localizado al final de la web y sin distinción o posibilidad para el usuario de conocer las consecuencias del mero uso de la website. La argumentación del tribunal se basa en el concepto de "*constructive notice*" respecto a la existencia y contenido de los términos contractuales; precisando la misma disposición, que "La sola visita del sitio de Internet en el cual se ofrece el acceso a determinados servicios, no impone al consumidor obligación alguna, a menos que haya aceptado en forma inequívoca las condiciones ofrecidas por el proveedor". Y concluye afirmando que "Una vez perfeccionado el contrato, el proveedor estará obligado a enviar confirmación escrita del mismo. Esta podrá ser enviada por vía electrónica o por cualquier medio de comunicación que garantice el debido y oportuno conocimiento del consumidor, que se le indicará previamente. Dicha confirmación deberá contener una copia íntegra, clara y legible del contrato".

Tal disposición contempla la exigencia de una serie de deberes de información precontractuales, como los de tener por parte del consumidor un acceso claro, comprensible e inequívoco de las condiciones generales del contrato así como la posibilidad de almacenar o imprimir tal información.

---

29 La Corte de Apelaciones de Estados Unidos para el Noveno Circuito es un Tribunal Estadounidense Federal con jurisdicción de apelación en los Tribunales de Distrito en los siguientes distritos: Distrito de Alaska, Distrito de Arizona, Distrito Central de California, Distrito Este de California, Distrito Norte de California, Distrito Sur de California, Distrito de Hawai, Distrito de Idaho, Distrito de Montana, Distrito de Nevada, Distrito de Oregón, Distrito Este de Washington, Distrito Oeste de Washington. También tiene jurisdicción de apelación sobre los siguientes tribunales territoriales: Distrito de Guam, Distrito de las Islas Marianas del Norte. Su sede es San Francisco, California. El Noveno Circuito es el más grande de las trece Cortes de Apelaciones, con 29 cargos de jueces activos. Los paneles de la Corte de vez en cuando viajan a oír casos en otros lugares dentro del circuito. Aunque los jueces viajan alrededor del circuito, el tribunal ordena sus audiencias para que los casos de la región norte del circuito se escuchen en Seattle o Portland. Los casos del sur de California se escuchan en Pasadena, y los casos del norte de California, Nevada, Arizona y Hawái se escuchan en San Francisco. Para los abogados que tienen que venir y presentar su caso ante la Corte en persona, esta agrupación administrativa de los casos ayuda a reducir el tiempo y costo de los viajes.

2.4. LAS CLÁUSULAS DEL CONTRATO

Según el Diccionario de la Real Academia, la palabra "cláusula" proviene del latín *clausŭla*, de clausus 'cerrado'; y tiene los significados siguientes: 1. Cada una de las disposiciones de un contrato, tratado, testamento o cualquier otro documento análogo, público o privado. 2. Tradicionalmente, conjunto de palabras que, formando sentido completo, encierran una sola oración o varias íntimamente relacionadas entre sí.

El vocablo "cláusula" da la idea de cada una de las disposiciones contenidas en un contrato, donde los contratantes - o solamente uno de los mismos - establecen las obligaciones que recíprocamente les corresponde. Las *disposiciones* de un contrato son las reglas de conducta del o los intervinientes en el contrato de que se trate, continentes de la manera como se deben comportar en orden al cumplimiento de las obligaciones que asumen, o de qué modo o manera actuará cada uno en beneficio del otro y viceversa. Se habla de cláusulas, declaraciones, manifestaciones, estipulaciones, pactos, convenios, acuerdos. Sin embargo, estas manifestaciones o disposiciones pueden estar o no documentadas, dependiendo si la ley exige el instrumento como requisito esencial para la existencia y validez del mismo, y en tal caso su inexistencia material – aun cuando se hayan producido manifestaciones de voluntad – da lugar a la inexistencia del contrato, sin que puedan hacerse valer las obligaciones propias de la relación jurídica que se afirme; pues en tal circunstancia el instrumento o su documentación es "*ad probationem*" (para facilitar la prueba de su existencia y contenido de las declaraciones de voluntad), y excepcionalmente "*ad solemnitatem*"(requisito exigido como solemnidad necesaria pues su omisión determina la nulidad o inexistencia del acto).

Si la idea de cláusula se toma como parte de un documento, como quiera que los conceptos de contrato y documento no coinciden (un documento puede contener varios contratos y al revés) puede acontecer que con la expresión cláusula nos estemos, al menos en ocasiones, refiriendo no a una particular disposición contractual sino a un contrato entero, contenido como parte de un documento. Así, por ejemplo, cuando se habla de cláusula compromisoria para designar el contrato preliminar de arbitraje[30]. El contrato es un negocio jurídico bilateral patrimonial, o el acuerdo de dos o más partes que crea, modifica o extingue relaciones jurídicas. El documento no un negocio jurídico, sino un determinado bien que puede o no relacionarse con un contrato. Consiste en un objeto con el cual se prueba algún hecho o acto.

Quien considere un contrato en su aspecto material, cuando está escriturado, puede darse cuenta de que el mismo se compone de "cláusulas" o "pactos", esto es, de proposiciones entre las cuales se suele distribuir y articular su contenido. Para designar las cláusulas, la terminología de los prácticos se sirve más a menudo del vocablo "condiciones"; y así también lo hace la ley. Pero es superfluo

30 DÍEZ-PICAZO, Luis: Fundamentos..., ob. cit., p. 231.

decir que se trata de un uso impropio, porque "condición" es un término que tiene valor técnico y debe reservarse para expresar tan solo su significado técnico. El contrato, pues, entendido como totalidad, resulta del conjunto de las cláusulas; las cuales tienen la función de integrarse recíprocamente, en cuanto el contrato es siempre algo orgánico, constituido por *elementos coordinados* y *complementarios entre sí*[31]. Desde luego que en algunas ocasiones se confunden los vocablos *cláusulas y condiciones*[32], dando a los mismos igual significado, y así se dice: "las condiciones del contrato", dando a entender que son las cláusulas del mismo. Así, para referirse a los convenios o acuerdos entre los contratantes, por lo general se emplea el vocablo "condiciones", y de tal modo se dice: "Tal hecho queda condicionado a que ocurra determinado hecho o acontecimiento"; y se pone en duda el valor técnico de esa expresión, pues, se afirma que la condición en sentido técnico se utiliza para designar aquellas determinaciones accesorias de un negocio jurídico, en virtud de las cuales se hace depender de un acontecimiento futuro e incierto la eficacia o ineficacia de un negocio y no es conveniente dar un valor equívoco a las expresiones jurídicas[33]. Los efectos de la obligación condicional están sujetos o subordinados a un hecho futuro e incierto, ignorándose si el mismo ocurrirá o no. Los contratantes no pretenden o desean someter a la incertidumbre o al azar, el cumplimiento de sus correspectivas obligaciones. Los mismos cuando celebran el contrato lo que quieren es que cada uno cumpla la obligación a su cargo, a través del debido comportamiento o conducta, como finalidad de su relación que es lo debido por el deudor: la prestación.

Como las condiciones son eventos futuros e inciertos que solo existen en el contrato, de establecerse de manera expresa, con la finalidad de hacer depender de los mismos (los eventos) la eficacia de la relación negocial. De ocurrir el incumplimiento, las consecuencias del mismo podrán surgir sin que las partes hayan establecido en el contrato una "cláusula condicional".

---

31 MESSINEO, Francisco: Doctrina general del contrato, ob. cit., vol. 1, pp. 37-38.

32 En algunos códigos civiles (cfr. VII) se contempla que, "En el contrato bilateral va siempre implícita la condición resolutoria por falta de cumplimiento...". Se trata de una cláusula tácita incorporada en el contrato bilateral para el caso de que uno de los contratantes no cumpla su obligación. En la doctrina se admite que a pesar de esta terminología y de esta configuración tradicional, parece claro que no nos encontramos en presencia de una verdadera condición. La elaboración del instituto en la literatura y en la jurisprudencia más reciente ha tenido como guía el intento de superar la ficción de una cláusula tácita o sobreentendida, para desvincular el remedio resolutorio de la simple voluntad de las partes, elevándolo a la categoría de una forma objetivada de protección de intereses. No nos encontramos en presencia de una genuina condición. Las condiciones son eventos futuros e inciertos, que se establecen de manera expresa en los contratos con el fin de hacer depender de ellos la eficacia del negocio. El incumplimiento no puede ser considerado como un evento condicional.

33 DÍEZ-PICAZO, Luis: ob. cit., p. 231.

2.5. LOS PRINCIPIOS *CONTRA STIPULATOREM* Y EL *FAVOR DEBITORIS*

La terminación del contrato y su extinción están íntimamente vinculados a dos importantes reglas hermenéuticas como son los principios *contra stipulatorem* y el *favor debitoris*. Cuando se observen cláusulas oscuras o ambiguas, o en caso de duda ante una obligación de dar, hacer o no hacer alguna cosa ¿habrá que decidir a favor del deudor o débil contractual?

El contrato o las cláusulas del mismo pueden haber sido redactadas de tal forma que aparezcan dudosas o ambiguas; y ante la conveniencia del cumplimiento del contrato, de conservar el contrato, a veces sin importar quién lo cumpla; del interés incluso social de hacer prevalecer las reglas que informan el principio de la buena fe; hasta el punto que es función de la justicia material del caso concreto, que no solo se determine o precise quién es el contratante que ha incumplido, sino por qué no ha cumplido, pues muchas veces el incumpliente ha sido "atado" por el acreedor de tal forma que le resulta imposible desenvolverse justamente como un deudor cumpliente; o en otras ocasiones el deudor ha incumplido por una causa que no le es imputable. Al efecto dos importantes principios ofrecen ocasión para la protección no solo del débil contractual (cfr. IV.4.5), sino de hacer prevalecer la buena fe que debe presidir el cumplimiento del contrato: interpretación *contra stipulatorem* y *favor debitoris*.

a) *Interpretatio contra stipulatorem*

La regla del canon hermenéutico denominado *interpretatio contra stipulatorem* (o *contra proferentem*), denota que las cláusulas ambiguas o dudosas se interpreten en contra de quien las redactó; pues los actos realizados al amparo del texto de una norma, que persigan un resultado prohibido por el ordenamiento jurídico, o contrario a él, se considerarán ejecutados en *fraude de la ley*[34] y no impedirán la debida aplicación de la norma que se hubiere tratado de eludir; más aún cuando los derechos deberán ejercitarse conforme a las exigencias de la buena fe (v. X. 2.1). En

---

34 El fraude de ley o a la ley se ha conceptuado como sinónimo de daño o perjuicio obtenido a través de una maniobra empleada para dañar o perjudicar, en violación del contenido ético de una disposición legal; sin que exista un criterio unitario al respecto. Sin embargo, pareciera que la conducta maliciosa no es la que califica el acto sino que lo esencial - en orden a la doctrina del fraude a la ley - es la defensa del cumplimiento de la ley, y no la represión de la conducta maliciosa o intencional. Para la doctrina, esta hipótesis del contrato en fraude a la ley da lugar a un problema grave y doble: en el *campo normativo* y en el *constructivo*. El *problema normativo* mira a la reacción del ordenamiento contra el procedimiento defraudatorio y se resuelve por nuestro derecho con la equiparación del contrato en fraude a la ley al contrato ilícito. El *problema constructivo*, que refleja la propia identidad de la figura es todavía objeto de ásperas discusiones doctrinarias que la norma en mención (art. 1344 cód. civ. Italiano) no ha dejado de atizar con su inclusión equívoca del fraude a la ley dentro de la llamada causa ilícita. Así, según una teoría, el fraude a la ley solamente se presenta

otras palabras, la interpretación de las cláusulas oscuras de un contrato no deberá favorecer a la parte que hubiese ocasionado la oscuridad (art. 1288 CCes).

Se admite que la regla de interpretación de las cláusulas dudosas o ambiguas se utiliza para dilucidar el sentido de un contrato o cláusula contractual, válido como reflejo de la voluntad común de las partes, pero que por su oscuridad, ambigüedad o contradicción interna, no la expresa con suficiente claridad. De no poderse indagar su sentido por otros medios, se sospechará que el correcto es el que favorezca a la parte que no elaboró el contrato, para evitar que quien lo hizo pueda llegar a aprovecharse indebidamente de su labor o como manera de cargar la responsabilidad de la oscuridad, puesto que no solo pudo sino que debió haber actuado con mayor diligencia al redactar el contrato. Es la carga de hablar claro que pesa sobre quien lleva la iniciativa contractual, que se corresponde con una autorresponsabilidad cuando no se cumple satisfactoriamente con ella.

Al comentar las reglas de la buena fe que deben presidir la ejecución de los contratos, la doctrina admite que el deber de ejecutar de buena fe tiene como contenido esencial que se actúe lealmente, a fin de que las prestaciones a cargo de una parte se cumplan de la manera que resulte más beneficiosas para la contraparte, aunque, desde luego, ello no imponga a la parte sacrificios desmedidos. Se crea así entre deudor y acreedor un deber de colaboración mutua para alcanzar la finalidad buscada de la manera que convenga mejor a los recíprocos intereses de ambos, sin desnaturalizar, desde luego, lo estipulado en el contrato; que deriva del principio de buena fe la regla de la *interpretatio contra stipulatorem*, según la cual la interpretación de las cláusulas oscuras de un contrato no deben favorecer a la parte que ha ocasionado la oscuridad. Esta regla es de aplicación, en particular, a los contratos por adhesión y siempre que la elaboración de la cláusula haya sido obra de una sola parte. De conformidad con la regla *contra stipulatorem*, quien redacta un contrato tiene una ventaja frente a quien lo suscribe con ausencia de negociación. Es por ello que en el ordenamiento jurídico se considere que el estipulante debe ser claro en la redacción del contrato y, consecuentemente, cualquier duda o ambigüedad se interpreta en su contra. Todo esto tiene fundamental importancia al momento en que el

---

cuando el contrato está orientado a obtener un resultado distinto, aunque equivalente del prohibido por la ley, de manera que, si el contrato se dirige a este resultado, no hay fraude sino ilegalidad abierta. En cambio, para otra concepción, el fraude se da siempre que los contratantes se proponen alcanzar el propio resultado prohibido por la ley, pero empleando un medio distinto contemplado en ella, practicando así una violación indirecta, lo cual se traduce en un vicio de la causa (por el abuso de la función contractual), ya que el contenido se muestra conforme a derecho. E inclusive se discute, a propósito del análisis de los elementos constitutivos del fraude, si para que este exista es necesario, a más del elemento objetivo (la predisposición de un medio idóneo para realizar el fraude), la correspondiente intención de las partes; o sí, por el contrario, basta el hecho objetivo del fraude, frente al cual no tendría ninguna relevancia la intención de los contratantes.

judicante pronuncie la terminación y extinción de la relación obligatoria o contractual. Es que con fundamento en esta regla, en el ámbito procesal la interpretación de contratos o actos que presenten oscuridad, ambigüedad o deficiencia, los Jueces se atendrán al propósito y a la intención de las partes o de los otorgantes, teniendo en mira las exigencias de la ley, de la verdad y de la buena fe.

b) *Favor debitoris*

Al vínculo obligatorio, como elemento esencial de la obligación, se impone determinadas atenuaciones *ex lege*, y entre estas una de las más importantes es el denominado *favor debitoris*, como presunción favorable en protección del deudor, de manera que en caso de duda en cuanto a si está o no obligado en determinada relación jurídica, surge la respuesta negativa; y no solo esta protección sino que también en caso de duda respecto al alcance de la obligación asumida, en cuya hipótesis se debe adoptar la solución más favorable a los intereses del presunto deudor. El Digesto (XLIV, Tít. VII, L.) llegó a establecer que "Cuando se trata de obligar, propendemos a la negación; cuando de liberar, por el contrario, nos prestamos más fácilmente a la liberación". Desde luego, en necesaria consideración del deudor como el contratante más débil (vid. IV. 4.5).

Con esa expresión latina se subraya que, en caso de duda ante una obligación (de dar, hacer o no hacer alguna cosa), habrá que decidir a favor del deudor. Se trata de una aplicación extensiva del principio favorable a la parte más débil en cualquier área del Derecho ("*in dubio pro reo*", en el penal; "in dubio pro operario", en el laboral). En el Derecho de obligaciones equivale a ponderar favorablemente para el deudor las situaciones dudosas, entre las que se encuentran las surgidas por el incumplimiento obligacional. La justificación del incumplimiento obligacional ha de hacerse, no obstante, probando la concurrencia de circunstancias justificativas y que, como tales, exoneran de responsabilidad obligacional. En los casos dudosos, que no pueden resolverse según las bases establecidas, las cláusulas ambiguas deben interpretarse siempre en favor del deudor, o sea, en el sentido de su liberación. La aplicación de esta regla solo resulta justa en los contratos gratuitos, no en los onerosos, pues en estos las obligaciones son recíprocas, por lo cual el criterio de interpretación se debe ajustar a la equidad y equivalencia de las obligaciones correspectivas.

En ese sentido, el Código Civil español preceptúa en el artículo 1289 que cuando absolutamente fuera imposible resolver las dudas por las reglas establecidas en los artículos precedentes, si aquellas recaen sobre circunstancias accidentales del contrato y este fuera gratuito, se resolverán en favor de la menor transmisión de derechos e intereses. Si el contrato fuera oneroso, la duda se resolverá en favor de la mayor reciprocidad de intereses. Si las dudas de cuya resolución se trata en este artículo recayesen sobre el objeto principal del contrato, de suerte que no pueda venirse en conocimiento de cuál fue la intención o voluntad de los contratantes, el contrato será nulo.

Como se puede apreciar, en primer lugar la norma se orienta en el sentido de la conservación del contrato (cfr. IV.4.3), pues aun cuando el contrato presente dudas insuperables, se pretende que produzca efecto, aun cuando sea para el solo caso de que esas versen sobre las circunstancias accidentales; y, desde luego cabe decir que en los casos dudosos, que no pueden resolverse según las bases establecidas, las cláusulas ambiguas deben interpretarse siempre en favor del deudor, es decir, en el sentido de su liberación. Obsérvese entonces el carácter de absoluta subsidiariedad normativa. *In extremis*, si las dudas de cuya resolución se trata en esa norma recayesen sobre el objeto principal del contrato, de suerte que no pueda venirse en conocimiento de cuál fue la intención o voluntad de los contratantes, el contrato será nulo..

CAPÍTULO III

¿Terminación del contrato y extinción de la obligación?

Puede pensarse que solo las obligaciones se extinguen, en consideración a que los códigos civiles se refieren a la extinción de las obligaciones, como apuntamos más adelante; mientras que escasamente algunos se refieren a la extinción del contrato aun cuando también se habla de la extinción del contrato y de la obligación[35]. Hay mayor insistencia en la extinción de las obligaciones que de los contratos, hasta el punto de que se habla con mayor regularidad de la extinción de las obligaciones y de los medios o modos de extinción de estas.

Es casi generalmente aceptado no solo por la doctrina sino en la legislación, que son medios de extinción de las obligaciones el pago, la novación, la remisión de la deuda, la compensación, la confusión, la pérdida de la cosa debida, la delegación, la prescripción; a los cuales puede agregarse el vencimiento del término extintivo de las obligaciones, la causa extraña no imputable, la revocación, el mutuo *disenso*

35 La obligación del fiador se extingue al mismo tiempo que la del deudor, y por las mismas causas que las demás obligaciones (art. 1847 CCes). La hipoteca se extingue con la obligación principal y por todos los medios porque se extinguen las demás obligaciones. Se extinguen también por la resolución del derecho del constituyente, en los casos en que conforme a la ley las acciones resolutorias perjudican a tercero; y por la venta judicial en los casos en que le comprador deba recibir la finca libre de gravámenes (art. 424 CCcr). El usufructo se extingue generalmente por la llegada del día, o el evento de la condición prefijados para su terminación. Si el usufructo se ha constituido hasta que una persona distinta del usufructuario llegue a cierta edad, y esa persona fallece antes, durará, sin embargo, el usufructo hasta el día en que esa persona hubiera cumplido esa edad, si hubiese vivido (art. 863 CCc).El contrato puede ser extinguido total o parcialmente por la declaración de una de las partes, mediante rescisión unilateral, revocación o resolución, en los casos en que el mismo contrato, o la ley, le atribuyen esa facultad (art. 1077 CCCN).La prenda se acaba por: 1.- Extinción de la obligación que garantiza. 2.- Anulación, rescisión o resolución de dicha obligación. 3.- Renuncia del acreedor. 4.- Destrucción total del bien. 5.- Expropiación (art. 1090 CCp).

o *distractus*, la muerte en determinados casos; pero no se habla de la nulidad de la obligación pues aquella, como se afirma, se aplica al contrato, por lo cual no extingue la obligación sino que imposibilita el nacimiento de esta.

En la doctrina se han formulado algunas clasificaciones de los medios de extinción de las obligaciones. Una de estas clasificaciones atiende a la intervención o no de la voluntad de las partes, y otra clasificación es la que hace distinción entre medios extintivos de la obligación según satisfaga o no el interés del acreedor.

La primera clasificación es aquella que atiende a la intervención o no de la voluntad de las partes: medios voluntarios de extinción y medios involuntarios.

Los primeros, a su vez, han sido sub clasificados en medios voluntarios directos, cuya finalidad es la de cumplir la obligación, y en este caso el medio por excelencia es el pago; mientras que los medios voluntarios indirectos surgen del acuerdo entre las partes para extinguir la obligación, tales como la dación en pago, la remisión, la novación, la delegación, el *mutuo disenso* o *distractus*. Los medios involuntarios de extinción de las obligaciones, como su nombre indica, son aquellos independientes de la voluntad de las partes, y que son hechos que natural o legalmente extinguen las obligaciones, tales como la compensación, la causa extraña no imputable, la confusión, la muerte en los casos dispuestos *ex lege*, la prescripción extintiva.

La otra clasificación es la que hace distinción entre medios extintivos de la obligación según satisfaga o no el interés del acreedor.

Satisfacen el interés del acreedor el cumplimiento íntegro o total del pago, la delegación, la novación; pues el acreedor satisface su interés a través del nacimiento de otra obligación, y la compensación porque el acreedor obtiene una satisfacción indirecta y el deudor obtiene su liberación. En la confusión, la remisión y la prescripción, la obligación se extingue sin que el acreedor satisfaga su interés. Sin embargo, no resulta fácil determinar o establecer cuál es el comportamiento debido del deudor que satisfaga el interés del acreedor, pues es elemental decir que "el comportamiento" es la conducta del deudor orientada y dirigida a cumplir la obligación que asumió, y que necesariamente no tiene que ser de naturaleza patrimonial; no sin razón se afirma en la doctrina que no se requiere que sea patrimonial el interés particular y concreto que el acreedor tenga en el cumplimiento de la prestación (y mucho menos el interés que constituye el motivo por el cual ha contratado y que puede insertarse en la causa de la obligación o en la condición, pero no en la prestación). Basta que se trate de una prestación con un valor patrimonial. Pero una vez establecida la patrimonialidad de la prestación, en cuanto se exige que la prestación se enderece hacia el acreedor y en cuanto se considera que en esto hay un interés de aquel, de suyo la patrimonialidad se está reflejando en una valoración del interés en la prestación. Y a su turno, el interés puede influir en la propia valoración patrimonial[36].

36 GROSSO, Giuseppe: "Las obligaciones, contenido y requisitos de la prestación", traducción de Fernando Hinestrosa, Universidad Externado de Colombia, 1981, p. 206.

3.1. LA OBLIGACIÓN

¿En qué consiste la obligación que puede extinguirse? Desde el Derecho romano hasta nuestros días se ha dicho que la obligación es una relación jurídica, un lazo de derecho, una necesidad jurídica, un vínculo de derecho, una relación entre dos sujetos. Así, para PAULO (que recoge El Digesto), «*Obligationum substancia non in eo consistit, ut aliquod corpus nostrum aut servitutem nostram faciat, sed ut alium nobis adstringat ad dandum aliquid, vel faciendum, vel praestandum*". Otro texto atribuye a PAULO haber escrito: "*obligatio est juris vinculum, quo necesítate adstringimur ad aliquid dandum, vel faciendum vel praestandum*". Según POTHIER, la obligación es "un lazo de derecho, que nos restringe a dar a otro alguna cosa, o bien, a hacer o no hacer tal o cual cosa". MAZZEAUD afirma que es "un vínculo de derecho entre personas, en virtud del cual, una, el acreedor, tiene derecho a una prestación valorable en dinero efectuada por el otro, que está obligado a ella". O como dice ENNECCERUS, refiriéndose al crédito, "el que compete a una persona, el acreedor, contra otra persona determinada, el deudor, para la satisfacción de un interés digno de protección que tiene el primero". "Es una situación jurídica, sostiene DEMOGUE, que tiene por fin una acción o abstención de valor económico o moral, cuya realización es asegurada por determinadas personas". Según DE RUGGIERO, es "la relación jurídica en virtud de la cual una persona (deudor) debe una determinada prestación a otra (acreedor), que tiene la facultad de exigirla, constriñendo a la primera a satisfacerla".

Lo anteriormente señalado por los autores posibilita la oportunidad para decir que obligación y contrato parecieran identificarse, y valga como ejemplo el artículo 1133 CCv, conforme al cual "El contrato es una convención entre dos o más personas para constituir, reglar, transmitir, modificar o extinguir entre ellas un vínculo jurídico" (cfr. 3.2 *infra*). Esto puede dar motivo a la confusión interconceptual cuando se diga que "solo los contratos se terminan y las obligaciones se extinguen"; o que "las obligaciones se extinguen, los contratos no" (vid. 3.3 *infra*).

El concepto de lo que es la obligación es poco considerado en los códigos civiles. Sin embargo, entre otros, el CCCN suministra una definición en estos términos: La obligación es una relación jurídica en virtud de la cual el acreedor tiene el derecho a exigir del deudor una prestación destinada a satisfacer un interés lícito y, ante el incumplimiento, a obtener forzadamente la satisfacción de dicho interés (art. 724); y la prestación, a que se refiere esta norma sustantiva, constituye el objeto de la obligación; debe ser material y jurídicamente posible, lícita, determinada o determinable, susceptible de valoración económica y debe corresponder a un interés patrimonial o extrapatrimonial del acreedor (art. 725).

3.2. EL CONTRATO Y LA OBLIGACIÓN

El contrato es un negocio jurídico bilateral, pues siempre intervienen en el mismo dos o más personas, independientemente de que una sola de ellas se obligue. Se acepta en la doctrina que el "negocio jurídico" puede ser calificado de "unilateral" cuando es resultado de la expresión de voluntad de una sola parte (*ex uno latere*); y "bilateral" (o plurilateral[37]), cuando es resultado de la expresión de voluntad de dos o más partes; por lo cual el contrato como especie de negocio jurídico es siempre bilateral. Así, unilateralidad y bilateralidad, en relación con el negocio jurídico, guardan relación con la manifestación de voluntad de una o más partes; mientras que la unilateralidad y la bilateralidad contractuales, están en función de que las obligaciones que del contrato derivan resulten a cargo de uno solo de los contratantes o de ambos[38].

En sustancia, el contenido del contrato estriba[39], en una promesa (o en un conjunto de promesas) ya mutua, ya unilateral - pero en todo caso aceptada por el otro contratante - de un futuro comportamiento; pero, cuando la promesa es mutua, el comportamiento de cada contratante será necesariamente diverso del comportamiento del otro. En la definición legal del contrato es evidente la referencia a la obligación, es decir, aquella relación (de carácter patrimonial) que implica el nacimiento de derechos y deberes; relación que se produce, ordinariamente por el contrato. Por lo cual debe decirse que, en este sentido, el contrato es fuente de la relación obligatoria (obligación *ex contractu*; obligación contractual). Bajo este aspecto, es necesario remontarse al contrato para establecer la medida de los deberes y derechos de las partes; en cierto sentido, contrato y obligación se identifican. Fijada la relación entre

37 En el contrato plurilateral las prestaciones de las partes se orientan a la obtención de un *fin comunitario*, que constituye la causa del contrato. En el bilateral esas prestaciones son *recíprocas y* cada contratante asume una obligación para que el otro se comprometa con otra de distinta naturaleza, aun cuando puede ser económicamente correspondientes. Asimismo, en el contrato bilateral los intereses de las partes son opuestos, mientras que en el plurilateral tienen una misma e idéntica naturaleza jurídica, siendo peculiarmente iguales. En el contrato bilateral las prestaciones de las partes son recíprocas, es decir, prestación y contraprestación (son correspectivas), mientras en el contrato plurilateral el principio aplicable es: "el beneficio de la otra parte es mi beneficio", pues no se producen obligaciones recíprocas. No se admite la ventaja propia a expensas de la otra parte, sino conforme a determinadas circunstancias como ocurre, por ejemplo, con la participación accionaria en la sociedad mercantil, en donde a mayor participación económica, se presume mayor ganancia. De igual modo, en el contrato plurilateral la onerosidad es mediata (hay que esperar resultados), mientras que en los contratos bilaterales la onerosidad es inmediata (no hay espera, sino que se conoce inicialmente el resultado que se aspira, pues se ha indicado o determinado, aun cuando el mismo no llegue a producirse). Así, en el contrato de sociedad los socios tienen que ser como mínimo dos, se trata de la *bilateralidad necesaria*, pero pueden participar más, la *plurilateralidad eventual*, sin que se desnaturalice del contrato, pues - al mantenerse - siempre será un contrato de sociedad (GUERRERO-QUINTERO, Gilberto: La resolución del contrato (principios generales), ob. cit., p. 447).

38 GUERRERO-QUINTERO, Gilberto: La resolución, ob. cit., p. 411.

39 MESSINEO, Francesco: ob. cit., vol. 1, pp. 42-43.

contrato (hecho constitutivo) y obligación, es evidente que no pueden ni deben trocarse sus conceptos correspondientes como no puede ni debe trocarse, en general el elemento generador de un hecho con el hecho por él engendrado. Sin embargo, no falta, entre contrato y obligación zonas en las que se superponen ambos conceptos (o elementos del uno y de la otra). En efecto, la ejecución del contrato y el cumplimiento de la obligación que de él deriva pueden coincidir, como así también la inejecución y el incumplimiento (y los relativos remedios); el objeto del contrato y el objeto de la obligación pueden coincidir, en determinadas circunstancias; la prestación es el elemento de la obligación, pero de ella no se puede prescindir - en determinadas situaciones - en materia contractual. Por el contrario, se debería hablar, en rigor, de "obligación" con prestación continuada o periódica, mientras que el Código habla de "contrato" de ejecución continuada o periódica; otras veces, un mismo término es aplicable, si bien con diverso significado, tanto al contrato como a la obligación (sí el término "causa").

El contrato es un consentimiento dirigido a la producción de una o varias obligaciones y existe desde que una o varias personas consienten en obligarse, respecto de otras; o del modo como se establece en algunos códigos civiles: El contrato es una convención entre dos o más personas para constituir, reglar, transmitir, modificar o extinguir entre ellas un vínculo jurídico. La preposición "para", no siendo un verbo, empleada para colocar el contrato en movimiento, que en la praxis no se quede en lo abstracto y sin finalidad, destino o acción concreta; su dinámica nos lleva a lo teleológico contractual: constituir, reglar, transmitir, modificar o extinguir entre las contratantes un vínculo jurídico.

En varias legislaciones civiles se trata en el mismo capítulo lo relativo a LAS OBLIGACIONES, de las fuentes de las obligaciones y de los contratos; significándose así que es inevitable concebir el contrato como el consentimiento dirigido a la producción de una o varias obligaciones; pues cuando los contratantes constituyen, reglan, transmiten, modifican o extinguen entre ellos un vínculo jurídico, con todos estos actos asumen o producen una a o varias obligaciones ("obligaciones contractuales"), pero no solo esto; sino que, además, el contrato es presentado como fuente de la relación obligatoria, como fuente de las obligaciones, v. gr., al decirse que el contrato es unilateral, cuando una sola de las partes se obliga; y bilateral, cuando se obligan recíprocamente.

No obstante la expresión "obligación contractual" es equívoco, con él se designan indistintamente estas tres cosas: 1ª, los deberes contractuales, es decir, una determinada conducta de una de las partes, en cuanto prevista como necesaria para el buen orden; 2ª, la correlación entre el deber contractual de una de las partes y el derecho o poder contractual de la otra; y 3ª, la totalidad de la relación jurídica que nace entre las partes, con la totalidad de los poderes y deberes que le integran. Aparte de esa equivocidad de la expresión "obligaciones contractuales" conviene apercibirse de que tanto los deberes, como los derechos, como la situación o relación jurídica existente entre las partes, no son contenido del contrato, sino efecto del contrato;

precisamente lo que el contrato crea y produce[40]. Las obligaciones contractuales no pueden ser consideradas como contenido del contrato[41]. Sin embargo, un sector de la doctrina considera lo contrario. Así, al contratar, las partes pueden proponerse, ya crear un vínculo jurídico; crear o transferir un derecho real u originar obligaciones; ya modificar una relación existente; ya, por último, extinguirla.

3.3. ¿LAS OBLIGACIONES SE EXTINGUEN Y LOS CONTRATOS NO?

Mayoritariamente en los códigos civiles se dispone la extinción de las obligaciones por los medios a que se refieren: el pago, la novación, remisión de la deuda, compensación, la confusión, la pérdida de la cosa debida, la nulidad, la prescripción; además de otros medios. Por lo tanto, la enumeración que de los modos o medios de extinción de las obligaciones hace la mayoría de los códigos civiles, señala DÍEZ-PICAZO, está fundada en la consideración de la obligación como el simple vínculo formado por la correlación de un derecho de crédito y de un deber de prestación. La configuración de la relación obligatoria como una relación jurídica compleja y unitariamente organizada, para la realización de unos determinados fines e intereses empíricos, dentro de un cuadro o marco de reglamentación de los derechos y obligaciones, conduce sin embargo a un planteamiento diferente del tema de la extinción. Una cosa es la extinción de una obligación y otra distinta es la extinción de la relación jurídica que liga a las partes. El pago y la compensación determinan una satisfacción total o parcial del derecho de crédito y, al mismo tiempo, una extinción liberatoria total o parcial del deber de prestación. Del mismo modo la condonación opera como una voluntaria abdicación del crédito con la consiguiente liberación de la deuda, pero en ninguno de estos casos existe, necesariamente, al menos, una terminación de la relación inter partes. Si el arrendatario paga las mercedes arrendaticias o las compensa con otros créditos que tuviere contra el arrendador o este los condona, es claro que no por ello finaliza la relación de arrendamiento. La extinción de la relación obligatoria constituye así el punto final del sistema de organización de intereses establecido entre las partes y el agotamiento de la relación de intercambio y de cooperación existente entre ellas. Extinguida la relación, puede todavía subsistir la necesidad de liquidar sus resultados.

Efectuado el cumplimiento voluntario, surge su efecto esencial cual es la *extinción de la obligación*. En este aspecto no hay coincidencia en la doctrina, pues algunos autores disienten del principio conforme al cual puede apreciarse que las obligaciones se *extinguen* por los medios que el mismo indica, entre los cuales está el pago o cumplimiento; sosteniéndose que la extinción solo puede tener lugar en las prestaciones individuales, no siendo posible que se origine en las

40 DÍEZ-PICAZO, Luis: Fundamentos..., ob. cit., p. 227.

41 COLIN y CAPITANT; Curso elemental de derecho civil, Editorial Reus, vol. 3, Madrid, 1943, p. 568.

obligaciones en su conjunto. GIERKE y KRÜCKMANN (citados por Beltrán de Heredia y Castaño[42]), manifiestan que la extinción solo puede tener lugar por el mero transcurso del tiempo, después de haberse extinguido por cumplimiento las distintas prestaciones singulares en que la misma puede descomponerse. Sin embargo, ante lo que se afirma, la obligación no solo se extingue por el pago o cumplimiento, sino también por otros medios, tal el caso de la prescripción, al no ejercer el acreedor su derecho a la ejecución forzosa, habiendo dejado transcurrir el tiempo necesario para esta; aun cuando se sostenga que la prescripción solo extingue la acción (cfr. VII.7.7).

3.4. ¿SOLO LOS CONTRATOS SE RESUELVEN, LAS OBLIGACIONES NO?

En consideración a esta proposición interrogativa, en cuanto a que las obligaciones no son objeto de resolución sino los contratos, parece deducirse de la concepción según la cual, en el contrato bilateral, si una de las partes no ejecuta su obligación, la otra puede a su elección reclamar judicialmente la ejecución del contrato o la resolución del mismo. Es decir, en principio, ante el incumplimiento de la obligación se puede optar por la *resolución del contrato* como continente de la obligación (que contiene): "En el contrato bilateral, si una de las partes no ejecuta su obligación". Esta expresión asoma objetivamente como demostrativa de que la obligación - allí observada - es el contenido del continente (contrato) que la contiene.

Literalmente CCes en el artículo 1124 pareciera establecer un criterio diferente, cuando estatuye que, "*La facultad de resolver las obligaciones* se entiende implícita en las recíprocas, para el caso de que uno de los obligados no cumpliere lo que le incumbe. *El perjudicado podrá escoger entre exigir el cumplimiento o la resolución de la obligación*, con el resarcimiento de daños y abono de intereses en ambos casos..." Una previsión similar se observó en el artículo 1204 del Código Civil argentino derogado, sobre la resolución de las obligaciones emergentes del contrato; pero el nuevo CCCN contempla la resolución del contrato[43]. Del mismo tenor es el artículo

---

42 El cumplimiento de las obligaciones, Editorial Revista de Derecho Privado, Madrid, 1956, p. 165.

43 El CCCN (aprobado por ley 26.994 y promulgado según decreto 1795/2014) autoriza los diversos medios para la extinción del contrato: ARTÍCULO 1076.-*Rescisión bilateral.* El contrato puede ser extinguido por rescisión bilateral. Esta extinción, excepto estipulación en contrario, sólo produce efectos para el futuro y no afecta derechos de terceros. ARTÍCULO 1077.- *Extinción por declaración de una de las partes.* El contrato puede ser extinguido total o parcialmente por la declaración de una de las partes, mediante rescisión unilateral, revocación o resolución, en los casos en que el mismo contrato, o la ley, le atribuyen esa facultad. ARTÍCULO 1078.- *Disposiciones generales para la extinción por declaración de una de las partes.* Excepto disposición legal o convencional en contrario, se aplican a la rescisión unilateral, a la revocación y a la resolución las siguientes reglas generales: a. el derecho se ejerce mediante comunicación a la otra

1949 CCFmex, según el cual la facultad de resolver las obligaciones se entiende implícita en las recíprocas, para el caso de que uno de los obligados no cumpliere lo que le incumbe. El perjudicado podrá escoger entre exigir el cumplimiento o la resolución de la obligación, con el resarcimiento de daños y perjuicios en ambos casos. También podrá pedir la resolución aún después de haber optado por el cumplimiento, cuando este resultare imposible.

Ahora bien si entendemos la resolución como una acción constitutiva, esta se orienta a una sentencia que constituya, modifique o extinga una relación jurídica; o que sin restringirse a la simple declaración de un derecho, y sin crear una condena a la ejecución de una prestación, tiene como finalidad crear, modificar o extinguir un estado jurídico. En efecto, la acción resolutoria se dirige a obtener una sentencia que ponga término a la relación contractual y obviamente la extinción de la misma. El CCf en el artículo 1184 se refiere a la resolución del contrato, y lo mismo el CCi de 1942 dispone que "... Los contratantes podrán convenir expresamente que el contrato se resuelva en el caso de que determinada obligación no se cumpliera según las modalidades establecidas..."; y, asimismo, "... No se podrá resolver el contrato si el incumplimiento de una de las partes tuviere escasa importancia, habida cuenta del interés de la otra..." (vid. art. 1454). En la misma concepción, en cuanto a la resolución del contrato por incumplimiento, entre otros códigos civiles, arts. 1167 CCv, 918 CCaus, 569 CCb, 1386 CCh, 1428CCp, 1431 CCur, 725 CCpar, 1535 CCg.

La obligación no aparece sola o aislada del contrato, sino que forma parte de su estructura material. Esto indica que la obligación no se resuelve, sino su con-

---

parte. La comunicación debe ser dirigida por todos los sujetos que integran una parte contra todos los sujetos que integran la otra; b. la extinción del contrato puede declararse extrajudicialmente o demandarse ante un juez. La demanda puede iniciarse aunque no se haya cursado el requerimiento previo que pudo corresponder; en tal situación se aplica el inciso f); c. la otra parte puede oponerse a la extinción si, al tiempo de la declaración, el declarante no ha cumplido, o no está en situación de cumplir, la prestación que debía realizar para poder ejercer la facultad de extinguir el contrato; d. la extinción del contrato no queda afectada por la imposibilidad de restituir que tenga la parte que no la declaró; e. la parte que tiene derecho a extinguir el contrato puede optar por requerir su cumplimiento y la reparación de daños. Esta demanda no impide deducir ulteriormente una pretensión extintiva; f. la comunicación de la declaración extintiva del contrato produce su extinción de pleno derecho, y posteriormente no puede exigirse el cumplimiento ni subsiste el derecho de cumplir. Pero, en los casos en que es menester un requerimiento previo, si se promueve la demanda por extinción sin haber intimado, el demandado tiene derecho de cumplir hasta el vencimiento del plazo de emplazamiento; g. la demanda ante un tribunal por extinción del contrato impide deducir ulteriormente una pretensión de cumplimiento; h. la extinción del contrato deja subsistentes las estipulaciones referidas a las restituciones, a la reparación de daños, a la solución de las controversias y a cualquiera otra que regule los derechos y obligaciones de las partes tras la extinción.

tinente (contrato) el que puede terminarse a través de este medio judicial, que es la resolución; así como por otros medios de terminación (cfr. V y VII). Si fuese lo contrario (la resolución de la obligación) el contrato quedaría vigente en relación a las demás obligaciones no incumplidas, porque no son exigibles todavía o están ejecutándose periódicamente. En cambio, ante el incumplimiento (grave) de cualquiera obligación contractual, la resolución judicialmente declarada (del contrato) pone término al mismo por causa de ese específico incumplimiento y, como se ha admitido, pueden quedar obligaciones pendientes de liquidación (cumplimiento o exigibilidad), debido al efecto de la resolución hacia el futuro (*ex nunc*).

Se ha llegado a sostener que el contrato se extingue quedando solamente la obligación creada, razón por la que no se resuelve el contrato, sino la relación. Así, según MANUEL DE LA PUENTE y LAVALLE[44], el contrato, como declaración de voluntad, deja de existir una vez que cumple su cometido de crear una relación obligatoria y que es esta relación lo que constituye la ley del contrato y tiene por contenido jurídico todos los derechos y todos los deberes nacidos por efecto del contrato. Por ello, lo que se resuelve por razón del incumplimiento por una de las partes, de la prestación que le corresponde, es esa relación obligatoria que tiene. Se combate esta opinión, afirmándose, como lo hace CARLOS COSSIO, que no resulta razonable decir que celebrado el contrato este se extingue quedando solamente la obligación creada, pues es como afirmar que publicada la ley, esta se extingue quedando solamente la norma jurídica creada, o que creada una costumbre por unos sujetos mediante el ejercicio reiterado de ciertos actos, los sujetos se extinguen quedando solamente la costumbre. El contrato y la obligación que crea, la ley y la norma jurídica que ella contiene, los sujetos y la costumbre que practican, constituyen una sola unidad de substrato y sentido, de continente y contenido inescindibles. Admitir que el contrato se extingue tan luego que es celebrado, quedando solamente la obligación que crea, permitiría que en un proceso judicial sobre cumplimiento o resolución de contrato, al juez que ordena la exhibición del contrato se le conteste con el absurdo: que no puede exigir la exhibición de algo que se ha extinguido, pues lo único que queda es la obligación cuyo cumplimiento o resolución se exige[45].

Aquel criterio según el cual el contrato no se resuelve sino la obligación, presenta inconsistencias entre las cuales apuntamos - además de las antes señaladas -, que aparece contradicho legislativamente al instituirse en la ley la resolución del contrato por causa de incumplimiento. La doctrina mayoritariamente admite la resolución del contrato. Por su parte, la jurisprudencia ante el incumplimiento de la obligación se pronuncia sobre la resolución del contrato y no de esta. Este simple ejemplo pretende ilustrar lo apuntado: A y B celebran un contrato. B se obliga a

44 Estudios del contrato privado, Editorial Cultural Cuzco, Lima, 1983, vol. 1, p. 519.

45 TORRES VÁSQUEZ, Aníbal: Introducción al Derecho, Teoría general del Derecho, Editorial Idemsa, Lima, 2006, pp. 8-9.

pagar a crédito a A, 100 por la compra de dos bienes muebles. En el contrato se estipula la forma del pago que B debe hacer periódicamente por cada uno de esos bienes. Ocurre que B está solvente en el pago de uno de esos bienes, pero ha incurrido en mora en el pago del otro bien. Si A desea poner término a la relación jurídica entre ellos existente, ¿tiene que solicitar la resolución de la obligación incumplida o es del contrato? Si es de la obligación inejecutada, quedará vigente la segunda pues B la está cumpliendo; mientras que si la resolución es del contrato de venta, este posiblemente quede resuelto y, por tanto, extinguidas las obligaciones contenidas en el continente que las contiene.

CAPÍTULO IV

Intangibilidad del contrato y terminación contractual

Decir que el contrato es intangible denota que el mismo no debe ni puede tocarse, en el sentido de modificarse especialmente en forma unilateral, pues se dice que es "ley entre las partes"; por lo cual debe cumplirse exactamente tal y como fue celebrado. No se puede *tocar* (manipular, alterar, cambiar, modificar, incumplir) porque a las partes no está permitido modificarlo de forma unilateral. Sin embargo, estas comprensiones no son exactamente así, ante la existencia de excepciones: unas dispuestas por los contratantes y otras contempladas en la ley.

Al reglarse que el contrato tiene fuerza de ley entre las partes contratantes, también se deduce que el contrato no es ley sino que su fuerza obligatoria indica que no puede dejar de cumplirse; pero el contrato como no es ley tampoco es imperativo su cumplimiento en todo caso, sino que las partes no deben sustraerse de su cumplimiento de forma voluntaria, privando siempre la buena fe. Por eso la fuerza obligatoria del contrato es relativa, al privar la ley sobre la voluntad de las partes cuando está en juego el interés general, e incluso el interés del contratante cuando este se encuentra tutelado por disposiciones de orden público, como ocurre en materia de protección al consumidor o en el ámbito arrendaticio de vivienda.

Aun cuando el contrato "tiene fuerza de ley entre las partes contratantes", también las partes pueden dejarlo sin efecto por mutuo consentimiento (lo deshacen así como lo hacen), y no de manera unilateral, salvo los casos específicamente determinados en la ley. Asimismo, el contrato, ante determinadas circunstancias autorizadas por la ley, puede dejarse sin efecto o terminarse, tomando en consideración los derechos de terceros. Los motivos que dan lugar a la terminación y extinción del contrato permiten, según sea la tipología causal, de manera expresa o tácita o el medio específico utilizado, la terminación de la relación obligatoria o contractual.

En consecuencia, existen determinados medios que pueden conducir a que el contrato se termine o extinga, por voluntad de las partes o por disposición de la ley. Así tenemos: el pago, mutuo disenso, nulidad, revocación, desistimiento, rescisión, redhibición, resolución del contrato, la muerte, la evicción; así como la confusión, compensación, remisión de la deuda, transacción, novación, prescripción, término del contrato, imposibilidad de cumplimiento (cfr. V y VII). Obviamente que no todos estos medios tienen como propósito la terminación del contrato y, sin embargo, el resultado del medio empleado conduce, por lo general y en determinados casos, a la terminación de la relación obligatoria, o a la extinción de la misma, como se observa en el trascurso de este trabajo.

4.1. PRINCIPIO DEL CONTRATO-LEY

El artículo 1134 del Código Civil francés llegó a estatuir: *Les accords juridiques ont force juridique formée entre ceux qui ont été faites. Peut être révoquée par consentement mutuel ou pour les causes prévues par la loi. Doivent être exécuté es de bonne foi* (Los acuerdos legalmente formados tendrán fuerza legal entre quienes los hayan efectuado. Podrán ser revocados por mutuo consentimiento, o por las causas que autoriza la ley. Deberán ser ejecutados de buena fe[46]). Al emplearse en la antes citada norma el vocablo *loi*, DOMAT le atribuye el significado de lo que es justo, evoca la idea de justicia y equidad, pero no se refiere a la fuerza coercitiva de la ley; pues el contrato es una ley para las partes en el sentido que permite al juez atribuir a cada contratante lo que le corresponde en su "*justa medida*"; pero no significa que las estipulaciones del contrato tengan la imperatividad de la ley. Los conocedores de la obra de DOMAT afirman que la autonomía de la voluntad constituye un dogma ignorado por DOMAT, como principal inspirador de la regla del artículo 1134 del Código Napoleón[47].

---

46 "Lo pactado obliga" (p*acta sunt servanda*), expresa que toda convención debe ser fielmente observada por las partes según lo pactado; y constituye un principio básico del derecho civil específicamente en relación a los contratos y del derecho internacional. En este se señala que "Todo tratado en vigor obliga a las partes y debe ser cumplido por ellas de buena fe", tal como lo contempla el artículo 26 de la Convención de Viena sobre el Derecho de los Tratados de 1969. Esta misma norma en correspondencia a la Convención de Viena sobre el Derecho de los Tratados celebrados entre Estados y Organizaciones Internacionales o entre Organizaciones Internacionales de 1986. En la antigua Roma se admitió que "los pactos deben honrarse".

47 El CC Napoleón o francés, según consta en Orden n° 2016-131 de 10 de febrero de 2016, fue reformado en el ámbito del derecho contractual, así como el régimen general y la prueba de las obligaciones.

En relación al efecto del contrato entre las partes la reforma dispone:

«Art. 1103.- Los contratos legalmente formalizados tienen efecto de ley entre las partes.

«Art. 1104.- Los contratos deben negociarse, formarse y cumplirse de buena fe. «Esta disposición es de orden público.

«Art. 1105.-Los contratos, tengan o no una denominación propia, deberán someterse a las normas generales objeto del presente subtítulo. «Las normas especiales de ciertos contratos se establecen en las disposiciones propias para cada uno de ellos. «Las normas generales se aplicarán de acuerdo con estas normas especiales.

Y en cuanto al efecto obligatorio del contrato:

Ahora bien, cuando la ley estatuye que el contrato tiene fuerza de ley entre los contratantes, integra dos principios como son el de la *autonomía de la voluntad* por medio de la cual se dispone que el contrato tenga esa fuerza, y la *intangibilidad del contrato.*

Según el primer principio, la ley concede a los particulares la facultad o poder de concertar el contenido de las obligaciones que se imponen, no obstante que deben someterse a las disposiciones o normas de orden público que limitan la libertad contractual. Los contratantes deben someterse a lo estatuido en las normas imperativas y prohibitivas, pues el poder de establecer las obligaciones contractuales es solo relativo y condicionado, en obligación como están de establecer en el contrato un contenido mínimo indispensable, en protección del *contratante débil* (consumidores, trabajadores, arrendatarios, cfr. 4.5 *infra*); pues es de ley que la exclusión voluntaria de la ley aplicable y la renuncia a los derechos en ella reconocidos, solo serán válidas cuando no contraríen el interés o el orden público ni perjudiquen a terceros, en consideración a que los actos contrarios a las normas imperativas y a las prohibitivas son nulos de pleno derecho, salvo que en ellas se establezca un efecto distinto para el caso de contravención.

En cuanto al segundo principio, relativo a la intangibilidad del contrato, o como se denomina en la doctrina *"principio del contrato-ley"*, para referirse que el contrato tiene fuerza de ley entre las partes; principio este que ha sido sometido a crítica por parte de la doctrina, al afirmarse que la voluntad privada no puede crear efectos jurídicos con independencia *ex lege*, pues es la ley la que da eficacia jurídica al contrato cuando le da reconocimiento; que no está permitido que la voluntad contractual no puede sustraerse a la voluntad de la ley, y el juzgador no tiene permisión para ignorar la ley debiendo someterse a la misma; que al afirmarse "fuerza de ley", de ninguna manera puede interpretarse literalmente, pues la ley tiene un significado diferente.

El principio según el cual "los contratos tienen fuerza de Ley entre las partes contratantes", denota que celebrado el contrato las partes no pueden válidamente, por su sola voluntad, desprenderse del cumplimiento de las obligaciones contraídas, debiendo conservar el contrato como fue celebrado; que el juzgador no puede modificar los efectos del contrato libremente concertado (*principio de la intangibilidad del contrato*). Se tiene la idea de que el contrato no puede modificarse, desvirtuarse, manipularse, dejar de cumplirse, sino conforme lo dispongan sus creadores. No obstante, el rigorismo de esa regla se excepciona por disposición de la misma ley

---

«Art. 1193.- No podrán modificarse ni revocarse sino con su mutuo consentimiento, o por las causas que la ley autorice. «Art. 1194.- Los contratos obligan no solamente a lo expresado en ellos, sino a todas las consecuencias que la equidad, el uso o la ley den a la obligación.

«Art. 1194.- Los contratos obligan no solamente a lo expresado en ellos, sino a todas las consecuencias que la equidad, el uso o la ley den a la obligación.

cuando autoriza su terminación por las causas o motivos que la misma indique o autorice, o no prohíba.

Con el contrato se crea un conjunto de derechos y obligaciones (*efecto interno*: producir obligaciones entre las partes) que "son ley" para las mismas, y constituyen el contenido esencial del contrato; pero también genera un *efecto externo* atinente a su oponibilidad a los terceros, a quienes no obliga. Este contenido del contrato solo puede ser suprimido o modificado por un nuevo acuerdo entre las partes, no estando permitido que una de ellas lo altere o modifique unilateralmente, salvo los casos de excepción establecidos por la ley. Esta fuerza obligatoria tiene un doble fundamento: una idea moral, el respeto a la palabra dada; y un interés económico, la necesidad del crédito[48]. Sin embargo, el valor de la voluntad unilateral - como fuente de las obligaciones - es tema discutido. Además de la declaración de la irrevocabilidad del contrato (*pacta sunt servanda*) cabe deducir, como corolario, que una de las partes no puede desligarse arbitrariamente, por su sola voluntad, de la relación contractual. Todo desistimiento *ad nutum* (sin motivo válido), plantea en el ordenamiento positivo problemas de fundamentación. La admisión del arbitrio unilateral que permite dejar la validez y el cumplimiento del contrato a una de las partes solo es reconocida parcialmente. Se trata, además de supuestos concedidos legalmente que deben interpretarse de forma restrictiva sin posibilidad de aplicación analógica[49].

Así como la ley debe cumplirse por todas las personas como la misma dispone, en una orientación o dirección de cumplimiento obligatorio, entre las partes se sitúa la premisa conforme a la cual "Los contratos tienen fuerza de Ley entre las partes" (su fuerza obligatoria), por lo que deben ejecutarse de buena fe y obligan no solamente a cumplir lo expresado en ellos, sino a todas las consecuencias que se derivan de los mismos contratos, según la equidad, el uso o la Ley; fuerza obligatoria y consecuencias contractuales que pueden trascender más allá de esas relaciones interpersonales, pues se presume que una persona ha contratado para sí y para sus herederos y causahabientes, cuando no se ha convenido expresamente en lo contrario, o cuando no resulta así de la naturaleza del contrato.

De esa manera los contratantes están obligados a la *ejecución* o *cumplimiento* de sus correspectivas obligaciones. Pero en el derecho contemporáneo, tal principio ha dejado de ser exactamente así pues el Estado generalmente interviene para limitar o restringir la libertad absoluta para contratar ante la crisis de la autonomía de la voluntad de quien se obliga, en protección de la parte económicamente menos favorecida, especialmente en materias de interés público o

---

48 RIPERT y BOULANGER: Tratado de Derecho Civil (según el tratado de Planiol), La Ley, Buenos Aires, 1964, vol. 4, p. 283.

49 CORSI, Luis: *Algunos aspectos del desistimiento ad nutum del vínculo contractual*, en Temas de Derecho Civil, *Libro homenaje a Andrés Aguilar Mawdsley*, Tribunal Supremo de Justicia, Caracas, 2004, p. 372.

social; dictando leyes y disposiciones obligatorias, pues el Estado tiene como fines esenciales la defensa, el desarrollo de la persona, el respeto y la defensa de su dignidad, entre otros cometidos, en el tránsito del Estado liberal al Estado Democrático Social de Derecho y de Justicia, en donde el Estado sea el Rector del Bien Común. Es que la fuerza obligatoria del contrato ya no reside en la voluntad de las partes sino en la ley que cada día se orienta más hacia la justicia contractual, a quitar al contrato su fuerza obligatoria, a relativizarlo, en consideración a la equidad que ha sido llamada la justicia del caso concreto, permitiendo al juez mitigar el excesivo rigor de la norma ante hechos o casos particulares para que haya más posibilidad de lo justo o equitativo. Se dice que la justicia material es la exigencia de ser tratado justamente, los criterios que establecen las igualdades esenciales en el Derecho Positivo, y debe corresponderse con un modelo de comprensión de los sucesos que trascienden a las personas. De allí que la libertad de contrato será ejercido por la razón y dentro de los límites de la función social del contrato (vid. art. 421 CCb).

El concepto *"fuerza obligatoria del contrato"* también se relativiza cuando un acontecimiento imprevisto por los contratantes, ajeno a su acción u omisión, que deviene en demasiado gravoso u oneroso el cumplimiento de la obligación asumida, hasta el punto que puede causar daño irreparable a cualquiera de los contratantes, dependiendo del lado en que la situación sobrevenida ocurra (los sobrevenidos altos costos por causa de la inflación, la desvalorización de la moneda, en aquellos países afectados por estas circunstancias).

No en toda la legislación civil se admite la *teoría de la imprevisión*, con la finalidad de regular el incumplimiento de la obligación que se derive de la *excesiva onerosidad*; y de no estar prohibida puede el juzgador optar por algunas de las soluciones que se ajusten más a la *justicia material del caso concreto* (la revisión del contrato que permita acceder a la disminución de la prestación del deudor de manera equitativa y razonable); y como la justicia es una sola, ajustar proporcionalmente el monto de la prestación que debe recibir el acreedor, en especial mediante la utilización de los medios alternativos en la solución de conflictos. No obstante, los tribunales tienen el deber inexcusable de resolver, en todo caso, los asuntos que conozcan, para lo que se atenderán al sistema de fuentes establecido. Aun cuando las normas se interpretarán según el sentido propio de sus palabras, en relación con el contexto, los antecedentes históricos y legislativos y la realidad social del tiempo en que han de ser aplicadas, atendiendo fundamentalmente al espíritu y finalidad de ellas; las normas jurídicas deben interpretarse con fundamento en la Constitución, al servicio de la justicia material del caso concreto, en consideración a la realidad social del tiempo en que han de ser aplicadas.

Se dice que la justicia material es la exigencia de ser tratado justamente, los criterios que establecen las igualdades esenciales en el Derecho Positivo y que deben corresponderse con un modelo de comprensión de los sucesos que trascienden a las personas; cosmovisión o visión del mundo, imperante en la sociedad. Son los valores socialmente vigentes los que van a determinar qué es lo importante en una sociedad y qué no lo es, qué es lo esencial y qué es lo secundario, qué es lo beneficioso y qué es lo perjudicial al hombre. En fin, será la tradición de cultura la que sugerirá cuáles son los criterios de justicia material que permitirán la formulación de la justicia formal, aunque esta exige la determinación previa de las categorías consideradas esenciales, se detecta la situación de que no se puede decir cuáles son las características esenciales, es decir, las que se toman en cuenta para la aplicación de la justicia, sin admitir una cierta escala de valores.

Como se ha sostenido en la doctrina, la ejecución del contrato consiste en la prestación de la actividad necesaria para hacer posible su cumplimiento. Sin embargo, los dos términos "ejecución" y "cumplimiento" son, por lo común, empleados promiscuamente; y por otra parte ha de observarse que cumplimiento es término atinente a la disciplina de la obligación e indica el momento en que la obligación transcurre hacia su propia actuación. La ejecución del contrato es definitiva, es decir, es algo irrevocable y no sujeto a ser materia de arrepentimiento. Lo que las partes hacen en ejecución del contrato válido, causa estado y no puede ser reducido a la nada, a menos que el contrato esté, por cualquier razón, destinado a caer; más aún cuando los contratos deben ejecutarse de buena fe y obligan no solamente a cumplir lo expresado en ellos, sino a todas las consecuencias que se deriven de ellos, conforme a la ley, el uso o la equidad.

El contrato no es una ley en el sentido de norma jurídica dictada por el legislador, como precepto establecido por la autoridad competente, donde prohíbe, ordena o autoriza algo en armonía con la justicia. Desde luego que cuando la ley contempla que el contrato tiene fuerza de ley entre las partes, equipara el contrato a la ley, pero no denota que es la ley misma sino el efecto del contrato entre las partes, su fuerza obligatoria de manera no absoluta; más aún cuando la ley se caracteriza por la *generalidad* (su abstracción e impersonalidad), en cuanto a que la ley comprende a todos los que se encuentran en las condiciones previstas por ella, sin excepciones de ninguna clase. También por la *Obligatoriedad,* pues la ley tiene carácter imperativo-atributivo al establecer obligaciones o deberes jurídicos, pero que también otorga derechos. En todo caso la ley impone sus preceptos, incluso en contra de la voluntad de sus destinatarios, y su incumplimiento da lugar a una sanción impuesta por ella misma. La *Permanencia*, pues la ley se dicta con carácter permanente e indefinido, para un número indeterminado de casos y de hechos, y solo deja de tener vigencia mediante su supresión o derogación, de la manera establecida en la Constitución. Asimismo, la a*bstracción e impersonalidad,* en cuanto a que la ley no se dicta para resolver o regular hechos o casos individuales, ni para personas o grupos determinados. Su impersonalidad y abstracción la llevan a la generalidad. Y, finalmente, se caracteriza asimismo por *apreciarse de ser conocida,* pues nadie puede invocar su ignorancia (vid. 4.4 *infra*) o desconocimiento para dejar de cumplirla. Como el contrato no es una ley en el sentido antes observado, entonces ¿por qué, en principio, el contrato debe cumplirse?

4.2. ¿POR QUÉ EL CONTRATO DEBE CUMPLIRSE?

El contrato debe cumplirse, en principio, porque como se ha observa *supra*, tiene fuerza de ley entre las partes contratantes, no porque es ley; y además porque obliga tanto a lo que se expresa en ellos, como a las consecuencias que la equidad, el uso o la ley hacen nacer de la obligación, según la naturaleza de esta. Desde que se perfecciona un contrato obliga a los contratantes al cumplimiento de lo convenido, siempre que estuviere dentro de las disposiciones legales relativas al negocio celebrado, y debe ejecutarse de buena fe y según la común intención de las partes (art. 1519 CCg); aun cuando debe entenderse siempre que la protección del contratante débil constituye principio comprensivo de un derecho que se concilia a la justicia material del caso específico.

En eso del cumplimiento obligatorio del contrato, o del motivo de su obligatoriedad, diversas doctrinas tratan de explicarlo.

a) Ética de la veracidad

La obligatoriedad se funda en una norma ética derivada de la buena fe, que exige no defraudar la confianza que en otro pueda haber creado la promesa de uno, norma ética de veracidad en las comunicaciones entre los seres humanos y que se expresa como *"deber de cumplir la palabra dada"*.

RECASÉNS SICHES, argumenta que en toda sociedad civilizada los hombres deben encontrar que aquellos con los que tratan en el intercambio social, actuarán de buena fe y llevarán a cabo las expectativas razonables que sus promesas o su conducta hayan creado razonablemente en los demás; por lo que la obligatoriedad del contrato tiene su fundamento en la idea de una norma ética (*la motivación ética de la obligatoriedad de los contratos*) derivada de la buena fe, que exige no defraudar la confianza que en otro pueda haber creado nuestra promesa o nuestra conducta. Se trata de la "ética de la veracidad" de nuestras comunicaciones con el prójimo, que se expresa como deber de atenerse a la palabra dada. Los contratos no obligan en el orden jurídico solo por respeto a la palabra dada, sino porque son cauces institucionales de la realización de fines y de intereses.

b) La dirección normativista

En cuanto a la doctrina de la "dirección normativista", corresponde a KELSEN la indicación de que el fundamento de la obligatoriedad del contrato, debe buscarse dentro de un orden jurídico determinado. El fundamento radica en el hecho de que una norma de rango superior (la ley o una norma consuetudinaria) considera el contrato como una situación de hecho creadora de derecho. El fundamento queda reducido al de la ley o norma que lo admite. La obligatoriedad del contrato tiene su fundamento en una norma jurídica positiva, que considera el contrato como un hecho (acto, negocio jurídico) creador del derecho y productor de obligaciones. Por tanto, el fundamento de aquella obligatoriedad se halla en la norma superior, de Derecho positivo, que la reconoce y admite.

La pregunta acerca del fundamento de la obligatoriedad del contrato, puede buscar respuesta al problema de las razones por las cuales el legislador ha instituido el contrato como una situación de hecho creadora de derecho. Esta es una cuestión de política jurídica, a la que debe responderse señalando que las razones por las cuales el legislador instituye el contrato consisten en la conveniencia de dejar a los sujetos de derecho al cuidado de reglamentar, ellos mismos, sus intereses económicos o de otra índole, porque se estima que una reglamentación autónoma e independiente de esos intereses significa la solución más conveniente y justa.

c) El voluntarismo jurídico o concepción individualista

Para la concepción voluntarista, los hombres por naturaleza son libres e iguales, y por esto la creación de obligaciones solo puede proceder de un acto soberano de su voluntad y esta creación es un "*auto obligarse*", es decir, una voluntaria enajenación o limitación de la propia libertad. Asimismo, como los hombres son seres naturalmente libres e iguales, solo pueden quedar obligados a un poder político por un *consensus* (contrato social). La única manera de que queden obligados, unos respecto de otros, radica en que voluntariamente asuman dicha obligación; y así el contrato se convierte en el fundamento de todo el Derecho y de todas las obligaciones jurídicas. De manera que donde termina el reino de los contratos comienza el de la pura fuerza. Esta tesis, al ser concebirse en sentido individualista, orienta hacia el egoísmo que pretende imponer al contrato sin límite alguno. El imperio de la voluntad del más fuerte sobre el débil.

d) Doctrina de la relación contrato-persona

Considera el contrato como una manifestación de la actividad de la persona, que en ejercicio de su auto soberanía puede reglamentar sus propias situaciones jurídicas. El contrato es el medio de autogobierno de la persona, es decir, de la autonomía privada. La persona hace coincidir su voluntad con la de los demás y la voluntad de cada uno, que al coincidir, pierde su propia autonomía, y da lugar a una nueva voluntad unitaria, que es la voluntad contractual que regirá las relaciones entre las partes.

Para LEGAZ, el contrato no es solo una manifestación de la actividad personal, sino su forma última de manifestarse en la vida de relación. Es la forma jurídica por la que la persona crea en sociedad el mundo de situaciones jurídicas en que vive, dentro del marco de situaciones fundamentales en que toda existencia está. La obligatoriedad del contrato encuentra su fundamento en la idea misma de persona y es un cauce de realización de la persona en la vida social, dentro de un justo equilibrio y conforme a lo que debe ser justo; según el criterio de esta doctrina.

4.3. LA CONSERVACIÓN DEL CONTRATO

Al celebrarse el contrato, lo ideal es que el mismo sea válido y eficaz, que surja perfecto a la vida jurídica, que sea cumplido voluntariamente por los contratantes o por terceros en los casos permitidos *ex lege*, que no se terminen por motivos posteriores a su celebración o por vicios o defectos que aparezcan con el nacimiento mismo del contrato.

Lo deseable es que el contrato concluya de modo natural en su finalidad determinada por los contratantes, como consecuencia de haber producido los efectos a que aspiran sus celebrantes a tenor de la ley y las consecuencias jurídicas. Desde esta perspectiva, al existir duda de si el contrato en determinas circunstancias (en su totalidad o alguna de sus cláusulas) produce o no el efecto previsto, lo ideal es que se busque que el contrato lo produzca en armonía con los intereses de los contratantes, y no lo contrario; pues en caso de incertidumbre la interpretación debe dirigirse a que el contrato o cláusula discutida, se les tenga por eficaces, desde luego en observancia de las normas de interés público o social aplicables; y que entre un significado que conduzca a privar al contrato de efectos y otro que le permite causarlos, es necesario optar por esto último (principio de conservación del contrato); que según MESSINEO es un modo mediante el cual el ordenamiento jurídico viene en auxilio de las partes contratantes, supliendo la imperfecta manifestación de voluntad o salvando los efectos del contrato que, *utilitatis causa*, deben escapar a las razones de invalidez, resolución o rescisión. Está orientado a cautelar la función social que el contrato cumple, utilidad que lleva a que el ordenamiento jurídico tienda a protegerlo.

Lo esperado es que las obligaciones del contrato se extingan por causa de su cumplimiento (que es lo normal) dentro de lo legal y justo, y no que el contrato se termine y extinga de manera distinta (de forma anormal), como en los casos de la nulidad, por causa de rescisión, resolución por incumplimiento, revocación, evicción, entre otros; salvo el derecho de los contratantes a ponerle término por mutuo disenso o el concurso recíproco de sus declaraciones de voluntad, al considerar que este medio conclusivo les beneficia de alguna manera.

En la doctrina se ha sostenido que el Derecho asume y da por sentado que los contratantes han querido declarar su voluntad con la idea de lograr un efecto práctico y un efecto jurídico, dado que nadie se obliga porque sí, sin una razón que lo justifique; que se trata de una regla dictada por la razón, porque en un acto serio como es el contrato no es dable presumir que se haya querido insertar algo inútil; que la regla presume que al contratar las partes lo hacen seriamente, con un propósito práctico de satisfacer necesidades individuales, buscando una finalidad y un objetivo concreto, de tal manera que entre varias interpretaciones lógicas, el intérprete debe elegir la que produzca efectos según la naturaleza y objeto del contrato; que es la esterilidad negocial lo que se pretende evitar con la aplicación de esta regla, que revela el deseo del legislador de preservar, hasta donde sea procedente racional y jurídicamente, los efectos del negocio jurídico; que estrictamente es un principio esencialmente interpretativo, si bien es dable reconocer que la doctrina mayoritaria, a partir de la *ratio* de la norma, amplía su alcance a otra serie de supuestos en los cuales se habría inspirado el legislador.

Con harta frecuencia entre los contratantes hay uno que es el deudor, quien asume obligaciones sin saber a qué se obliga, no ha sido debidamente informado, desconoce el significado del vocabulario jurídico y no está asesorado por un profesional del Derecho, lo cual aparentemente no importa porque se afirma que la ignorancia de la ley no excusa de su cumplimiento, que la ley es dura pero es ley, que el contrato tiene fuerza de ley entre las partes. Así, el contratante débil asume el cumplimiento de las obligaciones insertas en el contrato, con la posterior consecuencia que el deudor pueda sufrir graves problemas especialmente patrimoniales. Como el principio aplicable es que el contrato debe conservarse y las obligaciones deben cumplirse, en la hipótesis ofrecida pareciera absurdo o un contrasentido sostener que allí el deudor como ignora a qué se obligó, se pregunte: ¿Cuál debe ser el destino de ese contrato? ¿Terminarlo por alguno de los medios establecidos en la ley? ¿El deudor está obligado a cumplir pues la ignorancia no es excusa que le exima del cumplimiento?

4.4. LA IGNORANCIA DE LA LEY ¿REGLA QUE DISCRIMINA?

Como los contratos tienen fuerza de ley entre las partes contratantes, no que son ley entre las mismas, se ha sostenido que la ignorancia de la ley por quien celebra el contrato no lo exime de cumplirla y de asumir las consecuencias que la ley previene. En algunas legislaciones civiles[50]se estatuye que "la ignorancia de la ley no excusa de su cumplimiento", pero otras eximen de responsabilidad por el error de hecho y de derecho excusable. Ese aforismo constituido en norma jurídica, debería entenderse no en el sentido de que el ciudadano esté obligado a conocer todas las leyes, o por lo menos las que se refieren a él en forma directa, o - como mínimo - aquella que quebrantó en el caso específico; sino en el sentido de que la ignorancia de aquel que está obligado a observar las leyes, no lo exime de la aplicación de aquellas consecuencias legales, en su contra por parte del juez que debe conocer la ley. Porque el mensaje legislativo va dirigido, en primera instancia, a sus intérpretes y ejecutores, es decir, a quienes deben hacer observar la ley, pero primero ellos cumplirla. ¿La cumplen y son ejemplo de ello? Y en última instancia, son ellos quienes deben observarla. Esta es la reciedumbre práctica del derecho, más innegable y efectiva que su certeza o certidumbre en sentido *epistémico* (sapiente, cognitivo, epistemológico, cognoscente)[51].

La justicia exige proporción entre la conducta y los efectos que a ella se vinculan. Es claro que cuando el legislador se desentiende del *criterio de proporcionalidad,* se está desviando del objetivo o finalidad que estatuyen las Constituciones democráticas de asegurar la vigencia de un *orden justo.* Si lo que se busca o pretende es conservar un ordenamiento que impida a los individuos alegar su ignorancia para

---

50 V. gr., entre otros códigos civiles, arts. 6° CCes, 9° CCco, 1° CCpan, 8° CCch, 2° CCv, 8° CCs, 8° CCCN.

51 FROSINI, Víctor: Teoría de la interpretación jurídica, ed. Temis, Bogotá, 1991, p. 93.

desconocerlo, la ley se ocupa de evitarlo mediante la legalidad de las relaciones contractuales, y establece mecanismos de protección; y así no impide que por error de derecho se pueda invalidar el contrato (el error de derecho puede fungir como vicio del consentimiento). El error de derecho producirá únicamente aquellos efectos que las leyes determinen.

Sin embargo, cuando una norma dispone que "la ignorancia de la ley no excusa de su cumplimiento", puede predicarse que vulnera el derecho a la igualdad, pues este derecho significa dar el mismo tratamiento a todas las personas que están en el mismo supuesto de hecho que él pretende regular, y prohíbe establecer cualquier tipo de distinción que pueda traducirse en *discriminación*, ante la presencia que puede darse de situaciones que tengan por objeto o por resultado menoscabar o anular el reconocimiento, goce o ejercicio en condiciones de igualdad de los derechos y libertades de la persona, y bajo el rigor de un trato desigual, que no esté basado en causas objetivas y razonables. En realidad esa regla negativa parece observar un trato desigual entre quienes padecen un *error de derecho*, y quienes sufren un *error de hecho*. Quienes incurren en uno y otro, aun encontrándose ante un mismo supuesto de hecho, al incurrir en error como vicio del consentimiento, son tratados con el mismo rigor, independientemente del distinto conocimiento que del ordenamiento jurídico tengan. El mismo trato al "ignorante" (quien no tiene noticias de las cosas, falto de ciencia, de letras) que al letrado (sabio, docto, instruido), cuando aquel está más propenso a incurrir en error que este por razones obvias.

Es aceptado que el principio de la igualdad ante la ley se presenta informado de tres notas que le dan sustancia: como *exigencia de la generalidad* de las normas jurídicas, como *exigencia de equiparación* y *exigencia de diferenciación*.

(i) La igualdad ante la ley aparece, en primer término, como *exigencia de la generalidad* de las normas jurídicas, es decir, como la garantía de que todos los ciudadanos van a hallarse sometidos a las mismas normas y tribunales.

(ii) Pero en ocasiones, la igualdad ante la ley aparece como *exigencia de equiparación*, de manera que, si la generalidad establece el tratamiento igual de situaciones que se consideran iguales, la equiparación supone un trato igual de circunstancias o situaciones no idénticas que, sin embargo, se estima deben considerarse irrelevantes para el disfrute o ejercicio de determinados derechos o para la aplicación de una misma disciplina normativa.

(iii) Aunque pueda parecer paradójico, la igualdad ante la ley se traduce también, en ocasiones, en la *exigencia de diferenciación*, es decir, en el tratamiento diferenciado de circunstancias y situaciones aparentemente semejantes, pero que requieren una reglamentación jurídica distinta. El postulado de la diferenciación evita que el principio de la igualdad ante la ley se traduzca en un uniformismo, que supondría regularlo todo de la misma manera, cuando los supuestos de hecho que se producen en la vida son tan distintos entre sí que no permiten medirlo todo con el mismo rasero. La exigencia de diferenciación entraña el no considerar la igualdad ante la ley en sentido estático, sino dinámico. En cualquier sector de la experiencia jurídica que deba ser reglamentado normativamente coexisten una serie de igualdades y desigualdades que no deben ni pueden ser soslayadas. Si no tuviera presentes esas condiciones estructurales de la realidad vital, la igualdad sería una noción vacía, inútil e injusta. Es más, la igualdad entendida mecánicamente y aplicada de modo uniforme, como un criterio formal y abstracto, podría degenerar en una sucesión de desigualdades reales. De ahí que la concepción de la igualdad en un Estado de Derecho, de una sociedad pluralista y democrática, no puede prescindir de las exigencias concretas de la realidad social para discernirlas y valorarlas en su específica pluralidad[52].

Al respecto es interesante observar, que el Código Civil mexicano en el artículo 21 preceptúa que la ignorancia de las leyes no excusa su cumplimiento; pero los jueces teniendo en cuenta el notorio atraso intelectual de algunos individuos, su apartamiento de las vías de comunicación o su miserable situación económica, podrán, si está de acuerdo el Ministerio Público, eximirlos de las sanciones en que hubieren incurrido por la falta de cumplimiento de la ley que ignoraban, o de ser posible, concederles un plazo para que la cumplan; siempre que no se trate de leyes que afecten directamente al interés público. Como se aprecia, en esta norma al establecerse la regla de la ignorancia de la ley, sin embargo la exceptúa expresamente cuando se trata de personas que puedan tener dificultad en el acceso a las normas, por causa de sus condiciones socio-económicas.

(i) El *notorio atraso intelectual de algunos individuos*. El retraso mental se refiere a limitaciones sustanciales en el desenvolvimiento corriente. Se caracteriza por un funcionamiento intelectual significativamente inferior a la media, que tiene lugar junto a limitaciones asociadas en dos o más de las siguientes áreas de habilidades adaptativas: comunicación, cuidado personal, vida en el hogar, habilidades sociales, utilización de la comunidad, autogobierno, salud y seguridad, habilidades académicas funcionales, ocio y trabajo. La *notoriedad* de estas circunstancias se debe a que son conocidas por la mayoría de las personas de su entorno, de la comunidad donde la persona vive, además de lo fácilmente captables en cualquier lugar.

(ii) *El apartamiento de las vías de comunicación*. La persona que vive en una comunidad o lugar apartado, distanciado o separado de la denominada civilización, y no dispone de los medios o las oportunidades para adquirir una normal y elemental educación o formación cultural. Se encuentra al margen como consecuencia de la injusticia social, de las desigualdades económicas, políticas, sociales y culturales.

(iii) *La miserable situación económica*. Se dice que la pobreza es una forma de vida que aparece como consecuencia de la imposibilidad de acceso o carencia de

52 PÉREZ LUÑO, Antonio-Enrique: *Teoría del derecho una concepción de la experiencia jurídica*, Tecnos, Madrid, 2008, pp. 228-229.

los recursos para satisfacer las necesidades físicas y psíquicas básicas humanas, que inciden en un desgaste del nivel y calidad de vida de las personas, tales como la alimentación, vivienda, educación, asistencia sanitaria o el acceso al agua potable. La falta de medios para poder acceder a tales recursos, como el desempleo, la falta de ingresos o un nivel bajo de los mismos. También puede ser el resultado de procesos de segregación social o marginación. En muchos países del denominado "tercer mundo", se dice que uno está en situación de pobreza cuando su salario (si es que tiene un salario), no alcanza para cubrir las necesidades que incluye la canasta básica de alimentos. La situación persistente de pobreza se denomina pauperismo y se la considera como el resultado de un modelo social y económico injusto, ejercido y aplicado en un territorio y tiempo determinados, por los diversos agentes económicos y políticos dueños del capital, que producen en la sociedad sectores excluidos de los beneficios totales o parciales del modelo en ejecución. A estos sectores excluidos, de tales beneficios, los llamamos generalmente pobres o más genéricamente como parte de la pobreza existente. Más allá de donde no se puede seguir siendo pobre, está la pobreza extrema. Pobre también es el país que vende barato y compra caro, que vende barata su riqueza y luego la compra cara, o aquel país que regala lo que tiene, o en donde la corrupción lo aniquila pero enriquece a los que lo manejan. Para no ir muy lejos, en Latinoamérica existen unos cuantos países modelos de lo que expresamos, y uno de ellos que fue rico es ahora especial ejemplo de corrupción y pobreza extrema.

El Código de Luisiana, en su artículo 5º, dispone que "Nadie puede aprovecharse de la ignorancia de la ley". Aquí la ignorancia de la ley no se invoca ya como excusa de su incumplimiento, sino como causa de provecho para el propio invocante, caso en el cual se prohíbe su alegación. Y si la ignorancia jurídica no aprovecha, a *contrario sensu*, la misma sí se puede alegar para evitar un daño inminente: un postulado que bien parecería consecuencia de la máxima *damno vitando, lucro captando.* Pero la reformulación va más lejos. Si bien se prohíbe al ignorante alegar su ignorancia jurídica para obtener un provecho ilícito (por ejemplo, escapar a la aplicación de una pena); una interpretación sistemática de la regla también da lugar a pensar que ella se aplica no solo a quien incurre en la propia ignorancia, sino también a aquel que pretende aprovecharse de la ignorancia jurídica de otro (el caso, por ejemplo, de quien pretende aprovecharse de la ignorancia jurídica de su contraparte contractual que consintió en un negocio jurídico, por su mero desconocimiento de la ley); o por su extrema necesidad económica que es conducido a caer en la trampa del usurero o prestamista.

El formalismo sustentador de las estructuras del sistema en donde impera el criterio contenido en la regla en comentario, apareja una defensa a ultranza de la misma, y esto se demuestra en muchos lugares. Como ejemplo de esta apreciación afirmativa, ante la norma obligatoria en el derecho comparado y del mismo contenido, es importante traer a colación la sentencia C-651/97 de la Corte Constitucional colombiana, cuando – en orden a la exigencia de la *justicia material del caso concreto* - afirma lo siguiente:

"La búsqueda de un ideal de justicia material consagrado en la Carta, no puede confundirse con la posibilidad de que cada uno reclame la concreción de ese propósito desde su particular perspectiva y según su concepción de lo justo. Lo que debe determinarse es si en realidad la norma demandada resulta contraria al orden justo que configura y anticipa la Constitución. Para los efectos de esta sentencia, puede asumirse, a grandes rasgos, que las normas que una persona puede ignorar, relevantes en el problema que se analiza, se reducen a dos categorías: 1) las que imponen deberes; y, 2) las que indican modos de proceder adecuados para lograr ciertos fines. Sin duda, las más importantes, en función del asunto planteado, son las que pertenecen a la primera categoría, puesto que de su transgresión pueden seguirse sanciones. La pregunta que debe plantearse es, entonces, la siguiente: ¿Es preciso para conocer los deberes de los que se es destinatario, conocer las normas donde se originan? Dicha pregunta puede responderse negativamente, por las elementales razones que a continuación se exponen: Los deberes esenciales que a una persona ligan como miembro integrante de una comunidad pueden captarse de manera espontánea mediante la interacción social. Como reglas típicas de la segunda categoría, pueden citarse las que establecen la manera de celebrar contratos. La inobservancia de tales reglas no apareja propiamente sanciones sino más bien resultados fallidos. Porque ellas funcionan de manera similar a las relaciones causales del mundo físico. Es claro, desde luego, que el deber jurídico implícito en la ficción supone, a la vez, una obligación ineludible a cargo del Estado: promulgar las leyes, pues solo a partir de ese acto se hace razonable la efectividad de las consecuencias jurídicas que pueden seguirse de su inobservancia".

Sin embargo, sin abandonar la temática ¿qué son deberes para una persona iletrada? ¿La ley impone deberes y estos son más importantes porque imponen sanciones? ¿Los deberes esenciales que a una persona ligan como miembro integrante de una comunidad pueden captarse de manera espontánea mediante la interacción social, aun cuando la persona no tenga capacidad para interar? ¿Qué es eso de que la ley es dura pero es ley? El principio según el cual la ley debe ser aplicada porque es obligatoria, con independencia del conocimiento que los súbditos tengan de su existencia, parece vinculado al modelo de un Estado autocrático en el que la legitimidad de los mandatos remite exclusivamente a su origen y no a sus formas o sus efectos, tampoco a sus procedimientos o a los contenidos que transmiten. En efecto, en un sistema autocrático lo único relevante en relación con la virtualidad de una norma es si ella emanó de la voluntad del soberano, del príncipe, del *Führer*, etc., y no si satisface, por sí misma o por el mecanismo empleado en su creación o por las consecuencias que pueda previsiblemente atribuírsele, determinada condición. Cuando el soberano absoluto de los siglos XVI o XVII librada una *ordre de cachet*, el destinatario, en caso de ser hallado, iba a parar con sus huesos a la mazmorra y, probablemente, a corto plazo, iniciara el luctuoso recorrido que lo llevaría hasta el cadalso, en muchas ocasiones sin saber siquiera qué era lo que se le reprochaba. Porque lo único importante era que la orden había emanado del rey y que este estaba facultado para dictarla[53].

Las consideraciones anteriores no apuntan a señalar hitos históricos en la evolución del concepto, sino que son pertinentes en la medida en que indican tres rasgos característicos de la equidad. El primero es la importancia de las particularidades fácticas del caso a resolver. La situación en la cual se encuentran las partes - sobre todo los hechos que le dan al contexto empírico una connotación especial - es de suma relevancia para determinar la solución equitativa al conflicto. El segundo es el sentido del equilibrio en la asignación de cargas y beneficios. La equidad no exige un equilibrio perfecto. Lo que repugna a la equidad son las cargas excesivamente onerosas o el desentendimiento respecto de una de las partes interesadas. El tercero es la apreciación de los efectos de una decisión en las circunstancias de las partes en el contexto del caso. La equidad es remedial porque busca evitar las consecuencias injustas que se derivarían de determinada decisión dadas las particularidades de una situación. De lo anterior también se concluye que decidir en equidad no es, de ninguna manera, decidir arbitrariamente. Al contrario, la equidad busca evitar la arbitrariedad y la injusticia, aún la injusticia que pueda derivar de la aplicación de una ley a una situación particular cuyas especificidades exigen una solución distinta a la estricta y rigurosamente deducida de la norma legal[54].

4.5. ¿DÉBIL JURÍDICO O DÉBIL CONTRACTUAL?

Es una constante en casi todas las relaciones jurídicas (contractuales) en donde una de las partes es menos fuerte o se encuentra en desventaja, desde el punto de vista patrimonial, se le califique o conozca como *débil jurídico*. ¿En qué sentido se entiende? ¿La ley protege al deudor con preferencia al acreedor?

La persona que está en desventaja frente a la otra que impone las condiciones (*rectius*: las obligaciones) en una relación económica o contractual; o que en determinadas obligaciones impuestas por el otro contratante la ley no siempre tutela al débil. Aquel que por necesidad cede fácilmente (consumidor, trabajador, arrendatario) ante la capacidad económica del otro contratante, o la persona indefensa o no capaz de valerse por sí misma (el *nasciturus*). La protección solo debe ser a una categoría de deudores necesitados de capacidad económica, pues de lo contrario, v. gr., una persona deudora con capacidad económica igual o mayor a la del acreedor, o dentro del mismo estatus patrimonial, ¿es débil contractual? Parece que no es. La protección tiene carácter exclusivamente humana y social, especialmente en atención a la dignidad de la persona humana; sus necesidades primarias y secundarias, capacidad económica y la relación deberes-derechos.

La doctrina posiblemente no ha dado mayor importancia a la conceptualización del "*débil contractual*" en el ámbito de las relaciones obligacionales, conformán-

---

53 CÁRCOVA, Carlos María: La opacidad del derecho, Editorial Trotta, Madrid, 2006 p. 29.

54 Ídem.

dose en la mayoría de las situaciones con repetir la expresión, dando por conocido su significado y alcance; calificando a determinado deudor como "*débil contractual*" y, por tanto, sujeto a protección. Se viene repitiendo la expresión de manera acostumbrada y mecánica, y pareciera no requerir de ninguna explicación, pues además se da por sobreentendido su significado. En ocasiones se hace referencia a que determinado deudor está desprotegido por la ley, que esta no contempla todas las situaciones en que él se encuentra inmerso, o que al carecer de capacidad económica, el más fuerte (el acreedor) impone su voluntad y así le obliga a celebrar el contrato en absoluta desventaja económica. Sin embargo, en ocasiones el deudor es el fuerte y el acreedor el débil, cuando aquel dispone de capacidad económica frente a un acreedor en mengua o insuficiencia patrimonial, y la ventaja le permite imponer el contenido de las cláusulas contractuales; o la existencia de una relación jurídica en la cual casi todos los deberes corresponden al acreedor y al deudor solo derechos. En estas hipótesis ¿quién es el *débil contractual*? Cada caso tiene una solución específica y los hechos en cada hipótesis - que se puedan presentar - indican el contenido de la relación y permiten ponderar de qué lado está la debilidad o la fortaleza, especialmente económica; la justicia o la injusticia en la relación obligatoria.

El *débil contractual* no guarda relación con el "deudor" en la relación obligatoria, sino a la persona que en aquella está en desventaja. En el caso del arrendatario, la desventaja del mismo cuando celebra el contrato aceptando las obligaciones económicas impuestas por el arrendador, sin negociación o discusión alguna, que resulten exageradas desde la mensura económica; la asimetría intersubjetiva se da no porque el arrendatario deba pagar (deudor) determinado precio por el alquiler, pues debe pagar por el uso del bien, sino al constituirse en arrendatario en situación desventajosa frente a su arrendador (acreedor), que le impone esta obligación a su manera aprovechándose de su necesidad de usar, habitar u ocupar el inmueble[55]; no obstante existe un hecho indiscutible: el arrendador tiene derecho a que su propiedad esté protegida. Pero este derecho a la protección también se relaciona con el deber del acreedor de que el bien cumpla una función social.

---

55 Se considerarán *cláusulas abusivas* todas aquellas estipulaciones no negociadas individualmente y las prácticas no consentidas expresamente que, en contra de las exigencias de la buena fe, causen en perjuicio del consumidor y usuario, un desequilibrio importante de los derechos y obligaciones de las partes que se deriven del contrato. El carácter abusivo de una cláusula se apreciará teniendo en cuenta la naturaleza de los bienes o servicios objeto del contrato y considerando todas las circunstancias concurrentes en el momento de su celebración, así como todas las demás cláusulas del contrato o de otro del que éste dependa. Así, las que vinculen el contrato a la voluntad del empresario, que limiten los derechos del consumidor y usuario, las que determinen la falta de reciprocidad en el contrato, e impongan al consumidor y usuario garantías desproporcionadas o le impongan indebidamente la carga de la prueba; así como las que resulten desproporcionadas en relación con el perfeccionamiento y ejecución del contrato.

Es obvio que el acreedor, la mayoría de las veces, predetermina las cláusulas del contrato (las obligaciones), las presenta al que aspira a ser deudor y este, muchas veces, no tiene opción de proponer modificaciones; y en otras el contrato está elaborado como modelo tipo y uniforme (en ambas hipótesis el típico contrato de adhesión). Ante esta situación impuesta y preestablecida no hay otra alternativa sino aceptar la propuesta o rechazarla. La falta de negociación y de discusión, observa MESSINEO, así como también de participación en la determinación del contenido del contrato, que es propia de la adhesión, implica una situación de *disparidad económica* y de *inferioridad psíquica* para el contratante débil, por la que el contrato de adhesión llega a contraponerse al contrato que puede llamarse paritario (paritético) (y que constituye la regla), en el que la posibilidad otorgada a cada uno de los contratantes de concurrir o de influir sobre la determinación o sobre la elección del contenido del contrato es un síntoma de paridad económica y psíquica y traduce en términos jurídicos esta paridad[56].

Parte de la doctrina entiende que *"parte débil"*[57] no es sino una categoría jurídica objetiva, en la que, al igual que en otras categorías objetivas del Derecho vigente (como automóviles, elementos nucleares, trabajador, inquilino, etc.), la parte débil contractual no equivaldría a una apreciación *in concreto* de la relación, sino que la noción importaría una "cualidad objetiva" con la que la parte o el sujeto acude al contrato. La expresión, así considerada, no se referiría a un individuo en concreto, sino a categorías abstractas y objetivas, inamovibles e inmodificables, dentro de las cuales el sujeto de la relación contractual encuadra o no, sin referencia alguna

---

56 Doctrina general del contrato, ob. cit., vol. 1, p. 440.

57 Se ha señalado que la debilidad deviene de aspectos muy variados: es "débil" en cuanto tiene necesidades que debe satisfacer, sean ellas primarias o secundarias; esas necesidades son sentidas o vividas como carencias, faltas o limitaciones que condicionan la personalidad; son en rigor, sufridas. El consumidor se muestra ansioso, mortificado por el afán de lograr aquello de lo cual carece, y si bien puede pensarse que la ansiedad o el sufrimiento encuentran explicación en situaciones como la falta de alimentos o de una vivienda - padecimientos nacidos de la no satisfacción de necesidades primarias o vitales- ocurre algo muy similar, sobre la base de la publicidad, respecto de otros bienes (valgan, como ejemplos, el automotor, la heladera, el sistema de aire acondicionado); es débil, asimismo, en cuanto está solo, aislado, librado a su desconocimiento o ignorancia de sus derechos subjetivos, en particular, y el Derecho como regulador de la vida en sociedad, en general; es débil, también, porque no tiene una experiencia aquilatada en el tema de la comercialización del bien o del servicio de que se trata; le falta profesionalidad, no hace de tal o cual compra una profesión habitual: además está " de este lado del mostrador", vale decir, ajeno al proceso de producción y distribución, sin conocimientos ciertos sobre costos; forzado "a creer", a confiar, a aceptar los precios y las calidades que se le ofrecen; no participa del proceso de fabricación del bien o de organización del servicio y desconoce, por lo común, los costos, tipos y variables (MOSSET ITURRASPE, Jorge y LORENZETT, Ricardo Luis: "Defensa del consumidor", Culzoni Editores, Buenos Aires, 1993, pp. 54-55).

a la realidad particular del caso concreto. El fundamento principal de esta postura doctrinaria consiste en prescindir de decisiones jurisprudenciales subjetivas y arbitrarias, y en evitar la filtración de un elemento arbitrario, atentatorio de la seguridad jurídica, en el ordenamiento jurídico. Pese a comprender la lógica y la razonabilidad de esta postura, disentimos de esta línea de pensamiento, ya que - a nuestro criterio - prescindir de la referencia a la realidad concreta del caso particular, llevaría indefectiblemente a no considerar situaciones de evidente debilidad contractual y, por lo tanto, a privarlas de su debida tutela[58].

Otra parte de la doctrina considera - contrariamente a la anterior - que la debilidad contractual es una "*cuestión de hecho*", que ha de ser reconocida y valorada por el juzgador en cada caso concreto, y que, en consecuencia, resultan innecesarias las normas legales específicas que se dirijan a la protección de la debilidad contractual, pues son suficientes las normas generales que en materia contractual se encuentran positivizadas en el Código Civil. Tampoco consideramos correcta esta postura, ya que si bien la atención a las particularidades del caso concreto supone la reflexión ineludible del juzgador, existen pautas objetivas y genéricas que permiten identificar *a priori* la debilidad contractual, pautas que han de ser atendidas, y que resultan de suma utilidad tanto para los tribunales, a la hora de resolver el caso traído a estudio, como para el legislador en oportunidad de sancionar una normativa que específicamente contemple y regule la cuestión subexámine. Por lo expuesto, creemos que la "parte débil" ha de ser entendida conforme dos variables. La identificación de la debilidad contractual ha de realizarse mediante la utilización conjunta de dos pautas: por un lado, una *referencia a lineamientos o presupuestos objetivos y abstractos*, que delimite o encuadre las diversas situaciones de debilidad; por el otro, la constante *referencia a la realidad* caracterizada por ser esta *subjetiva e in concreto*[59].

Sin embargo, se critica el concepto afirmándose que la premisa de que el deudor es la parte débil de la relación obligacional es un mito, pero no una realidad. La idea de la "parte débil" en la relación contractual, denominada también como el "débil jurídico", es un axioma que se viene arrastrando desde el Derecho romano. En el Digesto, Labeón y Paulo sostienen que cualquier oscuridad o ambigüedad de los pactos en el contrato de compraventa, debían interpretarse en contra del vendedor. De este axioma, convertido en casi todo un principio general del Derecho que ha influido en la doctrina y legislación de los países de tradición jurídica romano-germánica, han surgido dos sub-principios: el *interpretatio contra stipulatorem* y el *favor debitoris*. Afirmar que el deudor es la parte débil de la relación obligatoria es equivocado, ya que, por ejemplo, en un contrato de compraventa es deudor tanto el comprador como el vendedor, con lo cual ambos serían débiles, por lo que habría que preguntarse quién es el fuerte. Casi en forma instintiva se

58 OSSOLA, Federico A. y HIRUELA, María del Pilar: "El contratante débil," *Revista Oficial del Poder Judicial* 1/1 2007, Córdova, Argentina.

59 Ídem.

dice que el comprador es la parte débil, nada más absurdo. Si una persona natural acude a comprar panetones a un supermercado, entonces será la parte débil frente al fuerte empresario; pero si el que acude a comprar los panetones es una empresa minera, ¿podemos decir que es una parte débil? Desde luego que no. Entonces, el deudor no puede ser calificado *per se* como la parte débil. En el ámbito de la contratación masiva o predispuesta se afirma que la parte débil es el consumidor que no tiene la posibilidad de discutir las condiciones redactadas unilateralmente por el empresario o proveedor. En este caso, la preformulación de los contratos por una de las partes - productores o empresarios - que normalmente ostentan un poder económico y de información superior al de los clientes y consumidores, les concede una superioridad al momento de contratar, ya que pueden imponer sus condiciones. Pero nuevamente, un consumidor puede ser un campesino como un reconocido abogado[60].

El deudor ha sido considerado como débil contractual[61], especialmente el locatario de vivienda dada la presunta carencia de recursos económicos que le dificultan la adquisición de la misma, pero no solo el locatario de vivienda sino también de otros inmuebles de distinta importancia económica. En el caso de la vivienda, como persona humana, su situación económica le coloca forzadamente en desventaja frente al propietario, que le da en arrendamiento el inmueble para habitarlo; y como consecuencia de la apremiante necesidad por ocupar el inmueble. Ante esta realidad el arrendatario, como "parte débil" en la relación arrendaticia, tiene una pluralidad de derechos que la ley ha venido protegiendo, pues como necesitado social requiere de una especial tutela por parte de los poderes públicos; llegando a convertirse el arrendatario en la parte fuerte en la relación arrendaticia. Así el Estado va restringiendo la libertad para celebrar el contrato de arrendamiento, según determinados principios que se van incorporando de manera constante en la legislación; en especial lo relativo al canon arrendaticio, la duración del contrato, los requisitos y medios para poner término a la relación obligatoria, la trasferencia del inmueble arrendado, entre otras materias más. Pero no todo arrendatario es "débil contractual", pues la debilidad muchas veces no está del lado del arrendatario que tiene capacidad económica.

---

60 SOTO COAGUILA, Carlos Alberto: "*Inmutabilidad de las penas convencionales en el Derecho peruano*", *Revista para el estudio del Derecho*, Barcelona, 2005.

61 En materia contractual rige el principio de la autonomía de la voluntad y así, las normas que rigen la relación contractual son de carácter supletorio de la voluntad de las partes expresadas en el contrato; sin embargo, cuando una determinada ley establece la imperatividad de sus normas, impone un límite a ese principio de la autonomía de la voluntad, cuyo efecto es la obligatoriedad de su observancia en el contrato de que se trate. Cuando la norma imperativa está destinada a velar por los intereses de una de las partes por considerarla el débil jurídico, se atenúa la aplicación de ese carácter imperativo siempre que su inobservancia favorezca a la parte en cuya protección se estatuye la norma.

Se ha venido robusteciendo la posición del arrendatario cuyos derechos se han tornado de precarios y débiles en derechos fuertes, dotado de suficiente eficacia no solo para verificar un intercambio o transformación de valores, sino también para asegurar la estabilidad del arrendatario de vivienda o local arrendados aun contra la voluntad del arrendador[62]. Pero lo mismo no ocurre con otros deudores en la relación obligatoria.

62 LÓPEZ JACOISTE, José Javier: El arrendamiento como aportación del socio, ed. RIALP, España, 1963, pp. 84-85.

CAPÍTULO V

Medios típicos para la terminación del contrato

Así como los seres orgánicos tienen un comienzo de existencia, se desarrollan y fenecen, también los contratos siguen esas diversas etapas en el plano jurídico. Claro que en ambos órdenes hay otras etapas intermedias, pero lo dicho basta para precisar el concepto del que deseamos partir[63]. Así, la obligación nace para ser cumplida en satisfacción del interés del acreedor (vid. I.1.2), lo cual generalmente y de modo normal acontece por medio del pago o cumplimiento; pero no solo el pago sino también otros medios o hechos que tienen la virtualidad de generar la terminación y extinción de la relación obligatoria, unos de forma directa (medios típicos) que autorizados *ex lege* pueden - ante determinado hecho o motivo -, conducir a la terminación o extinción de la relación obligatoria; y otros de modo indirecto (medios atípicos), es decir, que ante la ocurrencia de específicos motivos o circunstancias, que no estando establecidos como medios conducentes a esa terminación o extinción, no obstante el contrato puede quedar, o queda, bajo esas consecuencias o una de las mismas (cfr. I). Es la primera categoría la comentada en el presente capítulo.

La ley enunciativamente señala las diversas causas o medios de extinción de la relación obligatoria. En relación con estos, en la doctrina unos opinan que la terminación, o la extinción, de la obligación se produce *ipso iure* (cfr. VIII), cuando acontece la causa extintiva; por lo cual la decisión judicial no es necesaria sino solo para constatarla, mientras que otros exponen que la extinción *ipso iure* no siempre tiene lugar, opinión esta que compartimos; pues esencialmente cualquiera de las partes puede alegar hecho positivos o negativos, para demostrar que la terminación y extinción de la obligación no ha tenido lugar, o que fue la otra parte la incumpliente, en cuyas hipótesis será el judicante el que resuelva si la terminación y extinción tuvo o no lugar, y según qué clase de motivo o causa.

---

63 BOFFI BOGGERO, Luis María: Tratado de las obligaciones, vol. 1, ed. Astrea, Buenos Aires, 1979, p. 699.

Sin embargo, en algún sector de la doctrina se pone en duda que algunos de los medios a que nos vamos a referir den lugar a la extinción de la obligación, y diríamos, del contrato. Así, se dice que el pago o cumplimiento (vid. 5.1 *infra*) no puede ser considerado como un medio extintivo desde que la extinción no va referida a una voluntad de dar fin por parte de quienes pongan en movimiento el negocio extintivo, pero sí a la actuación objetiva de la actividad negocial; pues distinto es el complejo de hechos jurídicos y la vicisitud de la relación jurídica o movimiento o mutación de ella, que es constitutiva, modificatoria o extintiva; que el pago no es extintivo porque el cumplimiento constituye una vicisitud de un elemento esencial de la relación jurídica y, más precisamente, de la prestación misma. Es de la esencia de la relación jurídica que la prestación deba realizarse, no que esté realizada ya, de modo que la sobreviniente realización no es más que una vicisitud de un elemento esencial de la relación (ALLARA). En cambio, para otros como PUIG PEÑA, tradicionalmente se considera el cumplimiento como uno de los modos, el principal, de extinción de las obligaciones, pues con el cumplimiento desaparece la relación obligacional.

También se polemiza sobre otros medios, tales como la transacción, la confusión, la prescripción. De la *transacción* (v. VII.7.4) se dice que no es un medio extintivo de la obligación porque no se transmite sino que se declaran o reconocen derechos que hacen el objeto de las diferencias sobre que ellas interviene. Y de la *confusión* (VII.7.2) se opina que no extingue obligaciones, sino que, subsistiendo estas, no hay acción porque al reunirse en una misma persona los título de deudor y acreedor, es imposible que alguien se pague o se cobre a sí mismo. Tratándose de la prescripción liberatoria (VII.7.7, 2), se pretende negar este carácter aduciendo que solo incide en la acción y no en el derecho, al extremo de que la obligación sigue siendo natural. Cualquiera sea el argumento en contra del carácter extintivo de estos medios, como de otros, al ser estatuidos en la ley como tales, cualquier polémica resulta de interés en la doctrina, pero el carácter extintivo ya está legislado. De esta forma al ser aplicada la norma legal al caso concreto, se puede fácilmente deducir cuál es la consecuencia en cuanto a conocer si se produjo o no la terminación y extinción de la relación obligatoria.

En la doctrina se habla de medios extintivos de la vida contractual o del contrato, pero también de vicisitudes del contrato. El medio o la forma conducente a la terminación de la relación obligatoria, o contractual, conforme a los motivos o causas *ex lege*; pero las vicisitudes - por su pluralidad - parecen guardar más relación con el desenvolvimiento de la vida contractual desde que el contrato se forma o nace, la modificación, el desenvolvimiento o su dinámica y hasta la terminación y extinción; por lo cual el vocablo "medios" se identifica más, de modo específico, con la terminación y extinción de la relación obligatoria.

La idea de vicisitud ("*vicenda*") por la que atraviesa una relación jurídica cualquiera, y en particular la relación obligatoria, procede de los autores italianos (ALLARA, BETTI). En un sentido muy amplio, designa las diferentes fases de lo que podríamos llamar el ciclo vital por el que cruza o se desenvuelve la relación obligatoria. Cabe entonces distinguir tres tipos o momentos distintos: la constitución, la modificación y la extinción. En un sentido más estricto, se admite que la idea de vicisitud trata de captar el fenómeno del cambio o de la alteración que en su devenir histórico puede sufrir una relación jurídica cualquiera y las consecuencias y efectos jurídicos que este cambio o esta alteración está llamado a producir. Todo esto parece demostrar que hablar de "medios" para la terminación del contrato resulta más adecuado, por su acepción conceptual particular, que "vicisitudes" o el devenir de la relación obligatoria desde su nacimiento hasta su conclusión; lo cual no es materia de este trabajo.

El cumplimiento del contrato y la resolución por incumplimiento del mismo, no son los únicos medios admitidos por la ley, la jurisprudencia y la doctrina, para la terminación de los contratos; existiendo otros tradicionalmente aceptados, que aun cuando no se dirigen directamente a la terminación del contrato, el resultado del medio empleado conduce, por lo general, a esa terminación y la subsiguiente extinción de la relación obligatoria o contractual. En el caso, v. gr., de la nulidad (absoluta o la relativa del contrato en determinados casos, v. 5.2 *infra*). La declaratoria produce efectos retroactivos en ciertas circunstancias, por lo cual los contratantes se encontrarán como si jamás se obligaron, no obstante que si el contrato se cumplió, en su totalidad o de manera parcial, las partes deberán restituirse las prestaciones cumplidas conforme al contrato, dentro de las excepciones contempladas en la ley. O tratándose de la rescisión (vid. 5.5 *infra*), que aun cuando incorporada en varios códigos civiles en la sección relativa a las acciones de nulidad, la misma actúa como causa de extinción del contrato (cuando se orienta a su terminación) al deshacer el vínculo contractual existente y válido, especialmente por causa de la lesión patrimonial que una de las partes causa a la otra por la desproporción patrimonial excesiva, y en los casos especialmente autorizados por la ley.

Se admiten otros medios, objeto de comentario en este trabajo, que pueden dar lugar a la terminación de la relación contractual, aun cuando esta no sea la finalidad del medio utilizado (vid VII), y otros que se usan por los contratantes con este propósito. Unos de estos medios utilizados en el proceso judicial (*v. gr.*, la prescripción de la acción propuesta) y otros por disposición recíproca de los contratantes en ejercicio de su voluntad (mutuo disenso, revocación); o aquellos medios que al cumplir los requisitos *ex lege* producen la extinción del contrato, *v. gr.*, compensación, confusión, evicción; o aquel medio natural que, como la muerte, da lugar a la terminación del contrato (*v. gr.*, el usufructo constituido en provecho de varias personas por toda su vida, no concluye sino por la muerte de la última). Por último, el contrato se termina o extingue, entre otras causas, v. gr., por la pérdida o destrucción de la cosa arrendada.

La mayoría de los medios, para no decir todos, que pueden conducir a la terminación del contrato, son *conceptos jurídicos indeterminados*. Para la doctrina, los conceptos jurídicos indeterminados se entenderán como aquellos que por su referencia a la realidad la ley refiere una esfera de realidad cuyos límites no aparecen bien precisados en su enunciado, no obstante lo cual es claro que se intenta delimitar un supuesto concreto. La ley no determina con exactitud los límites de esos conceptos porque se trata de conceptos que no admiten una cuantificación o determinación rigurosas, pero en todo caso es manifiesto que se está refiriendo a un supuesto de la realidad que, no obstante la indeterminación del concepto, admite ser precisado en el momento de la aplicación; pero al estar refiriéndose a supuestos concretos y no a vaguedades imprecisas o contradictorias, es claro que la aplicación de tales conceptos o la calificación de circunstancias concretas no admite más que una solución[64].

La tendencia a la eliminación del casuismo legislativo (en cierto modo una norma para cada caso) ha dado lugar a que el operador judicial disponga de la facultad de dar contenido a los conceptos jurídicos indeterminados a que la ley se refiere o indica (verdad, equidad, justicia, pertinencia, debido proceso, buena fe, orden público, incumplimiento, motivo grave, buenas costumbres, nulidad, resolución, rescisión, revocación, desistimiento, disolución, entre otros más); pues el juez está más cerca de los hechos del caso concreto y con fundamento en la interpretación de los mismos puede darles sentido y trascendencia en el ámbito procesal, en la solución del asunto controversial sometido a decisión. Se observa que el concepto jurídico indeterminado por ser abierto, no limitado, permite precisamente el ejercicio de esa facultad por parte del juzgador, autorizándole, además, para adaptar el pronunciamiento judicial a las peculiaridades del caso concreto; lo cual puede realizar también, en ciertos casos, mediante las máximas de la experiencia común, que cumplen la función de llenar los conceptos jurídicos indeterminados con elementos o criterios sociales de valor.

En cambio, una norma cerrada, inflexible, de formulación exacta o rígida (concepto jurídico determinado), no permite al juez sino únicamente lo que le ordena la norma. Por ejemplo, si una norma de formulación exacta, dice HENKE, autorizara al empleador para despedir sin previo aviso a un motorista en caso de "serle retirado el registro de conductor", el juez no podría indagar ni las razones por las cuales ese registro le fue retirado (tal vez dolencias físicas o contraídas en su trabajo al servicio de ese mismo empleador), ni la dureza que ese despido implica[65]. Un concepto jurídico determinado, como ejemplo lo constituye el artículo 15 CCcr: "Siempre que no se establezca otra cosa, en los plazos señalados por días, a contar de uno determinado, quedarán excluido del cómputo, el cual deberá empezar en el día siguiente si los plazos estuvieren fijados por meses o años, se computarán de fecha a fecha, según el calendario gregoriano. Cuando en el mes de vencimiento no hubiere día equivalente al inicial del cómputo, se entenderá que el plazo expira

---

64 GARCÍA DE ENTERRÍA y FERNÁNDEZ: Curso de Derecho Administrativo, Editorial Temis, Bogotá, 2008, vol. 1, pp. 439-446.

65 La cuestión de hecho, Ejea, Buenos Aires, 1979, p. 62.

el último del mes". Como se aprecia, la estructura y contenido de la norma citada está compuesta por elementos exactos, y el juez queda sometido a tales elementos, por tratarse de un concepto jurídico determinado. En cambio, si en la norma los elementos que la integran son imprecisos, abiertos, dinámicos, fluidos, se trata de un concepto jurídico indeterminado, como por ejemplo, el artículo 1053 CCcr estatuye que "Si la promesa de vender una cosa mediante un precio determinado o determinable ha sido aceptada, da derecho a las partes para exigir que la venta se lleve a efecto". Este concepto jurídico "*la promesa de vender*" es abierto, flexible, impreciso, dinámico, fluido; y por tanto permite o autoriza al juez para interpretar, con fundamento en los elementos fácticos de la causa, según lo alegado y probado, y obtener allí elementos de convicción para apreciarlos y declarar, en la sentencia, si hubo o no la promesa de vender alegada. Lo mismo puede decirse, *mutatis mutandis*, en relación con los diversos medios típicos que permiten la terminación y extinción del contrato, sobre los cuales brevemente apuntamos ahora.

5.1. EL PAGO O CUMPLIMIENTO

Nos referimos a "cumplimiento", con abstracción del cumplimiento como "pago", que es el cumplimiento en su sentido restringido o estricto, al entenderse aquí el "cumplimiento del contrato", como la exacta ejecución del programa contractual tendente a la satisfacción del interés del acreedor y la consiguiente liberación del deudor, que cuando es total da lugar a la extinción de la relación obligatoria.

El vocablo "cumplimiento" tiene un significado amplio, pues denota no solo "pago" como realización o ejecución de la prestación a que está obligado el deudor, ya sea la entrega de una suma dineraria sino también la de la cosa a que se comprometió según el contrato. En la dinámica contractual se tiende a la consecución de las prestaciones previstas y programadas en el momento constitutivo del contrato, de manera que, podríamos decir, la identificación entre programa contractual y conducta prestacional constituye, en general, el cumplimiento[66]. Es así como de no producirse el cumplimiento, según lo prometido en el contrato con prestaciones recíprocas, donde los celebrantes son acreedores y deudores al mismo tiempo, cuando una de las partes no cumple o ejecuta su obligación, la otra puede a su elección reclamar la ejecución del contrato o la resolución del mismo. Esto permite apuntar que se resuelve el contrato y no la obligación (*vid.* III).

1. El pago

Entre los medios establecidos en la ley para la extinción de las obligaciones, está el pago. El vocablo "pago" del latín "*pacare*", pagar, satisfacer, apaciguar. Entrega de un dinero que se debe. Desde el punto de vista estrictamente jurídico se le

---

66 BLANCO GASCÓ: Cumplimiento del contrato y condición suspensiva, Tirant lo Blanch, Valencia, España, 1991, p. 27.

puede señalar una triple acepción: a) El cumplimiento de la obligación, voluntario o anormal, e incluso su extinción por otros medios; b) el cumplimiento efectivo de la prestación convenida; c) el cumplimiento que se verifica entregando una suma de dinero. La primera fue utilizada en el Derecho romano, pero resulta sumamente extensa, y la tercera, en cambio, es estricta y vulgar, por lo cual la mayoría de la doctrina admite la segunda acepción[67]. Ciertamente que el pago o cumplimiento de la prestación convenida es significado admisible, pues si el deudor entrega al acreedor la prestación prometida, o cualquiera otra, y este la acepta, puede considerarse sin duda alguna que el interés del acreedor ha sido satisfecho.

Entendido el pago como el cumplimiento efectivo de la prestación convenida, es comprensible que el pago se realice conforme a tenor del contenido de la obligación, sin perjuicio de lo que para casos especiales se disponga *ex lege*. De esto resulta que la idea del pago se restringe a la liberación del deudor mediante el cumplimiento de la obligación contraída, y desde esta noción el pago significa, asimismo, cumplimiento. El pago como sinónimo de "cumplimiento en especie" de la obligación, que se aplica a las obligaciones de dar, hacer y no hacer. El incumplimiento de la obligación de "no hacer", como indica una abstención, no permite al acreedor la posibilidad de acudir a la ejecución forzosa en especie, sino por equivalente, es decir, quedará obligado a los daños y perjuicios por el hecho de la contravención culposa.

Con atinada razón se ha dicho que el pago es el cumplimiento de la obligación (prestación) contraída, con independencia de que el mismo consista o no en la transferencia o entrega de una suma de dinero; pues el pago es un medio por el cual el deudor cumple. Desde esta noción, el cumplimiento es un concepto más amplio, pues no solo puede comprender la entrega de una suma de dinero sino la realización de una obligación de dar o de hacer, e incluso de no hacer como antes se ha observado.

2. Naturaleza jurídica del pago

Se ha discutido bastante sobre la naturaleza jurídica del pago, como uno de los puntos o temas controvertidos del Derecho, hasta el punto de existir varias teorías que tratan de explicarla, como luego observamos. ¿El pago es un verdadero negocio jurídico o se trata de un mero hecho? ¿Constituye un contrato, un acto jurídico bilateral, unilateral, o es un hecho jurídico? ¿Qué es? A veces la prestación consiste en la realización de un negocio jurídico, y entonces el cumplimiento supone la capacidad de realizar negocios jurídicos; se requiere, asimismo, una especial voluntad de extinguir la obligación. De todas formas, como dice ENNECCERUS, el sostener la naturaleza de negocio jurídico del cumplimiento "en cuanto tal", no es aplicable al pago en general porque este puede tener, en muchos casos, el carácter de un mero

---

67 DICCIONARIO DE DERECHO PRIVADO, Editorial Labor, S.A., España, 1961, vol. 2 (G-Z), p. 2879.

hecho; y tampoco admite que el incumplimiento tenga carácter de negocio jurídico, ni aun en el caso de que la prestación consista en un acto de esta naturaleza. "Lo único exacto, dice, es que la prestación mandada puede tener carácter de negocio jurídico", pero considera que la fuerza que de hecho tiene la conducta de prestación de extinguir la obligación es independiente de la declaración de voluntad de extinción y de la aceptación de la misma. En estos casos es necesaria, de todos modos, la declaración de una especial voluntad de extinción hecha por el deudor, así como la correspondiente aceptación por parte del acreedor. Sin embargo, puede ocurrir que el acto objeto de la prestación se realice además con otros fines, sin que por ello deje de liberar al deudor.

Diversas teorías tratan de explicar la naturaleza jurídica del pago, siendo dos las más importantes: la del "negocio jurídico" y la del "acto jurídico", aun cuando la teoría del cumplimiento como simple acto jurídico tiene relación con esta última.

a) *Teoría del negocio jurídico*

Esta doctrina se basa en un doble aspecto de negocio jurídico bilateral y unilateral. *El cumplimiento como un negocio jurídico bilateral*, tiene su origen en el concierto de tipo voluntario, integrado por la voluntad de prestación por el deudor (oferta), y la voluntad del acreedor de realizar la actividad mediante su recepción (aceptación). Es la tesis de LAURENT, para quien el cumplimiento es siempre un contrato, pues "en todo pago existe siempre un concurso de voluntades"; y según (RUGGIERO), el pago o cumplimiento tiene un carácter negocial. Afirma que será unilateral o bilateral, según la naturaleza de la prestación: Si esta consiste en una omisión o en un hacer, no se requiere para nada que intervenga el acreedor, y será un negocio jurídico unilateral. Por el contrario, en aquellos casos en que se necesita la intervención del acreedor, concretamente cuando se trata de las obligaciones de dar, entonces será un negocio jurídico bilateral. El cumplimiento de las obligaciones es en sí, al decir de VON THUR, un hecho cancelatorio, por medo del cual el crédito se extingue. La prestación del deudor puede, según su naturaleza, exigir la cooperación del acreedor o realizarse sin su intervención; se exige, cuando la prestación consiste en el traspaso de un derecho (*v. gr.*, propiedad de una cosa o de un crédito), pues la transmisión de los derechos se efectúa por medio de un contrato real. En cambio, hay prestaciones que pueden realizarse sin intervención del acreedor (las de no hacer, renuncia de un derecho real, ciertos contratos de obra). El *animus solvendi* no es necesario si la prestación consiste en un hacer material o en un no hacer.

Para ANDREOLI *el cumplimiento como negocio jurídico unilateral*, es un acto voluntario del deudor quien al efectuar la prestación, tiende a extinguir la relación jurídica obligatoria; y no se requiere la voluntad del acreedor, porque el cumplimiento existe sin ella y aun en contra de ella cuando el acreedor manifieste la voluntad de que la prestación no valga como cumplimiento de aquella obligación, sino de otra distinta o de título diverso del cumplimiento. Llega a la conclusión de que para integrar la figura del cumplimiento se requiere solamente la voluntad negocial del deudor por lo que se trata de un *negocio jurídico unilateral*, en donde junto con la manifestación de voluntad se requiere un hecho consistente en una transferencia de la posesión o de la propiedad sobre una cosa (transferencia patrimonial en todo caso). La prestación es el elemento constitutivo, concurrente, junto con la manifestación de voluntad de cumplir; además el cumplimiento se presenta como un negocio jurídico unilateral, con el que el agente incide en la esfera jurídica de otro sujeto (acreedor), determinando con ello la extinción de un derecho de este.

b) *Teoría del acto jurídico*

Esta doctrina aparece como una reacción en contra del concepto clásico del negocio jurídico, tratando de superar los obstáculos que se presentaban para su distinción con el acto jurídico; y opta por tres soluciones que corresponden con las tres denominaciones que vienen a concederse a estos actos: una primera consiste en ampliar el concepto de negocio jurídico, incluyendo dentro del mismo a los "actos jurídicos en sentido estricto", considerando que el negocio es cualquier comportamiento humano que tenga relevancia para el Derecho, y reservando el uso de aquel término a los simples actos. Una segunda consiste en estimar que son cosas distintas de los negocios jurídicos pero que, sin embargo, debido a la analogía que con los mismos presentan, deberán estar sometidos a las mismas reglas de los negocios. Y una tercera, consiste en formar, sin más, la independencia de estos actos, poniéndolos como una categoría intermedia entre los negocios los actos jurídicos simples[68].

El acto jurídico es un acto voluntario lícito, que tiene como finalidad inmediata constituir entre las personas relaciones jurídicas, crear, conservar, modificar o aniquilar derechos. El pago es un acto que extingue la relación jurídica obligacional. En esta teoría están quienes ven un acto jurídico unilateral, porque, dice, no se necesita la decisión del acreedor; y los que observan en él un acto bilateral pues se requiere esa decisión, como ocurre con el pago por consignación, y ven en el pago un contrato; y la que destaca el carácter mixto, unilateral en unos casos y bilateral en otros.

c) *Teoría del cumplimiento como simple acto jurídico*

Considera el cumplimiento como un simple acto material o de hecho, pero jurídico, porque como bien dice CARNELUTTI, "un hecho es jurídico en cuanto tiene eficacia jurídica". Se afirma que el *acto jurídico* es el hecho, humano, voluntario o consciente y lícito, que tiene por finalidad inmediata establecer entre las personas relaciones jurídicas, crear, modificar o extinguir derechos y obligaciones. El acto jurídico produce una modificación en las cosas o en el mundo exterior porque así

68 BELTRÁN DE HEREDIA y CASTANO, José: ob. cit., pp. 87-88.

lo ha dispuesto la ley. Para que se dé el acto jurídico no basta con que existan un sujeto y un objeto con capacidad, se necesita algo que los ponga en relación, estableciendo un lazo o un vínculo que los una, haciendo pasar la relación jurídica del estado de posibilidad al estado de existencia. Este tercer elemento es un hecho, que por ser productor de efectos jurídicos se denomina hecho jurídico, cuando tal hecho procede de la voluntad humana recibe el nombre de acto jurídico. KRETSCH-MAR y BÖHMER parten de la imposibilidad de aplicar las características esenciales del negocio jurídico al concepto del cumplimiento (aspecto negativo), considerándolo en íntima relación con el acto constitutivo de la relación que le sirve de fundamento y justificación legal; por eso carece de la autonomía e independencia necesarias para entrar en la categoría de los negocios jurídicos; construyéndose sobre la base de considerarlo (al cumplimiento) como un simple y puro hecho (aspecto positivo). Es la postura que nos parece más aceptable dice DE HEREDIA y CASTAÑO, tanto en términos generales, es decir, con respecto al concepto del negocio jurídico y su aplicación al acto del cumplimiento, como con arreglo a las condiciones concretas establecidas para este en la legislación positiva.

3. Principios que orientan el pago

Resulta tradicionalmente aceptado que el pago de toda obligación está orientado por dos principios, el de la *"identidad del pago"* y la *"integridad del pago"*. Según el primer principio - "identidad del pago" - el pago debe consistir en la prestación debida y ser idéntico a esa prestación, v. gr., si nos remitimos a este otro principio: Si la prestación consiste en la entrega de una cosa determinada, no individualmente, sino en cuanto a su especie, no está obligado el deudor a darla de la mejor calidad, ni el acreedor a recibirla de la peor.

En cuanto al segundo principio - *"integridad del pago"* - el pago debe comprender toda la prestación debida", es decir, coincidir con la totalidad establecida: ni más, en cuanto constituya un exceso que el acreedor no puede imponer al deudor, ni ser menor que el estipulado porque el deudor no puede obligar al acreedor a recibirlo; pues el acreedor no está obligado a recibir por partes el pago de una obligación.

Cuando las partes celebran un contrato de carácter económico, es seguro que lo primero que toman en cuenta es el monto patrimonial o dinerario, pues en la sociedad casi todo se mide con patrones económicos; y entre las obligaciones de género, como anota MESSINEO[69], son típicas las que tienen por objeto una suma de dinero. En tal caso, el cumplimiento consiste en pagar la suma (*numeratio pecuniae* = pago con numerario) al acreedor (pago *stricto sensu*); y tiene efecto liberatorio para el deudor. El acreedor no puede negarse legítimamente a aceptarlo; si lo rechaza, incurre en mora. El valor de la moneda, de ordinario tomado en

---

69 Manual de Derecho Civil y Comercial, traducción de Santiago Sentís Melendo, Ediciones Jurídicas Europa-América, Buenos Aires, 1955, vol. 4, p. 207.

consideración por la ley, es el llamado "valor nominal", o sea el que - independientemente de su "valor intrínseco" - quien acuña moneda (exclusivamente el Estado), le asigna por razón de la autoridad que ejerce (moneda llamada legal); por lo que, ocurre, a menudo, que el "valor nominal de la moneda" sea superior a su "valor intrínseco o efectivo".

En la doctrina se hace distinción entre las "*obligaciones de dinero*" y "*obligaciones de valor*". Para DÍEZ-PICAZO[70], las reglas derivadas del principio nominalista encuentran aplicación, sin duda en los casos de la genérica deuda pecuniaria o deuda de dinero. En ella, el deudor cumple entregando el número de unidades monetarias estipulado o establecido, cualesquiera que puedan haber sido las fluctuaciones o los cambios de valor de tales monedas o el poder adquisitivo que las mismas hayan experimentado con posterioridad al momento de constitución de la obligación. La desvalorización es soportada por el acreedor. Por el contrario, una revalorización le beneficiará. Esta regla no es aplicable, dice, a las llamadas deudas de valor. Las deudas de valor tienen por objeto el pago de un determinado valor contenido en una cosa. En ellas, el dinero opera en función de equivalente de un bien de naturaleza distinta que es reducido a dinero. De aquí se ha querido deducir que el acreedor, en este tipo de obligaciones, tiene derecho a que el valor de la cosa sea medido en su equivalente monetario precisamente en el momento del pago. Para el autor en referencia, las deudas de dinero están sometidas al principio del *nominalismo*, por cuya virtud el acreedor debe recibir la suma nominal de moneda independientemente de las variaciones de su poder adquisitivo, las cuales redundan en ventaja o desventaja suya. La deuda de dinero es, pues, una pura deuda de cantidad o de suma, y por eso basta con devolver una cantidad igual a la recibida o a la estipulada. En cambio, en las *deudas de valor* el objeto de la deuda es un valor que tiene que ser expresado y liquidado en dinero, si bien la suma en la cual se expresa no es *per se* el objeto de la obligación. El deudor debe procurar al acreedor el valor económico de un bien con independencia de la suma monetaria que sea para ello. En consecuencia, el principio del nominalismo no puede ser aplicado, pues si así fuera el deudor no cumpliría su obligación de proporcionar un valor o un equivalente. Así, v. gr., se ha llegado a disponer que cuando la deuda es de una suma de dinero, el pago debe ser hecho en la clase de moneda estipulada, a falta de estipulación, en la moneda que estuviere en curso al contraerse la deuda; y en caso de no poder hacerse el pago en la moneda debida, se hará en la usual y corriente al verificarse el pago, computándola según el valor comercial y efectivo que tuviere en esa época, con relación a la moneda debida, y que, asimismo, el pago que tiene por objeto transferir al acreedor la propiedad de la cosa pagada, no es válido, sino en cuanto el que paga es dueño de la cosa y capaz para enajenarla. Sin embargo, cuando la cosa pagada es una cantidad de dinero o una cosa que se consume por el uso, y el acreedor la ha consumido de buena fe, se valida el pago aunque lo haya hecho quien no era dueño o no tenía capacidad para enajenarla.

---

70 Fundamentos..., ob. cit., vol. 1, p. 457.

4. Obligación y prestación

Si nos atenemos a los datos del análisis jurídico, un contrato no tiene objeto; tiene efectos y esos efectos consisten en la producción de obligaciones[71]; son esas obligaciones las que tienen un objeto. Sin embargo, se habla corrientemente del objeto del contrato y algunos códigos civiles siguen esta práctica. Hay detrás de esa confusión aparentemente una observación exacta. El objeto del contrato designa la prestación a propósito de la cual se produce el acuerdo de voluntades y en torno a la cual se ordena la economía del contrato. Cuando el contrato ha sido concluido, ella se convierte en el objeto de una obligación; se trata, por lo tanto, siempre del objeto de una prestación; pero esa prestación es el elemento a falta del cual las partes no hubiesen pensado en formar el contrato; a ella se refieren las obligaciones que el contrato pueda crear, y absorbe en cierto modo la utilidad económica del contrato. En este sentido, tiene fundamento decir que ella es el objeto del contrato. *El objeto de una obligación es lo que debe el deudor*[72].

Se dice que tradicionalmente se ha entendido la *obligación,* desde el Derecho romano y sin mayores modificaciones, como el vínculo jurídico en el cual una persona (el deudor) queda sujeta hacia otra persona (el acreedor) a realizar una prestación positiva o negativa, respondiendo con su patrimonio del cumplimiento de esta prestación; prevaleciendo en la doctrina el criterio según el cual el objeto de la obligación es el acto de su realización misma que, según la significación moderna, viene a identificarse con la prestación; que *el contenido de la obligación es la prestación.* La prestación, se afirma, consiste en la actuación, o comportamiento del deudor (o de los deudores), sobre el cual confía el acreedor, y que, en tal sentido, puede considerarse como exigencia de que la relación obligatoria está destinada a satisfacer: dar, hacer o no hacer (MESSINEO). El objeto de la obligación es lo debido por el deudor y lo que el acreedor está facultado para reclamar y para recibir. Es siempre un comportamiento o una conducta del deudor, a la que usualmente se denomina "prestación" (DÍEZ-PICAZO). La prestación no es la obligación. La prestación es el objeto de la obligación, es la cosa o el hecho sobre el cual recae la obligación contraída (BORDA).

Cuando una persona se obliga a realizar o cumplir una prestación positiva o negativa en beneficio de otra (dar, hacer o no hacer), parece indudable que el con-

---

71 Las obligaciones nacen de la ley, de los contratos y casi contratos, y de los actos y omisiones ilícitos o en que intervenga cualquier género de culpa o negligencia (art. 1089 CCes). Las obligaciones nacen, ya del concurso real de las voluntades de dos o más personas, como en los contratos o convenciones; ya de un hecho voluntario de la persona que se obliga, como en la aceptación de una herencia o legado y en todos los cuasicontratos; ya a consecuencia de un hecho que ha inferido injuria o daño a otra persona, como en los delitos; ya por disposición de la ley, como entre los padres y los hijos de familia (art. 1494 CCc). Las causas productoras de obligación son los contratos, los cuasicontatos, los delitos, los cuasidelitos y la ley (art. 632CCcr).

72 RIPERT y BOULANGER: Tratado de Derecho Civil, ob. cit., vol. 4, pp. 162-163.

tenido de la obligación es la prestación, como un comportamiento o una conducta del deudor. Ante estas circunstancias fácticas, y como no puede existir la prestación sin la correspondiente obligación que la comprenda; las sutiles diferencias conceptuales parecieran no lograr que se supere la confusión que existe entre contrato y obligación, v. gr., en el ámbito resolutorio, pues indistintamente, a este efecto, se dice que la resolución del contrato por incumplimiento da lugar a "su extinción", o a "la extinción de la obligación".

De tal modo que contratos unilaterales y contratos con prestaciones a cargo de una sola parte, contratos bilaterales y contratos con prestaciones recíprocas, no importa tanto, en la praxis, tan refinada controversia en orden a su diferenciación cuando no se emplea el concepto "obligación" sino "prestación"; pues, además, el nexo que existe entre las obligaciones recíprocas (no se puede ocultar) se denomina *sinalagma, e*n sus dos secuencias es distinguido por la doctrina como *sinalagma genético* y *sinalagma funciona*l. Y como opinan DÍEZ-PICAZO y GULLÓN, el sinalagma genético significa que en la génesis de la relación obligatoria cada deber de prestación constituye para la otra parte la causa por la cual se obliga a realizar su propia prestación. La inicial existencia o la subsiguiente desaparición de uno de los deberes de prestación lleva aparejado como consecuencia el que el otro deber de prestación aislado carezca de sentido. En esta idea tiene su fundamento el fenómeno de la resolución (por imposibilidad y por incumplimiento). El sinalagma funcional significa que ambos deberes, funcionalmente enlazados, deben cumplirse simultáneamente. La regla de la prestación simultánea aparece así como una consecuencia inmediata de la interdependencia funcional[73].

5. Diversas funciones del cumplimiento

Dentro de algunas variantes, es posible hacer distinción entre el cumplimiento como medio a través del cual se extingue la obligación y el cumplimiento como realización del contenido de la misma.

a) *El cumplimiento como medio de extinción de la obligación*

Entre los motivos o causas que dan lugar a la extinción de la obligación está, indudablemente, el cumplimiento de la misma, aun cuando se afirma el cumplimiento de la prestación, no el cumplimiento de la obligación. ¿Qué es lo que se cumple, la obligación o la prestación? La *obligación* denomina a una relación jurídica o vínculo de derecho (elemento jurídico) por el cual una persona se compromete o responsabiliza (deudor, sujeto pasivo) frente a otra (acreedor, sujeto activo) a cumplir o realizar determinada diligencia, gestión o conducta (elemento objetivo o la prestación, que debe ser posible, lícita, determinada o determinable, valorable económicamente). Esta actividad o diligencia se traduce en la obligación o el deber

---

73 Sistema de Derecho Civil, Editorial Tecnos, Madrid, 1976, vol. 2, p.122-123.

de un *dar* (tiene por objeto la transmisión de la propiedad o de otro derecho real), de *hacer* (donde la prestación del deudor consiste en una conducta, diligencia o actividad diferente a la transmisión de la propiedad u otro derecho real) o *no hacer* (la abstención por parte del obligado, la no realización de determinada actividad o conducta, es decir, un no hacer). En el sistema del capital, la obligación aquí considerada denota un interés pecuniario o económico, es decir, hay en el vínculo una motivación patrimonial, de una de las partes en beneficio de la otra y viceversa, como consecuencia del intercambio de bienes, aun cuando no siempre pueda así resultar cuando de una de las partes intervinientes no se da ese interés patrimonial o económico, como ocurre con el deber de fidelidad conyugal.

Como se aprecia, "el concepto de obligación está integrado por el derecho a la prestación (que corresponde al acreedor) y el deber de cumplirla (en el deudor). La doctrina tradicional reconoce al acreedor un derecho a la prestación y un deber de efectuarla, en el deudor. Sin embargo, se han opuesto a ello quienes sostienen la incoercibilidad de la prestación, en cuanto acto personal del deudor (*Nemo potest cogi ad factum:* Nadie puede ser obligado a realizar un acto). Para tales autores que niegan pueda existir un derecho subjetivo de crédito, el derecho del acreedor recae exclusivamente sobre los bienes del deudor, de los que aquel puede obtener incluso coactivamente la misma utilidad (u otra equivalente) que le debía procurar la prestación (PACCHIONI, CHIRONI). Más a ello se puede oponer que dicha responsabilidad no represente una fase sucedánea y patológica en la vida de la relación obligatoria, sino que, junto con el derecho a la prestación, es elemento constitutivo de ella, el elemento que origina la juridicidad del derecho a la prestación. Por tanto, existe también juridicidad (esto es, coercibilidad) en el derecho a la ejecución de la prestación: coercibilidad atenuada que permite al acreedor que otro realice la actividad necesaria a sus fines[74].

El cumplimiento no es más que un medio orientado a la extinción de la obligación contraída, pues como se apunta "entre las causas por qué se extinguen las obligaciones se encuentra, en primer lugar, el cumplimiento de la prestación, que es el modo de extinguir más conforme al fin de la obligación"; siendo "el pago" o "cumplimiento" especialmente uno de ellos, por su mayor concreción en la realización práctica y de uso genérico; además de la novación, remisión de la deuda, compensación, la confusión, pérdida de la cosa debida, la prescripción, entre otros medios o modos; afirmándose en la doctrina que el cumplimiento al propio tiempo que un modo de extinción de la obligación, constituye algo más: es un modo de extinguir las obligaciones, que se presenta como un modo especial, consistiendo esta especialidad en su propia importancia que le hace destacarse sobre los demás procedimientos extintivos. En sentido concreto y específico, la causa de la extinción de las obligaciones es un acontecimiento posterior a la obligación misma, y al

74 BARASSI, Ludovico: Instituciones de Derecho Civil, Editorial Bosch, Barcelona, 1955, vol. 2, pp.117-118.

propio tiempo, ajeno y externo con respecto a ella, en cuanto a que no podían estar previstas cuando se constituyó la obligación.

El pago entendido obviamente como total y válido, extingue la obligación contraída. La doctrina denomina cumplimiento, como pago de la obligación. Muchas veces se confunden tales términos o se utilizan indistintamente. De todas maneras, cuando se cumple con la obligación se paga la misma. El pago no debe entenderse únicamente como la entrega de una suma de dinero, pues cuando se cumple con la obligación se está pagando la misma. Por eso, toda entrega de una suma de dinero es un pago, pero no todo pago consiste en la entrega de una suma de dinero. RUGGIERO refiere como sinónimos del cumplimiento los términos "pago" y "solutio", que expresan el concepto de extinción del vínculo obligatorio y no se limitan a expresar, como ocurre en el lenguaje vulgar, el cumplimiento de una obligación pecuniaria, la prestación de una suma de dinero.

b) ***El cumplimiento como la actuación del contenido del continente obligatorio***

Este contenido se entiende de varias maneras por causa de sus plurales comprensiones. Por una parte, aquel acto que realiza el deudor (criterio personalista o subjetivo), que excluye al tercero como interviniente en una relación obligatoria de la que no forma parte; pues el cumplimiento de la obligación queda limitado a la actividad del deudor, orientada a obtener la liberación de la obligación contraída, sin la intervención o procura del tercero. Frente a esta tesis, modernamente se busca trascender más allá del campo individual o subjetivo, orientándose a obtener la extinción de la obligación, que debe cumplirse desde el punto de vista patrimonial o material (sentido objetivo); no solo por el deudor sino también cualquier tercero que tenga interés en cumplir con la obligación, y que aun cuando no tenga ese interés no obstante obre en nombre y descargo del deudor, siempre que si obra en su propio nombre no se subrogue en los derechos del acreedor. Pero no tanto el deber de prestación sino el cumplimiento mismo de tipo material o patrimonial, como consecuencia de la responsabilidad asumida, que es exigida. Aquí se toma más en cuenta la prestación en sí, que la actividad del deudor. Interesa más que la obligación se cumpla, no importando quien la cumpla. Desde luego que cuando el deudor se ha obligado a una abstención, su inactividad al respecto deviene en el cumplimiento de lo prometido.

El contenido de la obligación es el elemento patrimonial sin interesar el elemento personal (la actividad del obligado). Sin embargo, existen algunas obligaciones, como en el caso de las obligaciones de hacer, en las cuales si para la obligación se han tenido en cuenta las condiciones personales del deudor, no podrá ejecutarse la obra por otra persona, contra la voluntad de acreedor; o lo que es igual: la obligación de hacer no se puede cumplir por un tercero contra la voluntad del acreedor, cuando este tiene interés en que se cumpla por el mismo deudor. Esto de ninguna manera significa que todo "interés del acreedor" se tenga que calificar como que solo basta que el acreedor diga que no permite que otro cumpla por el deudor, para que así tenga que cumplir el deudor directamente la obligación asumida, sino que esa obligación, para su cumplimiento, requiera una actividad de tal modo que solo el deudor pueda cumplirla directamente (el caso, v. gr., de las obligaciones *intuitu personae*); pues de no ser así la obligación puede ser ejecutada o cumplida por cualquier tercero y, desde luego, dar lugar a que el contrato termine o se extinga si el pago constituye la obligación principal de la cual dependan otras obligaciones, y que sea el motivo o causa que dio origen o finalidad al contrato.

6. Plazo y cumplimiento

En la praxis pueden presentarse algunos casos en sentido contrario a la regla conforme a la cual "*Lo que es debido a plazo no puede ser exigido antes de la expiración de este*".

a) *Si cualquiera de los contratantes incumple obligaciones accesorias que ponen en peligro el cumplimiento de la obligación principal.* Sobre todo si tales obligaciones accesorias están estipuladas en el contrato y se ha pactado en él una "cláusula resolutoria" para cualquier tipo de incumplimiento, ya sea de cláusulas u obligaciones accesorias o del incumplimiento parcial; pues cualesquiera de tales incumplimientos (de obligaciones accesorias o incumplimiento parcial), no parecen que por sí solos sean suficientes para poner término al contrato, aún mediando el acuerdo previo que establezca la sanción resolutoria. El contrato tiene una *finalidad específica* en cada caso, que no puede frustrarse por causa de un simple accidente, que pareciera no traducirse en un incumplimiento definitivo que perturbe o frustre el cumplimiento del contrato (vid. IX). Sin embargo, esa posibilidad resolutoria puede verse impedida cuando la ley la prohíbe.

b) *La intimidación con incumplir el contrato como medio de coacción para imponer la modificación del mismo.* La intimidación es el hecho de influir en la decisión ajena mediante amenaza de un daño en la eventualidad de que no se emita una declaración de voluntad, deseada por el amenazante. Es una acción psicológica sobre el sujeto pasivo (*vis compulsiva*). Debe distinguirse de la coerción física, efectuada mediante sometimiento corporal (*vis absoluta*), en cuya virtud no se produce una declaración de voluntad sino únicamente en apariencia; asimismo, en los casos en que rige el principio *quit acet consentire videtur* (el que calla parece consentir), cuando por medios externos "A" impide a "B" emitir una declaración, puede nacer la apariencia de un consentimiento de "B". En cambio, la intimidación influye en la voluntad del sujeto pasivo, de manera más o menos intensa y, a veces, con fuerza irresistible, pero nunca la excluye completamente[75]. En este caso, el intimidante que amenaza con incumplir el contrato si no

75 VON TUHR, Andreas: Derecho Civil, Depalma, Buenos Aires, 1947, vol. 2, pp. 298-299.

se modifica determinada cláusula continente de una o varias obligaciones, podría entenderse también como un incumplimiento anticipado del contrato.

La intimidación consiste en causar miedo o asustar, distinto a la violencia, que podría utilizar uno de los contratantes que no quiere cumplir su obligación, o desea cumplirla en condiciones más ventajosas, en perjuicio del otro, para beneficiarse ante el miedo que le produce, al creer este que aquel no le cumplirá; y constituye al mismo tiempo una forma demostrativa, como sanción en contra del intimidante, que puede constituir un incumplimiento anticipado, aun cuando el plazo para cumplir no se haya vencido todavía. La intimidación - dentro de la observación que hacemos - se puede entender distinta a la violencia, pues esta tiene la posibilidad de conducir a la anulabilidad del contrato.

c) *Si el deudor se ha vuelto insolvente, o por actos propios hubiere disminuido las seguridades otorgadas en beneficio del acreedor para el cumplimiento de la obligación*, es de considerar que ha incumplido anticipadamente sus obligaciones, o que no cumplirá en el mejor de los casos.

La insolvencia constituye una carencia de medios o bienes por parte del deudor, que lo acerca a la imposibilidad de cumplimiento de su obligación por ausencia de medios para satisfacer la prestación al acreedor; dejando en este huella indeleble de desconfianza e incertidumbre en nuestro medio donde se han mercantilizado todas las obligaciones patrimoniales, sin tomarse en consideración las necesidades tanto individuales como sociales (el deseo por adquirir riqueza y más riqueza a como dé lugar, sin que la dignidad personal cuente para nada). Ante esta perspectiva materialista, la insolvencia o falta de capital para cumplir, esto puede equipararse a un incumplimiento anticipado, aun cuando la misma (insolvencia) no es definitivamente demostrativa del incumplimiento total o absoluto del deudor que pueda dar lugar a la ejecución o resolución del contrato (depende de lo que contemple la ley), pero se sanciona como así fuese con la pérdida del beneficio del término o plazo. Si de tal modo resulta tan exigente la sanción, no cabe duda alguna que el deudor se encontrará ante un incumplimiento anticipado que le afectará ostensiblemente.

La *doctrina de los actos propios*, que en latín es conocida bajo la fórmula del principio "*venire contra factum proprium non valet*" (no es válido reclamar en contra de los actos propios), predica la regla conforme a la cual se da la inadmisibilidad de actuar contra los propios actos. Es un límite del ejercicio de un derecho subjetivo, de una facultad, que se origina como consecuencia del principio de buena fe y, especialmente, del requerimiento a observar, dentro del tráfico jurídico, un comportamiento consecuente. En la doctrina se sostiene que la idea del "acto propio" debe entenderse en el sentido de acto voluntario o acto culposo del deudor. La disminución puede ser una disminución física o simplemente una disminución del valor. Sin embargo, es de considerar que la disminución de las seguridades otorgadas en beneficio del acreedor, para el cumplimiento de la obligación, hacen que la resolución o la ejecución procedan, siempre que el deudor no aporte eficazmente nuevas seguridades plenamente garantizadas, puesto que lo culposo o voluntario podría no ser absolutamente necesario para que quede exonerado de las consecuencias de tal acción.

d) *Si el deudor o el acreedor no se han dado las garantías prometidas en el contrato.* La exigibilidad tiene su fundamento en la infracción o incumplimiento de una obligación anterior, la cual es la surgida de la promesa de establecer la garantía, independientemente de que, tanto para el deudor como para el acreedor, sea la imposibilidad involuntaria o no culposa.

e) *Cuando se ha estipulado en el contrato que el solo incumplimiento de determinadas cláusulas* (específicas e identificadas) *hace ejecutable o resoluble el mismo,* aún antes del vencimiento del plazo o término, a menos que ese incumplimiento no sea suficiente (definitivo, absoluto y grave, v. IX.5) o no esté autorizado por la ley. Tal y como se anota luego, si la cláusula se refiere de modo genérico a todos los eventuales incumplimientos, se convierte en una *cláusula de estilo* y tendría la misma eficacia que la cláusula resolutoria tácita, esto es, sería superflua e inútil su inclusión en el contrato; pues de nada vale una cláusula de estilo en la Ley civil si con la misma se pretende dar lugar a la resolución o la ejecución del contrato bilateral por el solo incumplimiento de cualquiera de las obligaciones del mismo (disposición genérica o abstracta), sin que se califique o precise el tipo de incumplimiento para determinadas acciones u omisiones por parte del incumpliente, y en relación a la obligación a que se refiere. Se requiere que el incumplimiento esté precisamente determinado (específico, concreto, de fácil demostración); pues un incumplimiento impreciso (por lo genérico) no puede dar lugar, por sí mismo, a la terminación del contrato o la ejecución del mismo. Esto podemos apreciarlo en el artículo 1430 del Código Civil peruano, cuando dispone que, puede convenirse expresamente que el contrato se resuelva cuando una de las partes no cumple determinada prestación a su cargo, establecida con toda precisión.

La *cláusula de estilo* es la que figura en una fórmula empleada habitualmente por los redactores de documentos y que, en consecuencia, es casi invariablemente reproducida en todos los contratos de un mismo género; señalándose en la doctrina que la frecuencia de su empleo no daña en principio a su eficacia; es por lo contrario el signo de su utilidad. Es tan cierto que con mucha frecuencia una cláusula de estilo se transforma en regla legal. La cláusula de estilo no debe ser privada de efecto más que cuando su presencia es debida únicamente a la costumbre del escriba y cuando, el examen del acto surge que las partes no han podido atribuirle un significado preciso. Esta comprobación se impondrá tanto más fácilmente a los jueces cuanto sea concebida la cláusula en términos muy vagos y generales.

f) *La desaparición fortuita de las garantías.* Igualmente se produce el anticipado vencimiento de la deuda cuando las garantías establecidas en favor del acreedor desaparezcan, aunque tal desaparición obedezca a una circunstancia o causa fortuita, proveniente de la naturaleza y por tanto previsible en algunos casos, o imprevisible, que aun cuando no proveniente de la voluntad del que debía prestar las garantías prometidas, sin embargo tiene influencia determinante que hace imposible la prestación de las mismas; a menos que las partes hayan previsto el caso fortuito como eximente de responsabilidad. La insolvencia ha podido producirse en contra de la voluntad del deudor y no obstante la ley la toma en cuenta para declarar la pérdida del beneficio del plazo que le ha sido concedido.

7. Pago o cumplimiento y extinción contractual

El principal efecto del cumplimiento de la obligación es la extinción de la misma, la extinción del vínculo jurídico que unía a acreedor y deudor, comprendiendo así dos aspectos como son: el deudor queda desvinculado de la obligación que contrajo como consecuencia de su cumplimiento o pago, y el acreedor - ante la liberación del deudor por haber cumplido - queda sin ninguna acción en contra de aquel. En consideración a esta hipótesis pareciera como si la expresión "incumplimiento de contrato" - en los supuestos *in commento* - no tiene cabida exacta o precisa, toda vez que lo que se tiene por incumplida es la obligación y no el contrato en su contenido clausular (una o varias cláusulas del mismo); pero no es así, pues incumplida la obligación del continente contrato se puede considerar incumplido este en determinadas circunstancias; más aún de aceptarse que en el contrato bilateral si una de las partes no cumple su obligación, la otra puede a su elección solicitar la ejecución o el cumplimiento del mismo. Y esto además denota que puede afirmarse que es posible identificar obligación y contrato, cuando se les presenta como sinónimos; no obstante que el concepto de obligación es más extenso y profundo, siendo como es el contrato una especie dentro del género de la obligación; constituyendo la principal fuente de la misma (vid. III).

Si tiene lugar la *satisfacción del interés del acreedor* con el cumplimiento de lo estipulado en el contrato (cfr. I.1.2), cuando el cumplimiento es total opera la liberación del deudor, quedando de tal manera cancelados el crédito y la deuda como los dos perfiles del vínculo obligacional. El no menos complejo asunto relativo a la conducta o actividad desplegada por el deudor en ejecución de su obligación, cuando no concuerda con el interés del acreedor, y viceversa porque no olvidemos también el tema de la reciprocidad, lo que puede motivar a este (acreedor) a declarar su interés insatisfecho y dirigirse en contra del deudor y viceversa.

En ocasiones - como se ha observado -, no es factible precisar a qué se ha obligado el deudor y a qué tiene derecho el acreedor. Al celebrarse el contrato las declaraciones de voluntad son, casi siempre, insuficientes e incompletas, ambiguas e imperfectas; pues los contratantes en ese instante están más atentos al interés económico que las mueve a contratar, que en los posibles efectos o consecuencias del contrato que celebran. Quiérase o no, así es. Cada vez que dos o más personas estiman o les conviene relacionarse mediante un vínculo obligatorio para asumir compromisos, en espera de obtener mejores resultados, lo que les mueve (hacerlo) es un deseo de tipo material o económico. El negocio, las ganancias, el éxito relacional, los beneficios, las ventajas, la inversión, su aporte en espera de acrecentar su economía, el menor esfuerzo en espera de mayor ganancia; todos estos hechos o ideales de realización conducen a los contratantes a obligarse de la manera como sus respectivas capacidades les permiten. Entonces, el dilema se resguarda, a la hora de la contradicción, para preguntarse recíprocamente: ¿"A qué me he obligado" y "a qué tengo derecho"? Y aparece el interrogante: ¿"Quién incumplió"? ¿"A qué consecuencias estoy sometido"?

En toda obligación de origen contractual es posible distinguir un objeto real de otro ideal, siendo este último el relevante para apreciar el fenómeno del cumplimiento y sus efectos. El problema del cumplimiento se reduce a si el deudor desplegó, o no, la *conducta debida* y si esta es la que inicialmente proyectaron las partes. El deudor junto con obligarse a dar o a hacer alguna cosa, o abstenerse de realizar otra, debe emplear en la ejecución de su prestación una diligencia promotora del cumplimiento, que se materializa en la adopción de medidas concretas para la superación de obstáculos o impedimentos que afecten el fiel desarrollo de la prestación, sean o no previsibles. El incumplimiento es un hecho objetivo que se identifica con cualquier desviación del programa de prestación respecto de la conducta desplegada por el deudor en el cumplimiento del contrato.

Ese incumplimiento, carente de una valoración subjetiva, es el que permite articular el sistema de los *remedios* de que dispone el acreedor y entre los cuales puede optar más o menos libremente[76]; sin obviar que no solo el incumplimiento del contrato permite acceder a su terminación y extinción, sino también otras causas como la lesión patrimonial que puede conducir a la rescisión del contrato, o que este nazca con vicos o defectos que lo hagan inválido y devengan en la nulidad del mismo; remedios *in genere* que en este trabajo optamos por la denominación de *medios típicos y atípicos* conducentes a la terminación y extinción de la relación contractual.

Con la producción de la liberación del deudor el contrato queda terminado y extinguido, suponiéndose que no quedan prestaciones pendientes de liquidación. De tal modo es indudable que al producirse la total satisfacción del interés del acreedor, sin quedar alguna prestación exigible, el contrato continente de la obliga-

76 VIDAL OLIVARES, Álvaro: Cumplimiento e incumplimiento contractual en el Código Civil. Una perspectiva más realista, Revista Chilena de Derecho, Santiago de Chile, 2007, p. 41.

ción queda terminado y por tanto extinguido (v. I); desde luego que en tal hipótesis no quedan obligaciones pendientes de ejecución o liquidación. Es el caso, v. gr., del *contrato de retroventa o venta con pacto de retracto* (en aquellas legislaciones en las cuales todavía se admite), por el cual el vendedor se reserva recuperar la cosa vendida mediante la restitución del precio y el reembolso de los gastos y costos de la venta, los de las reparaciones necesarias y los de las mejoras que hayan aumentado el valor del bien hasta la concurrencia de mayor valor que este tenga. En tanto no se cumpla la condición, el comprador sustituye al vendedor en todos sus derechos y acciones, pero el ejercicio del derecho de retracto en tiempo útil produce la terminación y extinción del contrato de la venta con efectos retroactivos, como si el vendedor no la hubiese enajenado, salvo que el comprador no tiene la obligación de devolver los frutos percibidos. La cosa se reintegrará al patrimonio del vendedor retrayente, del que salió, de manera definitiva e irrevocable, y queda así terminado y extinguido el contrato de venta con pacto de retracto.

5.2. LA NULIDAD

La temática aquí en consideración no consiste en la teoría de la nulidad, sino someramente puntualizar lo importante de la misma con la finalidad de presentarla como medio de terminación del contrato, cuando la misma es total o absoluta, pero sin el efecto extintivo o de terminación del contrato en presencia de la anulabilidad o nulidad relativa. La nulidad absoluta tiene lugar cuando en la formación del contrato se han violado normas imperativas que lesionan el orden público o las buenas costumbres; mientras que la nulidad relativa se produce cuando tiene lugar la violación de una norma que regla el interés particular de cualquiera de los contratantes. Si el vicio afecta la esencia del contrato la nulidad será absoluta o total; mientras que si la violación afecta únicamente alguna cláusula, no el todo contractual, la nulidad es parcial o relativa, que no da siempre lugar a la terminación y extinción de la relación obligatoria (contractual).

En la doctrina se afirma que la nulidad radical o absoluta, tiene lugar cuando el contrato, aun reuniendo sus elementos esenciales, es opuesto a alguna ley que declara expresamente esa clase de nulidad; y que no se produce este grado de nulidad cuando, aunque sea contrario a la ley, esta no declara expresamente su nulidad radical. En cambio, la anulabilidad o nulidad relativa, que se produce cuando el contrato, reuniendo sus elementos esenciales, adolece de vicios en la formación o construcción de alguno o algunos de ellos. Estos vicios son el error, dolo, violencia e intimidación y falsedad de la causa; pero la legislación civil adopta la concepción de tales vicios dependiendo de si la nulidad es absoluta o relativa; estableciéndose que hay nulidad absoluta en los actos o contratos: 1. Cuando falta alguna de las condiciones esenciales para su formación o para su existencia. 2. Cuando falta algún requisito o formalidad que la ley exige para el valor de ciertos actos o contrato, en consideración a la naturaleza del acto o contrato y no a la calidad o estado de la persona que en ellos interviene. 3. Cuando se ejecutan o celebran por personas absolutamente incapaces; mientras que *hay nulidad relativa y acción para rescindir los actos o contratos*: 1. Cuando alguna de las condiciones esenciales para su formación o para su existencia es imperfecta o irregular. 2. Cuando falta alguno de los requisitos o formalidades que la ley exige teniendo en mira el exclusivo y particular interés de las partes; y 3. Cuando se ejecutan o celebren por personas relativamente incapaces (v. arts. 835 y 836 CCcr).

Como se puede apreciar, cuando el artículo 836 *in commento* pauta que "Hay nulidad relativa y acción para rescindir los actos o contratos", es posible entender que para el legislador "nulidad relativa" (*vid.* 3 infra) y "rescisión" (*cfr.* V.5.5 *infra)* son conceptos semejantes; pero entre los mismos existen diferencias. Por su naturaleza la nulidad es una acción principal, mientras que la de rescisión es subsidiaria por disposición *ex lege* y en defecto de otra acción; o como se precisa: la acción de rescisión es subsidiaria; no podrá ejercitarse sino cuando el perjudicado carezca de todo otro recurso legal para obtener la reparación del perjuicio (art. 1294 CCes). En orden al origen la nulidad del vicio es sustancial en el contrato, la rescisión deviene de un contrato válidamente constituido pero después intervienen circunstancias que pueden hacer que el contrato termine y se extinga. En cuanto a la prueba, la nulidad requiere de la prueba del defecto de los requisitos esenciales del contrato, la rescisión exige la prueba del perjuicio que el contrato produzca. Y en relación a los efectos, la nulidad relativa no siempre ocasiona la terminación y extinción del contrato, v. gr., la compra de un bien por varias personas, cuyo contrato puede ser declarado nulo para una de las partes y válido para las demás; mientras que la rescisión en ocasiones es conforme con la subsistencia total o parcial de la relación obligatoria, o puede traducirse en un resarcimiento que compense la lesión patrimonial.

1. Noción

El contrato se debe perfeccionar en su formación, cuando se cumple con los requisitos *ex lege* para su eficacia y validez, para que así produzca los efectos jurídicos aspirados por los contratantes; pues en caso contrario el contrato puede ser privado de todo efecto, o solo originar algunas consecuencias o generar efectos diferentes a los pretendidos por los contratantes. En el primer caso, el vicio o defecto en la formación del contrato puede derivar en la nulidad total, por lo cual no produce ningún efecto; en el segundo supuesto, la anulabilidad, en cuyo caso el contrato produce algunos efectos; y, por último el contrato puede producir efectos diferentes a los pretendidos por los contratantes (*la conversión del contrato*). En el artículo 1424 del Código Civil italiano se contempla: "Conversión del contrato nulo. El contrato nulo puede producir los efectos de un contrato distinto, cuyos requisitos de sustancia y forma contenga, cuando, teniendo en cuenta el fin perseguido por las partes, deba considerarse que éstas lo habrían querido si hubiesen conocido la nulidad".

2. Invalidez e ineficacia del contrato

De modo consistente se enseña en la doctrina moderna, en donde ha encontrado una extensa acogida la postura que distingue por una parte la *invalidez del con-*

trato y por otra parte la *ineficacia en sentido estricto*. Inválido es, se dice, un contrato o un negocio jurídico, en el cual alguno de los elementos esenciales falta o se encuentra viciado o un contrato que carece de alguno de los presupuestos necesarios del tipo negocial al que pertenece. La invalidez viene de este modo determinada por el carácter defectuoso del supuesto de hecho contractual. Por el contrario, se llama "ineficaz en sentido estricto" a un contrato en el cual están en regla los elementos esenciales y los presupuestos exigidos por el ordenamiento jurídico, pero en el cual impide la eficacia una circunstancia extrínseca a él y normalmente sobrevenida. Por decirlo con una imagen gráfica, el contrato inválido sería un contrato que nace muerto o que nace con un vicio teratológico o con una tara congénita que impide su viabilidad, mientras que el contrato ineficaz en sentido estricto es un contrato que nace sano pero que pierde su vitalidad merced a un accidente exterior. La distinción entre invalidez e ineficacia no parece admisible.

Por un lado, la terminología es indudablemente arbitraria, como se advierte en la doctrina, puesto que el contrato inválido tiene que ser también por hipótesis ineficaz; y por esto habría que hablar, en todo caso, de una ineficacia proveniente de la invalidez y de una ineficacia proveniente de otro tipo de causas o razones. Pero es que, además, las aplicaciones concretas que se hacen de la noción de ineficacia en sentido estricto (producción o frustración de una condición, resolución por incumplimiento, revocación), no son en rigor casos de ineficacia. Si se produce o se frustra una condición establecida por las partes, puede decirse que a partir de ese momento el contrato deja de desplegar efectos, pero puede decirse también que ello ocurre precisamente como un efecto del propio contrato, en la medida en que tal hipótesis se encontraba contemplada en él. Del mismo modo la resolución o la revocación son precisamente una consecuencia del despliegue de la eficacia contractual. Por ello, no puede decirse que en tales casos haya verdaderamente ineficacia, sino cumplida eficacia del contrato. Las circunstancias extrínsecas apuntadas no transforman en ineficaz un contrato originariamente eficaz, sino que determinan simplemente una extinción sobrevenida de la relación jurídica o de la situación creada por el contrato. No obstante, se afirma que un contrato que no reúne las condiciones de fondo y de forma prescriptas por la ley está afectado de nulidad. No puede, en consecuencia producir ningún efecto: *quod nullum est nullum producit effectum*. La violación de la regla legal es sancionada con la *ineficacia del contrato*[77]

Cuando el contrato ha nacido con vicios o defectos que afectan su *eficacia o validez*, debe ser declarada por el juez; no obstante que las partes pueden celebrar un nuevo contrato corrigiendo el defecto o vicio, siempre que el acto de confirmación o ratificación contenga la sustancia de la misma obligación que en principio era anulable (nulidad relativa), pero esto de ninguna manera es aplicable en aquellos contratos

---

77 RIPERT y BOULANGER: Tratado de Derecho Civil, La Ley, Buenos Aires, s/f editorial, vol. 4, p. 409.

que adolecen de nulidad absoluta, pues no se puede hacer desaparecer por ningún acto confirmatorio los vicios de un acto absolutamente nulo por falta de formalidades; más aún cuando la nulidad absoluta puede alegarse por todo el que tenga interés en ella y debe, cuando conste de autos, declararse de oficio, aunque las partes no la aleguen; y no se puede subsanar por la confirmación o ratificación de las partes; ni por un lapso de tiempo menor que el que se exige para la prescripción ordinaria como se dispone *ex lege*. Por ello la *eficacia jurídica* denota idoneidad del hecho a la luz de la ley, para que produzca los efectos jurídicos a que este hecho está destinado a originar.

La *invalidez del contrato* depende de la conciliación del mismo - en su formación y contenido - a las reglas que lo sistematizan. Observa MESSINEO[78] que el contrato es inválido cuando le falta uno de sus elementos constitutivos o cuando uno de tales elementos está *viciado ab origine*. Quien sea proclive a las expresiones figuradas podrá decir que estamos aquí en materia de "patología" del contrato; pero también, fuera de metáfora, el contrato inválido puede llamarse "imperfecto". Se distinguen, como es sabido, dos formas de invalidez: la nulidad y la anulabilidad. No puede mantenerse (y el Código ha evitado cuidadosamente el emplearlo) el concepto de inexistencia del contrato porque él resulta mejor expresado por el término "nulidad". La nulidad es la "situación" particular del contrato en cuya virtud este carece de algún elemento constitutivo. El contrato nulo está *desprovisto de todo efecto jurídico;* es esta la consecuencia de orden jurídico de la nulidad. Ninguna de las partes adquiere derechos ni asume obligaciones en dependencia de un contrato que sea nulo.

Si no se ajusta a las mismas reglas o las contrarías, puede ser inválido y, en este caso, entonces carece de fuerza vinculante para las partes. La *ineficacia* quiere expresar desaparición de los efectos del contrato, coherentes con lo deseado por los contratantes. De tal modo, los contratos inválidos son ineficaces o presentan anomalías en la eficacia. Aunque de una misma relación jurídica contractual es posible afirmarse que es al mismo tiempo inválido e ineficaz, sin embargo ineficacia e invalidez son dos nociones distintas. La invalidez se refiere a la incongruencia del contrato, tal como lo han formado las partes, con las disposiciones legales que instituyen las exigencias para ser asumidos por válidos. Por tanto, si se concierta a los presupuestos legales el contrato es válido (art. 627 CCcr[79]); mientras que si no se concilia a los presupuestos legales la ley no le reconoce como tal y las partes no quedan ligadas.

78 Ob. cit., vol. 1, pp. 262-263.

79 En el art. 627 CCcr, el legislador introduce los requisitos esenciales para que la obligación sea válida, denotando así que "obligación" y "contrato" son similares, y en lugar de establecer el consentimiento de las partes - como requisitos para la validez -, estatuye la capacidad de parte de quien se obliga, además del objeto de la obligación y la causa justa. Esta concepción denota, asimismo, que los requisitos para la validez de la obligación son los mismos exigibles para la validez del contrato, en cuya hipótesis solo pueden contratar las personas que no estuvieren declaradas incapaces por la ley y emitan un *consentimiento* libres de vicios, que puedan conducir a la nulidad del contrato (v. art. 1007*eiusdem*).

Desde la perspectiva anterior, la *ineficacia e invalidez* del contrato se pueden identificar desde estas acepciones: 1) La *ineficacia en sentido amplio*, puede generarse por motivos intrínsecos o estructurales en la dinámica formativa del contrato, por causas extrínsecas. En el primer supuesto en la doctrina se denomina "invalidez". En el segundo supuesto, *ineficacia en sentido estricto*. Por tanto, la invalidez es una ineficacia ocasionada porque el contrato, en el proceso de su formación y antes de perfeccionarse, o durante el mismo, "sufre" irregularidades, es decir, es posible que las voluntades están viciadas, o el contenido de estas es antijurídico o legalmente improcedente. 2) La *ineficacia en sentido estricto* se refiere a que el contrato no produzca los efectos deseados y previstos por los contratantes, por causas ajenas a la normalidad de su dinámica formativa, es decir, el contrato nace sin ninguna "enfermedad", pero circunstancias sobrevenidas, tales como el incumplimiento de una de las partes, o extrínsecos como la lesión de intereses de un contratante o de un tercero interesado, dan lugar a la extinción de los efectos previstos.

3. Nulidad parcial y conservación del contrato

Por efecto de la anulabilidad del contrato, el mismo subsiste con la particularidad de separar la cláusula o cláusulas o parte del contrato *contra legem*, o modificarlas para suprimirles la afección de que adolecen; pues lo ideal es que el contrato se mantenga (principio de la conservación del contrato, v. IV.4.3) y solamente se suprima lo que afecte al contrato en perjuicio de los contratantes o uno de ellos; pues como se admite en la doctrina lo importante es interpretar la voluntad de los contratantes de manera tal que pudiere tener un efecto, antes carezca de alguno. Por esto se pretende que el contrato subsista, aun cuando sin aquella afección, pues se trata de un asunto meramente cuantitativo y no cualitativo; cuestión que no resulta predicable en la nulidad total del contrato en donde quedan suspendidos los efectos pretendidos del mismo ante la terminación de la relación contractual obligatoria; generando la producción de algunos efectos

Es fundamental determinar si la cláusula o parte del contrato afectado conduce a la nulidad parcial o no, en consideración a la importancia que la disposición contractual afectada pueda tener en la influencia determinante o no en la formación del contrato, del consentimiento de los contratantes; pues sin tal disposición las partes no hubieran contratado o habría acordado proceder de otra forma. En la doctrina se admite que si la disposición no tiene influencia determinante sobre el consentimiento, es suficiente anular la cláusula o elemento, tenerla como no escrita, manteniendo la relación contractual en lo demás; y solo en situación contraria emitir la nulidad toda del contrato.

En la legislación extranjera el asunto de la nulidad parcial se resuelve, v. gr., en los Códigos suizo de las obligaciones y el alemán. En el primero, "Si el contrato no está viciado sino en ciertas cláusulas, sólo estas cláusulas resultan afectadas de nulidad, a menos que no debe admitirse que el contrato no se habría celebrado sin ellas" (art. 20, inciso 2°). En el segundo se dispone: "Si una parte de un negocio es nula, es nulo todo el negocio jurídico si no ha de entenderse que sería celebrado incluso sin la parte nula" (art. 130).

Desde la perspectiva que antecede es importante destacar que la nulidad relativa del contrato, como consecuencia de cláusulas que se declaren nulas, el artículo 1023 CCcr dispone que a solicitud de parte los tribunales declararán la nulidad absoluta de las siguientes cláusulas contractuales:

a) Las de conformidad con las cuales el vendedor y oferente se reserva el derecho de modificar unilateralmente el contrato o de determinar por sí solo si el bien vendido es conforme al mismo;

b) La de fijación por el vendedor u oferente de un plazo excesivo para decidir si acepta o no la oferta de compra hecha por el consumidor;

c) La cláusula según la cual, los bienes pueden no corresponder a su descripción, al uso normal o al uso especificado por el vendedor u oferente y aceptado por el comprador o adherente;

d) La de reenvío a una ley extranjera para aplicarla a la ejecución o interpretación del contrato, con el fin de impedir que rijan los preceptos nacionales que protegen al consumidor;

e) Las que excluyen o restringen el derecho del comprador o adherente para recurrir a los tribunales comunales;

f) Las de renuncia por el comprador o adherente al derecho de rescisión del contrato en caso de fuerza mayor o en caso fortuito;

g) Las que reservan al vendedor u oferente el derecho de fijar la fecha de entrega del bien;

h) La que impone a una de las partes del contrato la carga de la prueba, cuando ello corresponde normalmente al otro contratante;

i) La que prohíbe al comprador o adherente la rescisión del contrato, cuando el vendedor u oferente tiene la obligación de reparar el bien y no la ha satisfecho en un plazo razonable;

j) La que obliga al comprador o adherente a recurrir exclusivamente al vendedor u oferente, para la reparación del bien o para la obtención y reparación de los repuestos o accesorios, especialmente fuera del período de garantía;

k) La que imponga al comprador o adherente plazos excesivamente cortos para formular reclamos al vendedor u oferente;

l) La que autorice al vendedor u oferente, en una venta a plazos, para exigir del comprador o adherente garantías excesivas a juicio de los tribunales;

m) La que excluya o limite la responsabilidad del vendedor u oferente;

n) La que faculta al vendedor u oferente para sustraerse de sus obligaciones contractuales, sin motivo justificado o sin la contraprestación debida;

o) La que establezca renuncia del comprador o adherente a hacer valer sus derechos por incumplimiento del contrato o por defectuosa ejecución de éste;

p) La que no permita determinar el precio del bien, según criterios nítidamente especificados en el contrato mismo;

q) Las que autoricen al vendedor u oferente para aumentar unilateralmente el precio fijado en el contrato, sin conceder al comprador o adherente la posibilidad de rescindirlo;

r) Las que permiten al vendedor u oferente o al prestatario de un servicio, eximirse de responsabilidades para que sea asumida por terceros;

s) La que imponga al comprador o adherente, por incumplimiento del contrato, obligaciones de tipo financiero sin relación con el perjuicio real, sufrido por el vendedor u oferente.

Tal y como puede apreciarse de las diversas hipótesis normativas antes citadas, de orden público, la ley no autoriza la terminación del contrato por causa de su nulidad, celebrado en abuso del contratante fuerte contra del contratante débil (cfr. IV.4.5), sino la nulidad de la cláusula en donde se impongan al deudor obligaciones abusivas. Sin embargo, a tenor de lo pautado en el artículo 1023 en comentario ¿y si la cláusula declarada nula fue la que llevó a los contratantes a emitir el consentimiento para celebrar el contrato? Si la cláusula tuvo influencia determinante sobre la formación del consentimiento de los contratantes, que sin tal circunstancia los mismos no habrían celebrado el contrato; es permisible predicar la nulidad del contrato y su consecuente terminación y extinción. ¿Por qué? Supongamos que se incurrió en una falsa apreciación de la realidad, en creer verdadero lo falso; especialmente en relación a los motivos que influyeron para celebrar el contrato, es decir, para así emitir el consentimiento; falsa realidad inducida por la otra parte en cuyo caso se tratará del dolo como vicio del consentimiento que indujo a la otra parte a contratar bajo engaño por la maquinación producida, sin la cual la parte perjudicada no habría contratado.

4. Nulidad y terminación del contrato

Al ser quebrantada una norma destinada a tutelar o proteger un interés público o general, todos los interesados en el contrato pueden servirse de ella y requerir del juez la declaración de nulidad absoluta adecuada, pudiendo ser alegada en cualquier estado y grado del proceso, siendo además imprescriptible e inconvalidable; aun cuando en la doctrina se ha buscado, en atención a imponer el carácter social del contrato y la cesación de la incertidumbre, sobre la estabilidad del mismo, la prescriptibilidad de la acción de nulidad absoluta; y por tanto, poder afirmarse que pueda haber convalidación de la nulidad absoluta en determinados casos, v. gr., el matrimonio celebrado entre el adoptante y el adoptado y sus descendientes, cuyo matrimonio es imposible, de modo que si ninguno de los legitimados activos la solicita y transcurren más del tiempo *ex lege* es posible que el matrimonio se convalide, más aún de haber sido procreado hijos, aun cuando el artículo 837 CCcr dispone que la nulidad absoluta no puede subsanarse por la confirmación o la ratificación de las partes.

La Jurisprudencia ha sido clara en ese sentido: "Sabido es que en derecho costarricense, la nulidad se subsana por el simple transcurso de 10 años..." (Sala Primera, No. 112 de las 9:35 del 31 de octubre de 1996). "IV.- Alega el recurrente que tratándose de nulidad absoluta no existe convalidación por el tiempo, es decir, lo que expresa es que la prescripción negativa no es de aplicación en el sub-lite, por cuanto la nulidad que reclama es absoluta. Sobre el punto, cabe destacar que el régimen legal de la nulidad absoluta se encuentra consagrado, fundamentalmente, en el artículo 837 del Código Civil, disposición que, si bien, establece que la nulidad absoluta no puede subsanarse por la confirmación o ratificación de las partes, continúa estipulando que "ni por un lapso de tiempo menor que el que se exige para la ordinaria". En otras palabras, esta disposición permite la subsanación de la nulidad absoluta, con el sólo transcurso del término de prescripción ordinaria, sean diez años. De forma tal, que esta norma, en relación con el artículo 868 del Código Civil, hacen procedente la aplicación de la prescripción negativa en el caso de estudio" (Sala Primera, No 155 de las 14:30 del 25 de noviembre de 1992). Sin embargo, así como la nulidad puede ejercitarse por vía principal contra el contrato inválido o ineficaz, también puede ser alegada por vía de excepción como perentoria, frente a la parte que exige el cumplimiento del contrato que se considere nulo; así como también (la nulidad radical y absoluta) puede ser declarada de oficio por el tribunal sin que sea necesaria su petición.

La nulidad deja al contrato como si jamás hubiese sido celebrado, sin derechos ni obligaciones, por lo cual las partes deben devolverse las prestaciones cumplidas en ejecución del contrato, salvo los casos de excepción contemplados en la ley, v. gr., si la nulidad ha sido declara por causa inmoral, las partes no están obligadas a la repetición recíproca, a menos que una sola de las partes haya incurrido en *turpitudo*[80] que deberá ella sola cumplir con la repetición de lo recibido, y lo mismo podría decirse del contrato celebrado por el incapaz que solo estaría obligado a restituir e la medida de su enriquecimiento. En el caso de los terceros la nulidad del contrato puede afectarlos, pero la ley los protege en determinados casos, v. gr., el adquirente inmobiliario de buena fe que ha inscrito antes del registro de la demanda de nulidad, declarada esta con lugar no surte efecto en contra del mismo. Desde este

80 *Turpitudo* significa la pérdida de la estimación social que tiene una persona y que podía implicar una degradación jurídica al no merecer la confianza del grupo social en donde se desenvuelve. Es la situación previa a la declaración de infamia, y esta es la declaración sancionadora de una conducta deshonrosa.

contexto, la nulidad al dejar a las partes como si jamás contrataron, deja al contrato terminado y su extinción, tal y como si jamás fue celebrado, con los efectos determinados *ex lege*.

Sin embargo, se debe considerar de forma razonable y justa que la declaración de nulidad no afecta, como una regla general, ni tampoco se debe aplicar de manera autónoma en el ámbito del efecto retroactivo, sin tomarse en cuenta que hay prestaciones que no son repetibles por haber sido consumidas en el terreno de la realidad, como esto así aparece demostrado en el contrato de arrendamiento, y puede ser en algunos otros contratos (cfr. 5.8.6.6 *infra,* puede resultar aplicable en caso de nulidad).

5. Efectos de la nulidad del contrato

Se ha entendido la acción de nulidad como una acción meramente declarativa y que no crea el estado de ineficacia del contrato, sino que se limita a constatarlo. Es posible. Sin embargo, desde otra perspectiva, cuando "A" demanda la nulidad del contrato celebrado con "B", v. gr., el de compra, ¿la sentencia es una mera declaración de certeza? No, no es, pues no es admisible la demanda de mera declaración cuando el demandante puede obtener la satisfacción completa de su interés mediante una acción diferente. Ante los vicios y defectos que presente un contrato, que lo hagan inválido e ineficaz, no hay otra acción, en apariencia, que no sea la de nulidad de este contrato; por lo cual de ser declarada con lugar la acción de nulidad, esta es una sentencia de condena que tiene ejecución, pues "A" y "B" deben contraprestarse, en principio, las prestaciones cumplidas: "A" devolver el precio recibido y "B" reintegrar la cosa adquirida. Es el efecto inmediato que produce la nulidad en la hipótesis antes propuesta.

En el caso de la nulidad, en consideración a que el contrato celebrado ha nacido con vicios o defectos que afectan su validez y eficacia, puede ser declarada por el juez; pues la acción de nulidad no se dirige contra las personas sino contra los efectos del acto, aun cuando inevitablemente las personas son las intervinientes en el proceso conducente a la nulidad. Y estos efectos de la acción de nulidad tienen que ver con las partes contratantes como respecto de los terceros.

Además de los efectos antes observados, es de considerar otros tomando en cuenta, por una parte, la sentencia declarada por el órgano jurisdiccional (*v. gr.*, nulidad, rescisión, compensación, prescripción); como los otros efectos que también produce la terminación de algunos contratos celebrados por voluntad de las partes, es decir, sin la sin intervención judicial (*v. gr.*, mutuo disenso, revocación, novación, confusión, remisión de la deuda), o la terminación y extinción de aquellos contratos por causa extraña no imputable (*v. gr.*, pérdida de la cosa debida, cfr. VII.7.6).

El efecto es la consecuencia de la terminación del contrato. La consecuencia como acontecimiento que sigue a la terminación denominada "extinción". La "extinción" como la liquidación total del contrato, o saldar enteramente la relación que ha concluido y se extingue. Por tanto, hacemos referencia en esta temática a los efectos que se producen a la terminación de la relación contractual u obligatoria, comprendiendo solo algunos, ante la dificultad de poder indicarlos a todos; y de manera general los genéricos efectos *ex tunc* y *ex nunc* (I y X).

La nulidad parcial del contrato se muestra en la doctrina como una manifestación del *principio de la conservación del contrato,* indicativo de que toda manifestación de voluntad se debe interpretar en la forma que pueda tener un efecto, antes que en aquella forma en que no produciría ninguno, que suele sintetizarse en el brocardo latino *utile per inutile non vitiatur* (lo válido no es viciado por lo inválido); que no debe confundirse con otro principio que es la *conversión del contrato,* conforme al cual cuando un contrato sea nulo para la función que le hayan dado los contratantes, de reunir todavía los requisitos esenciales y formales para cumplir una función semejante, aun cuando más restringida, que la ley admita desenvolver a tal acuerdo de voluntades, es procedente atribuirle esta otra función con arreglo a las razones que rigen la interpretación e integración de los contratos.

a) *En relación a las partes*

La sentencia que pronuncia la nulidad del contrato tiene carácter retroactivo en cuanto los contratantes deben devolverse las prestaciones cumplidas, al quedar el contrato como si nunca fue celebrado, salvo impedimento de naturaleza material como ocurre con la pérdida de la cosa o cuando la misma se ha destruido por efecto de una causa extraña no imputable. Esta imposibilidad material de repetición de la cosa puede apreciarse en los contratos de tracto sucesivo, pues así como el arrendador, por lo general, no está obligado a devolver los pagos arrendaticios recibidos, tampoco el arrendatario está en condiciones de devolver el uso del bien recibido en arrendamiento, pues el mismo ha sido consumido en el terreno de la realidad; más aún cuando el arrendatario ha podido celebrar el contrato de buena fe. En la presente hipótesis los efectos del contrato de arrendamiento declarado nulo solo operan hacia el futuro en cuanto ha perdido toda eficacia, habiendo definitivamente terminado, pues no influye para nada hacia el pasado.

Declarada la nulidad las partes quedan en una situación precontractual, es decir, como si nunca estuvieron obligadas y el contrato que no haya sido ejecutado ningún efecto producirá, quedando los contratantes liberados de sus respectivas obligaciones, pues se reputan como si jamás las asumieron. Así, se ha previsto *ex lege* que la nulidad absoluta, lo mismo que la relativa, declaradas por sentencia firme, dan derecho a las partes para ser restituidas al mismo estado en que se hallarían si no hubiese existido el acto o contrato nulo, siempre que la nulidad no sea por lo ilícito del objeto o de la causa, en cuyo caso no podrá repetirse lo que se ha dado o pagado a sabiendas; mientras que si la nulidad procede de incapacidad de una de las partes, la otra sólo tendrá derecho a que se restituya lo que hubiere dado o pagado con motivo del acto o contrato, en cuanto ello haya aprovechado al incapaz. Además, si quien no ha restituido exige la repetición de la prestación cumplida, la otra parte tiene la opción de oponer la excepción de contrato no cumplido, pues sin la previa entrega o consignación de lo que deba devolver con motivo de la nulidad, no puede una parte exigir que se compela a la otra parte a la devolución de lo que le corresponde (cfr. arts. 844-846 CCcr).

Diferente resulta si el contrato fue ejecutado total o parcialmente, pues en este caso los contratantes están obligados a restituirse todo aquello que han ejecutado en cumplimiento de la relación obligatoria o contractual. Desde luego que cuando la obligación de repetir la prestación es efecto de la nulidad, y ocurre la imposibilidad material de la repetición de la obligación de hacer que sea diferente a la entrega de una cosa, procederá el cumplimiento por equivalente. Tampoco hay restitución cuando la parte que la exige ha incurrido en violación de las buenas costumbres. En el caso de los frutos e intereses, en la doctrina se admite que no procede la repetición, generados por la cosa entregada en razón del contrato declarado nulo, salvo demostración de la mala fe.

b) *Los terceros*

El contrato declarado nulo puede afectarles cuando han adquirido derechos de la parte cuya nulidad ha sido declarada (cfr. X.2.2). Es tradicional en la doctrina, especialmente francesa y belga, en relación a las consecuencias que para los terceros origina la declaratoria con lugar de la acción de nulidad intentada contra aquel de quien los terceros deriven su derecho; afirmándose que en lo que concierne a la situación de los terceros, es decir, de las personas que hayan adquirido derechos reales o personales de aquel cuyo título de adquisición es ulteriormente anulado, pues la nulidad aniquiló el título del adquirente desde su origen, y resulta lógicamente de ello que todos los derechos que este adquirente haya podido consentir a terceros, a título real o personal, caen por aplicación del principio *resoluto jure dantis resolvitur jus accipientis.* Todos los derechos reales consentidos a terceros (derecho de propiedad, hipotecas, servidumbre) caen. Los terceros adquirentes no disponen sino de un recurso contra sus cocontratantes (DE PAGE). La anulación rebota contra los terceros todas las veces que el contrato tiene por objeto la traslación de un derecho de propiedad o de otro derecho real. Como se reputa que el adquirente no ha adquirido jamás, todos aquellos a quien él haya transmitido su derecho o que hayan adquirido de él cualquier derecho real sobre la cosa, por contrato o en cualquier otra forma, resultan despojados también. Es la consecuencia de la retroactividad, cualquiera que sea la causa de la disolución (PLANIOL y RIPERT). Pero esto no es del todo de tal manera, pues la mayoría de las legislaciones han adoptado algunos medios de protección en beneficio de los terceros subadquirentes, ante lo perjudicial de las señaladas consecuencias. De tal manera se ha llegado a ordenar, entre otras, ciertas medidas de protección:

1. La inscripción de toda demanda dirigida a hacer pronunciar la anulación o la revocación de derechos resultantes de actos sometidos a transcripción y de las decisiones que recaigan sobre estas demandas.

2. declarar válidas las enajenaciones, hipotecas y otras cargas que sean anteriores a la inscripción, cuando la revocación o la anulación no sean por su naturaleza susceptibles de perjudicar semejantes derechos consentidos antes de la acción.

3. Si la demanda no ha sido inscrita, la sentencia de revocación o de anulación no tendrá efecto frente a terceros sino a partir del día en que esta última sea inscrita.

4. Toda sentencia que pronuncia la resolución, nulidad o rescisión de un acto transcrito, debe ser anotada al margen de la transcripción hecha sobre el registro.

5. Conferir al tercero que haya adquirido del titular del derecho anulado después de transcurrido el lapso dentro del cual debió haberse hecho la anotación, una acción por responsabilidad civil contra el obligado a procurarla. En todo caso, se está plenamente de acuerdo en que la ausencia de anotación marginal de la sentencia no impide a esta producir todos sus efectos, no solo entre las partes, sino también respecto de terceros.

6. La sentencia que declara la nulidad absoluta del acto registrado, tiene en principio efectos *erga omnes* y opera no solo contra el primer adquirente que registró el acto nulo, sino contra cualquiera de los sucesivos subadquirentes, aun si estos hubieren transcrito su adquisición con anterioridad a la demanda de nulidad, salvo si esta transcripción de su derecho derivado la hubiere efectuado un tercero de buena fe y ella tuviere ciertos años de anticipación a la transcripción de la demanda en que se pide la nulidad absoluta del acto concertado por su causante, caso este último en que se deroga la regla "*resoluto iure dantis.*

7. Si se trata de una sentencia que pronuncia la anulación o nulidad relativa, ella tendrá efecto contra los terceros subadquirentes solo si la acción se funda en la incapacidad legal (minoridad, interdicción, inhabilitación) del causante de quien el tercero ha adquirido y que por tanto este habría podido conocer; o si fundándose en una causa distinta de la incapacidad legal (incapacidad natural, error, violencia o dolo) del causante de quien el tercero ha adquirido, este es un adquirente a título gratuito (*certat de lucro captando*, frente al acto que sería *certat de danno vitando*), o aún si lo fuere a título oneroso cuando fuere de mala fe en el momento de la subadquisición (conocedor del motivo de la anulación); o en cualquier caso, si el registro de su subadquisición por el tercero fuere hecho después de que hubiese sido registrada por el actor su demanda de anulación.

8. Por disposición de la ley, los efectos de la nulidad comprenden también a los terceros poseedores de la cosa, objeto del acto o contrato nulo, salvo lo dispuestos en los Títulos de Prescripción y de Registro de la Propiedad. Cuando dos o más personas han contratado con un tercero, la nulidad de-

clarada a favor de una de ellas no aprovecha a las otras. Las acciones rescisorias no podrán hacerse efectivas contra terceros poseedores de buena fe sino en los casos expresamente señalados por la ley.

5.3. REVOCACIÓN Y DESISTIMIENTO

Por revocación se entiende el acto jurídico por medio del cual una persona deja sin efecto otro acto anterior que ella misma realizó, pero también denota "anulación, sustitución o enmienda de orden o fallo por autoridad distinta de la que había resuelto" (RAE). Como se puede apreciar, el vocablo "revocación" presenta diversos significados y confusión, sin que exista uno que no se caracterice por su ambivalencia (en cuanto a que en ocasiones tiene significados diferentes o contradictorios), además de ser anfibológico por la confusión que presenta su doble sentido, al tratarse de un concepto jurídico indeterminado. Sin embargo, la revocación es un medio de terminación del contrato por voluntad unilateral de una de las partes, cuando así lo dispone especialmente la ley. A este significado es al que nos referimos para señalar a la revocación como medio de terminación de determinados contratos, por la voluntad unilateral de una de las partes, cuando así lo autoriza la ley o no lo prohíbe.

La revocación es siempre un acto unilateral, en el cual la terminación del contrato se produce por voluntad de una de las partes, que retrae su voluntad originaria. Obsérvense estos dos ejemplos: a) La donación es un contrato por el cual una persona transfiere gratuitamente una cosa u otro derecho de su patrimonio a otra persona que lo acepta; pero la donación onerosa no es donación, sino en cuanto el valor de lo donado exceda al valor de las cargas impuestas. El contrato de donación puede ser revocado por el donante mientras no haya sido aceptada por el donatario, pero aceptada como sea no es revocable sino por causa de ingratitud del donatario, de la manera prevista en la ley. b) El mandato es un contrato por el cual una persona se obliga gratuita u onerosamente, a realizar uno o más negocios por cuenta de otra que la ha encargado de ello. Puede ser revocado por el mandante, mientras que si es por el mandatario entonces se habla de renuncia del mandato, no obstante que el anterior mandatario no podrá revocar la sustitución que hubiere hecho, sino cuando estuviere autorizado para ello y se reservare expresamente esa facultad al hacer la sustitución.

Al observar las hipótesis antes propuestas, sin excluir otras, referentes a los contratos de donación y del mandato, es posible decir que la revocación es un medio de terminación, no el único en el ámbito civil, de los contratos unilaterales; pues para los sinalagmáticos o bilaterales resulta inaplicable al disponerse de otros medios conducentes a su terminación. En el ámbito judicial la revocación tiene otra connotación, *v. gr.*, la revocación de la sucesión testamentaria por causa de indignidad, a petición de parte interesada (heredero) en los casos expresamente dispuestos en la ley.

En realidad, la revocación es un desistimiento del contrato por voluntad de una sola de las partes, pero se distingue del desistimiento puro o el autorizado por la ley para poner término o extinguir la relación jurídica. Una de las tantas acepciones del término "desistimiento", indica referirse a apartamiento voluntario de una determinada conducta o de un determinado derecho. Según DRAE equivale semánticamente a "la acción y efecto de desistir". El verbo desistir proviene del latín "*desistere*" que significa, en su primera acepción, "apartarse de una empresa o intento empezado a ejecutar o proyectado"; siendo una nota común, además de su ambigüedad, su carácter de *renuncia* o *abandono*. De *renuncia* porque es el acto jurídico unilateral por el cual el titular de un derecho declina al mismo; y en cuanto a *abandono* pues este denota dejar, abdicar, renunciar.

Se plantea que, en su significado estricto, la idea de revocación está unida a la de liberalidad: se revoca una donación, un testamento. Importa un acto de voluntad por el cual se deja sin efecto la liberalidad. Limitándonos ahora al campo de los contratos (en el derecho sucesorio, la solución es distinta), pues la revocación exige una causa jurídica que la justifique; así, v. gr., será necesario que medie ingratitud del donatario, en los casos dispuestos *ex lege* (art. 1405 CCcr). Pero el motivo que da lugar a la revocación no opera *ipso iure*, es menester que el donante, fundado en esa causa, pida la revocación (art. 1407 eiusdem).

BARASSI, citando a Salvatore ROMANO, observa que es una sutileza inútil distinguir entre revocación y desistimiento unilateral, considerando que aquella recae directamente sobre el contrato y este sobre la relación obligatoria e indirectamente sobre el contrato. Sin embargo, ante tan importante consideración, pareciera posibilitarse la distinción, de tal manera, entre lo que es la relación obligatoria y el contrato, aun cuando tanto la una como el otro son un vínculo y posiblemente este se da de manera formalmente diferente, pero que en la realidad práctica ambos conceptos jurídicos se entienden como sinónimos, en cuyo caso tanto la revocación como el desistimiento se refieren al contrato y a la relación obligatoria[81]. Desde luego que sí pues tanto la revocación como el desistimiento ponen término al contrato por voluntad de una sola de las partes, y en este punto se asemejan. No obstante, en la doctrina se afirma su diferencia pues mientras la primera no se dirige directamente a hacer cesar los efectos del acto, sino más bien a eliminar el acto mismo, aun cuando evidentemente la cesación de los efectos se producirá en virtud de la eliminación jurídica del acto que los determinaba. La revocación se refiere a los actos y no a las relaciones, por lo tanto, en todos aquellos casos en los cuales la ley habla de revocación refiriéndose a una relación jurídica, en realidad estaremos frente a otras figuras distintas de la revocación[82].

El tratamiento que damos al término en comentario (revocación), se refiere a un medio tradicional que permite, en determinados casos, terminar la relación obli-

---

81 Instituciones de Derecho Civil, vol. 2, ed. Bosch, Barcelona, 1955, p. 211.

82 SANSÓ, Benito: La revocación en el Derecho Privado (tesis doctoral), en Estudios jurídicos, Facultad de Ciencias Jurídicas y Políticas, Instituto de Derecho Privado, UCV, Caracas, 1984, p. 416.

gatoria o contractual; y dada la pluralidad de acepciones que, obviamente, presenta la locución, da lugar también a confusión en cuanto a su aplicación o uso se refiere. Así, *v. gr.*, cuando en la ley se dispone que hay lugar a aumento de precio por aumento de la medida, el comprador tiene opción o de pagar el suplemento de precio con intereses desde el día en que fue puesto en posesión o de desistir de la venta. Aquí la expresión "desistir de la venta", da lugar a que se interrogue si se refiere a la terminación del contrato por la sola voluntad (unilateral) del comprador, lo cual no parece apropiado para quitar el efecto registral del contrato inscrito; pues para desistir de la venta que haya sido inscrita, el solo desistimiento no deja sin efecto la inscripción y además carece de efecto *erga omnes*. El comprador, en la hipótesis, tiene el derecho de "desistir de la venta", pero para que el desistimiento sea eficaz solo podrá ser mediante la correspondiente actuación judicial, a menos que los contratantes pongan recíprocamente fin al contrato por *mutuo disenso,* deshaciéndolo así como lo hicieron. Pero el sentido de la expresión "desistir de la venta", también puede denotar el derecho del comprador a pedir judicialmente la terminación de ese contrato, pues el solo desistimiento de nada le vale cuando ya el contrato se ha celebrado.

Asimismo puede entenderse que el desistimiento de la relación obligatoria ocurre mediante la declaración de voluntad unilateral de una de las partes contratantes, de dejar sin efecto el contrato, sin que la declaración sea motivada por causa de incumplimiento; pues es un derecho potestativo que permite a una o ambas partes terminar la relación contractual, a menos que se trate de una relación jurídica en cuyo cumplimiento está interesado el orden público, como acontece con la relación arrendaticia que no puede ser desistida por el arrendador en determinados casos: al arrendatario el arrendador no puede ponerle término unilateralmente a la relación arrendaticia, sino con fundamento en los motivos establecidos en la ley. En este contexto, un desistimiento unilateral del arrendador carece de efecto alguno. Es así como el desistimiento plantea numerosos inconvenientes ante la posibilidad de desistir *ad nutum* (a voluntad), es decir, sin justa causa, por su aparente contradicción con el principio de obligatoriedad del contrato y su intrincada regulación legal, extendida a lo largo de los códigos civiles y en diversas leyes especiales.

En la doctrina también se da otra significación al concepto "desistimiento unilateral", cuando se escribe que el desistimiento unilateral es un poder (*ius poenitendi*) de cada una de las partes; es el medio para disolver la relación nacida del contrato, por la sola voluntad e iniciativa de una de ellas, sin necesidad de demanda judicial ni de juicio; basta que el que desiste comunique a la contraparte su decisión. Es, por tanto, un caso de derecho potestativo que, ejercitado, actúa extrajudicialmente. El efecto del desistimiento es el de recaer directamente sobre la relación obligatoria acelerando su fin y liberando de ella al que desiste y a la contraparte, sin afectar el contrato, que se supone valido y eficaz. El desistimiento se presenta especialmente en el contrato de ejecución continuada o periódica y en el contrato de duración indeterminada. El efecto del desistimiento se produce *ex nunc*, es decir, no es retroactivo y no perjudica los derechos de terceros (MESSINEO).

El desistimiento no tiene que fundarse en una causa especial, pero para su procedencia debe estar autorizado en la ley. Sin embargo, en la doctrina se plantea la posibilidad de admitir una denuncia o desistimiento unilateral cuando, aunque la ley o el negocio no concedan expresamente una facultad semejante, la relación obligatoria reúna las siguientes características: 1ª Que se trate de una obligación duradera o de tracto sucesivo. En principio, el desistimiento o la renuncia no son aplicables a las relaciones obligatorias de tracto único, ni tampoco aquellas en que una prestación única haya quedado fragmentada o distribuida en prestaciones sucesivas. 2ª Que se trate de relaciones obligatorias que no tengan un plazo previsto de duración temporal, de manera que de acuerdo con la ley o con el negocio jurídico su duración hubiera de ser indefinida. 3ª Que se trate de relaciones obligatorias en las que exista un componente fiduciario o un *intuitu personae*, de manera que fundadas tales relaciones en la confianza que las partes recíprocamente se merecen, cuando tal confianza se frustra, aparezca como justa la posibilidad de poner fin a la relación (DÍEZ-PICAZO). Como se puede apreciar de las diversas nociones apuntadas, esa pluralidad de significados no admite una sola concreción, y de aquí la puerta abierta a la necesaria interpretación en cada caso específico.

La revocación implica solamente un cambio de la voluntad que determinó el negocio, a causa del arrepentimiento de su autor, por lo cual ¿la revocación produce efectos solamente hacia el futuro (ex nunc) y no retroactivamente (ex tunc)? En la doctrina se ha discutido este punto, pero la mayoría coincide en que no puede aplicarse a la revocación el mismo concepto de retroactividad que se aplica a las leyes, puesto que cuando se habla de retroactividad de las leyes quiere decir que la ley no elimina los derechos adquiridos anteriormente, pero los elimina para el futuro, es decir, después de la emanación de la ley; mientras que cuando se habla de retroactividad de la revocación o de eficacia *ex tunc* de la misma, se quiere decir que se eliminan los derechos eventualmente creados por el acto revocado también para el pasado, es decir, desde el momento de la creación de esos derechos. No obstante, la revocación no tiene efectos retroactivos, hacia el pasado, sino únicamente hacia el futuro, v. gr., los actos realizados por el mandatario en ejercicio del mandato, que le fueron autorizados, son irrevocables, por lo cual la revocación del mandato no tiene efecto retroactivo.

Para revocar un mandato o poder no es necesaria una acción, mientras que para revocar un contrato como el de donación es necesaria la acción de revocación, pues por disposición *ex lege* la revocación de la donación no perjudica ni a las enajenaciones hechas por el donatario ni a las hipotecas y demás cargas reales que este haya impuesto sobre la cosa donada; a no ser que tratándose de inmuebles se hayan hecho las enajenaciones o constituido las cargas o hipotecas después de inscrita en el Registro la demanda de revocación. En ese sentido, se afirma que la revocación no es retroactiva puesto que, aún en los casos en los cuales elimina los derechos ya existentes en una persona, como en el caso de la revocación de las donaciones por ingratitud, los eliminará siempre para el futuro, es decir, desde la emanación del acto de revocación y no desde el momento de la emanación del acto revocado, que pone a salvo los derechos adquiridos de los terceros. Asimismo, en fuerza de ley, la declaración de revocación debe ser dirigida, en el caso de mandato, al mandatario y solo produce la extinción del mandato en el momento en que el mandatario llega a conocerla, salvo los casos de excepción. La revocación del mandato surte sus efectos respecto del mandatario desde que este lo sepa; pero respecto de terceros, si el poder es de los que deben estar inscritos, solamente desde la fecha en que se inscriba la revocación.

5.4. La disolución

Nos referimos a la terminación del contrato declarada por las partes de mutuo acuerdo, pues el concepto "disolución" es también un concepto abierto y flexible por lo cual presenta plurales connotaciones, significados o acepciones. Desde esta perspectiva, la disolución es el *mutuo disenso* que consiste en la disolución del vínculo jurídico por la voluntad expresa de las partes que celebraron el acto que le dio origen, sin necesidad de la interposición de un tercero. En ocasiones denota no solo ese acuerdo recíproco de voluntariamente establecer la terminación del contrato, sino también por circunstancias diferentes. En primer lugar, v. gr., la disolución de la sociedad mercantil por el acuerdo de los socios, pero también por motivos diferentes al vencimiento del plazo señalado en el contrato social, o ante la imposibilidad de cumplir el objeto que persigue la sociedad, o la conclusión del mismo; así como en otras hipótesis determinadas en la ley correspondiente. Asimismo, las sociedades civiles se disuelven, entre otras hipótesis, por la terminación del plazo o por el evento de la condición que se haya prefijado para que tenga fin; por la consumación del negocio para que fue contraída; por su insolvencia, o por la extinción completa de la cosa o cosas que forman su objeto; por la muerte de cualquiera de los socios, salvo las excepciones correspondientes; por la incapacidad sobreviniente o la insolvencia de uno de los socios. Otra significación a modo de ejemplo se encuentra entre las causas para decretar el divorcio, como medio de terminación del contrato de matrimonio, cuando se estatuye que el mutuo consentimiento será motivo para que el divorcio se pronuncie.

Mediante la disolución contractual pueden quedar afectados los derechos de terceros, aun cuando los contratos no tienen efecto sino entre las partes contratantes, no dañan ni aprovechan a los terceros, excepto en los casos establecidos por la Ley.

Los contratos, obra de dos o varias voluntades, se disuelven como se formaron, por acuerdo unánime de las partes o según las causas establecidas en la ley, y como se plantea en la doctrina, esta disolución se cumple impunemente, sin comprometer de ninguna manera la responsabilidad de los que la han provocado o que la han suscrito, salvo la aplicación de las reglas del derecho común en materia de error, violencia o dolo. Sin embargo, uno concibe si el libre y unánime acuerdo de las partes agota toda fuente de responsabilidad de orden interno, o si deja sitio a las venidas del exterior, y emanantes de terceros perjudicados por la liquidación anticipada de la situación obligatoria; sin duda, en tesis general, las convenciones no surten efecto frente a terceros, y su disolución incluso no debe sobrepasar el círculo de las partes y de sus causahabientes a título universal; pero se sabe que el principio, llamado de las convenciones, está lejos de ser absoluto, y pierde toda exactitud porque los contratos de amplio radio de acción crean situaciones permanentes que tienen valor absoluto. Tal es el caso, por ejemplo, del contrato de sociedad que engendra un ente moral y que establece un derecho estatutario, valedero para todos y contra todos; perfectamente, uno imagina que la disolución anticipada de ese contrato y la desaparición prematura de las personas jurídicas que habían nacido, están dirigidas a causar un perjuicio injusto a terceros, es decir, a los no asociados[83].

En la doctrina se admite que el llamado *mutuo disenso* o *desistimiento mutuo* es un acuerdo de voluntades de las partes enderezado a dejar sin efecto una relación obligatoria preexistente. En rigor, no se trata de consentir en la validez o en la ineficacia sobrevenida del negocio constitutivo, sino de llevar a cabo una terminación y extinción convenidas de la anterior relación contractual, que ha sido en todo momento válida y eficaz. Por ejemplo: los socios se ponen de acuerdo para dar por terminada la sociedad; arrendador y arrendatario convienen en dar por terminado el arrendamiento, o vendedor y comprador dejan sin efecto la venta. Como el fenómeno extintivo es un nuevo contrato, será necesario que se reúnan todos los requisitos de capacidad, objeto, causa, forma, etc., necesarios para la validez de un contrato. Se pone de manifiesto que "extinguir" y "terminar" conducen casi al mismo resultado: el contrato terminado o extinguido pierde todo efecto como resultado del acuerdo coincidente entre los contratantes, aun cuando se puede decir que primero termina la relación obligatoria y después se extingue, o que en determinados casos directamente se extingue (cfr. I). Aquí la extinción es el resultado de liquidar las prestaciones por cumplirse según ese acuerdo o por disposición de la ley. En caso de la extinción, v. gr., las partes termina el contrato y ante las prestaciones pendientes de cumplimiento, disponen que el deudor las cumpla en la forma que acuerdan; o si la ley contempla el deber de cumplir con las prestaciones existentes en beneficio de terceros, tal el caso de la sociedad mercantil que disuelta por voluntad de los socios, los liquidadores deberán concluir las operaciones sociales que hubieren quedado pendientes al tiempo de la disolución, cuando ello fuere legalmente posible.

El *mutuo disenso* pone término al contrato por motivo sobreviniente a su celebración, consistente en el mutuo interés de las partes para dejarlo sin efecto; y aun cuando la expresión "distracto" es más o menos antigua se la denomina junto con el vocablo latino "distractus", o con independencia de ella "*contrarius consensus*" o "*contrarius disensus*" o "*contrarius actus*". Es la forma voluntaria por excelencia de terminación del contrato. "Nada más natural, decía ULPIANO, que por el consen-

83 JOSSERAND, Louis: El espíritu de los derechos y su relatividad, traducción de Aníbal Álvarez, ed. Homero, Caracas, 2010, pp. 123-124.

timiento se desata lo que por consentimiento se hizo". BOGGERO[84] observa que mientras el contrato anuda vínculos jurídicos entre las partes que lo celebraron el "distracto" los desanuda. Es el fenómeno jurídico opuesto al contrato en cuanto a la dirección o "finalidad", pero que se mueve en el mismo clima de "autonomía de la voluntad" por conducta del "consentimiento". Es decir, que las partes han anudado y luego desatado el vínculo jurídico dentro de los límites fijados por el "orden público" y las "buenas costumbres".

El *mutuo disenso* aplica sobre relaciones contractuales bilaterales vigentes, pues el fin básico del mismo es desatar la relación vinculante con *prestaciones* pendientes por ejecutar a cargo de *ambas partes*[85]. Aun cuando solamente las partes, que intervienen en un contrato, están legitimadas para finalizarlo por mutuo consentimiento, existen casos en los cuales determinados negocios jurídicos perturban los intereses personales de sujetos ajenos a esas relaciones, en cuyo caso se trata de los terceros, que no han ofrecido ni expresado su voluntad de intervenir en la formación y contenido del contrato, y que no obstante pueden encontrarse afectados, como puede suceder cuando sin haber intervenido en el nacimiento del contrato, adoptan la posición de parte como acontece con sus *sucesores a título particular*. Por tanto, con el *mutuo disenso* no se pueden afectar derechos válidamente adquiridos por parte de terceros, ya que estos son ajenos a la celebración del negocio jurídico que se pretende dejar sin efecto, pues nadie puede disponer de los derechos que no le pertenecen.

Aquella fórmula, sin embargo, no se basta por sí misma para que el contrato quede terminado, puesto que en algunos casos se requiere del estricto cumplimien-

84 BOGGERO, Boffi: Tratado de las obligaciones, ob. cit., vol. 1, p. 702.

85 En los contratos bilaterales operan dos características principales como son la *reciprocidad* y la *interdependencia*. La reciprocidad significa, obviamente, la correspondencia mutua entre personas o cosas; mientras que la interdependencia quiere decir que la causa de la obligación de una parte es la obligación de la otra, significado que las obligaciones se sirven de causa mutuamente, que las obligaciones deben estar relacionadas. De aquí que la razón por la cual una persona le debe a otra es precisamente la obligación de esta para con aquella. La *reciprocidad* e *interdependencia* de las obligaciones son elementos esenciales y característicos del contrato bilateral; consistiendo la primera en la "correspondencia mutua de una persona con otra", y deben participar al menos dos personas que recíprocamente expresen su voluntad para desear que se cumpla entre las mismas el objeto de la obligación. En el contrato bilateral se asumen obligaciones recíprocas, de modo que el contratante que asume la obligación en beneficio del otro, este también asume otra en beneficio de aquel. Las partes asumen el carácter de deudoras y acreedoras al mismo tiempo, de obligaciones distintas y no independientes, sino interdependientes, pues la interdependencia es "mutua dependencia". Si una de las partes no cumple su obligación no puede exigir legalmente el cumplimiento a la otra. En cambio, la *interdependencia* significa "mutua dependencia", por lo que de incumplir una de las partes, esta no puede exigir el cumplimiento a la otra. (GUERRERO-QUINTERO, Gilberto, La resolución del contrato, ob. cit., pp. 386-387).

to de ciertas y determinadas formalidades adicionales, como sucede en el contrato de venta inmobiliaria inscrito, que de ser "disuelto" debe inscribirse el acto de disolución en el Registro Público respectivo; más aún cuando los títulos sujetos a inscripción que no estén inscritos no perjudican a terceros, sino desde la fecha de su presentación registral.

5.5. LA RESCISIÓN

Este concepto jurídico indeterminado, por ser tal, es fácilmente confundible con otras figuras jurídicas, tales como revocación, resolución, nulidad, por citar solo algunas, y solo con la idea de suministrar el sentido que se da del mismo, nos referimos al Diccionario de la Real Academia Española: "rescindir", del latín *rescindĕre* 'desgarrar', 'destruir, anular'.1.tr. Dejar sin efecto un contrato, una obligación, una resolución judicial, etc. Tal y como se puede apreciar, la confusión está no solo *in terminis* sino en el significado tan disímil que se aporta. Señala el mismo Diccionario, en comentario, que rescindir es dejar sin efecto un contrato u obligación. Ante esta acepción adicionamos que también se deja sin efecto un contrato o una obligación a través de la actuación de otros medios o formas, pues, incluso, en el ámbito administrativo se habla de la rescisión unilateral del contrato por parte de la Administración, por medio de la cual pone término a la relación contractual obligatoria. También se afirma que rescisión significa acción y efecto de extinguir un contrato normalmente de ejecución continuada o sucesiva, por causas supervinientes a su perfeccionamiento, y con referencia solo hacia el futuro; y en sentido estricto: nulidad por causa de lesión, e impropiamente resolución[86].

En la doctrina podemos encontrar dos casos de rescisión: uno, que el contrato haya dado lugar a lesión por una de las partes y determinada por un estado de necesidad, que ha impulsado a dicha parte a celebrar el contrato; y, el otro, según que el contrato se haya concluido en estado de peligro y en condiciones inicuas. La primera figura de rescindibilidad está dada por la situación del que haya sufrido una lesión (subespecie de daño) patrimonial consistente en la desproporción (o desequilibrio) entre la prestación que ha ejecutado o prometido y la que debe recibir (y que es de entidad menor): desproporción que depende del estado de necesidad en que se encontraba, que fue para él motivo determinante del contrato y del que se ha a provechado la contraparte para obtener ventaja. La segunda figura de rescindibilidad se refiere al estado de peligro, por el motivo determinante que ha sido la necesidad, conocida por la contraparte, de salvarse a sí misma (o salvar a otro) del peligro actual de un daño grave a la persona (contrato necesitado); y además en el hecho de que la obligación ha sido asumida en condiciones contrarias a la equidad (inicuas)[87]. Sin embargo, en cuanto a la primera figura antes explicada, cuando fundamenta la rescisión del contrato en la desproporción que depende del estado de

86 COUTURE, Eduardo J.: Vocabulario jurídico, Depalma, Buenos Aires, 1976.

87 MESSINEO, Francisco: Doctrina..., ob. cit., vol. 2, pp. 291-296.

necesidad en que se encontraba, que fue para él motivo determinante del contrato y del que se ha a provechado la contraparte para obtener ventaja; no siempre ese estado de necesidad es causal pues, v. gr., en la partición celebrada de mutuo acuerdo y no por estado de necesidad, cuando uno de coherederos ha padecido lesión en la proporción que, señalada en la ley, exceda de su parte en la partición.

La rescisión es un medio de terminación del contrato, con carácter subsidiario, autorizado por la ley, es decir, a falta de otro medio de terminación y por causa de lesión, ante una desproporción excesiva interprestacional en perjuicio de uno de los contratantes[88]. Así, la rescisión es considerada en la doctrina como un medio especial para objetar determinados contratos bilaterales conmutativos, que aun cuando no violan ninguna norma de orden público, contemplan una diferencia o desproporción excesiva entre las prestaciones de las partes, en menoscabo o perjuicio de una de ellas, para colocarla en situación de equilibrio ante la desproporción sufrida.

Aun cuando es una de las acepciones que nos parece más acorde a la realidad como medio que también posibilita o permite la terminación del contrato, y que lo identifica cuando la causa es la lesión que se origina en perjuicio de la otra parte, sin que el contrato sea nulo aun cuando la lesión es un hecho que nace en la celebración del contrato, pero no es un vicio que lo hace inválido o ineficaz.

Sin embargo, el concepto que anotamos sobre la rescisión no es de significado único, pues muchas veces tiene otras connotaciones tanto en la ley, como en la doctrina y la jurisprudencia; pues se corresponde a un concepto jurídico que por su indeterminación es abierto, no cerrado, flexible y por tanto sujeto a interpretación. Por esto se admite en la doctrina que la acción general de rescisión se refiere a los casos de desproporción *ultra dimidium*, entre el valor de una cosa y otra prestación, resultante del estado de necesidad de un contratante, del que el otro se ha aprovechado, y que la tradición jurídica se orientaba en el sentido de admitir la rescisión

---

88 CCes adopta estos criterios. Son rescindibles: 1. Los contratos que pudieren celebrar los tutores sin autorización judicial, siempre que las personas a quienes representan hayan sufrido lesión en más de la cuarta parte del valor de las cosas que hubiesen sido objeto de aquéllos. 2. Los celebrados en representación de los ausentes, siempre que éstos hayan sufrido la lesión a que se refiere el número anterior. 3. Los celebrados en fraude de acreedores, cuando éstos no puedan de otro modo cobrarlo que se les deba. 4. Los contratos que se refieran a cosas litigiosas, cuando hubiesen sido celebrados por el demandado sin conocimiento y aprobación de las partes litigantes o de la Autoridad judicial competente. 5. Cualesquiera otros en que especialmente lo determine la ley (art. 1291). Son también rescindibles los pagos hechos en estado de insolvencia por cuenta de obligaciones a cuyo cumplimiento no podía ser compelido el deudor al tiempo de hacerlos (art. 292). Ningún contrato se rescindirá por lesión, fuera de los casos mencionados en los números 1. y 2. del artículo 1291 (art. 1293). La acción de rescisión es subsidiaria; no podrá ejercitarse sino cuando el perjudicado carezca de todo otro recurso legal para obtener la reparación del perjuicio (art. 1294).

únicamente en la compraventa y ante la simple desproporción objetiva (siempre en la medida de la *ultra dimidium*)[89]. Pero a esta noción puede señalarse que no siempre la lesión patrimonial es resultante del estado de necesidad de un contratante, pues la mayoría de las veces la celebración de un contrato no tiene su origen en el estado de necesidad de uno de sus celebrantes, sino en su conveniencia o el interés que le lleva a que la relación contractual tenga lugar, como voluntaria y recíprocamente los coherederos hacen la partición de un bien inmueble, porque les conviene, y en la adjudicación uno de ellos sufre una desproporción en la cabida, menor que la que le corresponde en los términos dispuesto en la ley.

La rescisión, según COUTURE en su "*Vocabulario jurídico*", es la acción y efecto de extinguir un contrato normalmente de ejecución continua o sucesiva, por causas supervenientes a su perfeccionamiento y con referencia solo hacia el futuro. Pareciera asimilar el concepto al de la resolución del contrato de la cual se diferencia, pues la rescisión es por causa de lesión y aquella por motivo de incumplimiento. También se dice que la rescisión por lesión es en sí misma un caso de nulidad del contrato[90], lo cual no es admisible pues el contrato puede rescindirse cuando en este se ha establecido una desproporción excesiva entre las prestaciones de las partes en perjuicio de una de ellas; en tanto que, por otra parte, se la equipara al *mutuo disenso*, a la revocación o al desistimiento, con cuyas figuras jurídicas se diferencia, al señalarse que la rescisión actúa como causa de extinción de los contratos, deshaciendo el vínculo contractual existente y válido, por decisión de las partes (mutuo disenso), o de una de ellas, en los casos en que la ley lo permita, en razón de una voluntad en tal dirección, nacida con posterioridad a la celebración de contrato[91].

La rescisión, según DÍEZ-PICAZO, es una ineficacia del contrato que adviene mediante el ejercicio de una acción de impugnación del mismo, quien se fundamenta en el artículo 1290 del Código Civil español conforme al cual, los contratos válidamente celebrados pueden rescindirse en los casos establecidos por la ley. Se afirma[92] que la rescisión conduce a un resultado equiparable a la nulidad, es decir, a quitar de en medio el acto, como si jamás hubiera existido, por causa de su injusticia, por eso en la práctica se usan confusamente los términos rescisión y anulamiento.

La rescisión por lesión no procede porque el contrato bilateral, de que se trate, se haya celebrado por vicio en el consentimiento, sino un vicio objetivo que produce la desproporción o desigualdad entre las prestaciones interpartes; por lo cual

89 SCOGNAMIGLIO, Renato: Teoría general del contrato, Universidad Externado de Colombia, traducción de Fernando Hinestrosa, Bogotá, 1996, p. 257.

90 RIPERT y BOULANGER: ob. cit., vol. 4, p. 423.

91 MIQUEL, citando a Farina, en "*La resolución de los contratos por incumplimiento*", Depalma, Buenos Aires, 1986, p. 8.

92 CARNELUTTI: Teoría general del derecho, Revista de Derecho Privado, Madrid, 1955, pp. 443-444.

la rescisión por causa de lesión no es una acción de nulidad parcial o relativa del contrato, de la cual se diferencia. La rescisión no actúa para corregir un vicio de la voluntad de uno de los contratantes por error, dolo o violencia, aun cuando la necesidad o el peligro (lesión subjetiva) hayan intervenido como motivo concluyente; sino que lo que se ha producido es una desproporción que causa la lesión patrimonial (lesión objetiva).

La *rescisión por lesión* aplica en los contratos civiles en los que una de las partes ha sufrido un perjuicio, consistente en la desproporción entre la prestación recibida en relación a la prestación de la otra parte. El *quid*, esencia, de la rescisión por lesión, se origina cuando las partes no han tenido la intención de que sus prestaciones sean desproporcionadas, por lo que esta clase de rescisión debe utilizarse en los contratos conmutativos, es decir, en aquellos en los que las partes conocen de manera precisa la extensión de sus prestaciones, por lo que difícilmente podría utilizarse la rescisión por lesión en los contratos en los que su causa se funda en el *alea* (los contratos aleatorios), en los que las partes, o al menos una de las mismas, desconocen con precisión la extensión de las prestaciones; por lo cual se ha podido afirmar que al contrato aleatorio no resulta aplicable uno de los modos de terminación de los contratos, como es la rescisión por lesión; más aún cuando la ley no concede acción para reclamar lo que se ha ganado en juego de cualquier clase que sea, pero el perdidoso no puede repetir lo pagado voluntariamente, salvo el caso de fraude; e igualmente para la apuesta.

El verdadero fundamento de la lesión es la equidad, contra la que se atenta al ejecutar un acto jurídico que acarrea la desigualdad considerable entre las prestaciones de una y otra parte. No se trata, por cierto, de que entre dichas prestaciones exista una igualdad absoluta, pero la desigualdad permitida no debe exceder un límite que se convierta en la transformación de una parte por la otra. La ley debe propender a hacer imperar la equidad en las relaciones jurídicas y evitar los abusos que una de las partes pueda cometer aprovechándose de la situación aflictiva en que pueda hallarse la otra[93]. La *equidad* es considerada como una de las proposiciones básicas de los *principios generales del derecho* y su íntima relación con la *justicia*, no pudiendo concebirse sin la misma y se la entiende como "*Bondadosa templanza habitual. Propensión a dejarse guiar, o a fallar, por el sentimiento del deber o de la conciencia, más bien que por las prescripciones rigurosas de la justicia o por el texto terminante de la ley*" (DRAE). La *equidad* y la *igualdad* son dos principios que también están íntimamente vinculados, pero son diferentes: la equidad introduce un principio de justicia en la igualdad.

La rescisión deja sin efecto un contrato por causa existente en el momento de su celebración. Esta causa no consiste en un vicio que lo hace inválido e ineficaz. No consiste, por tanto, en una acción de nulidad del contrato, sino relativa a la lesión

93 ALESSANDRI BESA, Arturo: La nulidad y la rescisión en el Derecho Civil, Imprenta Universitaria, Santiago de Chile, 1982, vol. 2, p. 757.

patrimonial que produce y que, por lo general, opera por disposición de la ley. Es como se afirma, el perjuicio experimentado por una persona como consecuencia de un acto jurídico ejecutado por ella; consiste, más precisamente en los contratos a título oneroso, en el hecho de recibir una prestación de un valor al que él proporciona (PANIOL y RIPERT).

En la mayoría de los códigos civiles se observa la tendencia a identificar la rescisión con la resolución del contrato, la nulidad, el mutuo disenso o distracto; contribuyéndose de tal forma a la denunciada confusión; v. gr., "Las obligaciones se extinguen: por ... la anulación o rescisión..." (art. 633CCcr, estas dos acciones como equivalentes); e incluso en el Código de Comercio al disponerse que una vez perfeccionado el contrato de compraventa, el contratante que cumpliere tendrá derecho a exigir del que no lo hiciere, la rescisión del contrato o el cumplimiento del mismo, y además, la indemnización de los daños y perjuicios (art. 463). Los pactos pueden ser modificados y rescindidos por acuerdo de ambos convivientes (art. 516 CCCN, es decir, por mutuo disenso). Pueden las partes estipular en el contrato que la venta se rescindirá si no se paga el precio en cierto día determinado. Sin embargo, el comprador de bienes inmuebles podrá pagar el precio después del día señalado mientras no hubiere incurrido en mora en virtud de requerimiento (art. 1844 CCg). Se confunde rescisión con resolución por incumplimiento). Si el arrendador o el arrendatario no cumplieren las obligaciones expresadas en los artículos 1554 y 1555, entre cuyas obligaciones está la de pagar el precio del arrendamiento en los términos convenidos, podrán pedir la rescisión del contrato y la indemnización de daños y perjuicios, o sólo esto último, dejando el contrato subsistente (cfr. art. 1556 CCes, se confunde la rescisión con la de cumplimiento o la de resolución del contrato, cuando se habla de la falta de pago del alquiler); más, al disponerse en el artículo 1294 *eiusdem* que la acción de rescisión es subsidiaria, y que no podrá ejercitarse sino cuando el perjudicado carezca de todo otro recurso legal para obtener la reparación del perjuicio, de esta manera se precisa mejor su real sentido.

Poco claro (prescindiendo de las causas históricas y tradicionales que lo justifiquen) es el sistema seguido por el legislador, quien habla solamente de la acción de anulación de las obligaciones como modo de extinción de estas, usando indistintamente los términos "acción de nulidad" y "acción de rescisión", y prescindiendo de la distinción de ambas, originándose confusiones que repercuten en la doctrina, y más aún en la jurisprudencia. Baste aquí recordar, para la inteligencia de esta materia, que la nulidad del negocio debe distinguirse de su anulabilidad, y de ambas su rescindibilidad. *Nulo* es el negocio en que falta uno de los elementos esenciales para su existencia jurídica, por lo que se designa también *inexistente y radicalmente nulo*; *anulable* es aquel que reúne todos los requisitos esenciales para su existencia, pero que carece de alguno de los indispensables para su validez por razón de un vicio que afecte a aquellos elementos; *rescindible* es aquel cuyos elementos esenciales para su existencia y validez no están afectos de ningún vicio; pero como quiera que produce una lesión, puede ser impugnado y rescindido para impedir esta (DE RUGGIERO).

Que el contrato inexistente es radicalmente nulo es posible. La teoría de la inexistencia se ha contrapuesto a la teoría de la nulidad del contrato, reseñándose que mientras en la nulidad el contrato tiene todos sus elementos integrantes, en la inexistencia falta alguno de ellos; que el contrato inexistente no produce ningún efecto y que no requiere ser declarado por el juez, ni puede ser convalidado. Se le critica que el nombre "contrato inexistente" es contradictorio, pues si es inexistente no es posible que haya contrato alguno. Además, que no es cierto que el contrato inexistente no produce ningún efecto y que tampoco es verdad que no requiere ser declarado por el juez, ni que no pueda ser convalidado. No es admisible que el contrato al cual falta un elemento esencial sea inexistente, pues existen casos en que el contrato no es nulo sino anulable; y, asimismo, resulta falso que el juzgador no tenga por qué constatar la inexistencia el contrato pues entonces las partes quedarían erigidas en jueces con las consecuencias relativas a la inseguridad jurídica que ello causaría. La teoría de la inexistencia del contrato carece de utilidad y más bien la doctrina admite la estructura y sistema de la teoría de las nulidades, aun cuando los efectos de la inexistencia no tienen mayor diferencia con los de la nulidad absoluta.

La rescisión pudiera tener alguna mínima relación con la nulidad, pero ambas son inconfundibles con la diferencia fundamental en cuanto a que el accionante en nulidad debe probar la existencia de un vicio en el contrato, independientemente de haber padecido o no una *lesión*; mientras que quien ejerce la acción en rescisión debe probar que ha sufrido una lesión, y puede intentar esta acción en todos los casos en que a su juicio haya lesión, y no solamente en aquellos previsto por la ley; pues no deriva de un vicio adquirido en el nacimiento del contrato que afecta al mismo, sino que se orienta a impedir o proteger de la lesión o perjuicio que dicho negocio ocasiona, ante el desproporcionado y excesivo desequilibrio entre las prestaciones interpartes.

La *lesión* consiste en el perjuicio pecuniario que una de las partes sufre y percibe como resultado de la falta de equivalencia de las prestaciones recíprocas en un contrato conmutativo; y solo procede en los casos expresamente determinados por la ley, especialmente cuando existe lesión. Hay lesión cuando se produce un daño especialmente de naturaleza económica, en determinados negocios jurídicos como ocurre en la partición realizada por el ascendiente (padre, madre u otros ascendientes con sus descendientes), si resulta de la misma, o de cualquier otra disposición hecha por el ascendiente, que alguno de los comprendidos en aquella ha padecido lesión de su legítima. Aquí la excesiva desproporción interprestacional generada al celebrarse el contrato de partición es posible no se observe al momento de la celebración del contrato, sino que aparece posteriormente.

En la doctrina se ha observado que la lesión contractual consiste en el perjuicio recibido por uno de los contratantes, en razón misma de las cláusulas que figuran en el convenio, y reside esencialmente en una desigualdad de trato entre las partes, en la falta de equilibrio de la operación que se inclina claramente de un lado, con detrimento del otro; o el perjuicio que sufre una de las partes en un contrato a título oneroso en razón de la desigualdad que existe entre lo que recibe y lo que suministra (JOSSERAND, BAUDRY-LACANTINERIE). Es la tendencia del Código Napoleón al admitir la lesión solo en determinados casos que taxativamente estatuye, como en la venta cuando la diferencia entre lo recibido y el valor de la cosa excede de las siete doceava partes (art. 1674 y ss.), y solo a favor del vendedor en la partición, cuando la disminución del valor real de la asignación sobrepasa la cuarta parte (art. 887), y en las sociedades (art. 1885).

La concepción de la lesión como un vicio del consentimiento conduce, en efecto, a rechazar por irrazonable su admisión en la teoría del contrato. ¿No es acaso un hecho de todos los días que una persona se desprende de sus bienes a un precio muy inferior a su valor real porque desea adquirir en forma inmediata una suma de dinero para invertirla en otras operaciones que juzga más provechosas o más seguras? Admitir que ella pudiera arrepentirse luego y hacer anular el contrato de venta por ella libremente aceptado sin error, dolo, ni violencia, conduciría a desposeer al contrato de toda eficacia obligatoria. Es precisamente por esto que el CCv, siguiendo la tradición francesa en la materia, ha rechazado de modo general que la lesión pueda constituir una causa de anulación del contrato (art. 1350), y apenas si la ha admitido en algunos casos excepcionales, como en materia de partición (art. 1120 ap. 2°), de préstamo a interés (art. 1746 ap. 3°) y en el contrato de sociedad (arts. 1663 y 1664)[94]. Y también se escribe que la acción rescisoria debe tender principalmente a la destrucción del vínculo jurídico y subsidiariamente a la restitución de las cosas que las partes se hubieren eventualmente cambiado. Sus efectos siguen el camino de hacer volver a las partes a la situación anterior a la celebración del contrato, naturalmente con la suma de los frutos y rentas producidos, establecida sobre la base de la participación de cada uno. La rescisión libera no solo al deudor sino también a todos los codeudores o fiadores quienes quedan liberados de la garantía por ellos otorgada[95].

5.6. EXCEPCIONES NON ADIMPLETI CONTRACTUS Y NON RITE ADIMPLETI CONTRACTUS

Hacemos referencia a estas dos excepciones, no porque las mismas conduzcan a la terminación del contrato y su extinción, sino en cuanto a que la primera hace quedar, cuando prospera, en suspenso los efectos del contrato hasta tanto la parte incumpliente cumpla su correspondiente obligación. La "suspensión de los efectos del contrato" hasta que la otra parte cumpla su obligación, denota que durante la misma la parte incumpliente no tiene la opción de accionar contra la otra parte. La primera en concordancia con la segunda (*non rite adimpleti contractus*) al relacionarse pero en diferente perspectiva, como luego se observa.

---

94 MÉLICH-ORSINI, José: Estudios de Derecho Civil, Fabreton, Caracas, 1974. vol. 1, p. 391.

95 LUTZESCO, Georges: Teoría y práctica de las nulidades, Editorial Porrúa, 2010, p. 161.

En consideración al tipo o clase de incumplimiento en que incurra una de las partes, en la relación bilateral obligatoria, las excepciones *non adimpleti contractus* y *non rite adimpleti contractus* son oponibles por el demandado, y se relacionan de alguna manera en orden al cumplimiento de la obligación o del contrato, pero se diferencian en consideración a la carga de la prueba.

Tales excepciones únicamente proceden cuando se trata de contratos bilaterales, pues en los mismos las partes tienen a su cargo obligaciones recíprocas, y si uno de los contratantes no cumple la suya, el otro tiene el derecho de abstenerse de cumplir de modo provisional (de este modo porque la relación contractual aquí no se termina y están vigentes los correspectivos deberes y derechos).

La primera de las mencionadas excepciones aplica cuando el demandante exige el cumplimiento al demandado, en cuyo caso este puede oponer la excepción del contrato no cumplido, alegando que aquel no cumplió con su correspectiva obligación.

Se trata del cumplimiento de la obligación en dos sentidos y en relación con el tiempo fijado para su ejecución: (i) Si en el contrato bilateral el cumplimiento de la obligación, para las partes, se ha fijado para el mismo tiempo, de exigir la parte demandante al demandado el cumplimiento de la obligación, este puede oponerle la excepción de incumplimiento, pues la prestación no puede mantenerse sin la contraprestación (nexo de interdependencia y simultaneidad); y, (ii) en caso de que para el cumplimiento de las recíprocas obligaciones las partes hayan fijado para ello tiempos diferentes, quien debió cumplir primero, y no cumplió no puede oponer la excepción por tratarse, precisamente, de ser el mismo un incumpliente. Sin embargo, tratándose del incumplimiento que sirve de fundamento a la resolución del contrato, la excepción en referencia también puede oponerse en el proceso resolutorio[96].

---

96 En la doctrina se admite que no solo puede oponerse la excepción en comentario, cuando se pretende la acción de cumplimiento, sino también cuando se intenta la acción resolutoria; e igualmente que la excepción de incumplimiento procede en las restituciones que son consecuencia de la nulidad y resolución de un contrato, por la interdependencia existente entre las recíprocas obligaciones de restituir, extendiéndola a las derivadas de ciertas obligaciones extracontractuales (gestión de negocios). Asimismo, que ante la hipótesis sustentada por alguna jurisprudencia, en cuanto a que la excepción de contrato no cumplido solo puede oponerse en los juicios donde se reclama el cumplimiento de un contrato; se opina que se trata de una jurisprudencia errónea, pues a menos que tal posición se fundamente en la idea de que el principio de no ser oponible la resolución en condiciones contrarias a la buena fe, es condición misma de la existencia del derecho a la resolución y, como tal, invocable de oficio por el juez, las consecuencias que se derivarían de la consolidación de aquella jurisprudencia, serían manifiestamente inequitativas. Por tanto, creemos más razonable la opinión contraria, que admite la formal oposición de la *exceptio non adimpleti contractus* en caso de resolución, en paridad absoluta con el supuesto de su oposición por

La *exceptio non rite adimpleti contractus*, como variante de la excepción de contrato no cumplido, también la puede oponer el demandado, pero sosteniendo haber cumplimiento imperfecto, inexacto o parcial del contrato, por parte del demandante, es decir, el demandado admite que el demandante ha cumplido, pero de manera incompleta o parcial, o no conforme con los requisitos de lugar, tiempo y particularidades del cumplimiento. En la primera se supone que existe la ausencia de cumplimiento del demandante, quien ha debido cumplir sus obligaciones, a menos que se hayan fijado fechas diferentes para el recíproco cumplimiento, de modo que solo así proceda tal excepción ('si aquel no cumplió, no estoy obligado a cumplir', afirmará el demandado).

Aquellas excepciones se diferencian en lo que se refiere a la carga de la prueba. Es así como en la *exceptio non adimpleti contractus*, la carga de la prueba corresponde al actor, quien debe probar su cumplimiento como única manera de enervar los efectos de esa excepción; en la *exceptio non rite adimpleti contractus*, la carga probatoria corresponde al demandado, puesto que si alega que el demandante cumplió de forma imperfecta, parcial o inexacta, entonces le corresponde probar ese tipo de cumplimiento, para que solo así su excepción pueda prosperar, siempre que ese cumplimiento parcial sea de tal gravedad que justifique su oposición, tomando en consideración que el demandante ha debido cumplir totalmente según la naturaleza del contrato, el interés que privó en la celebración del mismo y si ese cumplimiento era total como motivo que llevó al demandado a celebrar el contrato, pues de otra manera no lo habría celebrado.

De alguna manera y por lo general, la *exceptio non adimpleti contractus* suspende los efectos del contrato pero no lo termina o extingue. El contrato objeto de tal excepción, queda en suspenso hasta tanto la parte incumpliente cumpla su correspondiente obligación, por lo cual el contrato vuelve a tener su desarrollo normal. De manera excepcional, en caso de oponerse en un contrato de tracto sucesivo, lo extingue durante el tiempo en el cual el incumpliente dejó de cumplir su obligación. En el caso de un contrato de arrendamiento, si el arrendador no entrega el inmueble arrendado al arrendatario, este no está obligado a pagar las pensiones arrendaticias durante el tiempo que no disfrutó, usó ni gozó de la cosa arrendada; en cuyo caso ese contrato queda sin efecto transitoriamente y durante el lapso temporal durante el cual el arrendador incumplió con la entrega de la cosa arrendada. O como se aprecia en el caso de la venta, el vendedor que no ha acordado plazo para el pago, no está obligado a entregar la cosa si el comprador no paga el precio; mientras que si el comprador fuere perturbado o tuviere fundado temor de serlo por una acción (sea hipotecaria, sea reivindicatoria), puede suspender el pago del precio hasta que el vendedor haya hecho cesar la perturbación o el peligro, a no ser que el vendedor dé garantía suficiente, o que se haya

---

cumplimiento (GUERRERO-QUINTERO, Gilberto: La resolución del contrato, ob. cit., cap. IV, 2.5).

estipulado que, no obstante cualquier contingencia de esta clase, el comprador verifique el pago.

La excepción *non adimpleti contractus* no tiene efectos retroactivos y únicamente suspende el contrato hasta que la parte a quien se opone, por haberla provocado, cumpla, en cuyo caso el contrato vuelve a producir sus efectos normales. Se trata de la facultad de resistir al cumplimiento y retener la prestación que se ha asumido, hasta tanto la otra parte cumpla o se allane a cumplir lo que le corresponde. De alguna manera la excepción de contrato no cumplido, se concede a la parte contra quien obra el incumplimiento de la otra parte, la facultad o potestad de defenderse sin "realizar justicia por su propia cuenta", relevándose por ello del cumplimiento de la prestación debida.

No obstante lo expuesto, en consideración a que los efectos de la suspensión cesan cuando cesa el peligro (mediante el cumplimiento de la parte incumpliente) u ofrece eficazmente cumplir prestando garantía apta aceptada por quien ha cumplido u ofrecido cumplir; ¿la suspensión prolongada puede dar lugar a que se produzca la terminación del contrato por causa de prescripción? En la ley civil se encuentran preceptos del tenor siguiente: por la prescripción negativa se pierde un derecho y para esto basta el transcurso del tiempo; o la acción para hacer efectivo un derecho, se extingue por la prescripción del mismo derecho. Asimismo, prescrita la acción por el derecho principal, quedan también prescritas las acciones por los derechos accesorios. Todo derecho y su correspondiente acción se prescriben por el tiempo dispuesto *ex lege*. Desde luego que para que la prescripción pueda derivar en la terminación del contrato, debe tratarse de la prestación que dio origen a la relación obligatoria como causa principal del mismo, la que llevó a las partes a contratar y sin la cual ellas no habrían celebrado el contrato; pues la prescripción consumada y declarada en juicio, da lugar a las consecuencias siguientes: extingue la obligación y la acción, y el beneficiario de la prescripción se libera desde la consumación de la prescripción; y también extingue las garantías y accesorios de la obligación (privilegios, intereses, prendas, hipotecas).

5.7. ACCIÓN REDHIBITORIA

La *redhibitio* romana consistía en la facultad reconocida al comprador para exigir la restitución del precio dado por la cosa en razón de estar afectada de vicios, que él desconocía, de los cuales no fue garantizado por una caución especial por el vendedor. La acción debía ejercitarse en el término de dos meses de conocidos los vicios (DIGESTO, 21.2); mientras que la *actio redhibitoria* era una acción honoraria, arbitraria, para la resolución de la venta. Fue creada por los ediles curules en beneficio del comprador de esclavos o animales afectados por vicios ocultos. Posteriormente se amplió a todos los casos de venta, con la finalidad de obtener la restitución por el vendedor que dijo tener la cosa vendida con cualidades que no posee, o haber ocultado vicios o defectos que la afectaban. Una forma de restitución íntegra, pues el vendedor debía devolver el precio, con sus intereses; mientras que el comprador obligado a devolver la cosa con sus accesorios y frutos. De no ser ello posible, conducía a una indemnización simple o doble, según que el demandado accediera o se negara a las restituciones debidas, lo que parece ser reflejo de su primitivo carácter penal (*vid.* DIGESTO 21.1, 47.2, 17.2). Como se comprende, la *actio redhibitoria* era una acción para la resolución de la venta, que conducía a la terminación del contrato de venta afectado por vicios ocultos, ignorados por el comprador.

Actualmente la redhibitoria es el derecho que tiene el comprador de solicitar la terminación del contrato de venta, por causa de la existencia de vicios o defectos ocultos preexistentes y de carácter grave, en la cosa comprada, que no son fácilmente reconocibles por el comprador.

En primer lugar, la redhibitoria es una acción resolutoria especialmente aplicable a la venta, por causa del incumplimiento imputable al vendedor ante su obligación de entregar la cosa vendida libre de vicios o defectos ocultos, que ha podido conocer antes de celebrar el contrato, y que imposibilitan el uso a que la cosa ha sido destinada. El vendedor está obligado al saneamiento de la cosa vendida, por los vicios o defectos ocultos y, por consiguiente, debe procurar entregar la cosa, desde el punto de vista cualitativo, en condiciones de servir sin inconvenientes para el uso a que se destina el bien adquirido por el comprador. Sin embargo, cabe admitir que la acción redhibitoria no es una acción resolutoria como tal, pero si como una especialidad que permite la resolución del contrato de venta por vicios y defectos ocultos de la cosa. En el fondo es una acción resolutoria exclusiva de la venta ya que al ser declarada con lugar obliga al vendedor a devolver la cosa adquirida y el vendedor a reintegra el precio.

El comprador tiene dos acciones para obtener el saneamiento de que aquí se trata, como son la acción redhibitoria y la acción *quanti minoris*. Por la primera obtiene la resolución del contrato, devuelve la cosa comprada y recibe el precio que ha satisfecho, con o sin indemnización de daños y perjuicios. Conforme a la segunda el contrato no se termina y el vendedor queda obligado a devolver al comprador una parte del precio en proporción al demérito de la cosa.

Si bien es aparentemente claro en el ámbito teórico la aplicación de esos dos conceptos (resolución y redhibición), en la praxis no ocurre igual, pues en ocasiones aparece la duda de si el defecto de la cosa vendida es un vicio o si más bien se trata de incumplimiento de entregarla sin los vicios o defectos que hagan impropia o inútil la cosa objeto de la venta; que el vicio es una anomalía intrínseca de la cosa que excluye toda idea de diversidad, de modo que si se trata de un simple defecto habrá un vicio, pero no lo habrá si se trata de una circunstancia que haga la cosa distinta; empleándose en la doctrina este ejemplo: habrá vicio si el caballo comprado cojea o se cansa al poco tiempo de marcha, pero no hay vicio sino "incumplimiento de la obligación de tradición" cuando estipulada la compra de un caballo de carrera se entrega uno de tiro, porque en el primer caso es una simple anomalía intrínseca que el caballo se cansa o cojea en los primeros momentos de marcha, mientras que en el segundo la falta de aquel constituye un incumplimiento de la obligación de tradición por ser la cosa entregada distinta de la estipulada en el contrato. Sin embargo, observamos que, en el ejemplo ofrecido, si el caballo comprado cojea o se cansa al poco tiempo de marcha, es indudable que hay un vicio pero no un incumplimiento porque el vendedor cumplió con entregar la prestación debida aun cuando con un defecto, salvo que en el contrato se haya estipulado que el caballo se entrega por el vendedor libre de vicios o defectos, caso en el cual podría hablarse de un incumplimiento cualitativo (v. IX.3.b).

La doctrina sostiene que hay falta de tradición cuando constituye incumplimiento de la obligación de tradición, sancionable por la acción de resolución o de ejecución y no por la redhibitoria, en el caso de que, aunque el defecto resulta de una anomalía de la cosa y no de una diversidad, las partes, sin embargo, hayan estipulado expresa o tácitamente la contrapartida de este. De acuerdo con ese último criterio bajo la acción de resolución o ejecución del contrato de venta, y no de la redhibitoria, la entrega del caballo que se cansa o cojea al poco tiempo de marcha, si en el contrato se estipuló expresa y concretamente que sus remos debían dar entero rendimiento, o, se exigió esta condición al estipularse que el animal se destinaría a carreras, pues que si bien en principio el defecto constituye una anomalía que caería bajo la sanción de la acción redhibitoria, la autonomía de la voluntad de las partes, al exigir como condición de la venta la contrapartida de aquel, sometió la sanción de la aparición del defecto al influjo de la acción de resolución o cumplimiento del contrato por no haberse entregado a satisfacción la cosa estipulada.

El vendedor está obligado al saneamiento por vicios o defectos ocultos de la cosa vendida[97]. Esta regla se aprecia, entre otros códigos civiles, los que a manera de ejemplo indicamos así: El artículo 1082 CCcr estatuye que la venta no podrá ser anulada por vicios o defectos ocultos de la cosa de los llamados redhibitorios, salvo si esos vicios o defectos envuelven error que anule el consentimiento, o si hay estipulación en contrario; mientras que desde otra perspectiva se habla de la acción

97 Es difícil saber cuál fue a este respecto el estado primitivo del Derecho cuando la venta se realizaba al contado. Según Cicerón, la ley de las XII Tablas habría permitido al comprador reclamar una indemnización del duplo al vendedor de un inmueble, que había afirmado fraudulentamente, en el momento de la *venumdatio*, un contenido inexacto; la jurisprudencia habría extendido esta disposición al caso en que hubiere ocultado a sabiendas los defectos del inmueble vendido (*De offic.*, III, 16). Lo que es cierto es que, más tarde, el comprador halló en el contrato *verbis* un medio de garantizarse contra los defectos ocultos, haciéndose prometer por el vendedor que la cosa estaba exenta de ellos. Esta promesa obligaba al vendedor a indemnizar al comprador por defectos descubiertos después de la venta. Estaba unida ordinariamente a la estipulación *rem licere habere*. Con frecuencia también estaba incorporada a la estipulación del doble del precio en caso de evicción, de manera que el conjunto era designado con el nombre de *stipulatio duplae* (PETIT, Eugene: Tratado elemental de Derecho romano, ediciones Nuevo Mundo, España, 1993, n° 368, p. 492).

redhibitoria como la que tiene el comprador para que se *rescinda la venta* o se rebaje proporcionalmente el precio por los vicios ocultos de la cosa vendida, raíz o mueble, llamados redhibitorios (v. art. 1914 CC). El adquirente no tiene *derecho a resolver el contrato* si el defecto es subsanable, el garante ofrece subsanarlo y él no lo acepta. Queda a salvo la reparación de daños (art. 1057 CCCN).

Los tres anteriores ejemplos normativos nos permiten señalar los diversos tipos de acciones que se pueden aplicar, en la hipótesis de los vicios o defectos de la cosa vendida: nulidad, resolución, en los diversos supuestos a que estas normas se refieren. Es entendible que la referencia a la nulidad procede por vicios o defectos que la hagan inválida o ineficaz, es decir, que impidan se produzcan los efectos pretendidos por los contratantes al celebrar el contrato; más aún si los vicios o defectos inducen a error que anule el consentimiento; mientras la resolución tiene su motivo esencial en el incumplimiento de la obligación por el vendedor de entregar la cosa vendida libre de vicios o defectos ocultos, que impidan al comprador el uso a que el bien está destinado. El error como vicio del consentimiento da lugar a dos efectos importantes: la anulabilidad del contrato, así como la posible responsabilidad del que hace incurrir en el error, aun cuando el afectado puede convalidarlo o confirmarlo luego de descubrirlo. En el caso de la rescisión, habría que considerar si el vicio o defecto oculto de las características dichas, tiene la acepción comprensiva de una lesión de carácter patrimonial y de procedencia en defecto de otra acción como es la resolución del contrato o la nulidad del mismo, según corresponda; para que puede hablarse de rescisión como indica aquella norma sustantiva.

El vicio o defecto oculto puede conducir a la resolución del contrato de venta, pero no a su nulidad si han sido cumplidos los requisitos para la validez del contrato (cuando el contrato es perfecto). Por este motivo es posible entender que si los vicios o defectos envuelven error, es procedente la anulabilidad por vicio del consentimiento, más aún cuando no es admisible que los contratantes puedan exactamente estipular la nulidad del contrato ante el acaecimiento de cualquier hecho que denote incumplimiento.

La nulidad procede, en el caso de estar viciado el consentimiento por *error, dolo* o *violencia*. El error como falsa apreciación de la realidad, en creer verdadero lo falso (que el bien adquirido está libre de vicios o defectos ocultos, cuando no es verdad), y con mayor razón si el vendedor promete al comprador que el bien vendido se encuentra en buen estado para el uso a que se destina. La *esencialidad del error* tiene que ver con el error de hecho o el de derecho. El primero produce la anulabilidad del contrato de venta cuando ocurre sobre una cualidad del bien o de una circunstancia que comprador y vendedor han considerado esenciales, o en atención a la buena fe y demás eventos según las cuales se ha celebrado la venta; mientras que el error de derecho producirá únicamente aquellos efectos que las leyes determinan.

Se dice, asimismo, que el error es la falaz creencia que se forma sobre la persona con quien se contrata o sobre la cosa que constituye el objeto de la obligación. Enfocado estrictamente desde el punto de vista del proceso de la voluntad, el error resulta de la discordancia entre la voluntad interna y la voluntad externa. En efecto, sea que se trate del error sobre la cosa, o del error sobre la persona, la manifestación externa de la voluntad está viciada si no está acorde con la voluntad interna, es decir, con la intención de contratar, para usar el lenguaje del legislador. Por lo demás, tanto la doctrina como la jurisprudencia distinguen entre el error de derecho y el error de hecho. El primero se refiere a la ignorancia de una disposición legal. El segundo se funda en una equivocación de orden personal en que a menudo han participado ampliamente las circunstancias, además de una falta de experiencia[98].

Mientras que en el error la persona se equivoca sin influencia de otra, sin intervención de una conducta que le induce a engaño intencional; el dolo supone el error provocado por las maniobras de otra persona, destinadas a engañar a la persona que muestra interés en comprar el bien, tales como afirmaciones falsas de tal manera que el comprador no puede darse cuenta del estado en que realmente la cosa se encuentra. Por tratarse el dolo de ser una cuestión de hecho, corresponde al juzgador determinar si esa conducta es ilícita o no, en oportunidad de pronunciarse sobre el fondo de la causa, especialmente en consideración de estos requisitos: que haya existido *animus decipiendi* (intención de engañar), que el engaño haya sido determinante del consentimiento y que emane del vendedor o de un tercero con su consentimiento. La violencia consiste en la presión moral (*vis compulsiva*) o física (*vis absoluta*) ejercida sobre la persona con la finalidad de obtener la celebración del contrato, en contra de su voluntad interna.

Defectos de ese tipo traen consigo otro al mismo tiempo, pero en caso de estar viciado el consentimiento, se entiende que se exteriorizó la voluntad dirigida a la aceptación de comprar, sobre un bien en aparente buen estado, que no revelaba daños manifiestos. Esta razón obliga al enajenante, en los contratos conmutativos, a reparar los daños ocultos. Además de exigir esto, el comprador puede optar por la terminación del contrato a través de su resolución y el pago de los daños y perjuicios causados. En los contratos conmutativos, el enajenante está obligado al saneamiento por los vicios ocultos del bien transmitido, pues ambas partes buscan y tienen un beneficio económico: el enajenante que recibe el precio o patrimonio y el comprador beneficiario de la prestación patrimonial. Se trata de un contrato con obligaciones recíprocas, continente de derechos y obligaciones.

Poco importa que la cosa pueda cumplir el uso que de ella hacía el vendedor, pues existe vicio desde el instante en que la cosa sea inadecuada para el uso que quería hacer de ella el comprador, o el destino que ha querido darle, y con miras al cual la había adquirido; pues el vendedor está obligado al saneamiento de la cosa vendida por los vicios o defectos ocultos que la hagan impropia para el uso a que está destinada, o que disminuya el uso de ella de tal manera que si el comprador los hubiera conocido, no la habría comprado o hubiera ofrecido un precio menor, tal y como se ha venido puntualizando.

---

98 LUTZESCO, Georges: ob. cit., pp. 316-317.

Los *vicios redhibitorios* son los defectos ocultos del bien, cuyo dominio, uso o goce se transmitió onerosamente en el momento de la adquisición, y que como resultado el bien resulta impropio para su destino, si de tal modo disminuyen el uso del bien y que de haberlos conocido el adquirente, no lo habría adquirido, o de tener interés en adquirirlo hubiera pagado un precio menor por él. Los efectos en este caso son originar la acción redhibitoria que da lugar a la resolución del contrato de venta o a la *quanti minoris* o reducción del precio. Debe entenderse que se produce entrega de cosa distinta (*aliud pro alio*) cuando existe pleno incumplimiento del contrato de compraventa por inhabilidad, idoneidad o ineptitud del objeto vendido; defecto tan grave que ocasiona evidente insatisfacción del comprador e inevitable frustración al tratarse de un resultado negativo. Como consecuencia del mal cumplimiento el vendedor viene obligado a reparar, indemnizando al comprador por los daños y perjuicios causados, con amparo en la de petición de cumplimiento exacto de la obligación, en concordancia a lo estipulado; pues nadie en su sano juicio adquiere un bien y paga un precio, si el bien de nada le sirve conforme a su interés.

Para que tenga lugar la *garantía por vicios redhibitorios*, se indica que, (i) *el vicio o defecto deben estar ocultos*, pues no puede observarse o apreciarse aun cuando se revise de manera prudente y diligente. La *prudencia* consistirá, en tal circunstancia, en que el comprador no solo distinga bien la cosa que se le vende, de modo que no observe el vicio o defecto de que se trata; mientras que la *diligencia* se traduce por el cuidado que debe tener el comprador y la actividad que debe realizar en la observación de la cosa, de manera que no sea pasivo en el obrar. Asimismo, (ii) *el vicio o defecto deben ser graves*, es decir, que no sean insignificantes como acontece con los vicios o defectos aparentes y que el comprador habría podido conocer por sí mismo. La gravedad puede determinarse o establecerse tomando en consideración que el vicio o defecto oculto hagan impropia la cosa para el uso a que está destinada, o disminuya el uso de ella de tal manera que, si el comprador los hubiera conocido, no la habría comprado o hubiera ofrecido un precio posiblemente inferior al que se exige.

La regla es que el defecto o vicio debe ser importante o grave, pero ¿cuándo el defecto es importante o grave? Indaga VIDAL OLIVARES y dice que lo es - refiriéndose al incumplimiento resolutorio - cuando hace desaparecer para el acreedor la utilidad que para él ese contrato – el incumplido – representa, sin perjuicio que subsista o no su interés en conseguir la realización de la prestación o, bien, le priva de aquello a lo que tenía derecho a esperar en virtud del mismo con tal que ese resultado haya sido previsible al tiempo de la celebración del contrato[99]. Esta noción de defecto importante o grave se vincula con el incumplimiento resolutorio

99 VIDAL OLIVARES, Álvaro R.: "*Cumplimiento e incumplimiento contractual en el Código Civil. Una perspectiva más realista*", Pontificia Universidad Católica de Chile, Facultad de Derecho, Revista Chilena de Derecho, Santiago de chile, 2007, vol. 34, nº 1, pp. 41-59.

del artículo 1489 Código Civil chileno, pero que desde el lado del comprador es la magnitud del perjuicio que puede llegar a sufrir. Desde luego que la gravedad del vicio o defecto, a que nos referimos, debe ser de tal magnitud que puede permitir la terminación del contrato, con fundamento en que el vicio o defecto son de tal gravedad que el comprador ve frustrado de modo total o definitivo la satisfacción de interés, al no poder usar el bien según el destino para el cual lo adquirió, más aún si el comprador hubiere conocido esos vicios o defectos, no habría comprado el bien o hubiera pagado un precio menor.

La doctrina y jurisprudencia reservan la resolución por inejecución para incumplimientos de cierta gravedad o entidad, limitando así el ejercicio de la facultad de resolver para aquellos casos en los que el incumplimiento incide en obligaciones esenciales o cuando en sí es grave (vid. IV.9.5). El vicio o defecto deben ser anteriores a la enajenación de la cosa en cuestión (pues si el comprador los hubiere conocido, no la hubiera comprador o hubiera ofrecido un precio menor), por lo cual la carga de la prueba, del vicio o defecto, corresponde al comprador, sobre si el vicio o defecto existían al momento de la adquisición, pues en caso contrario se ha de presumir que el vicio o defecto acaecieron después de la compra del bien, en cuyo caso la pretensa acción que ponga término al contrato resultará frustrada.

5.8. LA RESOLUCIÓN DEL CONTRATO

Es un medio típico orientado a la terminación del contrato bilateral y la subsiguiente extinción del mismo, por causa de incumplimiento. Este es el motivo que puede dar lugar a la terminación de la relación contractual, si nos atenemos a lo que disponen los códigos civiles, que se presume como incumplimiento voluntario; aun cuando algunos de estos hacen depender la resolución del contrato no del incumplimiento en que incurra cualquiera de las partes, sino de una condición resolutoria como observamos en otro lugar y en este trabajo (v. VI).

Al ser declarada la resolución del contrato, la inmediata consecuencia es su terminación y la subsiguiente extinción de las obligaciones con las que se ha estructurado; extinción esta que puede estar sometida a la ejecución de las obligaciones pendientes de liquidación, v. gr., la de la ejecución forzosa de la obligación de resarcir los daños causados, o la repetición de las prestaciones conforme la ley salvo las excepciones a que haya lugar, como ocurre ciertamente y en determinados casos en los contratos de tracto sucesivo o de cumplimiento periódico (cfr. 6. 6 *infra*). Desde esta perspectiva la acción resolutoria tiene una finalidad no solo orientada a poner fin a la relación jurídica dimanante de la voluntad de las partes, sino también a producir ciertos efectos entre los contratantes y también, en determinados casos, ante terceros (vid. 6.6 *infra*).

1. Finalidad

La acción resolutoria contractual inicia un tránsito procesal que parte, desde el punto de vista facultativo, de un incumplimiento presunto que deberá ser real en el devenir endoprocesal, con la prueba del mismo, a objeto de que se declare la terminación y la subsiguiente extinción de la relación obligatoria. Probados el contrato (existencia jurídica) y el incumplimiento total y definitivo (v. 7 *infra* y IX) de que ha sido objeto, surgirá la opción declaratoria de terminación del vínculo contractual. Se busca o pretende la terminación contractual y la subsiguiente extinción del contrato, como hemos apuntado (cfr. I).

Para que la sentencia que impone la resolución al contrato inicie sus efectos, debe haber quedado definitivamente firme y ejecutoriada. Al respecto, como señala CHIOVENDA, en cuanto al efecto común de la sentencia de fondo, o sea, la cosa juzgada, es inherente a la sentencia constitutiva lo mismo que a las demás; pero lo que pasa en calidad de cosa juzgada, no es el acto del juez en cuanto produce el nuevo estado jurídico, sino en cuanto afirma o niega la voluntad de la ley de que el nuevo estado se produzca. Por esto la cosa juzgada tiene lugar tanto si la sentencia realiza el cambio (sentencia constitutiva: crear un nuevo estado jurídico, o producir la extinción de un estado jurídico existente, como es la sentencia resolutoria). Esto tiene importancia para la eficacia de las sentencias respecto de terceros[100].

2. Aplicable al contrato sinalagmático

La acción de resolución es aplicable a los instrumentos sinalagmáticos o bilaterales. Se establece así distinción entre *negocio jurídico unilateral* y *bilateral*. El primero resulta de una sola manifestación de voluntad dirigida a determinada persona, produciendo efectos para quien la expresa, con independencia de la voluntad de otro sujeto de derecho, e incluso en contra de la voluntad de este. Sin embargo, hay algunas exigencias en este sentido: De requerirse la eficacia del negocio jurídico unilateral, la declaración de voluntad deberá ser recibida por el sujeto a quien se dirige la misma (negocio jurídico unilateral recepticio), como ocurre con el otorgamiento de un poder, pues la sola manifestación de voluntad de su autor no es suficiente si la persona a quien se designa como apoderado no lo recibe; mientras que el "no recepticio" no se dirige a persona determinada, produciendo sus efectos independientemente de que la declaración unilateral de voluntad no sea recibida por otra persona, como sucede con el testamento.

En cambio, el *negocio jurídico bilateral* está integrado o formado por dos o más personas que emiten su voluntad en torno a un asunto de su interés (el acuerdo, la convención, el contrato). Esta actividad es conocida generalmente como "contrato", no obstante que modernamente hay referencia a contrato cuando el negocio jurídico bilateral es de carácter patrimonial. Pero *contrato* es una convención o negocio jurídico bilateral, entre dos o más personas para constituir, reglar, transmitir, modificar o extinguir entre ellas un vínculo jurídico. Es contrato todo negocio jurídico bilateral cuyos efectos consisten en constituir, modificar o extinguir

---

100 CHIOVENDA, José: Principios de Derecho Procesal Civil, Instituto Editorial REUS, Madrid, s/f editorial, vol. 1., pp. 236-237.

una relación jurídica de naturaleza patrimonial; mientras que el negocio jurídico bilateral, que recae sobre relaciones jurídicas de otro tipo, no merecería según esta idea el calificativo de contrato, sino que debería englobarse dentro del género de las "convenciones".

Se acepta en la doctrina que el negocio jurídico puede ser calificado de "unilateral" cuando es fruto de la expresión de voluntad de una sola parte (*ex uno latere*), mientras que se lo califica de "bilateral" o "plurilateral" cuando resulta de la expresión de voluntad de dos o más partes (*ex duobus vel pluribus lateribus*). De tal modo, el contrato, como especie de negocio jurídico, es siempre bilateral. Nótese la diferencia: mientras que unilateralidad y bilateralidad referidas al *genus* negocio implican un calificativo atribuido en virtud de la proveniencia de la manifestación de voluntad de una o más partes, la clasificación de los contratos en unilaterales y bilaterales se realiza en función de que las obligaciones que de él derivan resulten a cargo de una sola o ambas partes. Mientras que la calificación de los negocios jurídicos en bilaterales y unilaterales se realiza teniendo en cuenta el dato externo y cuantitativo relacionado con el número de manifestaciones de voluntad que en él intervienen, el distingo entre los contratos unilaterales o bilaterales se lleva a cabo teniendo en cuenta la estructura interna del negocio, sus aspectos intrínsecos. Se distingue, de este modo, entre la bilateralidad "genérica o terminológica", propia de los llamados negocios jurídicos bilaterales - y, por tanto, de todos los contratos -, que se da cuando dos sujetos emiten declaraciones de voluntad que resultan vinculantes por efecto de la autonomía privada; y bilateralidad "específica o sustantiva", vinculada a la relación sinalagmática, esencialmente referida al llamado contrato bilateral, que no tiene en cuenta el dato externo y cuantitativo de las manifestaciones de voluntad, sino la circunstancia del nacimiento de obligaciones recíprocas, expresión de atribuciones patrimoniales correlativas que operan el intercambio de bienes o servicios.

La doctrina tradicional de la bilateralidad, que la entiende como *reciprocidad* e *interdependencia* de las obligaciones nacidas de un contrato, recibida por el Código Napoleón de la obra de DOMAT y POTHIER, que sirvió de modelo a los códigos latinos modernos, creyó encontrar sus orígenes remotos en el Derecho romano clásico. Modernas investigaciones realizadas sobre el particular, analizando el concepto de la bilateralidad en su devenir histórico, han llegado a demostrar que efectivamente es en el Derecho romano clásico donde despunta la noción. Sin embargo, la idea de bilateralidad utilizada en aquella época difiere sensiblemente de la captada por los códigos modernos.

La *reciprocidad* e *interdependencia* de las obligaciones son elementos o componentes consustanciales y característicos del contrato bilateral. En efecto, la reciprocidad consiste en la "correspondencia mutua de una persona con otra"; mientras que la interdependencia significa "mutua dependencia". En el primer caso la "correspondencia" (como intercambio, respuesta recíproca y comunicación interpersonal) indica que deben participar al menos dos personas que mutuamente expresan su voluntad para pretender o desear que se cumpla entre las mismas el objeto de la obligación, "dando y dando"; en donde una se obliga ante la otra y esta ante aquella, correspondiendo una actividad de una para la otra y viceversa, como repuesta compartida. Así, en el contrato bilateral se asumen obligaciones recíprocas, de modo que el contratante que toma la obligación en beneficio del otro, este también asume otra en beneficio de aquel. Aquí las partes se constituyen en deudoras y acreedoras al mismo tiempo, de obligaciones distintas y no independientes, sino interdependientes, pues la interdependencia es "mutua dependencia", pues si una de las partes no cumple su obligación no puede exigir el cumplimiento a la otra[101].

3. Es un derecho

La acción resolutoria del contrato *es* un derecho que la ley concede a la parte que ha cumplido u ofrecido eficazmente cumplir su obligación, cuando la otra no ha cumplido la suya. Su ejercicio, como derecho, se fundamenta en el incumplimiento y no en una condición resolutoria implícita en el contrato bilateral, como se ha consagrado en algunos códigos civiles, y apuntamos más adelante (vid. VI); pues lo que está implícito en el contrato sinalagmático es el derecho a resolverlo, aun cuando nada se estipule al respecto. En aquel fundamento equívoco reside la confusión generada sobre el particular.

La palabra "derecho" se emplea, como observa RECASÉNS SÍCHEZ[102], tanto en el uso como en la doctrina jurídica en dos acepciones distintas: para designar la norma jurídica, que es el sentido en que hasta ahora hemos usado dicho vocablo; pero además, también, para expresar la "facultad" que un sujeto tiene que determinar normativa e impositivamente la conducta de otro, que es el sentido que presenta la frase: "tener derecho..." Naturalmente, se trata siempre de la facultad de exigir de otro una determinada conducta, pues a veces decimos "yo tengo derecho a hacer tal cosa", con lo cual parece que referimos la facultad a un comportamiento propio, lo que se expresa en tal proposición es que "tengo derecho a exigir de otro (u otros) que no me impida o perturbe determinada actividad mía, o que él realice una determinada conducta"; o como indica COUTURE, en su Vocabulario Jurídico, atributo, facultad, poder jurídico de hacer u omitir algo o de exigir a los demás una determinada conducta.

Es un atributo, facultad, poder jurídico de hacer u omitir algo o de exigir a los demás una determinada conducta[103]. Cuando decimos que la acción resolutoria es un derecho, hacemos referencia a la facultad que concede la ley a cualquiera de los contratantes para que, ante el incumplimiento del otro, aquel pueda solicitar al tribunal el cumplimiento o la terminación del contrato.

---

101 GUERRERO-QUINTERO, Gilberto: La resolución del contrato, ob. cit., pp. 386-395.

102 RECASÉNS SÍCHEZ, Luis: Tratado general de la filosofía del Derecho, Editorial Porrúa, México, 1959 p. 232.

103 COUTURE, Eduardo: Vocabulario jurídico, Depalma, Buenos Aires, 1976, p. 217.

La locución "*derecho*" tiene múltiples acepciones o significados, dependiendo del contexto histórico social y cultural, de los cambios que se producen en la sociedad como consecuencia de las relaciones interhumanas y colectivas. Así, se dice que la significación del vocablo cuando lo empleamos para afirmar, por ejemplo, "voy a cursar la carrera de Derecho" difiere notablemente de la que tendría en la frase "tengo derecho a que se me paguen las horas extraordinarias", y estas dos, a su vez, difieren del sentido que tendría en las frases "¡no hay derecho a que me traten así!" o "han de respetarse las normas de Derecho Penal". En resumidas cuentas, porque el término "derecho" es una palabra afectada de polisemia, desde el punto de vista semántico, ya que, teniendo un mismo significante, expresa, sin embargo, una pluralidad de significados, al referirse o designar diversas realidades, como "norma", "facultad", "ciencia", o "valor ético"[104].

Entre las variadas acepciones del vocablo "derecho" las más importantes son:

(i) El derecho *como norma imperativa*, o como conjunto de normas, reglas o disposiciones vigentes en un grupo o comunidad social con pretensiones de generalidad, puede hacer referencia: bien a las normas vigentes actualmente en una determinada comunidad o país (*v. gr.*, cuando nos referimos a un derecho en especial, según cada país); bien al derecho observado en una cierta época o período histórico (*v. gr.*, cuando nos referimos al derecho antiguo o medieval); bien a un sector concreto de las relaciones jurídicas (*v. gr.* el Derecho Civil, el Derecho Administrativo o, de una manera más amplia, el Derecho Público, el Derecho Privado). En todos estos casos la alusión al derecho se hace en un sentido objetivo, identificándolo con el derecho positivo en cuanto sus normas o preceptos son dictados o reconocidos por el Estado.

(II) La segunda acepción fundamental hace referencia al *derecho como facultad o poder* atribuido a un sujeto para hacer o no hacer algo o para exigir de otro o de otros un comportamiento determinado. Implica, por tanto, la posibilidad moral de querer o de pretender algo, de hacer o de abstenerse de hacer alguna cosa. Es lo que también denominamos como "derecho subjetivo" y que se pone de manifiesto cuando por ejemplo decimos: "Tengo derecho a disfrutar de mi propiedad", o "a que me pagues lo adeudado", o "derecho al voto", o "derecho a la vida y a la libertad de expresión". Estos derechos subjetivos se subdividen a su vez, en *reales* y *personales*, según que la facultad se ejercite en primer lugar sobre una cosa o se dirija a una o varias personas[105]. Desde la anterior perspectiva, hacemos referencia a la resolución del contrato como un derecho autónomo y concreto, como una facultad que tienen las partes en el contrato sinalagmático o bilateral, para ejercer la acción ante el incumplimiento de la otra.

---

104 FERNÁNDEZ GALIANO: Introducción a la Filosofía del Derecho, Revista de Derecho Privado, Madrid, 1963, p. 40.

105 PÉREZ LUÑO, Antonio Enrique: Teoría del Derecho (una concepción de la experiencia jurídica), ob. cit., p. 49-50.

Así puede apreciarse que la acción resolutoria es un derecho autónomo y concreto. Autónomo, porque existe por sí mismo, aun cuando en determinadas circunstancias existe necesidad de acudir previamente al ejercicio de alguna formalidad para que, concluida la misma, solo así pueda optarse por la resolución del contrato (v. gr. la intimación, art. 16 LGAUS[106]); y es un derecho concreto o específico, que permite a la parte cumpliente, o que *ofrece eficazmente cumplir*[107], obtener la termi-

---

106 Art. 16 LGAUS. En los casos de resolución del contrato establecidos en el artículo 114, incisos 2), 3), subincisos ii) y iii), y en el artículo 115, la parte interesada, antes de promover la acción correspondiente, deberá intimar a la otra para que cumpla con su obligación.

La intimación se efectuará mediante el trámite de notificación. La obligación deberá cumplirse en un período no mayor de treinta días, contados a partir de la intimación.

Al promoverse la acción, deberá presentarse el documento de notificación al intimado.

107 Al vocablo "*eficazmente*" le concedemos la significación de lograr hacer efectivo un propósito: garantizar a la otra parte el cumplimiento de la prestación a que se obligó. Al observar la mayoría de los códigos civiles se puede constatar este texto expresivo "*...La parte que haya cumplido puede...*", que el demandante debe haber cumplido su obligación a menos que no le sea exigible todavía. Se trata de una sanción o de una defensa, como se afirma en la doctrina, según sea la posición adoptada respecto del fundamento del instituto y de su naturaleza jurídica, el mecanismo resolutorio solo puede ser ejecutado por quien ha cumplido con las prestaciones que tenía a su cargo, o por quien ofrece cumplir prestaciones pendientes (sin hallarse en mora por no ser aún exigibles), ante la inejecución de la contraparte. Es precisamente la función de la resolución que autoriza quien ejecutó o estuvo dispuesto a cumplir lealmente, a tornar ineficaz el vínculo nacido del contrato, a desvincularse, ante la inejecución del deudor.

De no haber cumplido todavía el demandante, el *ofrecimiento eficaz de cumplirla obligación* constituye una posibilidad cierta, segura o garantizada de que cumplirá. Si no ha cumplido el accionante, el motivo de justificación que se puede encontrar está en que la otra parte no ha querido o podido cumplir, siendo un riesgo para esta ejecutar la prestación, máxime si posteriormente no puede recuperarla. Por eso, el ofrecimiento eficaz de cumplir puede permitir a las partes el mantenimiento en vigencia del contrato en cuya celebración ha existido un interés especial y, de no ser posible esto último, entonces se impide que la otra *parte de buena fe*, resulte afectada en sus intereses patrimoniales y, de consiguiente, pueda obtener la resolución del contrato como medio de excepción derogatorio del derecho común (las obligaciones deben cumplirse). La *buena fe* obliga a ambos contratantes y en consecuencia, el contratante que invoque el incumplimiento del otro pidiendo la resolución del contrato, debe ser leal en el cumplimiento de la obligación que ha asumido (v. GUERRERO-QUINTERO, Gilberto: La resolución del contrato, ob. cit., pp. 83-86).

Es indudable que si el actor no ha cumplido su obligación exigible, ha faltado a su deber de cumplimiento en cuyo caso no le resulta permisible intentar la acción de resolución del contrato, pues la especial estructura de este - en su condición de bilateral - no permite que una sola de las partes se arrogue la facultad resolutoria sin haber cumplido su obligación, tratándose que al cumplimiento lo caracteriza, entre nación del contrato celebrado. El solo ofrecimiento de cumplir no puede satisfacer el concepto de una garantía que proteja los intereses patrimoniales del accionado en relación a la prestación que le corresponde. Por eso, el ofrecimiento eficaz de cumplir equivale a una garantía determinada y concreta que produce la protección de aquellos intereses, para el caso de resultar sancionado el actor por una sentencia que le sea adversa. Esto permite observar que el ejercicio de ese derecho autónomo y concreto da origen a un interés procesal.

El *interés procesal* no nace al mismo tiempo que el derecho subjetivo, afirma CALAMANDREI[108], sino que nace después, en el momento en que el derecho subjetivo comience a encontrarse en un estado de insatisfacción: solo si falta el oportuno pago, esto es, la voluntaria prestación del obligado surgirá la acción, esto es, el derecho de dirigirse a la autoridad del Estado, a fin de que sujete al incumpliente. El interés procesal surge, pues, cuando el bien al cual el actor aspira no se puede ya obtener de otra manera que por vía judicial; la obtención de este bien debe buscarse, normalmente y se podría decir fisiológicamente, en la prestación del obligado; solo en defecto de esta entra, para obtener tal consecución, otro medio subsidiario que es la acción.

La relación contractual presenta, obviamente, a sujetos obligados recíprocamente, de modo que cuando cualquiera de los mismos incumple su correspectiva obligación, el otro puede pedir la terminación de esa relación invocando la intervención del Estado, en ejercicio del derecho establecido en la norma jurídica, aun cuando al respecto las partes nada hayan estipulado en el contrato; puesto que la acción resolutoria, en tal caso, tiene origen legal, no convencional. Este derecho deriva de la esencia o estructura de las obligaciones correspectivas.

La relación contractual está regulada de algún modo, por el derecho subjetivo, en la que participan el sujeto activo y el pasivo, uno como demandante y el otro como demandado; siendo el contenido de la acción resolutoria el derecho que la parte cumpliente, o que ofrece eficazmente cumplir, y afectada, reclama se restituya

---

otros, el principio de la *simultaneidad e interdependencia*, si no en el mismo tiempo de su realización, porque pueden los contratantes haber establecido tiempos distintos, sí se comprende esa simultaneidad como el pago o ejecución voluntaria de las prestaciones u obligaciones a cargo de cada uno de los contratantes; pues las correspectivas obligaciones, por ser tales, son interdependientes y tal circunstancia ha sido motivo importante para el surgimiento del contrato. De no haber alguno de los contratantes cumplido, u ofrecido eficazmente cumplir, no podría comprenderse cómo es posible que requiera la resolución de la relación obligatoria que él ha inejecutado. Con razón afirma Antonio GULLÓN que el temor fundado de que el vendedor perderá la cosa (que ya ha entregado) y el precio (todavía no satisfecho) le autoriza, pese a no existir incumplimiento por parte del comprador, a instar la resolución de la venta.

108 CALAMANDREI, Piero: Instituciones de Derecho Procesal Civil, Ediciones Jurídicas Europa-América, Buenos Aires, 1973, vol. 1, p. 270.

y se imponga la sanción resolutoria del contrato que ha incumplido, en razón del derecho de pretensión establecido por la norma (objetiva). Esta norma permite la facultad de exigir al incumpliente, mediante la intervención del órgano jurisdiccional competente, el cumplimiento de un deber: si no cumple, el contratante cumpliente, en ejercicio de su derecho, puede pretender la imposición coactiva contra el incumpliente, es decir, la terminación del contrato y sus consecuencias. Entonces, ese derecho lleva al cumpliente a ejercitar la pretensión para que el contratante incumplidor cumpla, o se produzca la resolución del contrato ante la omisión del cumplimiento.

Al incumplir cualquiera de los contratantes con la obligación que ha asumido, se tiene la impresión que resulta fácil conocer de inmediato la norma aplicable en la solución de la controversia; y se dice discursivamente, por lo general, sobre todo en la praxis forense, que "procede la aplicación de la norma legal al caso específico, que permite la pretensión de solicitar judicialmente el cumplimiento del contrato o la resolución del mismo; y como el Derecho es un conjunto de normas, en ocasiones no resulta así de fácil como se dice, pues el hecho que se afirma, como demostrativo del incumplimiento, no es suficiente (su gravedad) para la procedencia de la pretensión de cumplimiento o resolución del contrato; pues habrá normas que indican que esto es así, de tal manera; y como razona AGUILÓ REGLA[109] todo jurista sabe que para resolver un caso de Derecho - aplicar el Derecho no es la solución - cuenta con múltiples normas jurídicas, pero que la solución del caso no es "según tal o cual norma", sino la "solución según el Derecho", pues las soluciones jurídicas no tienen jerarquía. La teoría del Derecho, en su tarea de construir un concepto de Derecho adecuado para dar cuenta de la práctica y la doctrina jurídicas, no ha ignorado este problema de los juristas, sino que lo ha situado en el centro de sus preocupaciones bajo el rótulo de "*la unidad del Derecho*". Esta idea de unidad - de que la aplicación del Derecho no se agota en la aplicación de alguna de sus normas - es lo que explica la fortuna de las conceptualizaciones que han presentado al Derecho no solo como un conjunto de normas, sino fundamentalmente como un *sistema* de normas. Donde la idea central consiste en que todas las normas mantienen ciertas relaciones entre sí, de forma tal que la norma que finalmente resulta aplicable habla - por decirlo en forma metafórica - en nombre del Derecho. Las operaciones que realizan los juristas para construir la unidad del Derecho - el sistema que permita hacer hablar al Derecho con una sola voz - a veces están fuertemente estandarizadas y producen resultados unívocos, pero naturalmente nada excluye que puedan producirse casos de indeterminación; esto es, casos en los que no esté claro cuál es "la solución" según el Derecho.

Ante aquella circunstancia de que uno de los contratantes no ha cumplido su obligación, la pretensión aparece como el derecho a exigir a ese contratante un acto

109 AGUILÓ REGLA, Joseph: Teoría general de las fuentes del Derecho, Editorial Ariel, Barcelona, 2000, p. 159.

o una omisión, como observa LEHMANN[110]. El significado de la pretensión no es solo el de la delimitación de los efectos de la prescripción. Hace posible, en general, al legislador clasificar, determinar, reglamentar de distinto modo el contenido de las facultades establecidas en el derecho subjetivo. La pretensión resume, a través de un mismo denominador común, todas las posibilidades contenidas en el derecho subjetivo para hacerla valer de acuerdo con la voluntad del titular. Una situación jurídica favorable es únicamente un derecho objetivo cuando el favorecido puede hacer valer, a su arbitrio, los mandatos de prestación que, de acuerdo con el derecho objetivo, fundamentan su posición favorable. Por consiguiente, su poder jurídico consiste en poder exigir del obligado que este cumpla las órdenes de prestación que emanan del ordenamiento jurídico.

La facultad o el derecho a solicitar la resolución de un contrato "pertenece a una amplia categoría de derechos", como refiere MOSCO[111]. La doctrina, según él, ha individualizado una particular categoría de "derechos subjetivos", que tienen como contenido la facultad atribuida a un sujeto determinado de transformar un estado jurídico mediante su exclusiva manifestación de voluntad. Esta amplia categoría de derechos los denomina "derechos de formación", y suelen subdividirse en tres de menor entidad: "derechos de fundación", "derechos de mutación" y "derechos de extinción". Los "derechos de extinción" se subdividen en dos grupos: el primero lo constituye aquellos en los cuales el efecto extintivo se produce inmediatamente en la esfera jurídica del titular, y solo de manera eventual e indirecta repercute en la esfera del otro sujeto. El segundo grupo está constituido por aquellos en que el efecto extintivo repercute inmediatamente en la esfera del otro sujeto. Este grupo ha sido individualizado por CARNELUTTI[112] con el nombre de "impugnaciones". A la impugnación corresponde - afirma - la impugnabilidad, que es, a su vez, una especie de resolubilidad. No es necesario reflexionar mucho para advertir la analogía de la impugnación con la invalidación. La impugnabilidad es una nulidad pendiente de la voluntad de un participe determinado, plantea LEHMANN[113], unida a la admisión de una validez provisional.

Los derechos de impugnación, o "derechos de agresión" como los denomina la escuela alemana, confieren la facultad de poder extinguir - con efecto inmediato sobre otra esfera jurídica - una relación interna de la misma índole, un derecho singular. Tales derechos por lo general son transmisibles; son también facultades renunciables. En particular, dice ROCCO[114], no es posible, sino absolutamente necesario, a fin de aclarar mejor la naturaleza de los derechos subjetivos y la diferencia entre ellos y los intereses jurídicos, proceder a una división y agrupación de los

---

110 Tratado de Derecho Civil, ob. cit., pp. 137-138.

111 Ob. cit., p. 225.

112 Teoría general del Derecho, ob. cit., p. 444.

113 Ob. cit., p. 252

114 Ob. cit., vol. 1, p. 22.

derechos subjetivos según su estructura, esto es, según el poder de querer dado por las normas jurídicas a los sujetos para la satisfacción de sus intereses. Desde este punto de vista, los derechos subjetivos se pueden distinguir en tres grandes categorías, a saber: a) Derechos subjetivos en que el poder de querer atañe exclusivamente a una acción u omisión del sujeto pasivo de derecho. Se trata, en este caso, de aquellos derechos subjetivos que consisten en una facultad de un sujeto de pretender o exigir, de otro sujeto determinado, que haga o se abstenga de hacer, o que, en términos equivalentes, se resuelven en meras pretensiones jurídicas, a la acción o a la omisión de una determinada persona. b) Derechos subjetivos, cuyo poder de querer, reconocido por la norma jurídica, atañe, en primer lugar, a una acción u omisión del sujeto activo del derecho, y en segundo lugar, como consecuencia, a una omisión del sujeto o de los sujetos pasivos del Derecho. c) Hay, finalmente, derechos subjetivos, en los cuales el poder de querer, reconocido por la norma, para la satisfacción de su interés, atañe, en primer lugar, a un modo de ser, a un estado personal del sujeto activo, y en segundo lugar, y por consiguiente, a una omisión del sujeto pasivo del derecho.

Según ROCCO "los *derechos de obligación*" corresponden a la categoría de los derechos subjetivos en que el poder de querer atañe exclusivamente a una acción u omisión del sujeto pasivo del derecho. La facultad del sujeto de pretender o exigir de otro sujeto determinado que haga o se abstenga de hacer. Hay la obligación jurídica y esta coincide con el derecho subjetivo en su contenido que está constituido por una acción u omisión del sujeto (sujeto de la obligación jurídica). A esta categoría puede reducirse, entre otros, todos los derechos de crédito, o derechos privados de obligación, que tengan por contenido un *facere*, un *dare* o un *non facere*.

En la calificación de "impugnación" que los remedios propios de las sentencias tienen con otros actos, hay un significado que conviene poner en claro, opina SATTA; y es que todos estos remedios se dan contra los vicios de los actos que determinan su anulabilidad, no contra la nulidad de los actos mismos. La nulidad, siendo el acto nulo, inidóneo para producir efecto jurídico alguno no tiene necesidad de particulares remedios, sino que puede ser solamente objeto de declaración, en cuanto sea necesario remover la apariencia del acto. Siendo, en cambio, el acto anulable perfectamente idóneo para producir los efectos jurídicos, el mismo puede ser removido solo en cuanto el interesado haga valer, el vicio previsto por la ley. La acción con la cual se hace valer ese vicio, precisamente porque se dirige contra el acto, se llama "impugnación".

La *impugnación* es el medio que permite atacar o combatir un acto judicial, instrumento o cualquier otro, orientado a su revocación o invalidación; por lo cual la acción resolutoria se orienta a poner término a un contrato que ha nacido perfecto en cuanto no adolece de vicios y defectos que conduzcan a su anulabilidad o nulidad; razón por la cual, al no ser impugnable, por carecer de la imperfección, no se ubica (la acción resolutoria) dentro de la categoría de los "derechos de impugnación", sino en los denominados "*derechos subjetivos de obligación*", en virtud de que estos nacen de una relación directa e inmediata entre dos personas por lo menos, las que se constituyen en deudoras y acreedoras en forma simultánea, cuando la relación es recíproca, bilateral; o bien una de ellas como deudora y la otra como acreedora solamente: el caso, v. gr., de las relaciones jurídicas unilaterales.

Se trata de un derecho en sentido subjetivo, en relación con la persona de que se trata en la relación obligatoria, pero en función o ejercicio del derecho objetivo contemplado especialmente ex lege, pues - en este caso - el derecho subjetivo es una proyección del derecho objetivo. Se trata de un *derecho subjetivo material*, en cuanto se hace valer en juicio cuando se pide la terminación del contrato. Se hace valer en razón de que la parte contractual cumpliente, o que ofrece eficazmente cumplir, alega su derecho de hacer resolver el contrato; y al pretender e impulsar su derecho procesalmente, igualmente hace valer aquel derecho subjetivo material, es decir, mediante el impulso procesal constitutivo de un derecho subjetivo procesal: la resolución del contrato como acción. Razona CARNELUTTI que el derecho subjetivo material tiene por contenido la prevalencia del interés en litis, y por sujeto pasivo a la otra parte; el *derecho subjetivo procesal* tiene por contenido la prevalencia del interés en la composición de la litis y por sujeto pasivo al juez o, al miembro del oficio a quien corresponde proveer sobre la demanda propuesta por una parte. El mismo autor indica que tan lejos están de confundirse el derecho subjetivo procesal y el derecho subjetivo material, que el uno puede existir sin el otro: yo tengo derecho a obtener del juez una sentencia acerca de mi pretensión aunque esa pretensión sea infundada.

4. Derecho sobreentendido

El derecho a solicitar el cumplimiento forzoso o la resolución del contrato no requiere de pacto expreso, toda vez que el mismo está sobreentendido para el caso de que una de las partes no cumpla su correspectiva obligación, aun cuando las partes pueden estipularlo; mientras que la condición resolutoria debe ser expresamente establecida en el contrato, salvo aquellas normas sustantivas en las cuales la consideran implícita (cfr. VI) únicamente para el ejercicio de las opciones que las mismas indiquen (resolución o cumplimiento del contrato).

Ese derecho se considera implícito para el ejercicio de cualquiera de las opciones (cumplimiento o resolución), en algunas circunstancias:

(i) Cuando la prestación cumplida se ha transformado de modo que por eso ha dejado de ser la misma recibida.

(ii) Cuando la prestación se ha entregado a terceros para la reventa, pues el efecto retroactivo de la repetición no se producirá por pasar la cosa a poder o dominio de terceros.

(iii) Cuando habiéndose vencido el plazo para cumplir, el acreedor recibe del deudor un pago parcial, tratándose de una obligación de cumplimiento instantáneo.

(iv) Cuando la mora del deudor se debe a culpa del acreedor, v. gr., la negativa injustificada en recibir la prestación o la realización de obstáculos intencionales para que aquel no cumpla oportunamente.

(v) En cuanto la prestación se ha cumplido en lo esencial, de modo que lo accesorio en nada influye terminantemente en el interés del acreedor, excepto cuando el incumpliente de lo accesorio (o de cláusulas accesorias) haya sido estipulado como suficiente para ocasionar el ejercicio de la opción; a menos que tal pacto colida con expresas disposiciones del orden público.

(vi) Cuando no habiéndose establecido en el contrato que el incumplimiento de obligaciones o cláusulas accesorias permitirá la resolución, el Juez al valorar las circunstancias y los hechos invocados encuentra que tal incumplimiento no es de suma gravedad como para pronunciar la resolución solicitada.

5. Renuncia al derecho

En el ámbito civil, la acción resolutoria y la de cumplimiento forzoso pueden renunciarse por las partes como derechos que son, más aún cuando, al constituir derechos, estas opciones "*pueden*" ejercitarse, y el "poder" aquí es una facultad u opción que como tal es renunciable. Estas dos opciones no son, por lo general, materias en las cuales está interesado el orden público, aun cuando la ley puede disponer normas en interés del mismo, *v. gr.*a tenor de la ley, aun cuando los contratos tienen fuerza de ley entre las partes contratantes, y obligan tanto a lo que se expresa en ellos, como a las consecuencias que la equidad, el uso o la ley hacen nacer la obligación, según la naturaleza de esta; a solicitud de parte los tribunales declararán la nulidad absoluta de la cláusula que establezca renuncia del comprador o adherente a hacer valer sus derechos por incumplimiento del contrato o por defectuosa ejecución de este.

En los casos en que la ley no prohíbe la renuncia a la resolución o al cumplimiento forzoso del contrato, la misma es posible, pudiendo ser expresa o tácita. La primera, cuando se ha estipulado en el contrato que determinado incumplimiento no dará lugar a la resolución o al cumplimiento del contrato, o si las partes así lo determinan en cualquier instrumento fuera del contrato; siempre que la renuncia sea clara, que no haya duda del interés de los contratantes en renunciar. En esta hipótesis la renuncia puede, además, estar autorizada *ex lege*, v. gr., en la transacción (cfr. VII,7.4) que puede contener la renuncia hecha por los contratantes a cualquier acción que tenga el uno contra el otro. Asimismo, la exclusión voluntaria de la ley aplicable y la renuncia a los derechos en ella reconocidos, solo serán válidas cuando no contraríen el interés o el orden público ni perjudiquen a terceros; mientras que los actos contrarios a las normas imperativas y a las prohibitivas son nulos de pleno derecho, salvo que en ellas se establezca un efecto distinto para el caso de contravención; siendo que los actos realizados al amparo del texto de una norma, que persigan un resultado prohibido por el ordenamiento jurídico, o contrario a él, se considerarán ejecutados en fraude de la ley y, no impedirán la debida aplicación de la norma que se hubiere tratado de eludir.

En los casos en los cuales se prohíba la renuncia a los derechos, ante la inacción del afectado puede dar lugar a la renuncia de su acción por haber dejado transcurrir el tiempo necesario para que ocurra la prescripción de la obligación o de la acción; por lo cual la renuncia puede ser tácita o implícita de haber cualquiera de las partes ejecutado ciertos actos o abstenido de realizar otros, que demuestren la renuncia al ejercicio de la acción. Cuando el cumpliente de la obligación no ejercita el derecho y deja transcurrir el tiempo necesario para prescribir, la renuncia es tácita o sobreentendida; en cuya hipótesis prescribe la obligación y la acción; y asimismo se extinguen los accesorios y las garantías de la obligación cuya acción ha prescrito, v. gr., los intereses, privilegios y prenda. Y como efecto final, la prescripción origina la liberación con efecto retroactivo, es decir, desde el momento en que la misma se produjo. Por la prescripción negativa se pierde un derecho y para ello basta el transcurso del tiempo; mientras que la acción para hacer efectivo un derecho, se extingue por la prescripción del mismo derecho.

6. Efectos de la sentencia resolutoria

La sentencia que pronuncia la resolución del contrato es una sentencia constitutiva, no declarativa. Por su propia naturaleza la sentencia constitutiva actúa, por lo general, con efecto *ex nunc*, pues los efectos del cambio jurídico solo se inician a partir de que el cambio tiene lugar, es decir, en el momento temporal en que la sentencia adquiere el valor de cosa juzgada; y de modo excepcional se origina el efecto *ex tunc* o retroactivo. En el caso de la sentencia resolutoria el efecto retroactivo se produce, salvo los casos de excepción que apuntamos (cfr. 6, 6 *infra*).

El efecto *ex nunc* es, pues, normal en las sentencias constitutivas, pero no pertenece a su esencia. Lo que es esencial es la producción de un estado jurídico que antes de la sentencia no existía. De esta característica se derivan algunas particularidades de la sentencia constitutiva y del procedimiento que la precede; para que el objeto de la acción y de la sentencia constitutiva se alcance, es decir, para que se realice el cambio jurídico, son necesarias algunas veces, ciertas condiciones que no se requerirían en sentencias que tuviesen otro objeto; así, tenemos que cuando un estado jurídico es uno respecto de varios, la sentencia que lo resuelve no puede surgir si no comparecen en el pleito todos los partícipes del estado jurídico; de otra manera, *in utiliter datur*[115].

El efecto constitutivo de la sentencia se presenta como un efecto primario, esto es, con contenido inmediato y directo de la decisión, que no debe confundirse con los actos secundarios de la misma. La sentencia constitutiva, produce un resultado

115 CHIOVENDA: ob. cit., pp. 236-237.

que ha sido determinado directamente por la voluntad de la Ley y que el Juzgador ha tenido únicamente en consideración, de manera consciente y querida. La sentencia constitutiva no es susceptible de ejecución forzada, o, expresándonos con más precisión conceptual diremos que ella lleva el pronunciamiento constitutivo el acto de su ejecución. Sin embargo, se ha sostenido por uno de los más ilustres maestros italianos contemporáneos, CARNELUTTI, que las sentencias de *"accertamento constitutivo"*, por ejemplo, la que declara (según su teoría) resuelto un contrato de venta y constituye la obligación del comprador de restituir la cosa recibida, puede servir de base a la ejecución. Con todo el respeto debido a la enseñanza del maestro paduano, consideramos con una doctrina eminente que en este caso y otros semejantes, que a la acción constitutiva va acumulada una acción de condena, siendo esta última la que recibe ejecución autónoma; acumulación que solo existe cuando ambas acciones se dirigen contra el contratante inmediato[116]. Lo que ocurre, sostiene COUTURE[117], en esta materia y que ha sido causa de frecuentes equívocos, es que la sentencia constitutiva, como la de condena, contiene, como se ha dicho, una parte declarativa. Y es, justamente, en función de esta parte declarativa que sus efectos se retrotraen hacia lo pasado.

Se deducen dos efectos principales de la sentencia que pronuncia la resolución del contrato: *efectos entre las partes* y *con relación a los terceros*. *Efectos entre las partes*: Liberar al cumpliente o que ofreció eficazmente cumplir, ante el incumpliente; la extinción de las obligaciones, el resarcimiento de los daños y perjuicios causados que hayan sido pretendidos; la retroactividad de la resolución (efecto ex tunc) y el efecto hacia el futuro (*ex nunc)*, en determinadas circunstancias (cfr. X).

En la jurisprudencia el efecto fundamental que se asigna a la sentencia que pronuncia la resolución de un contrato bilateral, consiste esencialmente en reubicar la esfera jurídica, o más precisamente, el patrimonio de los contratantes, en la situación jurídica inmediatamente anterior a la celebración del contrato que se da por terminado de manera retroactiva. Y que el señalado efecto jurídico fundamental que se conecta a la resolución de los contratos bilaterales, se escinde en dos formas de manifestarse: En primer término, los denominados "efectos liberatorios", relativos a las obligaciones emergentes del contrato resuelto que aún se encuentren pendientes de cumplimiento. En virtud de este efecto liberatorio, ni el demandante ni el demandado en resolución seguirán obligados respecto a tales obligaciones pendientes de cumplimiento. Paralelamente a lo anterior, los "efectos resolutorios o recuperatorios", relativos "a las prestaciones ya ejecutadas que, en principio, deben ser todas restituidas: tanto de parte del incumpliente, como de parte de aquel que ha cumplido"[118]. Esto, desde luego, depende de que el contrato declarado resuelto

116 LORETO, Luís: ob. cit., pp. 89-90.

117 Fundamentos del Derecho ..., ob. cit., pp. 332-333.

118 DALMARTELLO, Arturo: *"Resolución del contrato"*, en *"Novissimo Digesto Italiano"*, Torino, UTET, vol. 16, 1969, p. 145.

y de este modo terminado, no sea de cumplimiento sucesivo, pues en este caso las prestaciones ejecutadas no son objeto de repetición, pues, v. gr., no son repetibles en beneficio del arrendatario los pagos que por el arrendamiento recibió el arrendador; a menos que se trate de pagos indebidos.

En la doctrina se plantea que los efectos de la resolución son tres: *efecto retroactivo, efecto reintegrativo y efecto resarcitorio.* Por el primero, como las partes han quedado desvinculadas, deben restituirse recíprocamente todo lo que hubieren recibido con motivo del contrato resuelto. Se trata de volver las cosas al estado en que se hallaban con anterioridad a la celebración del negocio. Por el efecto reintegrativo se deduce fácilmente que las partes deben restituirse recíprocamente lo que del mismo modo recibieron con motivo del negocio jurídico extinguido o pagarse las indemnizaciones compensatorias o resarcitorias correspondientes; y el efecto resarcitorio, o el derecho del acreedor (cumpliente) al resarcimiento de los daños y perjuicios.

1. Efectos *inter partes*

La sentencia que declara la resolución del contrato, en principio solo produce efectos entre las partes (contratantes); pues el contrato no tiene efecto sino entre estas, no aprovechan ni dañan a los terceros, salvo en los casos establecidos en la ley. De aquí que se hable de efectos internos o intrínsecos y externos o extrínsecos del contrato. Los primeros atinentes a su relatividad y los segundos relativos a su oponibilidad.

a) Liberatorio

Este efecto deviene del principio conforme al cual a nadie está permitido enriquecerse a costa de otro, salvo que el motivo sea justo; pues aquel que se enriquece sin causa en perjuicio de otra persona, está obligado a indemnizarla, dentro del límite de su propio enriquecimiento, de todo lo que aquella se haya empobrecido. Desde luego que, *ex lege*, los pagos efectuados por una causa futura que no se ha realizado, o por una causa que ha dejado de existir, o los que han tenido lugar en razón de una causa contraria a la ley, al orden público o a las buenas costumbres, o los que han sido obtenidos por medios ilícitos; pueden ser repetidos. Sin embargo, si el objeto del contrato constituye un delito o un hecho contrario a las buenas costumbres, común a ambos contratantes, ninguno de ellos tendrá acción para reclamar el cumplimiento de lo convenido, ni la devolución de lo que haya dado. Si solo uno de los contrayentes fuera culpable, podrá el inocente reclamar lo que hubiere prestado, sin estar obligado a su vez a cumplir lo que hubiere prometido.

Como se observa, no hay referencia al "enriquecimiento injusto" sino al "enriquecimiento sin causa", expresión que no presenta claridad, pues como afirman RIPERT Y BOULANGER, la palabra causa tiene aquí un significado particular que no está definido. Además es incompleta: no indica que el enriquecimiento debe haberse logrado a expensas de otro; si es adquirido *sine alterius detrimento*, no puede ser el principio de ninguna acción. Por último no aclara suficientemente el carácter *injusto* del enriquecimiento. No obstante, a pesar de sus defectos, es preciso conservar la expresión de enriquecimiento sin causa porque es tradicional.

Se comprende que ese enriquecimiento se refiere al de carácter patrimonial, pues el cumpliente ha dado al incumpliente la prestación prometida (cuando esta obviamente no es una abstención); mientras que el empobrecimiento del cumpliente consiste en una pérdida patrimonial que engrosa injustamente el patrimonio del que no ha cumplido. Indudablemente que el "enriquecimiento injusto" se produciría, de obligarse al cumpliente a continuar con la obligación a su cargo aún ante el incumplimiento de la otra parte.

b) Término del contrato y extinción de las obligaciones

El efecto de terminar el contrato y extinguir las obligaciones contractuales de las partes (cfr. I), como consecuencia de la reciprocidad e interdependencia de las obligaciones contraídas en la relación bilateral o sinalagmática; excepto la no extinción de las *obligaciones pendientes de ejecución en específicos casos*, especialmente por disposición de la ley.

c) Efecto resarcitorio

Resarcimiento al cumpliente por el incumpliente, de los daños y perjuicios causados ilícitamente por este. Se trata no solo de la ganancia o beneficio, o frutos, que ha dejado de obtener el perjudicado (lucro cesante), con la cosa o el bien que entregó al incumpliente contractual; así como el daño emergente (la pérdida que sobreviene en su perjuicio por culpa u obra del incumpliente, que se traduce en una disminución del patrimonio de aquel); como de cualquier daño que haya sufrido el bien. La obligación de indemnizar surge del incumplimiento capaz de dar lugar a la resolución del contrato, no de cualquier tipo o clase de incumplimiento, y especialmente de acuerdo a su gravedad, como consecuencia de la conducta ilícita.

d) Retroactividad

Para ROCA SASTRE[119] la acción resolutoria por su naturaleza semejante a la *conditio* y por su fondo de equidad, tiene carácter personal; no obra retroactivamente, sino *ex nunc*, o deja a salvo los derechos de los terceros adquirientes a título oneroso y de buena fe. Y es que la acción resolutoria del art. 1124 (se refiere al Código Civil español), señala, no es una acción de nulidad, ni tampoco una acción derivada de una condición resolutoria, sino una acción de tipo revocatorio, rescisorio o restitutorio, que, a base de la validez perfecta de una transición operada, la deshace, imponiendo al adquirente una prestación de restitución. Si fuera una acción derivada de una condición resolutoria, actuaría a modo de *distractus* en el sentido de

---

119 Derecho hipotecario, Barcelona, 1954, vol. 1, pp. 241-242.

restaurar retroactivamente la situación primitiva, reincorporando automáticamente la cosa enajenada al primitivo patrimonio de donde salió.

La *retroacción* (cfr. X. b) de la resolución o la reposición de las cosas al estado anterior al que existía al momento de contratar (estado precontractual, tal y como si el contrato no se hubiese celebrado, salvo disposición contraria de la ley); pues la resolución, como se sostiene, no puede hacer desaparecer todos los efectos del contrato y, desde este punto de vista no puede hablarse de una "retroacción total" de la misma.

La resolución por incumplimiento no es un supuesto de invalidez originaria, cual sucede en los casos de nulidad absoluta en que el acto viene a quedar como si nunca hubiese existido, no produciendo, por tanto, efecto alguno (*quod nullum est nullum preoducit effectum*), sino que produce una ineficacia sobrevenida, es decir, que exista un contrato válido que luego, por una causa posterior (en este caso incumplimiento) deja de producir sus efectos; y además, porque durante el tiempo de su vigencia puede haberse producido alguno, sobre todo cuando de las obligaciones que del mismo nacen son de hacer o no hacer. De admitirse esta ineficacia sobrevenida, en un contrato obviamente válido (si hablamos de resolución) que luego por una causa posterior (en este caso incumplimiento) deja de producir sus efectos; esto último no parece que realmente ocurra o sea así, pues mientras el contrato no sea declarado firmemente resuelto continúa produciendo sus efectos.

Y como se ha sostenido, la retroactividad de la eficacia jurídica o, como se dice simplemente, la retroactividad, no es exactamente una excepción: la retroactividad o irretroactividad no son otra cosa que dos consecuencias lógicas de las dos especies de eficacia, la autónoma y la complementaria. Tan natural es que la complementaria opere retroactivamente como que la autónoma opera en sentido contrario. Y tampoco es la retroactividad una ficción, puesto que el derecho opera a través del juicio, y el juicio puede referirse en la misma medida al pasado como al futuro: no se trata de excluir del pasado algo que ha pasado, sino de incluir también en el juicio el pasado.

La resolución por incumplimiento suprime retroactivamente los efectos del contrato, y coloca a las partes ("no de modo absoluto") en la misma situación como si el contrato no hubiera tenido lugar. La retroacción no es absoluta porque la excepción de los contratos de tracto sucesivo así lo demuestra.

El mencionado efecto se produce y consigue principalmente mediante la restitución de las prestaciones que se hayan entregado, y la extinción de la obligación de ejecutar las obligaciones todavía no cumplidas y que no sean exigibles conforme a la ley.

(i) *La restitución de las prestaciones que se hayan entregado*. En esta hipótesis hay referencia esencialmente a los contratos de cumplimiento instantáneo[120]

---

120 Contratos de *ejecución instantánea* son aquellos en los que es posible que las prestaciones se ejecuten en un solo momento, ya sea inmediatamente a la celebración, como

para evitar un enriquecimiento injusto en perjuicio de la otra parte, no a los de cumplimiento sucesivo que, resolutoriamente terminados, en algunos casos producen únicamente efectos hacia el futuro (ex nunc); salvo en estos (de cumplimiento sucesivo) el caso de la repetición o restitución que se produce en los casos determinados *ex lege.*

(ii) *La extinción de la obligación de ejecutar las obligaciones todavía no cumplidas y que no sean exigibles conforme a la ley.* El primer efecto que se produce, es la terminación del contrato declarado resuelto y que se extingue, y la extinción lleva implícita, en principio, la no obligación de cumplir aquellas prestaciones que, por efecto de la retroactividad, habría de ser devueltas o repetidas, más aún si la otra parte no ha cumplido la debida contraprestación; pues se restituirán las cosas al mismo estado como si la relación obligatoria no hubiese existido, es decir, "la liquidación implicará el pago del valor de toda cosa consumida, de todo disfrute, de todo servicio recibido, por los cuales la otra parte no hubiere recibido la contraprestación convenida"; y esto siempre que, obviamente, sea permisible.

Y como se admite en la doctrina, que la liquidación es posible se refiera al pago del valor de la cosa consumida y no pagada, de todo disfrute no pagado, de todo servicio no pagado y de todo aquello recibido y no contraprestado. Y, en la hipótesis más simple, esto es, en caso de que ninguna de las partes haya ejecutado prestaciones a su cargo, no se da el presupuesto de la retroactividad y carece de sentido referirse al efecto reintegrativo. Las partes nada deben restituirse y los únicos efectos de la resolución consisten en la extinción del vínculo y aparecimiento de una acción de resarcimiento de daños y perjuicios a cargo de la parte incumplidora. En cambio, cobra virtualidad el efecto reintegrativo cuando ha existido entre las partes un comienzo de ejecución del contrato en virtud del cumplimiento unilateral o el intercambio de prestaciones.

Clásica es la discusión en la doctrina en cuanto a si se deben devolver o no los frutos recibidos, e incluso los que habrán podido percibirse. Para algunos, la solución aplicable debe ser igual a la adoptada por el legislador en materia de condición, o sea, que no hay lugar a la extinción de los actos de administración ni a la restitución derivada de la percepción efectuada de los frutos mientras esté pendiente la condición. Otros sostienen que los frutos percibidos serán devueltos. Asimismo, se sustenta el criterio de que si quien efectúa los actos de administración y percibe los frutos incumple su obligación y motiva por ello la resolución, hace imposible que los actos y percepciones referidos puedan mantenerse respecto al demandante que obtiene la resolución.

---

ocurre en la compraventa al contado - contrato de *ejecución inmediata* - o que se difiera la ejecución de la prestación, de una de las partes o de ambas, para oportunidad posterior mediante la fijación de un plazo para cumplir - contrato de *ejecución diferida* - o que el cumplimiento se divida en partes o cuotas como en la compraventa a plazos - contrato de *ejecución escalonada.*

En criterio de DEMOLOMBE, en referencia al Código Civil Napoleón o francés, su artículo 1184, hay que exceptuar de la retroactividad: 1.º Los actos de administración, 2.º La adquisición de frutos. Graves disidencias existen en lo que concierne a la adquisición de frutos. Según la opinión que parece prevalecer en la jurisprudencia y en la doctrina, el efecto retroactivo debe ser aplicado a la adquisición de frutos o de intereses; de suerte que, en el caso de que el contrato es resuelto por causa de inejecución de las obligaciones que él imponía a una de las partes, las restituciones recíprocas a las cuales la resolución de nacimiento deben comprender no solo el capital sino también los frutos o los intereses que han podido ser percibidos, *medio tempore*, por cada una de las partes. Y afirma que a pesar de la autoridad de sus defensores, que recomiendan esta doctrina, hace falta exceptuar la adquisición de frutos y los intereses del efecto retroactivo. La percepción de frutos ha sido por parte del adquirente un acto de administración y que él estaba en posesión de su crédito y podía constreñir a los deudores a pagarle, pero hay que ir más lejos y que, incluso entre los contratantes o sus causahabientes, el efecto retroactivo no debe ser aplicado a los actos de goce y a la adquisición de frutos. El adquirente puede conservar los frutos en virtud del principio de que la retroactividad es una ficción que opera *de iure*, y no de facto.

En opinión contraria, según GIORGI[121], la adquisición de los frutos, percibidos, *medio tempore*, por el demandado no entre los efectos irreparables y queridos necesariamente por las partes, porque aparece más lógico, verosímil y conforme a la equidad que hayan querido la restitución de los frutos a fin de que una parte no se enriquezca injustamente en daño a la otra; tanto más cuanto que la restitución de los frutos y de su equivalente no presenta tampoco dificultades insuperables de ejecución práctica, respecto de los actos de administración, realizados *medio tempore*, la cuestión es más seria y merece solución diversa. Atribuir a las partes la intención de que, resuelto el contrato por no haber satisfecho una de ellas su propia obligación, tengamos que considerar como no ocurridos los actos de simple administración, realizados en el tiempo intermedio, no se puede absolutamente. En ningún contratante es presumible una intención tan contraria, no solo a su interés privado, sino también frente al interés público y en oposición a la cual toda seria y regular administración resultaría imposible. Todo hace presumir que una de las partes haya conferido a la otra un mandato tácito de administrar la cosa y es en base a una semejante presunción, a la cual no resiste en modo alguno la letra de la ley, que nosotros decidimos deberse por el acreedor respetar los actos de ordinaria administración, realizados de buena fe por el deudor. En los actos de administración no opera la retroactividad, porque estos actos se mantienen, en criterio de MAZZEAUD[122], ya que así lo exigen razones no solo de interés individual, sino sobre todo de interés general que requieren que las cosas objeto del contrato en cuestión sean debidamente administradas.

---

121 Teoría de las obligaciones, ob. cit., vol. 4, pp. 230-231.

122 Ob. cit., p. 354.

En la doctrina se admite que el demandante en resolución tiene derecho a reclamar los frutos que han podido percibirse, pues la parte que después de la recepción de la cosa ha omitido por su falta, retirar de ella los provechos normales, es responsable frente a la otra parte. El criterio es objetivo. La parte debe rembolsar solo los provechos normales que habría podido percibir según las reglas de una administración regular; se trata de los *fructus percipiendi*[123]. Parece evidente comprender que si la parte que después de la recepción de la cosa ha omitido por su falta, retirar de ella los provechos normales, es responsable frente a la otra parte - como afirma el autor que citamos -, se trata de una omisión del demandado incumpliente en contra de quien ha sido intentada la acción de resolución del contrato; omisión que se entiende como la negligencia a percibir, con la debida diligencia, los frutos que ha podido producir la cosa, debe resarcir el daño o perjuicio económico al contratante beneficiario de la resolución; pues el que con intención, o por negligencia o por imprudencia, ha causado un daño a otro, está obligado a repararlo.

En la doctrina se discute en cuanto a si el deudor está o no obligado a indemnizar los deterioros que, por su culpa, haya causado a la cosa objeto del contrato. La culpa o negligencia del deudor se entiende como la omisión de la diligencia debida que requiere la naturaleza de la obligación y atañe a las circunstancias de las personas, del lugar y del tiempo; de manera que cuando la obligación no expresa la diligencia debida en el cumplimiento, la exigible tiene que ser la que incumbe al buen padre de familia.

Se afirma que la dificultad de fundamentar jurídicamente la responsabilidad del comprador incumplidor que haya por hecho propio deteriorado la cosa a él enajenada, ¿puede recurrirse aquí el concepto de culpa, desde el momento en que el comprador ha deteriorado una cosa suya?[124]. No obstante, habría que considerar si en el contrato existe una cláusula que específicamente estipule que determinado hecho dará lugar a la resolución del contrato y la restitución de la cosa sin deterioros, en cuyo caso, de producirse su resolución, el comprador deberá restituir la cosa libre de deterioros. Evidentemente que el comprador, en el supuesto considerado, ha hecho la cosa suya, pero por causa de la reversión resolutoria deja de ser dueño y esto plantea la devolución en buen estado. Desde una perspectiva relacionada con la conservación de la cosa, para RIPERT y BOULANGER, refiriéndose al Código Napoleón, una hipótesis vecina a la ejecución parcial ha sido prevista por el artículo 1182-4. Se trata de una deuda de cosa cierta y del caso en que la cosa cierta se ha deteriorado por culpa del deudor, la ley concede entonces al acreedor el derecho a hacer resolver el contrato. Es la aplicación estricta del principio: el deudor no

---

123 CONSTANTINESCO, Leontin J.: La resolución de los contratos sinalagmáticos en el Derecho alemán, ed. Rousseau y Cié, París, 1940, p. 360.

124 BIGIAVI, Walter: "*Irretroactividad de la resolución por incumplimiento*", *Revista de Derecho Comercial*, España, 1934, vol. 1, p. 710.

ha cumplido una de sus obligaciones, que era cuidar la conservación de la cosa; la resolución del contrato se sigue con toda naturalidad y el artículo 1182 no hace más que aplicar la disposición más general del artículo 1184.

2. Efectos ante terceros

Los terceros han podido adquirir *medio tempore derechos personales* o *derechos reales* de aquel contratante, en contra del cual se haya dictado sentencia de resolución del contrato. El derecho personal o de crédito denota que una persona (deudor) está vinculada con otra (acreedor) por una *relación jurídica*, por la cual se obliga a satisfacer en beneficio de este una determinada conducta o actividad; mientras los segundos significan el *poder jurídico* que una persona tiene sobre una cosa, o como se admite en la doctrina, la relación jurídica por la cual el titular tiene el poder o facultad de lograr de una cosa u objeto, de manera exclusiva y oponible a todos, parte o la totalidad que origina ese objeto o cosa, beneficiándose directamente o bien el valor económico que el objeto produzca; tal es el caso, v. gr., la propiedad, derecho real por excelencia, el aprovechamiento exclusivo de la misma.

Entre otras distinciones, mientras el derecho real se distingue por una relación directa entre persona y cosa, en el derecho personal la relación es entre persona y persona. Por el primero, en un sistema democrático de derecho y de justicia, el titular goza de la protección del ordenamiento jurídico y, en consecuencia, puede oponerlo *erga omnes;* mientras que el derecho personal solo es oponible inter partes, razón por la cual el acreedor únicamente puede requerir al deudor el cumplimiento de la prestación asumida por este, pero no a terceros. Asimismo, el derecho real (el de propiedad) no se extingue por la falta de uso, salvo que otra persona ejecute sobre el bien actos posesorios que permitan la usucapión; mientras que si el acreedor no reclama al deudor el cumplimiento de la prestación al deudor, es posible que la obligación se extinga por el transcurso del tiempo dispuesto en la ley. El derecho real confiere a su titular el derecho de persecución sobre la cosa, con independencia de la persona que tenga la tenencia de la misma; mientras que el derecho personal solo hace exigible la prestación al deudor de la misma.

Los datos antes suministrados permiten considerar que la sentencia que declara la resolución del contrato, genera efectos entre las partes y también ante terceros en determinados casos. Desde luego que este trabajo no corresponde al tratamiento de todos los efectos sobre el particular, por lo que únicamente hacemos referencia, a manera de ejemplo, de los terceros y el sistema registral en cuanto al derecho real y a la retroactividad resolutoria y los terceros.

a) Terceros y sistema registral

Ser tercero significa ser un adquirente jurídicamente ajeno a aquellos actos que contradicen la titularidad del transmitente. Por tanto, a la formación defectuosa, resoluble o meramente ficticia de su derecho, o a los actos por los que se despoja de una titularidad que antes tenía[125].

El sistema registral designa quién es el titular de cada derecho[126] y tal designación se halla garantizada, de modo que el adquirente puede tenerla por segura sin ulterior examen. El hecho de constar en el Registro Público un sujeto como adquirente o titular de un derecho real, es una prueba de su titularidad. Acredita la existencia de un documento o título de propiedad (o de atribución del derecho), que es el que se llevó a inscribir. Se reconoce al titular, cuyo instrumento está inscrito como verdadero titular, mientras no se demuestre lo contrario. La inscripción no solo vale para dar seguridad a quien va a adquirir y adquiere, sino pasado el acto de adquisición como medio específico de prueba de la titularidad del sujeto designado por ella. La inscripción, en cualquier Registro (el de la propiedad u otro), sirve a estos fines de probar la atribución y medida de la titularidad, o de provocar la transmisión, con independencia de su función de publicidad: se trata de funciones distintas, eventualmente desempeñadas a la vez por un mismo asiento.

El Registro tiene dos destinatarios perfectamente definidos: el titular registral, es decir, aquel que tiene un derecho inscrito en el Registro; y los terceros quienes adquieren un derecho amparados en la publicidad que brinda el Registro; pues "Solo se inscribirán en el registro los títulos que reúnan los requisitos de fondo y forma establecidos por la ley" (principio de legalidad); y siendo así los terceros saben que el título inscrito es presuntamente inatacable al estar revestido de la *buena fe registral. La* fe pública registral protege la verosimilitud y certeza jurídica que muestran sus asientos. La información contenida en los asientos de los Registros es pública y puede ser consultada por cualquier persona. Buena fe es la ignorancia del adquirente de que la titularidad de su causante está viciada o el vicio ha desaparecido, así como la creencia de que quien aparece como titular es dueño del bien y puede transferir su propiedad sin problema alguno; aun cuando la inscripción no convalida los actos o negocios jurídicos inscritos que sean nulos o anulables conforme a la Ley. Sin embargo, los actos o contratos que se ejecuten u otorguen por persona que en el Registro aparezca con derecho para ello, una vez inscritos, no se invalidarán en cuanto a tercero, aunque después se anule o resuelva el derecho del otorgante en virtud de título no inscrito o de causas implícitas o de causas que aunque explícitas no consten en el Registro.

Se admite en la doctrina que la buena fe significa confianza, seguridad y honorabilidad, se refiere a que una de las partes se entrega confiadamente a la

125 LACRUZ BERDEJO, José Luis y SANCHO REBULLIDA, Francisco de Asís: Derecho Inmobiliario Registral, Librería Bosch, Barcelona, 1968, pp. 221-222.

126 Los asientos e información registrales contenidos y emanados oficialmente del sistema registral surtirán todos los efectos jurídicos que corresponden a los documentos públicos. Los bienes y derechos inscritos en el Registro deben estar definidos y precisados respecto a su titularidad, naturaleza, contenido y limitaciones.

conducta leal de otra en el comportamiento de sus obligaciones, confiado en que esta no lo engañará. La buena fe significa que el hombre cree y confía que una declaración de voluntad surtirá en un caso concreto sus efectos usuales, los mismos efectos que ordinaria y normalmente ha producido en casos análogos. Debe indicarse que la noción de buena fe en el ámbito jurídico no hace referencia a toda confianza psicológicamente cierta, sino solo a aquella que además de existir en sentido psicológico, es válida en sentido jurídico por no encontrar en los usos sociales o en Derecho un límite.

La protección del titular registral surge a través del principio de *legitimación registral* en la medida que de la presunción relativa de exactitud que impone, se desprende que aquel no podrá ser despojado de su derecho sin el cumplimiento de las exigencias legales. La protección de los terceros, además del principio de oponibilidad de lo inscrito, proviene del principio de fe pública registral, de acuerdo con el cual los terceros no se verán perjudicados en sus derechos si las contingentes causas de ineficacia o invalidez, que puedan perturbarlos, no figuraban en el Registro al tiempo de su adquisición. La misión de los Registros es garantizar la seguridad jurídica de los actos y de los derechos inscritos, con respecto a terceros, mediante la publicidad registral; y, la publicidad registral reside en las bases de datos del sistema automatizado de los Registros, en la documentación archivada que de ellas emanen y en las certificaciones que se expidan. Y de aquí que los asientos e información registrales contenidos y emanados oficialmente del sistema registral surtirán todos los efectos jurídicos que corresponden a los documentos públicos.

b) Retroactividad resolutoria y terceros

¿La retroactividad de la resolución afecta a los terceros? Se afirma que una vez dictada la resolución, produce sus efectos frente a terceros como consecuencia de la regla *nemo plus juris ad alium transfere potest quam ipse habet* (nadie puede transferir a los demás un derecho mayor que el que tiene). El segundo adquirente, en caso de resolución del título de su causante, sufrirá la evicción y todo derecho real constituido sobre la cosa será ineficaz contra el beneficiario de la resolución. No obstante, la inscripción registral produce un importante efecto, que no afecta al tercero en los casos dispuesto en la ley (vid. X. 2).

Bajo el principio de la *inscripción registral in genere*, previene el artículo 457 CCcr que las acciones de rescisión o resolución no perjudicarán a tercero que haya inscrito su derecho. Exceptúense: 1. Las acciones de rescisión o resolución que deban su origen a causas que, habiendo sido estipuladas expresamente por las partes, consten en el Registro. 2. Las acciones rescisorias de enajenaciones en fraude de acreedores, en los casos siguientes: 1. Cuando la segunda enajenación ha sido por título lucrativo; y 2. Cuando el tercero haya tenido conocimiento del fraude del deudor. Desde la perspectiva que antecede, en cuanto a los efectos de la retroactividad ante terceros, observamos estas hipótesis: a) El contrato de compra inmobiliaria declarado judicialmente resuelto por incumplimiento, que no haya sido inscrito registralmente, la resolución no surte ningún efecto en contra del tercero que por cualquier título haya adquirido y conservado legalmente derechos sobre el inmueble, es decir, el efecto retroactivo de la resolución no causará ningún efecto en contra del tercero. El tercero es ajeno a la fundamentación o pérdida del derecho del transmitente, es decir, no ha sido parte en el acto que pretende oponérsele. La condición de tercero se contrapone a la de parte; y, b) la sentencia resolutoria ejecutoriada de un acto registrado, que no se inscriba registralmente, tampoco surtirá el indicado efecto en contra del tercero que por cualquier título haya adquirido y conservado legalmente derechos sobre el bien de que se trate; a menos que la demanda hubiese sido registrada. Por su parte, CCCN instituye que en el ámbito reivindicatorio, si se reivindica un objeto mueble no registrable robado o perdido de un poseedor de buena fe, este no puede reclamarle al reivindicante el precio que pagó, excepto que el objeto se haya vendido con otros iguales en una venta pública, o en casa de venta de objetos semejantes, o por quien acostumbraba a venderlos. Si se trata de una cosa mueble registrable robada o perdida, y la inscripción registral se obtiene de buena fe, el reivindicante debe reintegrar al reivindicado el importe abonado. En caso de reembolso, el reivindicante tiene derecho a repetir el pago contra el enajenante de mala fe.

Lógicamente la resolución, afirman COLIN Y CAPITAN[127], dado su carácter de sanción judicial debería limitar sus efectos a las relaciones de los contratantes entre sí. No debería producir efectos contra terceros, y sobre todo contra los terceros adquirientes en cuyo poder, en caso de contrato traslativo, haya puesto el adquiriente la cosa no pagada. Ahora bien, la solución contraria ha sido admitida siempre sin discusión por el motivo, tomado de la jurisprudencia y cuya sola expresión es ya significativa, de que la condición resolutoria tácita produce los mismos efectos que la condición resolutoria expresa. De ello resulta que los terceros que tienen, sin embargo, derechos legítimamente adquiridos sobre la cosa están expuestos a encontrarse perjudicados, por un acontecimiento cuya eventualidad no les ha permitido conocer ninguna medida de publicidad. A todo lo más, se dice, solo habría la diferencia, más teórica que práctica, entre los efectos de la resolución judicial y los de la resolución convencional de que esta obra de pleno derecho y, por tanto, destruye automáticamente los derechos de los terceros, al mismo tiempo que los del deudor de quien proceden. La resolución judicial del art. 1184 del CC francés no procede del mismo modo, mientras no ha sido declarada por los Tribunales, los terceros no podrán ser inquietados; únicamente, después de haber hecho declarar la resolución contra su causahabiente, puede el enajenante primitivo ejercitar la acción reivindicatoria de su cosa contra el tercero poseedor.

En relación a los terceros, se afirma, especialmente de los subadquirentes de una de las partes, la resolución no tiene eficacia sobre los derechos adquiridos ya

127 Curso elemental de Derecho Civil, con notas de De Buen, vol. 3, Madrid, 1924, p. 692.

por ellos antes de la resolución, salvo los efectos de la trascripción de la demanda de resolución (art. 1458 del CC italiano), si el contrato tiene por objeto derechos sobre los inmuebles o sobre los muebles registrados. La resolución por incumplimiento es inoponible, sostiene BIGIAVI[128], a los terceros subadquirentes durante el período intermedio, también si ellos son de mala fe, al menos cuando se trate de la adquisición de bienes muebles. Al aplicar a este tema la distinción entre adquiriente poseedor de buena y de mala fe la doctrina ha recurrido al principio consagrado en el art. 707 del CC italiano, y se debe observar que este principio puede aplicarse exclusivamente a la hipótesis de *adquisición a non domino,* mientras en nuestro caso el subadquirente que toma causa del comprador incumplidor ha adquirido del *dominus,* que es tal, si bien no ha pagado todavía. En verdad, la doctrina francesa e italiana tienen cuidado de advertir que para considerar la mala fe el subadquirente de una cosa mueble no pagada (y por tanto, admitir contra él la reivindicación) no basta probar que el subadquirente mismo supiese que su causante no había satisfecho su obligación hacia el originario vendedor. Un semejante principio conduciría, en efecto, a consecuencias peligrosísimas, limitando de forma extremadamente grave el comercio de los muebles. Todos adquirimos diariamente de nuestros proveedores cosas que sabemos no están todavía pagadas y ninguno de nosotros piensa lejanamente estar expuesto mañana a la reivindicación del primitivo enajenante. No obstante, la doctrina afirma que se debe considerar de mala fe y admitirse contra él la reivindicación a todo subadquirente el cual sepa, no solo que la cosa enajenada a él no ha sido todavía pagada, sino que conozca además que su causahabiente no está ni estará presumiblemente en condiciones de pagarla. Llegados a este punto resulta fácil la demostración del error a que ha llegado la doctrina: el estado subjetivo del subadquirente delineado más arriba, no constituye en efecto la mala fe, esto es, aquel conocimiento del vicio del título que solo puede permitir la reivindicación, pero se identifica de lleno con aquel elemento del fraude, que junto con el *eventus damni* permite el ejercicio de la revocatoria. En síntesis, no puede en absoluto hablarse de reivindicación contra los terceros subadquirentes de mala fe de una cosa mueble, por el motivo de que el incumplimiento no constituye un vicio del título. Existen, en cambio, terceros adquirentes fraudulentos, contra los cuales, concurriendo el *eventus damni,* podrá ser eventualmente ejercida la acción revocatoria, no la reivindicatoria.

La acción resolutoria por su naturaleza, semejante a la *condictio* y por su fondo de equidad, tiene carácter personal; no obra retroactivamente (criterio posiblemente no compartido (vid. 6.a *retro y 3 infra*), sino *ex nunc,* o deja a salvo los derechos de los terceros adquirentes a título oneroso y de buena fe. Y es que la acción resolutoria no es una acción de nulidad, ni tampoco una acción derivada de una condición resolutoria, sino una acción de tipo revocatorio, rescisorio o restitutorio, que, a base de la validez perfecta de una transición operada, la deshace, imponiendo al adquirente una prestación de restitución. Si fuera una acción derivada de una condición reso-

128 Irretroactividad..., ob. cit., pp. 695-722.

lutoria, actuaría a modo de *distractus* en el sentido de restaurar retroactivamente la situación primitiva, reincorporando automáticamente la cosa enajenada al primitivo patrimonio de donde salió[129].

3. ¿Por qué se origina la retroactividad?

A menudo se presentan en la práctica casos menos simples, en cuanto que, o bien el acreedor que pide la resolución ha cumplido ya su prestación, o bien la otra parte ha cumplido de manera incompleta cualitativa o cuantitativamente, o se han verificado ambos actos de cumplimiento, como opina MOSCO[130]. En tales casos, observa, es obvio que, si la resolución se limitara a disolver el vínculo contractual se crearía una situación de injustificado enriquecimiento a favor de una u otra parte. Para evitar esto la ley recurre aquí, como en muchísimas otras hipótesis de disolución de la relación contractual a un medio de técnica jurídica que, aún no desconociendo los hechos ya verificados, tiende sin embargo a eliminar, en la medida posible, las consecuencias económico jurídicas de aquellos hechos. Este medio de técnica jurídica es la retroactividad, la cual, en general, tiende a volver a crear la situación económica y jurídica existente antes del nacimiento de aquella relación jurídica que se ha extinguido.

JOSSERAND[131] justifica la retroactividad de la resolución por incumplimiento, fundándola en la voluntad presunta de las partes, pues como la resolución del contrato es interpretativa de la voluntad de las partes, opera retroactivamente a la manera de la condición resolutoria ordinaria; mientras que para GIORGI[132], las razones de esta retroactividad se encuentran, en opinión de los autores, tanto en la presunta intención de las partes, cuanto en la naturaleza de la condición resolutoria verdadera o propia la cual, al igual que la suspensiva, una vez que se ha cumplido, tiene efecto retroactivo; y – dice - estamos plenamente de acuerdo con la doctrina en cuanto trata de atribuir efecto retroactivo a la condición resolutoria tácita; pero, de las dos razones que se aducen, escogeremos la primera, esto es, la presunta intención de las partes, pero no la segunda, porque en nuestro parecer el pacto resolutorio tácito es una institución jurídica muy diferente a la condición resolutoria. También se acude a la voluntad presunta de las partes para justificar el efecto retroactivo de la resolución, como lo hace GASCA[133], para quien la resolución opera *ex tunc* y tiene el mismo efecto que la condición resolutoria, pone las cosas en el mismo estado en que se encontrarían si el contrato no hubiere tenido lugar, bien entendido en cuanto sea posible.

---

129 ROCA SASTRE: Derecho Hipotecario, ob. cit., vol. 2, pp. 341-342.

130 La resolución de los contratos por incumplimiento, colección Nereo, Barcelona, 1962, p. 266.

131 Derecho Civil, ob. cit., vol. 2-1°, p. 270.

132 Teoría de las obligaciones, ob. cit., vol. 4, p. 228.

133 Tratado de la compraventa civil y comercial, Turín, 1915, vol. 2, p. 647.

Sin embargo, fundamentar la retroactividad en la voluntad presunta de las partes, no es fácil demostrar por qué esa es la voluntad de las partes al momento de la celebración del contrato; pues posiblemente no pensaron en el incumplimiento, ya que de lo contrario no contratarían, o tomarían las previsiones en protección de sus derechos a través de garantías o mediante la protección por medio de cláusulas que no solo les protejan sino también beneficien; por lo que tiene más aserto decir que la retroactividad revelará la intención presunta, no de los contratantes sino de la parte que ha cumplido, u ofreció eficazmente cumplir, para solicita la resolución del contrato. Además, el efecto retroactivo de la resolución no procede por analogía con la condición resolutoria, pues las múltiples diferencias existentes entre la condición resolutoria y la resolución por incumplimiento, son más que demostrativas. En realidad, la retroactividad de la resolución tiene su justificación en la sanción en contra del incumpliente del contrato, pues de otra manera resultarían afectados los derechos, especialmente patrimoniales, del contratante que cumplió, pues a nadie está permitido enriquecerse a costa de otro, salvo que el motivo sea justo; más aún cuando aquel que se enriquece sin causa, en perjuicio de otra persona, está obligado a indemnizarla, dentro del límite de su propio enriquecimiento, de todo lo que aquella se haya empobrecido. El enriquecimiento injusto se produciría de obligarse al cumpliente, o que ofreció eficazmente cumplir, a continuar con la obligación a su cargo, aún ante el incumplimiento de la otra parte.

4. Clases de retroactividad según los efectos

MOSCO[134] hace referencia a dos tipos: *retroactividad con efecto obligatorio* y *retroactividad con efecto real*. La forma más simple de retroactividad, es decir, aquella que concede a los derechos derivados de la resolución la tutela más débil es la adoptada por el Código alemán (B.G.B.), para la rescisión y que puede llamarse *retroactividad con efecto obligatorio*. Contempla el artículo 346 de este Código que cuando la rescisión tenga lugar, las partes quedan obligadas a restituirse recíprocamente las prestaciones recibidas y la doctrina y la jurisprudencia alemanas concuerdan en interpretar la norma en el sentido de que las partes adquieren un puro y simple derecho de crédito a la restitución de la prestación. Y otra forma es la que puede llamarse *retroactividad con efecto real ex nunc*, y que produciría no ya un simple derecho de crédito a la restitución, sino la readquisición del derecho real con retransmisión automática desde el día de la sentencia. De esta forma de retroactividad se diferencia la que produce *efecto real ex tunc*. En ella el autor readquiere la cosa que había transmitido al demandado en base al antiguo título, pero su derecho no es oponible a los terceros, salvo los efectos de la inscripción de la demanda de resolución.

Por razón de la intensidad de sus efectos, argumenta ÁLVAREZ VIGARAY[135], la retroactividad se clasifica en *real* y *obligatoria*. La retroactividad es real, cuando

134 Ob. cit., pp. 267-268.

135 "La retroactividad de la condición", en el *Anuario de Derecho Civil*, ob. cit., pp. 839-841.

al cumplirse la condición, las partes se encuentran sin más en la misma situación jurídica en que estarían si la condición hubiera existido al tiempo de la celebración del negocio; mientras que la retroactividad es obligatoria, cuando con el cumplimiento de la condición las partes quedan obligadas a colocarse recíprocamente en la situación en que les correspondería estar en dicho supuesto. Por su eficacia frente a terceros, la retroactividad real puede ser absoluta o relativa. La retroactividad real es absoluta o *"erga omnes"*, cuando produce sus efectos frente a toda clase de terceros. Es relativa cuando los efectos de la retroactividad se producen solamente entre las partes o entre estas también respecto a cierta clase de terceros (por ejemplo, los adquirientes de mala fe o a título gratuito).

5. Tipología retroactiva y su aplicación resolutoria

¿Cuál de los mencionados tipos de retroactividad es aplicable a la resolución del contrato? La resolución por incumplimiento no está dotada de eficacia retroactiva real, opina BIGIAVI[136], sino de *retroactividad meramente obligatoria*, la cual tiene de la retroactividad en sentido técnico solamente el nombre; y sostiene que la eventual obligación de restituir los frutos del tiempo intermedio se explica muy bien, solo recurriendo a la retroactividad obligatoria. Y contradice la doctrina de que la resolución por incumplimiento tiene *eficacia retroactiva real*:

a) De admitirse la retroactividad real, ¿sobre qué base se asentaría el derecho al resarcimiento de daños correspondiente al contratante lesionado? La obligación al resarcimiento de los daños, tendiendo por el contrario a eliminar el significado económico de cuanto se ha producido y se mantiene formalmente intacto para el pasado, no es otra cosa que un modo de actuar la retroactividad obligatoria.

b) La doctrina que propugna la retroactividad real no consigue, en general, explicar la necesaria persistencia de los efectos, producidos antes de la resolución, por los contratos de ejecución continuada.

c) Tampoco se explica por qué la jurisprudencia y gran parte de la doctrina mantienen válidos los actos de administración, efectuados durante el tiempo intermedio por el incumplidor (v. 6 *infra*).

d) Admitida la retroactividad al día de la conclusión del contrato, precisaría admitir que todos los actos de disposición, realizados durante el tiempo intermedio, deberán caer una vez resuelto el contrato. Por el contrario, en las diversas aplicaciones que la ley hace deja a salvo los derechos adquiridos por terceros sobre el inmueble vendido y no pagado anteriormente a la trascripción de la demanda de resolución. En otros términos, la reivindicación del enajenante, vuelto a ser propietario a consecuencia de la

136 "Irretroactividad de la resolución por incumplimiento", en *Revista de Derecho Comercial*, España, 1934, vol. 32, pp. 695-722.

resolución, es admitida solamente contra quien haya adquirido después de la trascripción de la demanda.

6. Retroacción y contrato de ejecución periódica o continuada, de duración o de tracto sucesivo, de prestaciones repetidas

El contrato de tracto sucesivo es aquel en que los cumplimientos se postergan en el transcurso del tiempo (*de duración, que no se agotan uno actu*), y la relación contractual tiene estabilidad, se van cumpliendo momento a momento (*ejecución periódica, o cumplimiento de tiempo en tiempo*), de manera escalonada (*tracto sucesivo,* o espacio que media entre dos puntos o lugares). O lo que es igual, y como se escribe[137], "el dilatarse" del cumplimiento por cierta duración es condición para que el contrato produzca el efecto querido por las partes y satisfaga la necesidad (durable o continuada) que las indujo a contratar; la duración no es tolerada por las partes sino que es querida por ellas, por cuanto la utilidad del contrato es proporcional a su duración. Sería inconcebible, como contrario a la necesidad y al interés de por lo menos una de las partes, que la prestación pudiese ser cumplida de una manera diversa mediante la continuidad y la periodicidad; sería inconcebible, en otras palabras, la ejecución del contrato *uno actu*. Varios son los contratos de ese tipo, tales como: el arrendamiento, contrato de obra por empresa con prestaciones continuadas, seguro a prima periódica, el comodato, cuenta corriente, anticresis, renta vitalicia, contrato de trabajo, el transporte, contrato de agencia, de servicio eléctrico.

1. Las prestaciones y la retroactividad

En esos contratos, como se argumenta[138], sus prestaciones singulares tienen carácter autónomo, entendiendo la doctrina por tal que se hace referencia a que de tales contratos nacen cantidades de prestación y atribución que en sí están en relación económica de equivalencia, pudiendo económica y jurídicamente separarse de las prestaciones precedentes y sucesivas, sin perjuicio de la finalidad del contrato; lo que también suele expresarse afirmando que las prestaciones están en relación de causalidad recíproca, esto es, que constituyen cada una el equivalente de la otra. Los contratos de tracto sucesivo se caracterizan por el hecho de dar origen a una serie de prestaciones correlativas o conjuntos de prestaciones que tienen, cada conjunto respecto a los otros, una notable autonomía económica y jurídica. Esta notable autonomía deriva del hecho de que cada uno de los pares de prestaciones o cada uno de los períodos de tiempo en el cual puede descomponerse la relación contractual llena en manera satisfactoria el interés de las partes contratantes, de forma que los pares de prestaciones o los períodos de tiempo en relación pueden separarse sin que por ello quede perjudicada la finalidad del contrato. Este concepto suele

---

137 MESSINEO: Doctrina general..., ob. cit., vol. 1, pp. 429-430.

138 MOSCO, Luigi: ob. cit., pp. 103-104.

también expresarse afirmando que las prestaciones de cada par se encuentran en relación de calidad.

La doctrina es unánime al sostener que el efecto retroactivo de la resolución no se produce en los contratos de tracto sucesivo, pero, ¿cuál es el motivo de la no retroactividad, cuando en los demás contratos bilaterales la misma puede tener lugar? La repetición de las prestaciones cumplidas no se produce en virtud de que las mismas no pueden, obviamente, sustraerse de la realidad al haber sido consumidas (*factum fieri nequit infectum*: Lo que hecho es, no se puede deshacer, o *factum infectum fieri non potest*), como ocurre en el caso del arrendatario que ha usado o tenido la cosa arrendada, y el arrendador, en orden a la reciprocidad, no puede ser obligado a repetir el *quántum* de los cánones o pensiones arrendaticias recibidas, pues el locatario ha disfrutado de la cosa arrendada durante determinado tiempo y pagado el precio, salvo, por supuesto, tratándose del cobro en exceso en caso de regulación del máximo a cobrar (por el inmueble arrendado) por parte del arrendador, en los casos regulados *ex lege*. El arrendatario ha usado la cosa arrendada y el uso no es susceptible materialmente de devolución al arrendador, pues la prestación ha sido consumida o agotada temporal y espacialmente. El uso de por sí, es intangible y no se puede tocar o captar con ninguno de los sentidos. El usuario no puede devolver el fluido eléctrico consumido y, de consiguiente, la empresa de energía eléctrica no está obligada a repetir los pagos recibidos por tal concepto. Se ha producido una especie de compensación con las prestaciones que se han consumido y que, por tanto, no pueden repetirse.

La irretroactividad de la resolución de los contratos de tracto sucesivo tiende a impedir que una de las partes se enriquezca a expensas de la otra, se afirma[139], pues respecto a las prestaciones ya ejecutadas hay plena reciprocidad. En referencia al contrato de arrendamiento, no es posible la extinción retroactiva del contrato, puesto que no se puede hacer desaparecer el hecho del disfrute anterior al arrendamiento[140]. Las obligaciones que el arrendamiento haría nacer, quedan en adelante extinguidas; pero en lo pasado ellas han existido, cada una de las partes puede pues para el pasado exigir su ejecución[141]. La irretroactividad de que hemos hablado, es a su vez la consecuencia del hecho de que cada uno de los actos de ejecución es jurídicamente autónomo uno con respecto al otro; y teniendo cada uno su propio vencimiento, sigue su suerte y no puede influir sobre los demás ni ser influido por ellos. Por otra parte, sería antieconómico anular las prestaciones ya cumplidas, por el simple hecho de un incumplimiento posterior de la prestación (principio de conservación del contrato)[142].

139 ÁLVAREZ VIGARAY: La resolución..., ob. cit., p. 296.

140 COLIN Y CAPITANT: Curso elemental..., ob. cit., vol. 4, p. 294.

141 PLANIOL Y RIPERT: Tratado..., ob. cit., vol.10, p. 805.

142 MESSINEO: Doctrina general..., ob. cit., vol. 1, p. 433.

Lo anterior se explica sin dificultad, porque lo que ha sido sumido, como resultado o consecuencia del cumplimiento recíproco, no presenta lógica de reintegrarse o devolverse por su consumación en la realidad. Por tanto y como se escribe, cada vez que ha sido cumplido el contrato por cada una de las partes durante cierto tiempo, el incumplimiento posterior deja subsistente las prestaciones realizadas hasta entonces. Pero para que esto ocurra es preciso que se hayan cumplido las obligaciones por ambas partes durante cierto tiempo, pues, si lo que ha ocurrido es que una de las partes ha cumplido su obligación y la otra no ha realizado en absoluto las partes o períodos de la que le corresponde, el contrato se resuelve con efecto retroactivo. Así, si el arrendatario ha anticipado el alquiler de un año y el arrendador se niega a hacerle entrega de la vivienda, la resolución se retrotraerá a la fecha de la celebración del contrato, con lo que el arrendatario recuperará el importe de los alquileres que había anticipado. En el caso de que quien incumpla totalmente el contrato sea el arrendatario, la resolución solo comprendería la indemnización por el goce de la finca que normalmente sería el precio del arriendo más los intereses debidos desde cada vencimiento. Se explica también la irretroactividad de la resolución de los contratos de tracto sucesivo con un argumento que es complementario al de la autonomía de los conjuntos de prestaciones que de él derivan y es que la retroactividad de la resolución tiende a impedir que una de las partes se enriquezca a expensas de la otra, lo cual no ocurre aquí, pues respecto a las prestaciones ya ejecutadas hay plena reciprocidad[143]. Desde luego que la plena reciprocidad a que se alude, hay que entenderla en orden a la proporcionalidad en el cumplimiento, desde luego sin ventaja económica de una parte sobre la otra.

En los contratos de tracto sucesivo los cumplimientos se aplazan en el transcurso del tiempo, la relación contractual tiene estabilidad y se van cumpliendo paso a paso, periódicamente; siendo que los efectos que producen son imposibles de borrar, pues el pasado siempre es irrevocable e inalterable en el tiempo, por lo cual resulta casi imposible modificarse por un acto posterior, y en razón de que las contraprestaciones periódicas se van cumpliendo, consumiendo o agotando de modo recíproco. Estos efectos solo operan hacia el futuro (efecto *ex nunc*), excepto cuando se hayan pagados cantidades en exceso conforme a una disposición legal que ordene la repetición. En este caso procederá solamente la repetición de lo pagado en exceso, en cuyo caso habrá una retroacción (efecto ex tunc) relativa o parcial, como ocurre, por ejemplo, en el caso del arrendamiento de inmuebles sometidos a regulación conforme a la Ley, queda sujeto a repetición todo cuanto se cobre en exceso del canon máximo establecido por los organismos competentes. POTHIER entendió hace más de ciento ochenta y cinco años, que la sentencia que acoja cualquiera acción resolutoria y que pronuncie la resolución del contrato de arriendo, no resuelve el arrendamiento sino para el futuro[144].

143 ÁLVAREZ VIGARAY: La resolución…, ob. cit. p. 296.

144 POTHIER: Tratado de los contratos, ob. cit., vol. 2, p. 346.

Es así como se sostiene en la doctrina que cada uno de los pares de prestaciones o cada uno de los períodos de tiempo en el cual puede descomponerse la relación contractual, llena de manera satisfactoria el interés de las partes contratantes, de forma que los pares de prestaciones o los períodos de tiempo en relación pueden separarse sin que por ello quede perjudicada la finalidad del contrato. Este concepto suele también expresarse afirmando que las prestaciones de cada par se encuentran en relación de calidad recíproca. Por tanto, cada vez que ha sido cumplido el contrato por cada una de las partes durante cierto tiempo, el incumplimiento posterior deja subsistente las prestaciones realizadas hasta entonces. Pero para que esto ocurra es preciso que se hayan cumplido las obligaciones por ambas partes durante cierto tiempo, pues, si lo que ha ocurrido es que una de las partes ha cumplido su obligación y la otra no ha realizado en absoluto las partes o períodos de la que le corresponde, el contrato se resuelve con efecto retroactivo. Así, v. gr., si el arrendatario ha anticipado el pago de varias mensualidades y el arrendador no le entrega la vivienda, la resolución se retrotraerá a la fecha de la celebración del contrato, con lo que el arrendatario recuperará el importe de los alquileres que había anticipado. En el caso de que quien incumpla totalmente el contrato sea el arrendatario, la resolución solo comprendería, en principio, la indemnización por el goce del inmueble que normalmente sería el precio del arriendo.

En los contratos *in commento* cuando son sometidos a término resolutorio se terminan y extinguen por vencimiento de este, concluyendo así sus efectos como contrato de prestaciones repetidas o periódicas o de duración continuada; excepto en la relación arrendaticia que, por lo general, mediante leyes especiales que lo regulan y por razones de interés social, tiene un sistema reglado en protección del arrendatario (orden público relativo de protección) como débil contractual (cfr. IV.4.5) especialmente cuando el inmueble está destinado a vivienda. En esta hipótesis el contrato no termina ni se extingue por el vencimiento del término resolutorio o extintivo prefijado, salvo determinados supuestos, sino por las causas establecidas *ex lege, v. gr.*, la tácita reconducción, la prórroga automática o la legal. Los demás contratos de tal especie, como el contrato de obra por empresa con prestaciones continuadas, seguro a prima periódica, el comodato, cuenta corriente, anticresis, renta vitalicia, el transporte, contrato de agencia, de servicio eléctrico - entre otros -, permiten que su terminación y extinción se origine conforme al término de duración previsto por las partes y, en todo caso, según las reglas determinadas en la ley.

2. Tipología contractual, terminación y extinción

El contrato de cumplimiento periódico tiene su modalidad de terminación y extinción, prácticamente similar y en orden a los efectos, en cada uno de los contratos de cumplimiento periódico; algunos de los cuales y a manera de ejemplo nos referimos a continuación:

a) *Contrato de seguro*

El seguro es un contrato bilateral, en razón de que los contratantes quedan obligados recíprocamente. Es de ejecución sucesiva, pues el asegurador se obliga a entregar una suma única o periódica, a cambio de que ciertos hechos se produzcan, mediante el pago de una prima que el asegurado se obliga a satisfacer; así como el asegurador a indemnizar las pérdidas o los perjuicios que pueden sobrevenir a la otra parte en casos determinados fortuitos o de fuerza mayor. Los derechos de las partes se van ejercitando y los deberes interpartes deben irse cumpliendo en forma continua, desde la celebración del contrato hasta su terminación según las causas establecidas o admitidas *ex lege*. También es un contrato aleatorio, pues en el momento de celebrarse no sabe el asegurador si tendrá que indemnizar o no, cuándo y cuánto (en el seguro de daños); o cuándo deberá pagar el monto estipulado (seguro de vida). Las prestaciones quedan sometidas a un acontecimiento futuro e incierto (daño), o que ha de acontecer en momento indeterminado (muerte).

Ante la tradicional y acostumbrada práctica de dar por terminado el contrato de seguro por la aseguradora ante la falta de pago de la prima, por lo cual algunas leyes prohíben al asegurador dar por terminado el contrato de seguros por el incumplimiento de los pagos de las cuotas de financiamiento de primas de seguros; pues quien financia el pago del crédito o deuda de las mismas es un tercero y no el asegurador. Asimismo, los contratos de financiamiento de primas no podrán contener cláusulas que faculten a la empresa financiadora de primas a solicitar a la empresa de seguros, la terminación anticipada del contrato de seguro.

El contrato de seguro que se dice bilateral, de obligaciones recíprocas, no es más que un contrato de adhesión pues al asegurado se le presenta un modelo tipo y uniforme, con cláusulas ya elaboradas, para cuya celebración al asegurado no se da ninguna oportunidad de discusión. Todas las cláusulas son impuestas. Sin embargo, puede terminarse por el acuerdo recíproco de las partes, o por distracto unilateral cuando esta forma de terminación no está prohibida en la ley. También se termina de modo normal al vencimiento del lapso de duración del contrato, a menos que aparezca la renovación del mismo.

b) *Contrato de servicio eléctrico*

Este contrato significa que una parte denominada suministrador, se obliga a realizar a favor del suministrado o consumidor la prestación periódica o continuada de electricidad, a cambio de un precio que el consumidor se obliga a pagar, de tanto por consumo conforme aparezca en la mensura que periódicamente se factura. El precio es variable y el contrato por tiempo indefinido, pues la prestación del fluido eléctrico es un servicio público.

El servicio eléctrico es un servicio público y la prestación del mismo al usuario deviene de la aceptación por este de un contrato de adhesión, que se denomina contrato de servicio, y su sometimiento a las normas de este; por cuya prestación el usuario debe pagar un precio de acuerdo con la mensura del consumo de energía eléctrica. Este contrato ha sido objeto de discusiones acerca de su naturaleza jurídica. Para BAUDRY-LACANTINERIE, el contrato de suministro de energía eléctrica constituye un arrendamiento de cosas; mientras que otros como FUBINI, sostienen que el goce no recae sobre la máquina que produce la energía, ni sobre una parte determinada del circuito, para concluir en que este contrato es un arrendamiento de trabajo, pues los elementos "hacer y trabajo" predominan sobre los elementos "materia y dar"; mientras que ENNECCERUS es del criterio según el cual la energía eléctrica no es una cosa. Mediante la técnica de medición de la energía eléctrica se determina el consumo y calcula el costo de la energía consumida durante determinado tiempo. Esta simple información permite preguntar qué tipo o clase de contrato es la prestación de este servicio. No es de arrendamiento pues aun cuando se use el servicio de la electricidad, el usuario no está obligado, obviamente, a devolverlo sino a pagar una suma de dinero según la medición del consumo[145].

Los consumos deben ser pagados por el usuario del servicio dentro del plazo que se establece en la respectiva factura emitida por el prestador y enviada, generalmente, al domicilio del consumidor o a la dirección postal que se mencione en el contrato; pero el usuario tiene derecho a objetar el precio fijado en la factura de cobro, dentro del plazo dispuesto en la ley, o el indicado en el contrato, contado desde su fecha de entrega, sin que el reclamo permita postergar el plazo fijado para el cumplimiento o pago de la factura emitida.

La mora o simple retardo en el pago de los consumos de electricidad proporcionados por el prestador del servicio da lugar a un recargo diario equivalente usualmente al interés corriente.

Tiene el contrato la particularidad de que, si existe un cambio de precio en el período de facturación, esta se hará aplicando las tarifas respectivas en forma proporcional a los días de vigencia de cada tarifa, en el período en cuestión; por lo cual cualquier modificación futura en los precios o en las condiciones de aplicación, de la opción tarifaria vigente prevenida por la autoridad competente, quedará automáticamente incorporada al contrato

Por lo general el aumento o disminución del precio por consumo lo establece unilateralmente el prestador del servicio, sin que el consumidor intervenga, aun cuando en algunos países cualquier modificación de las condiciones de este contrato, tales como aumento en la potencia conectada o contratada, cambios de opción tarifaria, deberá convenirse entre las partes mediante la suscripción de un nuevo contrato de suministro de electricidad.

La falta de pago del consumo autoriza al prestador a suspender el suministro de energía eléctrica en forma inmediata, previa notificación al cliente y luego de transcurrido el plazo de gracia que se haya establecido en la ley, o en el contrato, para efectuar el pago. En la hipótesis de ocurrir la suspensión del servicio, el contrato queda en suspenso hasta tanto el usuario pague la deuda y los recargos correspondientes, es decir, que el contrato no termina y se extingue, a menos que las

145 GUERRERO-QUINTERO, Gilberto: El concepto de arrendamiento inmobiliario, Editorial Investigaciones Jurídicas, SA., San José, Costa Rica, 2015, pp. 305-306.

partes den por terminado el mismo, o el usuario no continúe usando más el servicio durante cierto tiempo, indicativo de haberse extinguido la relación obligatoria; lo cual no indica que pueda nuevamente celebrarla.

c) *Contrato de anticresis*

Se ha conceptuado como aquel contrato por el cual el acreedor adquiere el derecho de hacer suyos los frutos del inmueble que se le entregue, con la obligación de imputarlos a los intereses, si se le deben, luego al capital de su acreencia.

En ese contrato el deudor no puede pedir la restitución de la cosa anticrética mientras no haya pagado totalmente la deuda, es decir, que el pago o cumplimiento (vid. V.5.1) es el medio, por excelencia, para que el contrato termine y se extinga.

Por su parte el acreedor anticrético puede poner término unilateralmente al contrato de no querer cumplir las obligaciones a él atinentes, tales como el pago de las contribuciones y pensiones a que esté sometido el inmueble que tiene en anticresis; o hacer las reparaciones necesarias del inmueble, aun cuando tiene derecho al reembolso de estos gastos con privilegio sobre los frutos. Desde luego que estas obligaciones a cargo del acreedor son de tal modo, siempre y cuando en el contrato de anticresis no se hubiere estipulado lo contrario. Asimismo, el acreedor puede poner término al contrato, por su sola voluntad en cualquier momento, para liberarse de las obligaciones a su cargo, mediante la restitución del inmueble, y tiene el derecho de pedir el cumplimiento de su crédito, por la vía legal correspondiente con independencia de lo que se hubiere estipulado en contrario.

De haberse estipulado en el contrato de anticresis que el inmueble quedará en propiedad del acreedor anticrético, en caso de no pagar el deudor el crédito, el contrato queda terminado y extinguido *ipso iure* por fuerza de la nulidad absoluta de que así está inficionado; quedando tal y como si jamás se hubiere celebrado por el efecto retroactivo de la nulidad, y la procedencia de las correspondientes restituciones prestacionales a que haya lugar.

d) *Contrato oneroso de renta vitalicia*

Es un contrato por el cual el deudor se obliga a pagar al acreedor una suma de dinero de manera periódica, durante la vida de la persona en cabeza de quien se constituye la renta, a cambio de la entrega de cierto capital por el constituyente al momento de su celebración. Tal y como se desprende de esta noción, el contrato es de cumplimiento sucesivo o periódico, pues la obligación del deudor rentario se mantiene mientras viva la persona en cabeza de quien se constituye la renta.

El contrato puede terminar y extinguirse, entre otras causas, por la nulidad, resolución del contrato, mutuo disenso, por causa de muerte de la persona cabeza de la renta. En relación a la nulidad del contrato, en algunas leyes se dispone que esto ocurrirá cuando se hubiera constituido la renta en cabeza de una persona que no existía el día de su formación; o que encontrándose enferma en el momento del nacimiento del contrato, muriera a consecuencia de de tal hecho, dentro del tiempo que prevea la ley, aun cuando las partes estén en conocimiento de esa circunstancia; y, asimismo el contrato carece de efecto que se haya constituido por la vida de una persona ya muerta cuando se celebró aquel. La persona en cuyo provecho se ha constituido la renta vitalicia a título oneroso, si no se le otorgan las seguridades asumidas para su cumplimiento, puede hacer que se resuelva el contrato.

e) *Contrato de comodato*

Este contrato de tracto sucesivo y gratuito por naturaleza, termina por alguna de las siguientes causas: Por voluntad unilateral del comodatario, restituyendo el bien objeto de comodato aun cuando se haya fijado plazo de duración del mismo, dada su gratuidad; pero, como se afirma en la doctrina, la restitución no debe ser maliciosa ni intempestiva, ni en momentos que ocasione perjuicio al comodante, v. gr. cuando este está ausente o no está en condiciones de proveer a su cuidado. Igualmente termina este contrato por vencimiento del plazo estipulado, por pérdida de la cosa debida (vid VII.7.6); así como por voluntad unilateral del comodante, si en el contrato no se estipuló plazo de duración, la muerte del comodatario (cfr. VII.7.12), o si este se encuentra en estado de incapacidad tal que le impide usar la cosa. Cuando al comodante sobreviene una necesidad urgente e imprevista de la cosa dada en comodato. Por último, termina el contrato si el comodatario usa abusivamente la cosa o incumple la obligación de cuidarla. Desde luego que la terminación de este contrato puede dar lugar a la extinción de quedar pendientes obligaciones objeto de liquidación.

f) *Contrato de concesión comercial*

Un comerciante adjudica (concedente) a otro comerciante (concesionario) el derecho a comprar sus productos para la reventa por cuenta de este, sin que se permita que el concesionario haga lo mismo con otro comerciante sobre el mismo ramo, salvo acuerdo en contrario; pero el concedente si puede tener otros concesionarios. Como se aprecia, es un contrato de cumplimiento o tracto sucesivo, pues las obligaciones no se cumplen de modo instantáneo.

Ese contrato, sea a plazo determinado o indeterminado, tiene diferente forma de terminación y extinción. Cuando es a plazo fijo el contrato termina por el vencimiento del plazo, y antes de este la relación jurídica puede concluir a través de cualesquiera de los medios autorizados ex lege: resolución por incumplimiento, mutuo disenso o distracto, nulidad por vicios o defectos que lo hagan inválido e ineficaz, rescisión por lesión patrimonial o la denuncia unilateral en los casos autorizados por la ley o en razón de lo estipulado por las partes.

Para terminar el contrato de concesión comercial celebrado por tiempo indeterminado o indefinido, en la doctrina se ha venido discutiendo, y entre otros criterios se han planteado los siguientes: Que tanto el concedente como el concesionario pueden darlo por terminado, siempre que exista una causa de justificación, para evitar la arbitrariedad, el abuso del derecho; y en fin impedir los daños o perjuicios que se puedan causar a la otra parte con una terminación repentina. En contario se ha planteado que no es necesaria la existencia de una justa causa para dar por terminado unilateralmente el contrato, sino simplemente que los contratantes hayan establecido esta opción en ejercicio de la autonomía de la voluntad. Nos parece que la opción más equilibrada y justa, que impide el abuso de derecho y en cierto modo para no causar daños y perjuicios, es que el distracto unilateral esté precedido de un preaviso, tratándose de existir un contrato bilateral, consensual, oneroso, conmutativo; más aún cuando especialmente el concesionario está obligado a informar a sus clientes y trabajadores, y adoptar la previsiones que le permitan ajustar sus compromisos con terceros; pues como es bilateral también el concedente necesita adoptar medidas en su protección como fabricante o propietario de los productos que distribuye el concesionario.

El problema está en determinar el tiempo del preaviso cuando este no ha sido estipulado, de no existir disposición legal que resuelva la problemática; e incluso para conocer el momento en que el contrato de concesión comercial ha terminado.

g) *Contrato de suministro*

Es el contrato por el cual una parte denominada suministrante, se obliga a entregar a favor de otra denominada suministrado, durante cierto tiempo, prestaciones periódicas de cosas o servicios, a cambio de un precio.De la noción antes apuntada se deduce que se trata de un contrato de cumplimiento periódico o tracto sucesivo.

El contrato termina de modo normal por el vencimiento del término de duración estipulado, a menos que se produzca la prórroga del mismo. En ausencia de plazo, se admite que cualquiera de las partes puede darlo por terminado siempre que medie un preaviso con la anticipación dispuesta en el contrato o según la costumbre del lugar, con la finalidad de impedir abuso de derecho y la generación de posibles daños y perjuicios. Se admite que también puede terminarse por cumplimiento de su objeto, cuando han sido satisfechas todas las prestaciones a que se obligó el suministrante en favor del suministrado, o cuando este ha satisfecho todas las necesidades.

El contrato en comentario también puede terminarse y extinguirse de manera anormal, a través de cualesquiera de los siguientes medios: por mutuo acuerdo o disenso, por nulidad si al celebrarse el contrato nació con vicios o defectos que lo hacen inválido e ineficaz; por resolución del contrato debido a incumplimiento grave de cualesquiera de las obligaciones asumidas por las partes, por disolución de la sociedad que suministra o de la del suministrado, por imposibilidad de cumplimiento, e incluso se admite la terminación por la alteración de las circunstancias existentes al momento de la celebración del contrato.

La extinción del contrato no afecta a las prestaciones cumplidas, pues han sido recíprocamente consumidas, es decir, no hay retroactividad; pues en el contrato en comentario - como en todo contrato de cumplimiento periódico -, se produce una eficacia *ex nunc* (hacia el futuro) en cuanto deja de producir sus efectos.

7. El incumplimiento resolutorio

El incumplimiento es el motivo causal que puede dar lugar al ejercicio de cualquiera de las opciones que autoriza la ley cuando se refiere a la resolución o el cumplimiento del contrato, pero no hace *per se* que el contrato se termine y extinga. Desde luego que este incumplimiento no es cualquiera, al requerirse que el mismo esté revestido de cierta gravedad conforme a la ley o a los principios generales del Derecho, pues no cualquier tipo de inejecución es suficiente para poner término a la relación obligatoria (cfr. IX, para una observación más genérica).

El incumplimiento consiste en la inejecución de la prestación u *obligación principal* asumida por el deudor o el acreedor, estando en presencia como se está de una relación bilateral o sinalagmática en la cual los contratantes son deudores y acreedores al mismo tiempo; lo cual indica, asimismo, que el incumplimiento de obligaciones accesorias por lo general carece de la fuerza suficiente para que se produzca la protección en beneficio del contratante cumpliente.

La obligación principal es aquella que tiene como fin el interés que ha llevado a las partes a contratar; mientras que la accesoria está en relación a la principal de la cual depende. Estos dos conceptos se pueden apreciar, siguiendo lo ordenado en la ley, en los ejemplos siguientes: entre las formas o medios de extinción de la hipoteca, esta se extingue con la obligación principal y por todos los medios que permiten la extinción de las demás obligaciones; en cuyo caso el pago de los intereses hipotecarios no extingue la hipoteca, sino el pago de la cantidad adeuda, que dio origen a su constitución; y, asimismo, la nulidad de la obligación principal acarrea la de la cláusula penal, pero la nulidad de esta no produce la de la obligación principal; o, extinguida la obligación principal, se extingue la fianza. En el contrato de compraventa, v. gr., la obligación principal del vendedor es la entrega de la cosa vendida en el lugar donde la misma se encuentre al tiempo de contrato; mientras que la obligación principal del comprador consiste en el pago del precio en el lugar y en la época determinados en el contrato; mientras que son obligaciones accesorias, en tales hipótesis, el deber de entregar junto con la cosa los accesorios de ella como las llaves de los edificios, los aumentos que haya tenido después de la venta, los frutos producidos después de la fecha fijada para la entrega; mientras que la del comprador al recibir la cosa, reembolsar al vendedor las expensas que este haya hecho en la conservación de ella desde el momento de la venta.

Como se puede apreciar, el incumplimiento de las obligaciones no dan lugar, debido a su poca gravedad o insuficiencia, a la resolución del contrato de venta; y en el caso de la *ejecución forzosa*, ante el incumplimiento del deudor, este no puede reclamar el beneficio del plazo, a menos que lo garantice, cuando, *v. gr.*, estando la deuda dividida en varios plazos, deja de pagar cualquiera de ellos, después de requerido.

Asimismo, para que se declare la resolución del contrato, es necesario - en aplicación de lo dicho por la doctrina y la jurisprudencia - que el comportamiento del demandado sea *deliberadamente rebelde en el cumplimiento de la obligación asumida y la ocurrencia de un hecho obstativo que de manera total impida el cumplimiento.* La conducta deliberadamente rebelde del incumpliente debe ser valorada por el juzgador en orden a los motivos que han determinado la inejecución, a fin de determinar si el hecho o hechos del deudor permiten llegar a la conclusión de un incumplimiento definitivo o absoluto que dé lugar a la terminación del contrato ante un incumplimiento voluntario y persistente en su rebeldía; pues se supone, en tal caso, que es deliberadamente consciente en no cumplir.

Sin embargo, a esa doctrina puede hacerse presente esta nota interrogativa: ¿Y si el deudor no cumple, no porque sea voluntariamente incumpliente sino porque económicamente no puede o por cualquier otra causa que le impide cumplir aun cuando quiere? Si el deudor no tiene capacidad económica, su incumplimiento se entenderá en la praxis como incumpliente culposo pero no deliberadamente rebelde; mientras que si la prestación debida pura a simplemente o a término, que es cierta y determinada, perece; o cuando sale fuera del comercio, o se pierde de modo que se ignore absolutamente su paradero; la obligación se extingue, dentro de las exigencias que dispone la ley. En esta hipótesis no es procedente afirmar la resolución del contrato por incumplimiento, pues la extinción es de derecho por el motivo o causas que le dan origen.

Y en observancia el segundo aspecto, es decir, *la ocurrencia de un hecho obstativo que de manera total impida el cumplimiento,* la doctrina ni la jurisprudencia han elaborado una tesis que permita comprender cuál es la estructura de tal concepto, ni su alcance y consecuencias; y aunque en la doctrina no aparezca formulada con la claridad que sería de desear, se sostiene, la conclusión puede ser la siguiente: si no hay deliberación ni rebeldía, es decir, rigurosa voluntad de no cumplir y de perpetuar el incumplimiento, la resolución requiere un incumplimiento que obedezca a culpa o le sea imputable al deudor, pero siempre que a tal incumplimiento se añada un obstáculo de prestación absoluto, definitivo e insuperable. Dicho de otro modo, hay resolución si hay imprudencia unida a imposibilidad posterior absoluta y definitiva de la prestación o imposibilidad de alcanzar el fin del contrato (DÍEZ-PICAZO). Y en el caso de la ejecución forzosa, cuando en las obligaciones recíprocas provenientes de un convenio que tenga por objeto procurar el goce de un derecho personal, o cumplir un hecho, o abstenerse de él, quedan sin efecto si acaece un *obstáculo* que haga imposible la ejecución de un modo absoluto y perpetuo. En esta hipótesis el deudor no ha incurrido en cumplimiento culpable por haber ocurrido un hecho sobrevenido que le exime de responsabilidad, es decir, de una causa extraña que no le es imputable, y el contrato se termina y extingue por la injerencia del obstáculo. Se entiende que ese obstáculo sobrevenido no debe haberse producido por la culpa del deudor ni de alguna de las personas que están bajo su cuidado o responsabilidad.

8. Declaración judicial de la resolución, cumplimiento del contrato y excepción

Cuando la ley contempla que ante el incumplimiento de uno de los contratantes, el cumpliente tiene la opción de exigir el cumplimiento del contrato o pedir se resuelva con daños y perjuicios"; los verbos *"exigir"* y *"pedir"* denotan la actividad que, como opciones y derechos, puede desplegarse por el contratante cumpliente, orientada a que el órgano jurisdiccional emita un pronunciamiento declarando la ejecución o la resolución de la relación contractual, ante el *incumplimiento* del otro contratante.

1. Cumplimiento y resolución son incompatibles

Las acciones de cumplimiento y resolución no son acumulables en la misma demanda del actor, por ser excluyente e incompatibles, salvo en los contratos de cumplimiento sucesivo mediante la acumulación de pretensiones, no de acciones, v. gr. la acumulación de la resolución del contrato con el cobro de las pensiones arrendaticias vencidas, como pretensiones de un mismo actor en su demanda.

Diferente de la acción es la pretensión, con la cual se la ha confundido a menudo. En la doctrina se admite que mientras la acción es un derecho, la pretensión es un acto y más propiamente una declaración de voluntad; que es un error hablar de acumulación de acciones del mismo demandante en la demanda. Lo que existe es acumulación de pretensiones y no de acciones; solo se ejercita una acción. Lo mismo sucede con la mal llamada acumulación en una demanda de acciones de varias personas. En este caso lo que ocurre es que se unen varias personas, en razón de vínculos jurídicos en las pretensiones de cada una, para ejercitar una acción en una sola demanda, y así, mediante el mismo proceso y la misma sentencia, perseguir sus respectivos intereses.

En la doctrina se plantea que hay acumulación de acciones cuando el demandando, dentro del término que tiene para contestar la demanda, procede a demandar por su parte en el mismo proceso a su demandante; es lo que se conoce por demanda de reconvención, y es posible en los procesos civiles ordinarios y en los abreviados; que la reconvención es un medio para defenderse contraatacando. Creemos que en este caso sí existe acumulación de acciones, porque hay dos demandas separadas, e independientemente se está ejercitando la acción e imponiendo al juez la obligación de proveer sobre aquellas. También la hay cuando se acumulan procesos iniciados por separado, y cuando se formula demanda para una intervención ad *excludendum*.

En algunas leyes procesales civiles se dispone que en una demanda o contrademanda podrán proponerse varias pretensiones, siempre que haya conexión entre ellas, que no se excluyan entre sí, que el procedimiento sea común, y que el juez sea competente para conocer de todas. Si fueren excluyentes, podrán acumularse como principales y subsidiarias. También podrán acumularse cuando el único elemento común sea la causa.

Las acciones de cumplimiento y resolución del contrato tienen en común, además de los sujetos, la *causa petendi,* porque ambas nacen del incumplimiento del contrato, pero en cambio difieren pues mientras la acción pidiendo el cumplimiento tiende a la ejecución del contrato y por tanto a la obtención por el acreedor de la prestación o por lo menos de su equivalente pecuniario, la acción de resolución tiende a la disolución del vínculo contractual con las restituciones que, en su caso, procedan. Esta diferencia en cuanto al objeto de ambas acciones determina que para la acción de resolución se exijan unos requisitos o presupuestos más numerosos que para la acción pidiendo el cumplimiento.

Pareciera no haber duda en cuanto a que, en las situaciones fácticas anteriormente propuestas, hay *identidad de sujetos* (los mismos sujetos van al juicio con el mismo carácter que en el anterior), *causa petendi* (el incumplimiento: la causa de la pretensión, la razón o fundamento que sustenta el pedido concreto), diferente *objeto* (el beneficio jurídico que en el proceso se reclama: la resolución o el cumplimiento del contrato, como dos pretensiones diferentes). En consecuencia, si ejercitada una de estas acciones, la sentencia ha resuelto sobre la existencia o inexistencia de la causa de pedir (si ha habido o no incumplimiento), en tal caso ya se ha deducido la acción de cumplimiento o de resolución (diferente objeto), por lo que la cosa juzgada opuesta es, en principio, procedente de ejercitarse la otra acción no intentada antes.

La incompatibilidad puede ser material y procesal. La primera se refiere a que dos o más pretensiones son materialmente excluyentes o incompatibles, cuando los efectos jurídicos o los simples efectos económicos que pueden producir no alcanzan a subsistir al mismo tiempo, al oponerse entre si. Es evidente, pues, que la "incompatibilidad por razón de la materia", la constituye la naturaleza de la relación jurídica o del estado jurídico que forma la materia sobre la cual se pide la actuación del órgano jurisdiccional. No está allí en juego el valor de la causa, sino la naturaleza de la relación jurídica, no obstante, como afirma ROCCO, el criterio de la materia viene a veces a entrecruzarse también con el valor, como subordinado que está a él. En tal caso son dos criterios que determinan la competencia, a saber, el valor y la materia de la causa. Pero conviene observar que en aquellas relaciones o estados jurídicos en que, por el carácter ideal y no patrimonial de su contenido, no puede servir el criterio del valor, sirve, objetiva y exclusivamente, el criterio de la materia.

2. Autonomía, subsidiariedad o accesoriedad de los daños y perjuicios

Acción autónoma es la que para su ejercicio no se subordina a ninguna otra acción o pretensión, v. gr., la demanda de resolución de contrato o la de cumplimiento. Una y otra demanda se tramitan con independencia de cualquier otra acción o pretensión.

La *pretensión subsidiaria,* que suple a la principal, se hace valer después de esta. Se propone para el caso de que la principal sea negada. la acción subsidiaria se propone junto con otra acción incompatible, para que sea resuelta en el caso de que la principal no prospere. La acción subsidiaria es contraria o excluyente y no podría, sin evidente absurdo, ser intentada acumulativamente con la otra acción porque el pronunciamiento judicial sería contradictorio e inejecutable. Como se observa, tiene lugar por lo general en los casos de concurso sucesivo de pretensiones en que no se pueden ejercitar simultáneamente por ser incompatibles, pero puede prosperar una en caso de ser negada la otra (acumulación eventual o subsidiaria). Así, de modo principal oponer la excepción de pago y como subsidiaria la prescripción de la acción. En la circunstancia de incompatibilidad o exclusión entre dos pretensiones la subsidiaria y la principal pueden acumularse, aquella para el caso de que esta sea declarada sin lugar.

Acción accesoria es la que se intenta junto a la principal respecto de la cual se hace depender. De no proceder la principal, la accesoria seguirá la misma suerte. Se admite en la doctrina que la accesoriedad es una figura de conexión objetiva que tiene lugar entre dos acciones, una de las cuales (que se llama precisamente accesoria) parece como subordinada y dependiente, por el título, de la otra (que se denomina principal). Piénsese, por ejemplo, en una demanda de resolución de contrato por incumplimiento, acompañada de una pretensión de resarcimiento de daños y perjuicios, si no se acoge la demanda principal de resolución del contrato, tampoco se puede acoger la accesoria de daños y perjuicios; pues negado el derecho a la resolución, se niega también el derecho al resarcimiento del daño proveniente de ella, pero por otra parte, no decimos que, acogida la demanda de resolución, deba sin más ser acogida también la demanda de resarcimiento de daño (toda vez que puede ocurrir, por ejemplo, que, de hecho, de la resolución del contrato no se dé daño alguno).

No obstante lo anteriormente anotado, los daños contractuales no nacen de la resolución judicial ni de la acción de ejecución o cumplimiento, sino del incumplimiento culposo del contrato (total o parcial). Los daños y perjuicios no son una consecuencia de la resolución o el cumplimiento del contrato, ni tampoco consecuencia subsidiaria de la principal por ejecución o resolución del contrato. Menos se prohíbe la promoción de la acción por daños y perjuicios independiente o separadamente de cualquiera de esas dos acciones; más aún cuando el deudor que falte al cumplimiento de su obligación sea en la sustancia, sea en el modo, será responsable por el mismo hecho de los daños y perjuicios que ocasione a su acreedor, a no ser que la falta provenga de hecho de este, fuerza mayor o caso fortuito.

Admitir la acumulación de la pretensión resarcitoria de daños y perjuicios a la de resolución del contrato de cumplimiento o ejecución del mismo, no significa de ninguna manera que se excluya paralelamente la autonomía de la acción por daños y perjuicios. V. gr., en el artículo 704CCcr, se estatuye que en la indemnización de daños y perjuicios solo se comprenderán los que, como consecuencia inmediata y directa de la falta de cumplimiento de la obligación, se hayan causado o deban necesariamente causarse; pero en esta norma no se impide la autonomía de los daños y perjuicios, sino únicamente indica que en el resarcimiento de los mismos sólo se comprenderán los que, como consecuencia inmediata y directa de la falta de cumplimiento de la obligación, se hayan causado o deban necesariamente causarse; e incluso en el artículo 706 *eiusdem*, indirectamente se permite la autonomía del ejercicio de la pretensión resarcitoria al establecer que si la obligación es de pagar una suma de dinero, los daños y perjuicios consisten siempre y únicamente en el pago de intereses sobre la suma debida; significándose así que el acreedor, sin tener que intentar la acción de cumplimiento ante la falta de pago de la suma debida, puede solamente requerir el pago de tales intereses, es decir, ejercitar de manera autónoma esta acción resarcitoria.

5.9. DESAHUCIO ARRENDATICIO Y TERMINACIÓN EXTINTIVA DEL CONTRATO

Existen vocablos que presentan análogo significado con la palabra "*desahucio*" (sacar al arrendatario del inmueble arrendado), y presentan similar objetivo como es la entrega por el arrendatario del inmueble dado en arrendamiento. Así, *desahucio* (despedir al inquilino del inmueble arrendado), *desocupación* (dejar vacío o libre el inmueble dado en arrendamiento), y "*lanzamiento*".

Independientemente que el legislador haya emitido dos tipos de reglas aplicables a cada una de las instituciones en discusión (desalojo y resolución de contrato), la acción de desalojo corresponde al inmueble (*rectius*: desalojo del inquilino que ocupa el inmueble), como su especificidad, por causa de la cautelar permitida o en ejecución de sentencia; y la resolución del contrato que atiende más bien a la terminación y extinción de la relación arrendaticia, su propia especificidad, y la consecuencia que deviene de la preliminar del secuestro autorizado por la ley, o por causa de la sentencia definitivamente firme y ejecutoriada que puede dar lugar al desalojo o desocupación del inquilino del inmueble que le fue dado en arrendamiento.

El desalojo, es por lo general, aquella acción judicial del arrendador en contra del arrendatario, orientada a poner término al contrato de arrendamiento, verbal o por escrito, según las causas establecidas en la ley, para obtener la devolución del inmueble arrendado. Esta noción contiene algunas particularidades que permiten diferenciar el desalojo de la resolución del contrato, con la cual se la confunde frecuentemente; aun cuando el uno como la otra ponen término a la relación generalmente por decisión judicial, no obstante muestran algunas distinciones, que luego podemos constatar.

En la praxis existe facilidad para confundir el desalojo del inmueble arrendado con la resolución del contrato de arrendamiento inmobiliario. Las anunciadas particularidades o características son especialmente las siguientes: El desalojo es siempre la acción o demanda solo del arrendador en contra del arrendatario, con fundamento en una causa taxativamente establecida en la ley, destinada al desahucio o lanzamiento del inquilino. La finalidad pretensa del arrendador es poner término al contrato de arrendamiento y el subsiguiente desalojo del arrendatario del inmueble arrendado.

1. Desahucio y conceptos similares

En la doctrina se han encontrado significados parecidos, más que diferencias, a los vocablos "*desahucio*" (despedir al inquilino del inmueble arrendado), "*desocupación*" (dejar vacío o libre el inmueble dado en arrendamiento), "*desalojo*" (sacar al arrendatario del inmueble arrendado, pero especialmente se refiere al juicio) y "*lanzamiento*". Sin embargo, se produce una variedad de sentidos o significados equívocos, sin que se tenga una noción unívoca para cada uno de estos conceptos. Así se dice que el *desahucio* es un despido que se hace al arrendatario porque ha incumplido sus obligaciones, pero también la notificación al inquilino en cuanto a que el contrato a plazo fijo no será renovado.

En el diccionario de ESCRICHE se expresa que desahuciar es el acto de despedir el dueño de una casa o heredad al inquilino o arrendatario, y también el de despedirse el inquilino o el arrendatario del dueño, por no querer continuar el arrendamiento, cumplido que sea el tiempo señalado en el contrato. En cambio, *desalojar,* según el Diccionario de la Lengua Española, es sacar o hacer salir de un lugar a una persona o cosa.

La palabra *lanzamiento* denota despojar a la persona de la posesión o tenencia de alguna cosa, o el despojo de alguna posesión por orden judicial, en cuyo caso no significa lo mismo que desahucio. Este será el proceso judicial como tal, mientras que el *lanzamiento* se vincula a la falta de oposición del demandado, de tal modo que si éste no atendiere el requerimiento de pago o no compareciere para oponerse o allanarse, el secretario judicial dictará decreto dando por terminado el juicio y producirá el lanzamiento (v. Exposición de motivos LAU, Ley 4/2013, de 4 de junio, de medidas de flexibilización y fomento del mercado del alquiler de viviendas).

En ocasiones se habla de la *acción de desalojo o desahucio*, entendiendo por tales el procedimiento breve, o sumario, que se promueve contra el arrendatario por el arrendador o propietario del inmueble, para que lo *desocupe* y deje a su disposición.

La figura del desahucio, es un acto típicamente destinado a disolver las relaciones derivadas del contrato y que, en este sentido, se conecta indirectamente con dicha figura. El desahucio se da cuando una de las partes, en ejercicio del poder correspondiente, decide poner fin a la relación contractual. El receso debe ser comunicado a la otra parte, y por eso es un negocio recepticio. La posibilidad de que ocurra la renuncia a pesar de la fuerza vinculante del contrato, es algo que se explica, y así se disipa toda sospecha de contradicción, teniendo en cuenta que por medio del desahucio no se disuelve el contrato, no obstante la expresión equívoca de la ley, sino que solamente se extingue la relación. Este resultado es factible respecto de un vínculo contractual destinado a perdurar, y en la medida en que no se le haya dado ya ejecución (el desahucio nunca es retroactivo). Pero, al propio tiempo aclaramos que un poder de ese orden, que se emplea fuera del contrato y que no encuentra dentro de él su justificación, solamente puede corresponder a uno de los contratantes o a ambos, en casos concretos y en razón de una disposición específica de las partes o de una prescripción de la ley[146].

En conclusión, y como se afirma, el concepto más general es el de desalojo, que se concreta más técnicamente dentro de lo jurídico en la palabra desahucio y tiene un alcance más restringido, en cuanto señala la acción misma de la salida del tenedor del inmueble, es decir, la materialización del desahucio, en el lanzamiento[147].

2. Consecuencias del desahucio arrendaticio

El desahucio judicialmente declarado mediante sentencia definitivamente firme, o por autocomposición procesal, origina *ipso facto* (por el mismo hecho) la terminación de la relación arrendaticia y la subsiguiente extinción; y por el efecto *ex nunc* (hacia el futuro), el contrato deja de producir sus efectos regulares o periódicos, pero las partes están obligadas a cumplir las obligaciones pendientes de ejecución, tales como el pago por el arrendatario al arrendador de los cánones arrendaticios pendientes de cumplimiento, la reparación de los deterioros causados al inmueble, entre otras obligaciones exigibles; mientras que por el efecto *ex tunc o retroactivo* (hacia el pasado), también pueden existir algunas prestaciones que deben repetirse, v. gr., del reintegro del depósito dinerario dado en garantía por el locatario al locador junto a los intereses que deben producir; aun cuando es posible deducir que este reintegro no es por la retroacción sino por el debe de repetición. Desde luego que este efecto (*ex tunc*) no es de exclusiva aplicación al desahucio ni a la resolución del contrato, pero en el ámbito de los contratos de tracto sucesivo o de cumplimiento periódico presentan especial relevancia, aun cuando en estos contratos el efecto retroactivo no se origina salvo los casos de excepción, algunos de los cuales han sido considerados.

Tal y como hemos apuntado en otro lugar y en este trabajo, una cosa es la extinción de una obligación y otra cosa distinta la extinción de la relación jurídica que obliga a las partes (cfr. I.1.2). Lo que hay que buscar, por tanto, acorde con la doctrina, no son los fenómenos por los cuales queda satisfecho o extinguido un derecho de crédito o por los cuales se libera el deudor de una deuda, sino los fenómenos extintivos de la relación obligatoria considerada como una unidad. La extinción de la relación obligatoria constituye así el punto final del sistema de organización de intereses establecidos entre las partes y el agotamiento de la relación de intercambio y cooperación existente entre ellas. La "terminación del contrato" y la consiguiente

146 SCOGNAMIGLIO, Renato: ob. cit. pp. 216-217.

147 HERAS, Miguel L: Enciclopedia Jurídica Omeba, Bibliográfica Argentina, Buenos Aires, 1970, vol. 8, p. 422.

"extinción" del vínculo de derecho que une a los contratantes es una relación de consecuencia: si el contrato no termina no se extingue, aun cuando la directa extinción de modo terminante obviamente implica su terminación. Nos referimos a un orden prelativo normal, sin mayores accidentes funcionales en la realización práctica, a lo que puede considerarse normal en el proceso de desaparición del vínculo obligatorio, por causas especialmente determinadas *ex lege*.

Observando, por ejemplo, el artículo 72 LGAUS, es importante acotar que se refiere a la "extinción de la relación jurídica que une arrendador y arrendatario", que origina un orden temporal de prioridades: La primera en el orden cronológico. La extinción en cuanto a los efectos, de existir prestaciones por liquidarse, las prestaciones cumplidas que deban ser restituidas. Si el deber de restitución no existe, la terminación y la extinción aparecen en forma coetánea. De existir prestaciones por cumplir, las mismas deben liquidarse, y la parte *in fine* del artículo 72 *eiusdem* es una muestra de ello, al estatuir que "La extinción del contrato no altera las responsabilidades de las partes en cuanto a los demás derechos y obligaciones nacidos del arrendamiento". La persistencia de tales deberes liquidatorios, no obsta para que la relación obligatoria, considerada como unidad jurídica, deba entenderse como desaparecida desde el momento en que pierde vigencia el sistema de organización que se encontraba instaurado entre las partes. La terminación produce la consecuencia de que el contrato deja de producir sus efectos regulares y, por tanto, la finalidad para la cual había sido celebrado, surgiendo los efectos regulares del contrato concluido.

CAPÍTULO VI

Condición resolutoria implícita y terminación del contrato

Tradicionalmente se ha confundido la acción resolutoria (vid. V. 5.8) con otras acciones comunes, y con la propia condición resolutoria, e incluso haciéndola depender de una *condición resolutoria expresa o la implícita,* tal como lo hacen - entre otros -, los códigos civiles a partir del Código Napoleón o francés, los de Guatemala, Nicaragua, Honduras, Panamá, Uruguay, El Salvador, Argentina, Costa Rica.

Desde esa perspectiva y ante la relación que se presenta en la doctrina entre la resolución del contrato y la condición resolutoria implícita, permite comprender por qué el presente capítulo trata luego del tema atinente a la primera.

La teoría de la condición resolutoria implícita en esencia trata de justificar la resolución del contrato como el efecto del cumplimiento de la condición resolutoria, en donde el acontecimiento condicionante consistiría en el incumplimiento de la obligación por el contratante en contra de quien se opone o intenta la acción de resolución. Esta teoría de la condición resolutoria tácita ha tenido sus principales seguidores o partidarios en los autores de la Escuela de la Exégesis[148] y de varios eruditos franceses posteriores que siguieron la redacción del artículo 1184 del Código Civil francés, especialmente en su primer párrafo, que contempla: "La condición resolutoria está siempre sobreentendida en los contratos sinalagmáticos para el caso de que una de las partes no cumpla su compromiso".

---

148 La Escuela de la Exégesis sostiene que la interpretación jurídica debe consistir en la consulta de la ley como fuente única y exclusiva del Derecho, pues el Derecho es la ley. La interpretación de esta consiste en la búsqueda de la voluntad real del legislador, y la interpretación que no sea así no debe ser aceptada. Esta teoría dio lugar a una metodología que empezó a desarrollarse en Francia a principios del siglo XIX y hasta aproximadamente el año 1880 en que adquirió su apogeo. Su desarrollo se dio sobre todo en el Derecho Privado y en especial en el comentario al Código de Napoleón. Sin embargo, la tesis perdió interés o vigencia, con Francisco Gény quien con su discurso argumentativo y bien fundado, prácticamente la desarticuló.

Sin embargo, los códigos civiles adherentes al Código Napoleón, quedaron atrás en lo que a la mencionada condición resolutoria implícita se refieren todavía; pues en la mencionada reforma del 2016 se cambió el concepto, estableciéndose que: "La resolución resultará ya sea de la aplicación de una cláusula resolutoria, ya sea, en caso de incumplimiento suficientemente grave, de una notificación del acreedor al deudor o de una resolución judicial" (art. 1224); y, "La cláusula resolutoria designará los compromisos cuyo incumplimiento conllevará la resolución del contrato. «La resolución estará supeditada a un requerimiento infructuoso, salvo que se hubiere convenido que resultaría del mero hecho del incumplimiento. El requerimiento tan solo tendrá efecto si hace constar de forma manifiesta la cláusula resolutoria" (art. 1225).

La aproximación existente entre la condición resolutoria expresa y la resolución judicial por incumplimiento, según CAPITANT[149], es lo que ha engañado a los redactores del Código Civil (Napoleón), pues han traducido mal el pensamiento de POTHIER, quien se ha guardado bien de hablar de una condición resolutoria sobreentendida. Pero lo cierto es que, aunque la redacción total del artículo 1184 del Código Civil francés ha recogido, involucrándolos, los diversos orígenes y precedentes de la resolución por incumplimiento. Para COLIN y CAPITANT[150], la primera parte del artículo 1184 del Código Civil francés está en contradicción, al formular la idea de la condición resolutoria tácita, con la segunda parte del texto del artículo citado, ya que mientras el primer párrafo presenta la resolución del contrato por causa de incumplimiento, por parte del deudor, como el resultado de una condición resolutoria sobreentendida o tácita, en realidad, como se afirma en la segunda parte del artículo 1184, es el resultado de una resolución judicial.

A la teoría de la condición resolutoria tácita se han venido oponiendo numerosos argumentos, que han determinado su evidente abandono. Aceptarla daría lugar a que todos los contratos bilaterales serían contratos condicionales, lo cual es absurdo, pues la condición es un elemento accidental del negocio jurídico, mientras el pacto comisorio tácito es un elemento natural de él y es más bien una consecuencia del incumplimiento; y que en cuanto a la presunción de voluntad de las partes, que hace la teoría de la condición resolutoria tácita, al decir que la resolución responde a la voluntad presumible de las partes al tiempo de la celebración del negocio, observan RIPERT-BOULANGER[151]; y que hay en tal explicación un abuso evidente de la voluntad presunta de las partes, pues es poco verosímil que, al tiempo de la celebración del contrato, las partes hayan pensado en su inejecución, de forma que no hubieran contratado para caso de incumplimiento, ya que de haberlo pensado, hubieran estipulado un pacto comisorio expreso.

---

149 De la causa de las obligaciones, ob. cit., p. 334.

150 Curso elemental..., ob. cit., p. 689.

151 Tratado de Derecho Civil, ob. cit., vol. 2, p. 201.

Además, no habría facultad opcional del afectado por el incumplimiento, para pedir el cumplimiento, o bien la resolución del contrato pues sería, en tal caso, inútil solicitar la resolución cuando ya el contrato está terminado. De nada serviría que la ley pautase la indemnización de daños y perjuicios, de aceptarse la condición resolutoria implícita, pues las partes estarían en libertad de cumplir o no las correspectivas obligaciones. ¿Siendo acaso el "incumplimiento" un hecho o circunstancia que por tener cierta virtualidad para resolver el contrato es, por tanto, similar o parecido a una condición resolutoria, tratándose de que el incumplimiento es hecho futuro o hasta cierto punto incierto? Obviamente, no hay seguridad de que las partes cumplan, pero de no presentirse el cumplimiento al momento de celebrar el contrato, es más seguro que no contratarían. Si bien es cierto que el incumplimiento presenta cierta virtualidad en cuanto puede hacer resoluble el contrato, sin embargo no puede ser considerado como un hecho condicionante, ni que encuentre su justificación en la misma sustancia de la condición resolutoria; pues ambos términos se contraponen desde el punto de vista de su *forma* (el modo o la manera de cada uno de esos conceptos) como de su *contenido* (en lo que consisten sustancialmente los mismos). Así, la condición tácita o implícita es la no expresada de modo terminante en un acto o contrato, pero derivado de sus términos; y el incumplimiento como el hecho (positivo o negativo) demostrativo del no cumplimiento.

Asimismo, las "condiciones resolutorias" pueden ser expresas o implícitas. Las primeras son también llamadas condicionales y las segundas implícitas o de derecho. Por consiguiente, los contratantes no siempre establecen condiciones resolutorias. Si no las pactan, se ha dicho que se sobreentienden en todo caso en el contrato. Pero lo que puede admitirse no es que la condición esté sobreentendida en el contrato. No puede aceptarse la resolución como motivada por el juego de una condición de tal orden, ante la presencia del incumplimiento, porque entonces, al darse el incumplimiento del contrato quedaría terminado *ipso iure,* por efecto del juego de la condición resolutoria. En ese caso ninguna de las partes podría solicitar el cumplimiento del contrato en razón de que el mismo ya ha concluido por el juego de esa condición, y no se puede pedir el cumplimiento de lo que ya no existe: no habría contrato por ejecutar. Si el contrato ha quedado resuelto ipso *iure,* ¿con qué fundamento o discurso argumentativo se va a exigir por una de las partes que la otra le indemnice por los daños y perjuicios causados, pues cuando contrataron sabían que por el solo incumplimiento quedaría terminado o resuelto el contrato?

También se ha sostenido que las condiciones deben pactarse en virtud de que los contratos nacen pura y simplemente a la vida jurídica, según así lo enseña la regla general; salvo que los contratantes los sometan a modalidades. Evidentemente que esto choca con el concepto de la condición resolutoria implícita como productora del proceso resolutorio. RUGGIERO[152] sostiene que no deben confun-

152 Instituciones..., ob. cit., t. 2, vol. 1, p. 301.

dirse la condición resolutoria tácita con la expresa; la primera no es una verdadera y propia condición a pesar de que el legislador al hablar de ella, a propósito de las obligaciones condicionales, evidencia una intención de considerarla como una de las tantas condiciones que pueden insertarse en los contratos. La diferencia más clara consiste en la distinta eficacia que una y otra despliega: la condición expresa opera *ipso iure,* esto es, resuelve de pleno derecho la relación contractual sin necesidad de declaración alguna del juez (vid. VIII); la tácita confiere una mera facultad de demandar la resolución al juez que puede no pronunciarla cuando él reconociendo posible y satisfactoria la prestación, estime preferible otorgar una dilación a quien no cumplió.

En la doctrina se hacen objeciones a la teoría de la *condición resolutoria implícita, sobreentendida o tácita*, pues en la actualidad se encuentra en total abandono. Y como se observa en la doctrina, la condición resolutoria tácita es, si acaso, una condición impropia, precisamente porque no es un accidente del contrato, sino emanación de su causa, elemento esencial; por lo cual algunos autores piensan que puede tratarse de una condición resolutoria legal, semejante a la revocación de la donación por superveniencia de hijos, pero esta categoría de condiciones resolutorias legales es bastante discutible y, en realidad, lo que pretende es indicar que la resolución por incumplimiento es un efecto jurídico que, ante todo, deriva de la ley.

Y como se observa en la doctrina, la condición resolutoria tácita es, si acaso, una condición impropia, precisamente porque no es un accidente del contrato, sino emanación de su causa, elemento esencial; pero esta categoría de condiciones resolutorias legales es bastante discutible y, en realidad, lo que pretende es indicar que la resolución por incumplimiento es un efecto jurídico que, ante todo, deriva de la ley. Otra objeción que se manifiesta en contra de la teoría de la condición resolutoria tácita o implícita es que, de admitirla resultaría que todos los contratos bilaterales serían contratos condicionales, lo cual es absurdo, porque la condición es un elemento accidental del negocio jurídico, mientras el pacto comisorio tácito es un elemento natural de él y es más bien una consecuencia del incumplimiento.

La problemática conceptual actual se origina, esencialmente, en la concepción que adopte el legislador; pues la doctrina de la condición resolutoria tuvo sus seguidores en los autores de la Escuela de la Exégesis[153], así como en varios erudi-

153 La importante influencia ideológica del Código francés se origina especialmente por los trabajos previos de Domat y Pothier, influenciados por el *iusnaturalismo racionalista*, a través de Grocio Puffendorf, Wolf y el *cartesianismo*. El *iusnaturalismo racionalista* se orienta en el ser humano en tanto ser racional, que si bien lidia con su aspecto biológico, es capaz de suspender o guiar su inteligencia. Algunas notas características: (i) Desvinculación del Derecho natural respecto a Dios: Dios ya no es la fuente de toda moral, sino la naturaleza racional del hombre. (ii) *Construcción del Derecho natural por la razón*: Es decir, mediante operaciones lógico deductivas que se van ampliando indefinidamente a partir de los preceptos naturales y conocidos. (iii)

tos franceses posteriores que adoptan la concepción del Código Napoleón (1804) al concebir en el artículo 1184 la resolución por incumplimiento, así: "La condición resolutoria se sobreentenderá siempre en los contratos sinalagmáticos, para el caso en que una de las dos partes no cumpla su obligación. En ese caso, el contrato no se resolverá de pleno derecho. La parte con respecto a la cual no se hubiera cumplido la obligación, podrá elegir entre exigir a la otra al cumplimiento de la obligación si ello fuera posible, o pedir la resolución con indemnización por daños y perjuicios. La resolución deberá ser demandada judicialmente, y podrá ser concedido al demandado un plazo según las circunstancias".

El artículo 1184 del Código Napoleón constituye uno de los ejemplos demostrativos de la confusión que ha existido entre "condición resolutoria" y la "resolución del contrato por incumplimiento", cuando se hace depender o derivar esta última (resolución) de una condición resolutoria. La opción resolutoria es una cláusula que puede o no incluirse en los contratos, y de no incluirse de todas maneras el contrato bilateral puede ser objeto de resolución por incumplimiento. No todo cuanto produzca la resolución de un contrato debe considerarse como consecuencia de una condición resolutoria. La verdadera naturaleza jurídica de la "opción resolutoria" es la de un derecho ante la falta de cumplimiento que autoriza la resolución del contrato, y no adecuadamente de una condición resolutoria tácita o sobreentendida. La condición tiene un importe técnico en la doctrina en relación con los elementos del negocio jurídico, en la categoría de los denominados accidentales, que son consecuencia de la mudable voluntad de las partes contratantes, en contraste con los esenciales del mismo; y el error de calificación se origina en haberse adoptado el texto del artículo 1184 del Código Civil francés de 1804, en el texto que expresa: "*La*

Status naturalis y status civilis: Lo primero se define como el estado de naturaleza del hombre previo a su convivencia político-social. Lo segundo es el estado posterior. De ello se extrae que el hombre es un ser asocial; simplemente se adviene a construir sociedades. (iv) *Pactismo*: El paso de un estado a otro se explica por la teoría del pacto. Se distinguen dos pactos sucesivos: *pactum unionis* (constitución del grupo social) y *pactum subjetionis* (sumisión del grupo a una autoridad). (v) *Naturaleza empírica del hombre*: A partir de Grocio se atiende la naturaleza empírica del hombre, fijándose en sus consideraciones sociológicas. Puffendorf se centra en la tendencia natural hacia la sociabilidad. Tomasio, hacia la apetencia de felicidad. Hobbes, el egoísmo. Rousseau, la bondad. (vi) *Separación entre moral y derecho*: Es consecuencia de la separación entre teología y filosofía. La moral queda como un conjunto de actos internos del sujeto.

Luego del Código Napoleón (1804), surge en Francia la *Escuela de la Exégesis*, el método de las glosas o exégesis, antiguamente empleado en la interpretación del *Habeas Iuris Civile* (el Código de Justiniano, año 529, también llamado Codex Vetus). El método de la exégesis, como su nombre lo indica, consiste en conocer el Código Civil, por las mismas palabras y proposiciones empleadas en su redacción. Tres reglas principales lo configuran: (i) Todo el Derecho Civil se encuentra en el código, (ii) el conocimiento del Derecho debe recaer sobre sus artículos; y, (iii) solamente sobre ellos.

condición resolutoria se sobre entiende siempre en los contratos sinalagmáticos, para el caso de que una de las partes no cumpla su obligación...".

Para CAPITANT[154] la proximidad entre la condición resolutoria expresa y la resolución judicial por incumplimiento es lo que ha engañado a los redactores del Código Civil. Han traducido mal el pensamiento de POTHIER, quien se ha guardado bien de hablar de una condición resolutoria sobreentendida. Pero lo cierto es que, aunque la redacción total del artículo 1184 del Código Civil francés ha recogido, involucrándolos, los diversos orígenes y precedentes de la resolución por incumplimiento, en la obra de POTHIER se encuentra base suficiente para la formulación de la teoría de la condición resolutoria tácita y de su consecuencia que es la fundamentación de la resolución por incumplimiento en la voluntad presunta de las partes[155]. En este sentido, en el "*Tratado de la compra y venta*", afirma POTHIER que "en los contratos conmutativos y sinalagmáticos, como la compra y venta, se-

154 De la causa de las obligaciones, París, 1924, p. 334.

155 Para DE PAGE, LAURENT y GIORGI, la acción resolutoria se fundamenta en "la voluntad presunta de las partes" de someter el cumplimiento de la obligación de una de ellas, al cumplimiento de la obligación de la otra parte. A esta teoría se critica que cuando las partes celebran un contrato no tienen en cuenta las posibilidades de su incumplimiento, ya que si lo tuvieran entonces lo más seguro es que no contratarían. Hablar de "voluntad presunta" no tiene sentido porque bien puede faltar en un determinado contrato y ser manifiesta en otro contrato de la misma categoría o tipo. Con el argumento de la voluntad presunta de las partes se pretende evitar el impedimento que contiene el principio *pacta sunt servanda,* pues los contratantes se han obligado recíprocamente a cumplir, pero según determinadas circunstancias uno de ellos se encuentra facultado para poner fin a la relación obligatoria. Actualmente se considera que la resolución presume una derogación del mencionado principio, y acudir a la presunta voluntad de las partes, para explicarla, no es más que una quimera que debe desecharse. La resolución por incumplimiento tienen su origen en el natural derecho que tienen los contratantes, ante el incumplimiento de cualesquiera de los mismos, no en la voluntad presunta de las partes. La ley lo que hace es recoger ese derecho y de algún modo regularlo.

No puede hablarse de una voluntad de las partes que la ley presuma, dice MOSCO, porque los efectos del negocio jurídico se dividen en dos categorías: efectos inmediatos de la voluntad privada, esto es, efectos que derivan directamente de esta voluntad, expresa o tácitamente manifestada; y efectos mediatos de la voluntad privada, esto es, efectos que derivan de la voluntad privada solo indirectamente pero directamente derivan de la ley. Respecto a este segundo grupo de efectos negociales, descartada hace tiempo la opinión que refería tales efectos a la voluntad normal de las partes y que consiguientemente consideraba se debía indagar si las partes hubieran tenido efectivamente una intención correspondiente a aquellos efectos, es pacífico que se trata de efectos que se verifican objetivamente, esto es, son introducidos por la ley sin ninguna consideración a la presumible voluntad de las partes en el caso concreto, con la única reserva de que, cuando se trata de efectos establecidos por normas dispositivas, la voluntad de las partes puede derogar estas normas.

gún pide su misma naturaleza, ninguno de los contratantes se compromete al cumplimiento de su obligación, sino bajo el requisito y condición necesaria de que el otro no ha de faltar a la suya". COLIN y CAPITANT[156] observan que la primera parte del artículo 1184 del Código Civil francés se encuentra en contradicción, al formular la idea de la condición resolutoria tácita, con la segunda parte del texto del mismo artículo; pues mientras el primer párrafo presenta la resolución del contrato por causa de incumplimiento por parte del deudor, como el resultado de una condición resolutoria sobreentendida o tácita, en realidad, como se afirma en la segunda parte de esta norma, es el resultado de una resolución judicial. Esta problemática puede constatarse en aquellos códigos civiles que han incurrido en similar contradicción (v. a, *infra*); entre los cuales precisamente no se encuentran CCes (art. 1124), CCp (art 1428), CCpar (art. 725) y CCv (1167, entre otros códigos.

6.1. LOS CÓDIGO CIVILES Y LA CONDICIÓN RESOLUTORIA IMPLÍCITA O TÁCITA

La confusión descrita en el punto anterior deviene del Código Napoleón. Al respecto, obsérvese el texto de algunas normas contempladas en varios códigos civiles latinoamericanos, partiendo de este Código: (i) *CCf* (o Código Napoleón): *La condición resolutoria se sobre entiende siempre en los contratos sinalagmáticos, para el caso de que una de las partes no cumpla su obligación..." (vid. art. 1184)*[157]. La mayoría de los sucesivos códigos civiles, adoptaron la concepción napoleónica, así v. gr., (ii) *CCg*: La resolución de un contrato por efecto de la condición resolutoria implícita, debe ser declarada judicialmente (art. 1582). (iii) *CCh*: La facultad de resolver las obligaciones se entiende implícita en las recíprocas, para el caso de que uno de los obligados no cumpliere lo que le incumbe (art. 1386, similar art. 1009 *CCpan*). (iv) *CCn*: La condición resolutoria va siempre implícita en los contratos bilaterales para el caso de que uno de los contrayentes no cumpliere su obligación (vid. art. 1885, similar art. 1431 *CCu*). (v) *CCrd*: La condición resolutoria se sobreentiende siempre en los contratos sinalagmáticos, para el caso que una de las partes no cumpla su obligación (art. 1184). (vi) *CCs*: En los contratos bilaterales va envuelta la condición resolutoria de no cumplirse por uno de los contratantes lo pactado (art. 1360). (vii) *CCcr*: En los contratos bilaterales va siempre implícita la condición resolutoria por falta de cumplimiento. En este caso la parte que ha cumplido puede exigir el cumplimiento del convenio o pedir se resuelva con daños y perjuicios (art. 692). (viii) CCco: En los contratos bilaterales va envuelta la condición resolutoria en caso de no cumplirse por uno de los contratantes lo pactado (art. 1546). (ix) CCch: En los contratos bilaterales va envuelta la condición resolutoria de no cumplirse por uno de los contratantes lo pactado.

---

156 Curso elemental del Derecho Civil, vol. 3. p. 689.

157 Ahora, con la reforma del CCf (2016): Art. 1224.- La resolución resultará ya sea de la aplicación de una cláusula resolutoria, ya sea, en caso de incumplimiento suficientemente grave, de una notificación del acreedor al deudor o de una resolución judicial.

6.2. LOS CÓDIGOS CIVILES, LA RESOLUCIÓN Y EL CUMPLIMIENTO DEL CONTRATO COMO DERECHOS TÁCITOS O IMPLÍCITOS

No han incurrido en la mencionada contradicción y, por tanto, se han apartado de la concepción francesa, al no hacer depender la resolución del contrato de una condición resolutoria, sino del incumplimiento, entre otros códigos, los siguientes:

(i) *CCi* preceptúa que en los contratos con obligaciones correspectivas, cuando una de las partes no cumple con sus obligaciones, el otro puede a su elección solicitar el cumplimiento o la resolución del contrato (cfr. art. 1453). El legislador italiano de forma correcta entendió la diferencia, y por esto adopta el criterio exacto en cuanto a que la opción de resolver las obligaciones se entiende implícita en las recíprocas, como derecho, cuando una de las partes no cumple su obligación, y no solo el derecho a resolver el contrato por incumplimiento, sino también de pedir la ejecución del mismo.

(ii) En la misma posición *CCes* al disponer que la facultad de resolver las obligaciones se entiende implícita en las recíprocas, para el caso de que uno de los obligados no cumpliere lo que le incumbe (cfr. art. 1124).

(iii) *CCpar* preceptúa, que en los contratos bilaterales el incumplimiento por una de las partes autoriza a la que no sea responsable de él, a pedir la ejecución del contrato, o su resolución con los daños e intereses, o ambas cosas (art. 725).

(iv) *CCp* estatuye que, en los contratos con prestaciones recíprocas, cuando alguna de las partes falta al cumplimiento de su prestación, la otra parte puede solicitar el cumplimiento o la resolución del contrato y, en uno u otro caso, la indemnización de daños y perjuicios (art. 1428).

(v) Por su parte *CCv* tiene igual criterio, pues en el contrato bilateral, si una de las partes no ejecuta su obligación, la otra puede a su elección reclamar judicialmente la ejecución del contrato o la resolución del mismo, con los daños y perjuicios en ambos casos si hubiere lugar a ello (art. 1167).

(vi) Según CCbr, la parte perjudicada por el incumplimiento puede solicitar la resolución del contrato (vid. art. 475).

(vii) *CCb*: En los contratos con prestaciones recíprocas cuando una de las partes incumple por su voluntad la obligación, la parte que ha cumplido puede pedir judicialmente el cumplimiento o la resolución del contrato, más el resarcimiento del daño (art. 568.1).

(viii) *CCCN*: En los contratos bilaterales la cláusula resolutoria es implícita y queda sujeta a lo dispuesto en los artículos 1088 y 1089 (art 1087).

La reseñada problemática que resaltan COLIN y CAPITAN, así como la observación de que la resolución del contrato por incumplimiento no depende o deriva de una condición resolutoria expresa o sobreentendida, sino del derecho a resolver el contrato, sin necesidad de la presencia de esa condición resolutoria tácita; nos lleva a anotar varios conceptos, que permiten observar las afirmaciones anteriores, así como ver la confusión que se presenta en ocasiones entre la "resolución" y otros medios que permiten la terminación del contrato; para luego anotar algunas diferencias entre ambos conceptos (resolución y condición resolutoria).

En el presente contexto ¿lo que está implícito en el contrato bilateral es el derecho del contratante cumpliente a pedir el cumplimiento del contrato o la resolución del mismo, si el otro no cumple; o es la condición resolutoria la que va implícita?

6.3. LA CONDICIÓN

La condición es un acontecimiento futuro e incierto, en cuyo caso la obligación es condicional cuando depende de un acontecimiento futuro e incierto. En la doctrina se habla de la condición como una relación arbitraria entre la obligación y un acontecimiento futuro e incierto, por la cual se hace depender la existencia o la resolución de la obligación del hecho de verificarse o no aquel acontecimiento; pues para GIORGI la idea de relación arbitraria sirve para diferenciar la condición de casos en los cuales el contrato se extingue por un hecho derivado de su propia naturaleza, v. gr., cuando el arrendamiento se resuelve por la pérdida culposa de la cosa arrendada o se extingue porque dicha pérdida se deba a causa extraña no imputable; casos estos de terminación del contrato y no de cumplimiento de una condición resolutoria.

Se habla de una tipología atinente a la condición resolutoria, entre *condición resolutoria ordinaria* (pacto comisorio expreso) y *condición resolutoria tácita o implícita.*

(i) *Condición resolutoria ordinaria* (pacto comisorio expreso), que consiste en un hecho o acontecimiento diferente al incumplimiento de las obligaciones contraídas. La condición resolutoria expresa u ordinaria es la estipulada por las partes en el contrato y consiste en un evento distinto al incumplimiento de las obligaciones nacidas del contrato bilateral. Cuando la condición resolutoria que afecta una obligación (derecho personal) se cumple, esta desaparece sin necesidad de declaratoria judicial alguna. *V. gr.*, "A" queda obligado a dar a "B" alimentación hasta que llegue a la mayoría de edad. Al cumplirse la condición, la obligación se extingue sin necesidad de declaratoria alguna. Sin embargo, esta forma de terminación no se aplica en el contrato bilateral donde su terminación y subsiguiente extinción se rigen con fundamento en el incumplimiento, donde no entra el juego de la condición resolutoria.

(ii) *Condición resolutoria tácita o implícita.* Se dice de aquella que va envuelta en todo contrato bilateral, de no cumplirse por una de las partes lo pactado.

Se entiende incorporada al contrato sin necesidad de cláusulas especiales o expresas, y por esto se denomina tácita, implícita o sobreentendida; criterio este que es el acogido por la mayoría de los códigos civiles como hemos observado precedentemente.

En la doctrina se hacen objeciones a la teoría de la condición resolutoria tácita, como hemos apuntado antes, encontrándose actualmente en total abandono; pues la condición resolutoria tácita es, si acaso, una condición impropia, precisamente porque no es un accidente del contrato, sino emanación de su causa, elemento esencial; por lo cual algunos autores piensan que puede tratarse de una condición resolutoria legal, semejante a la revocación de la donación por supervivencia de hijos, pero esta categoría de condiciones resolutorias legales es bastante discutible y, en realidad, lo que se pretende es indicar que, como en el caso de la resolución por incumplimiento, es un efecto jurídico que, ante todo, deriva de la ley. Otra objeción que se manifiesta en contra de la teoría de la condición resolutoria tácita es que de admitirla, resultaría que todos los contratos bilaterales serían contratos condicionales, lo cual es absurdo, porque la condición es un elemento accidental del negocio jurídico, mientras el pacto comisorio tácito es un elemento natural de él y más bien una consecuencia del incumplimiento.

6.4. CARACTERES DE LA CONDICIÓN

Desde el contexto que antecede, es fácilmente apreciable que la condición presenta algunas características que la diferencian del "derecho" que tiene el contratante cumpliente para ejercitar cualquiera de las opciones relativas al cumplimiento o la resolución del contrato. Estas características contribuyen, en cierta forma, a apuntar que los contratos bilaterales no son esencialmente condicionales, y lo contrario es una incoherencia, pues la condición - en este contexto - no es más que un componente adventicio del negocio jurídico y, asimismo, la posibilidad terminativa del contrato a través de cualquiera de los medios directos o típicos (cfr. V), es un mecanismo autorizado por la ley en determinados casos, como efecto que produce el incumplimiento del contrato.

1. Acontecimiento futuro e incierto

La condición está caracterizada por un acontecimiento futuro e incierto, por lo cual es dudoso, inseguro, aleatorio, eventual. Se exige cierta dependencia de la obligación contraída frente a este acontecimiento futuro e incierto, como fruto de la voluntad de las partes. La terminación y extinción del contrato, aun cuando pueden derivar de un acontecimiento futuro (el incumplimiento), sin embargo cuando las partes celebran el contrato presumen - desde ese momento - que van a cumplir sus correspectivas obligaciones de la manera establecida, pues en caso contrario no contratarían. Si dejan el cumplimiento al azar, a la incertidumbre, a la duda, carece de buen sentido celebrar el contrato.

Las condiciones son eventos futuros e inciertos, que se establecen de manera expresa en los contratos con el fin de hacer depender de ellos la eficacia del negocio. En el caso que nos ocupa, el evento futuro, que es *el incumplimiento, no puede ser considerado como un evento condicional.* El cumplimiento es un acto debido y las consecuencias del incumplimiento, que son siempre sanciones, no entran en juego por efecto de una condición negocial, sino como consecuencia de la aplicación del ordenamiento jurídico. Efectivamente, puesto que el incumplimiento de la obligación contraída constituye el motivo causal de la terminación y extinción del contrato bilateral, especialmente en este, y de ninguna manera es un evento condicional, sino más bien la circunstancia indeseada por el sujeto cumpliente, a quien la ley concede el derecho de solicitar la culminación forzosa del contrato celebrado con el que resulta incumpliente, utilizando para ello el medio que aparezca y resulte más adecuado a su interés (ejecución, resolución, nulidad, mutuo disenso, entre otras).

2. Condición resolutoria y suspensión de la ejecución de la obligación

Como regla genérica, la condición resolutoria no suspende la ejecución de la obligación: obliga únicamente al acreedor a restituir lo que ha recibido, cuando se efectúe el acontecimiento previsto en la condición, y una vez verificada la condición resolutoria se reponen las cosas al estado que tenían, como si la obligación no se hubiese contraído jamás, salvo los casos de excepción contemplados *ex lege.*

3. Motivo o causa de la ejecución y la resolución del contrato

El incumplimiento es la circunstancia o el hecho que da lugar a cualquiera de estas dos opciones, ante la falta de percepción por el acreedor o el deudor de la prestación debida en los términos del contrato, continente de obligaciones correspectivas o recíprocas. Es la inejecución de las obligaciones, la falta de entrega o pago de lo prometido por el deudor a su acreedor o viceversa; o la infracción por el deudor de su deber de prestación, en beneficio del acreedor; o la no obtención por el acreedor del específico, determinado y preciso resultado a que se obligó el deudor (obligación de resultado).

Cuando a falta de todo pacto o cláusula a tal fin, que un acto jurídico válidamente celebrado, y que haya producido sus efectos deje de producirlos si tal o cual suceso se produce, se trata en ese caso de una causa de ejecución o de resolución, pero no por efecto de una condición resolutoria. Podría no resultar apropiado hablar de condición en los hechos jurídicos. V. gr., los cuidados prestados por un causahabiente no son la condición de la obligación de alimentos, ya que por voluntad de las partes carece de influencia en la formación misma de esas relaciones. En fin, si la subordinación del derecho al suceso futuro e incierto es consecuencia de una disposición de la ley o de una necesidad material, el derecho no es condicional, sino simplemente eventual[158].

---

158 PLANIOL y RIPERT: Tratado práctico de Derecho Civil francés, ob. cit., vol. 7, p. 337.

4. Derecho y acontecimiento

La acción resolutoria como el cumplimiento del contrato, son un derecho, una facultad u opción, que corresponde al contratante que ha cumplido u ofrecido eficazmente cumplir su obligación; mientras que la condición constituye un hecho o acontecimiento futuro e incierto, que lleva en sí mismo la incertidumbre, aun cuando el incumplimiento también es un hecho futuro e incierto, pero de diferente naturaleza. La condición consiste en una circunstancia desconocida, cuya realidad o realización se ignora, de la que se hace depender la efectividad de un negocio jurídico; mientras que esta efectividad en la relación jurídica también se hace depender del cumplimiento o incumplimiento de la obligación pero con mayor seguridad o certeza.

5. Incumplimiento condicional

Si el suceso o acontecimiento indicado como condición no se produce, ese hecho impide el nacimiento de la obligación; mientras que el incumplimiento de la obligación contraída no deja inexistente el contrato pues este es perfecto si ha nacido sin vicios o defectos que lo hagan inválido e ineficaz; por lo que el incumplimiento de cualquiera de las partes permite lo conducente a la terminación y extinción de la relación contractual u obligatoria.

6. El efecto retroactivo

Se puede apreciar una coincidencia entre "condición resolutoria" y "acción resolutoria", en cuanto al *efecto retroactivo* (cfr. V. 5.8,6 y X. b), pues cumplida la condición se retrotrae al día en que la obligación ha sido contraída, a menos que los efectos deban ser referidos a un tiempo diferente, por voluntad de las partes o por la naturaleza del acto; y obliga únicamente al acreedor a restituir lo que ha recibido, cuando se efectúe el acontecimiento previsto en la condición, en virtud del efecto que produce la condición resolutoria, la cual una vez verificada repone las cosas al estado que tenían, como si la obligación no se hubiese jamás contraído.

La *resolución* como acción difiere que en algunos contratos, tales los de tracto sucesivo o de ejecución continuada (cfr. V.6.6), como hemos venido apuntando, la repetición de las prestaciones cumplidas no se produce en virtud de que las mismas no se pueden, obviamente, sustraer de la realidad al haber sido consumidas (*factum fieri nequit infectum*: Lo que hecho es, no se puede deshacer, o *factum infectum fieri non potest*), como ocurre en el caso del arrendatario que ha usado o tenido la cosa arrendada, y el arrendador, en orden a la reciprocidad, no puede ser obligado a repetir el quántum de los cánones o pensiones arrendaticias recibidas, pues el locatario ha disfrutado de la cosa arrendada durante determinado tiempo y pagado el precio. El arrendatario ha usado la cosa arrendada y el uso no es susceptible materialmente de devolución al arrendador, pues la prestación ha sido consumida. El usuario no puede devolver el fluido eléctrico consumido y, de consiguiente, la empresa de energía eléctrica no está obligada a repetir los pagos recibidos por tal concepto.

7. Incertidumbre y acontecimiento en la condición

La incertidumbre del acontecimiento o hecho que la integra, y que no se conoce si ocurrirá o no, pues el hecho condicional debe ser incierto. La incerteza constituye elemento esencial de la condición, es decir, que el hecho no pueda ser exigido por su acreedor, pues en caso contrario se estará hablando de una obligación, pero no de una condición; pues la obligación como el contrato nacen con la finalidad de ser cumplidos. En efecto, la primera (la obligación) es una necesidad jurídica por efecto de la cual una persona está sujeta respecto de otra a una prestación, ya positiva, ya negativa, es decir, a un hecho o a una abstención; o a dar, hacer, o no hacer alguna cosa (COLIN y CAPITANT); mientras que la segunda (la condición) es una relación arbitraria entre la obligación y un acontecimiento futuro e incierto por la cual se hace depender la existencia o la resolución de la obligación misma del hecho de verificarse o no aquel acontecimiento (GIORGI).

La inserción de una condición, dentro de un negocio jurídico, crea una situación de incertidumbre en torno a la diferente eficacia del negocio. Esta situación de incertidumbre consiste en una suspensión de la vigencia del negocio, o en una eventual pérdida de vigencia del mismo, o bien en la necesidad de efectuar un necesario reajuste entre las hipótesis variantes de la reglamentación negocial de intereses. La incertidumbre, por sí misma, crea un estado de indecisión, duda, precariedad, inseguridad e incerteza. Se afirma que por su misma naturaleza, el negocio condicional crea una situación interina o provisional, con la cual se hace preciso, puesto que las partes no son todavía definitivos titulares de los derechos creados por el negocio, ni definitivos sujetos de los deberes estatuidos por el mismo, organizar una situación prodrómica de protección también provisional de sus eventuales intereses[159].

8. Hecho futuro incierto e incumplimiento

La condición y el incumplimiento son conceptos jurídicos indeterminados diferentes, pues mientras la condición es un acontecimiento futuro e incierto del que depende la existencia o la terminación de la obligación; el incumplimiento es el "motivo" interviniente (con posterioridad a la celebración del contrato) para que la obligación no se cumpla, o se cumpla de modo parcial, y que puede dar lugar a la terminación y extinción del contrato. El incumplimiento no es un hecho incierto en sí mismo, pues se supone que cuando las partes contratantes celebran el contrato, entienden y aceptan que cada una va a cumplir sus correspectivas obligaciones, pues de haber incertidumbre, duda, inseguridad y presentimiento de incumplimiento, posiblemente no contratarían. Este es el ánimo que les mueve, aun cuando no se puede tener la certeza que el cumplimiento ocurrirá de todas maneras. En la condición el hecho (incierto) debe ser futuro, es decir, que no haya ocurrido cuando

159 DÍEZ-PICAZO, Luis: "El tiempo de cumplimiento de la condición y la duración máxima de la fase de *conditio pendens*", en Estudios de Derecho Civil, en honor al profesor Castán Tobeñas, Universidad de Navarra, España, 1969, vol. 3, p. 188.

se concierta el contrato, lo que obviamente se traduce en que de haberse producido no habrá lugar a la existencia de una condición, aun cuando las partes lo ignorasen (en su acontecimiento).

9. Significados de la condición

No siempre en los contratos se establece una condición y no por eso los mismos dejan de ejecutarse o resolverse, de terminarse y extinguirse, lo cual indica que estas opciones no dependen o derivan del juego de la condición resolutoria tácita o implícita.

La palabra *condición* tiene varios significados: en un sentido amplio se entiende por ella todas las cláusulas particulares o modificativas de un acto jurídico. En el sentido preciso del artículo 1168 del Código Civil francés, la condición es un suceso futuro de realización incierta que suspende bien el nacimiento, bien la resolución de un derecho y que produce efecto retroactivamente (PLANIOL y RIPERT).

Según la doctrina, algunos principios informan el contenido de la *obligación condicional*, entre los cuales está que si el suceso señalado como condición no se produce se dice que hay incumplimiento de la condición. En la *condición suspensiva*, si la misma no se realiza, la obligación a ella sometida no ha nacido y por consiguiente no existe, en tanto que la *condición resolutoria* produce la extinción de la obligación una vez cumplida o verificada; siendo que antes de su verificación no afecta a la obligación, en cuyo caso se reputa pura y simple, dando lugar a sus efectos hasta que la misma (obligación) tenga lugar. Sin embargo, cuando la condición se cumple, produce como consecuencia el nacimiento de la obligación, si la misma es suspensiva; y siendo resolutoria entonces se extingue.

Si la condición se cumple, ya sea resolutoria o suspensiva, los efectos se retrotraen al momento (día) en que la obligación se asumió, salvo que los efectos de la obligación o terminación deban ser referidos a un tiempo diferente, por voluntad de las partes o por la naturaleza del acto. De igual manera, la obligación contraída bajo una condición que la hace depender de la sola voluntad de aquel que se ha obligado, es nula. Toda condición debe cumplirse de la manera como las partes han querido o entendido verosímilmente que lo fuese. Y cuando una obligación se ha contraído bajo la condición de que un acontecimiento suceda en un tiempo determinado, esta condición se tiene por cumplida si el tiempo ha expirado sin que el acontecimiento se haya efectuado. Si no se ha fijado tiempo, la condición puede cumplirse en cualquier tiempo, y no se tiene por cumplida sino cuando es cierto que el acontecimiento no sucederá.

10. La obligación condicional

La obligación condicional es aquella cuya existencia depende de la realización de un acontecimiento futuro e incierto que se denomina condición; o cuando su existencia o resolución depende de un acontecimiento futuro e incierto. Las partes al celebrar un contrato no están pensando que el mismo va a resolverse o no cumplirse porque se haga depender dicho contrato de la realización o no de un acontecimiento futuro e incierto. En tal caso, si quedaran frente a expectativas de realización (*rectius*, de irrealización, inejecución o incumplimiento), es evidente que no tendría ningún sentido someterse a la incertidumbre del cumplimiento. Siempre hay la presunción y creencia que los contratantes van a cumplir sus correspectivas obligaciones, y ello es fundamental en ese tipo de relación obligatoria; pues como afirma GROSSO[160], donde no hay posibilidad de incumplimiento cae el fundamento de la obligación: nadie está obligado a algo que necesariamente debe ocurrir.

11. Contratos condicionales

Los contratos condicionales son aquellos que para su existencia o extinción están sometidos a la realización de un acontecimiento futuro e incierto. La terminología ("contrato condicional") no es apropiada en virtud de que los contratos no están sometidos a condición, pues solo las obligaciones derivadas de un contrato son las que pueden someterse a tal modalidad. Se afirma que la palabra *"condición"* (y sus derivados "condicional", "condicionante", "condicionalidad", entre otros) son equívocos. En la filosofía es un término paralelo al de "causa", que es también tan equívoco como el de condición. Además, como se sabe, la ciencia moderna tiende a prescindir del concepto de "causa", incluso en el mundo físico. En lugar de él se utiliza el de *"función"*. Y en las ciencias sociales hay muchos que creen que no existen verdaderas causas. En un Derecho nacionalista se estima que las relaciones jurídicas lo que implica es una relación lógica de "consecuencia" (la de un antecedente a un consecuente). La idea de "causa" bilateral se refiere a un concepto que conviene admitir en las ciencias sociales: en el de un "motivo-tipo" justificado de acciones y reacciones humanas. En los negocios y contratos se trata de unos procesos "interactuantes" entre dos esferas jurídicas contrapuestas. Esos procesos forman "tipos" cuya estructura puede ser analizada. En el contrato bilateral se tiene la estructura tipo del *"do ut des"*, referente a dos atribuciones, en sentidos contrarios, que se garantizan mutuamente. El "condicionamiento" material, que se establece entre una y otra, no significa, pues, "causación", ni tampoco consecuencia lógica. Ni debe confundirse con las condiciones en sentido clásico (las de las obligaciones "condicionales" o negocio "condicionado"), que suponen condiciones extrínsecas, accidentales, y como algunos dicen, de pendencia[161].

12. Condición resolutoria expresa y tácita

Las *condiciones resolutorias* pueden ser expresas o convencionales y tácitas o de derecho.

---

160 GROSSO, Giuseppe: Las obligaciones, contenido y requisitos de la prestación, traducción de Fernando Hinestrosa, Universidad Externado de Colombia, 1981, p. 131.

161 ESPINA, Francisco: análisis en la obra "Estudios de Derecho Civil", en honor del profesor Castán Tobeñas, Universidad de Navarra, España, 1969, vol. 3, p. 123.

(i) *Condición expresa o convencional*, es aquella que se ha establecido explícitamente en el contrato. A cada momento se observan cláusulas contractuales donde se establece que si tal hecho no se produce o cumple, se declarará terminado o resuelto el contrato. Se ha sostenido que, sea por la ley o por el contrato, la *condición resolutoria expresa opera de pleno derecho, ipso iure* (cfr. VIII), lo cual significa que el juez no deberá "pronunciarse" sobre la resolución sino solamente "declararla", después de haber constatado que la condición resolutoria expresa forma un *pactum adjectum* (pacto agregado) del contrato y que se han verificado todas las condiciones a las cuales estaba subordinado. Dentro de estos pactos agregados al contrato principal, tomando en cuenta el momento o tiempo en que se acuerdan, tenemos, por una parte, el *pactum adjectum in continenti* que es el celebrado inmediatamente después del contrato principal, integrando con el mismo un solo cuerpo; así como el *pactum adjectum ex intervallo*, que se contrae con posterioridad al contrato principal, con separación en el tiempo y con carácter accesorio.

La resolución no procede siempre por la presencia en el contrato de una condición resolutoria expresa o convencional, pues en la mayoría de los casos las partes no establecen esa condición y, no obstante, el contrato puede resolverse cuando ocurra el incumplimiento (vid. X) de la obligación por cualquiera de los contratantes. Sin embargo, no depende la resolución del contrato de la existencia de una condición resolutoria expresa ni tácita, y siempre será el juez, salvo los casos de excepción por voluntad de la ley, quien pronuncie la resolución del contrato.

(ii) *Condición resolutoria tácita, implícita o sobreentendida*, como su denominación indica, es aquella que ha sido considerada incluida especialmente en los contratos bilaterales, sin necesidad de establecerse (expresamente). Como se aprecia, esta noción tiende a presentar confusión con el derecho a la terminación del contrato por la vía resolutoria con fundamento en el incumplimiento. La confusión deviene en asimilar tal derecho con la condición cuando son totalmente diferentes. Como derecho a la terminación del contrato, por causa de incumplimiento, es innecesario se incluya en el contrato que ante la inejecución por el contratante la otra puede pedir la terminación o resolución; mientras que la condición, como hemos apuntado antes, debe establecerse y no es causa o motivo de esa terminación o resolución, sino que es el incumplimiento (vid. 3-4 *retro*).

13. **La condición,** ¿contrato resolutorio adherido al contrato principal?

La naturaleza de la condición resolutoria es considerada por algunos como un contrato de resolución suspensivamente condicional adherido al contrato principal (así, WINDSCHEID, entre otros). Según esta teoría no habrá más que condiciones suspensivas. Desde el punto de vista de la teoría de WINDSCHEID resulta que quien alegue una condición resolutoria, para derivar de ella derechos, deberá probar el pacto y el cumplimiento de la condición. Y es que quien alega la condición resolutoria, afirma indirectamente que el derecho o el crédito del contrario han nacido válidamente, y solo hace valer contra esto que la pretensión del contrato se ha extinguido.

La diferencia entre *condición resolutoria y derecho de resolución* es, en principio, más conceptual que práctica, como ha observado OERTMANN con exactitud; aun cuando existe real diferencia según hemos observado. La *condición resolutoria* extingue los efectos del negocio, al concurrir un hecho más, no necesariamente negocial. La declaración de resolución es, por el contrario, un nuevo hecho negocial independiente. El contrato al que se añade la cláusula de resolución no queda condicionado por esta; por el contrario, la resolución solo engendra la obligación de devolver las prestaciones recibidas. Cuando, por el contrario, el negocio principal se haya concluido bajo condición resolutoria se entenderá, en la duda, que las prestaciones para el cumplimiento se han llevado a cabo bajo la misma condición[162].

14. Condición e incertidumbre

Habiendo sido entendida la condición como un acontecimiento futuro e incierto, del cual depende la existencia o la terminación de la obligación; sus características consisten, como se observa de su noción conceptual, en la incertidumbre del hecho y el hecho incierto que debe ser futuro. La incertidumbre del hecho demuestra que no se conoce anticipadamente si el mismo ocurrirá o no, pues en caso contrario (si ocurrirá pero no se conoce cuándo), esta circunstancia estará demostrando que estaríamos en presencia de un término, más no de una condición.

La condición sabido es que consiste en una circunstancia desconocida (es decir, cuya realidad o realización se ignora) de la que se hace depender la efectividad de un negocio jurídico, y se divide en *condición propiamente dicha* que es la posible de futuro y *condición impropia*, que comprende, por un lado, las condiciones necesarias e imposibles, y por otro, las de presente y de pretérito. Ahora bien, la *condición en general* suele definirse diciendo que es aquella circunstancia *incierta,* y la *condición propiamente dicha o de futuro posible* - que es el evento del que se hace depender la efectividad del negocio jurídico - se define como el hecho futuro e incierto. Ambas definiciones adolecen, pues, de patentes defectos terminológicos, por falta de consideración a la lógica. No hay, en efecto, circunstancias ni hechos que puedan correctamente llamarse "inciertos": Los hechos y las circunstancias son o no realmente, han sido o no han sido y serán o no serán. *La incertidumbre,* o si se quiere la duda, es un estado anímico, y por ende psicológico, del sujeto disponente del negocio, el cual impone la condición precisamente porque está incierto, es decir, porque duda sobre si el hecho o circunstancia en que la condición consiste es o no realmente, ha sido o no ha sido, será o no será[163]. Sin embargo, ¿es impropio hablar del hecho incierto? En realidad el hecho puede ser cierto, lo

---

162 LEHMANN, Heinrich: Tratado de Derecho Civil, parte general, traducción de la última edición alemana con notas de Derecho español, por José Ma. Navas, Editorial Revista de Derecho Privado, Madrid, 1956, vol. 1, p. 403.

163 MANS PUIGARNAU, Jaime M.: Lógica para juristas, Editorial Bosch, España, 1969, p. 9.

cual indica cierta seguridad de su ocurrencia, y esto es demasiado lógico; pero, desde luego, que no se puede asegurar inequívocamente que acontecerá el hecho previsto. La incertidumbre es una circunstancia que se relaciona con el tiempo y aun cuando la persona pueda tener seguridad de que el hecho tendrá lugar en su momento, nadie puede estar seguro que el acontecimiento se producirá. En esto el transcurrir del tiempo y la presencia de la condición como evento futuro e incierto, se mantienen en relativa correspondencia.

¿Cómo podemos estar seguros que un hecho ocurrirá o no? El cumplimiento o el incumplimiento de la obligación o del contrato, son dos hechos que en sí mismos contienen la posibilidad de su ocurrencia, pero no existe un fórmula precisa indicativa de que uno u otro tendrá lugar. Es admisible que el cumplimiento de la obligación es previsible cuando se garantiza el mismo, pero aun así el incumplimiento es un acontecimiento que, aún no siendo condicional, puede acontecer, y esto por sí mismo denota que las obligaciones que fueron asumidas para cumplirse, el incumplimiento puede tener lugar, pues nada garantiza que el cumplimiento siempre aparezca de forma inevitable; por lo cual el incumplimiento, como hecho futuro al momento de la concreción del contrato e inseguro en su aparecimiento, puede emerger y de tal modo conducir a la terminación y extinción del contrato, y esto es un simple ejemplo de ello.

CAPÍTULO VII

Medios atípicos de terminación del contrato

Existen otros medios no típicos o normalmente no conducentes a que, en la práctica, den lugar a la terminación del contrato, en determinadas situaciones fácticas, pues no se utilizan directamente con esta finalidad, sino que al aplicarse conducen a esa terminación de manera indirecta.

Esos medios y como hemos apuntado (V), tienen características diferentes a las que normalmente distinguen a los medios que, de modo directo, permiten la terminación de la relación obligatoria o contractual; entre otros: nulidad, revocación, disolución, rescisión, resolución. Por esto, en este contexto entendemos como *medio* el elemento o instrumento que indirectamente proporciona o permite la terminación del contrato, sin que los contratantes utilicen el medio atípico con tal finalidad; o el conjunto de circunstancias que influyen en esa terminación cuando concurren determinados hechos.

En consecuencia, *atípico* es el medio que presenta características distintas a las normales que pueden dar lugar indirectamente a la terminación contractual. "Medio atípico" es un concepto con el cual no nos referimos en el mismo sentido que "contrato atípico o innominado", que en concepto de BETTI es una denominación impropia[164], pero también se afirma que los contratos atípicos derivan en definitiva de las cambiantes necesidades económicas, de evolución más rápida que los preceptos contenidos en las leyes; que no integran en modo alguno un irregular proceso evolutivo, sino el normal desenvolvimiento de la vida jurídico-económica. Existe en ellos un proceso de creación jurídica que iniciado por los particulares es sancionado por los Tribunales[165]. A medida que los contratos innominados van apareciendo (adquieren un nombre en la praxis) y aun cuando no disciplinados, los contratantes no quedan fuera de la protección *ex lege*. En la doctrina se entiende al contrato in-

---

164 BETTI, Emilio: Teoría general de las obligaciones, ob. cit., vol. 2, p. 9.

165 SANTOS BRIZ, Jaime: Los contratos civiles (nuevas perspectivas), Editorial Comares, Granada, España, 1992, p. 326.

nominado como aquel que, aunque mencionado por la ley, carece de una disciplina particular: a menos que la mención del contrato esté hecha por la ley en un lugar tal, que, mediante remisión, se pueda deducir su disciplina jurídica[166].

No obstante y aun cuando hablamos de "medios atípicos" y no de "contratos atípicos", en forma de contraste cabe la distinción entre *contratos nominados o típicos* y *contratos innominados o atípicos*. Los primeros son los estatuidos expresamente en la ley que los regla a través de normas específicamente dictadas a tal efecto, *v. gr.*, compraventa, arrendamiento, hipoteca, prenda; mientras que los segundos son los carentes de regulación específica en la ley, cuando en estos no existe una específica disciplina jurídica, aun cuando no los ignore, como ocurre generalmente con el contrato de alquiler de cajas fuertes, de hospedaje, cesión de contrato.

Medio atípico es el elemento o instrumento que proporciona o permite la terminación del contrato sin que las partes se propongan esta terminación, y tiene características distintas a las normales. Estos medios atípicos que pueden dar lugar indirectamente a la terminación del contrato, en determinadas circunstancias, algunos de ellos están tipificados como medios de extinción de las obligaciones en algunos códigos civiles, al disponer que las obligaciones se extinguen por otros medios, señalando a la compensación, novación, remisión de la deuda, confusión, imposibilidad de cumplimiento, prescripción, transacción, término del contrato, evicción. Se pueden incluir la expropiación, fuerza mayor o el caso fortuito.

Algunos de esos medios son verdaderos contratos bilaterales. Al tener lugar implican necesariamente la terminación de la relación obligatoria como consecuencia de la directa intervención de la voluntad en la producción o realización del acto (novación, remisión de la deuda, confusión, transacción, expropiación); mientras otros no son contratos sino determinadas circunstancias fácticas que al ocurrir pueden dar lugar a la terminación como consecuencia del hecho originado (pérdida de la cosa debida, prescripción, evicción, fuerza mayor o caso fortuito).

7.1. COMPENSACIÓN

Suspender, colgar, pesar, pesar una cosa con otra, pesar dinero, pagar, igualar un perjuicio con el pago de indemnización, pesar dinero suficiente para indemnizar)[167]. Se trata de un contrato cuando el mismo es celebrado entre las partes como acreedores recíprocos, por el cual manifiestan extinguidas sus correspectivas prestaciones; mientras que no es la "compensación legal", pues tiene lugar por disposición de la ley, al declarar extinguidas las obligaciones recíprocas, excepto en los casos previstos en la misma (ley); mientras que l*a "compensación judicial"* la pronuncia el judicante cuando admite la excepción o la reconvención.

---

166 MESSINEO, Francisco: Doctrina general del contrato, ob. cit., vol 1, p. 379.

167 COUTURE, Eduardo J.: Vocabulario Jurídico.

Esa forma jurídica extingue obligaciones, pero dada la íntima relación existente entre obligación y contrato, pueden incidir de modo indirecto en la terminación contractual; pues con la compensación las partes no buscan o pretenden la terminación del contrato sino la extinción de sus correspectivas obligaciones, aun cuando si no quedan prestaciones pendientes pueda dar lugar a que, extinguidas las obligaciones, se termine y extinga el contrato. La misma tiene lugar, de modo general, cuando dos o más personas (*rectius*: partes) reúnen la cualidad de deudores y acreedores recíprocamente, por derecho propio, cualesquiera sean las causas de una y otra deuda; por cuyo motivo se extinguen con poder de pago (las deudas), hasta donde alcance la menor y desde el momento en que ambas iniciaron su coexistencia.

Es un pago recíproco hasta donde las deudas alcanzan (pago extintivo); pero la compensación que puede poner término al contrato, continente de las recíprocas prestaciones, tiene lugar cuando comprende la totalidad de la prestación asumida como deuda y esté autorizada por la ley. La misma opera de *pleno derecho*[168] y produce la extinción de las dos deudas y de todas las obligaciones concomitantes, aún sin conocimiento de los deudores, en virtud de la ley, desde el instante en que concurren las condiciones que las hacen nacer y se extinguen recíprocamente por las cantidades concurrentes.

Se admite que las correspectivas deudas, para que pueda aplicarse la compensación, deben cumplir ciertos requisitos:

a) Reciprocidad, es decir, la reunión de la cualidad de acreedor y deudor recíprocamente y por derecho propio. Este denota la no injerencia de tercero como deudor o acreedor, ni por representación, entre otras circunstancias, v, gr. los deudores de la sociedad no son deudores de los socios por lo cual carecen del derecho a compensar lo que deban a la sociedad con su crédito particular contra algunos de los socios, aunque sea contra quien administra la sociedad.

b) Fungibilidad u homogeneidad, esto es, la fungibilidad de las prestaciones. Se corresponde a que ambas deudas consistan en cantidades de dinero o

168 "De pleno derecho" denota no ser necesaria la intervención judicial, pero la extinción de las dos deudas y de las obligaciones concomitantes no se produce por sí misma, de manera automática, pues no se excluye la intervención judicial cuando uno de los obligados requiere ante el juzgador el cumplimiento de su acreencia y el demandado la opone como *exceptio compensationis o* reconvención; en cuya hipótesis si el juez la declara con lugar la compensación es de carácter judicial, aun cuando la compensación la disponga la ley (compensación legal). Obviamente que la compensación tiene lugar desde el instante en que concurren las condiciones que la hacen nacer. Desde luego que el demandado, en tal circunstancia, y por disposición *ex lege*, debe probar que su crédito es líquido y exigible y de cantidades de dinero o de cosas fungibles de la misma especie y calidad.

en prestaciones de cosas fungibles entre sí, de la misma calidad y especie, o también de cosas inciertas no fungibles (determinadas por su especie), siempre que la elección se realice por los dos deudores. Como se puede apreciar, el concepto reciprocidad está claramente ínsito.

c) *Deudas líquidas,* quiere decir que la deuda tiene que existir de modo cierto y estar definida en su cantidad o monto. La deuda incierta no es materia de compensación.

d) *Que sea exigible.* Se significa que sin otra exigencia más, al deudor se puede obligar a cumplir. Sin embargo, existen ciertas circunstancias que impiden esta exigibilidad y, en consecuencia, no procede la compensación; v. gr., obligaciones naturales, obligaciones prescritas, obligaciones sujetas a anulación, obligaciones modales (condición suspensiva y plazo suspensivo).

Extinguida la deuda, entre otros efectos que se producen, la extinción hace desaparecer sus accesorios y garantías, hipotecas, fianzas, privilegios o prenda, cesa la mora y obviamente no corre la prescripción ni intereses; pero si una de las deudas es mayor que la otra, de modo que quede una diferencia de la deuda mayor sin extinguir, esta diferencia o saldo sigue existiendo con sus accesorios y generando intereses si los hay. En esta hipótesis, de la concurrencia de las cantidades adeudas, si no queda ningún remanente y las deudas que se compensan son consecuencia de la existencia de un contrato, parece obvio que el contrato termina y las recíprocas obligaciones quedan extinguidas. Pero esta compensación no es invocable de oficio por el juez (pues no es de orden público); sino que deriva, en primer lugar, del acuerdo interpartes (convencional). De ocurrir de esta manera la compensación, termina el contrato por *mutuo disenso (cfr.V.5.4);* mientras que si la compensación se opone en el proceso judicial, deberá ser en el acto de contestación a la demanda y como defensa perentoria, pues en la misma (contestación) deberá oponerla el demandado; aun cuando también puede proponerse como demanda principal e incluso después de la contestación, cuando el derecho a la compensación haya tenido lugar después de ella. No obstante, puede hacerse valer después de la contestación al fondo de la demanda de constar en un instrumento público, y hasta la oportunidad procesal establecida en la ley.

Sin embargo, se admite que la compensación no tendrá lugar, cuando se trata de la demanda de restitución de la cosa de que ha sido injustamente despojado el propietario; cuando se refiere a la demanda de la restitución de un depósito o de un comodato; tratándose de un crédito inembargable como la deuda de una pensión alimenticia o de otros bienes no embargables; y cuando el deudor ha renunciado previamente a la compensación. Asimismo, cuando ella perjudique derechos adquiridos por terceros, o produzca el efecto de impedir que una de las sumas se aplique al objeto a que estaba especialmente destinada por la naturaleza de la convención o por la voluntad formalmente expresada de la parte que hace la entrega a la otra.

Desde luego que la compensación no se verifica en perjuicio de derechos adquiridos por un tercero, no obstante que, si el deudor llega a ser acreedor después del embargo hecho en bienes suyos a favor de un tercero, no puede oponer la compensación en perjuicio de quien ha obtenido el embargo. Y, asimismo, quien ha pagado una deuda que estaba extinguida de derecho en virtud de la compensación, y que después persigue el crédito por el cual no ha opuesto la compensación, no puede en perjuicio de terceros, prevalerse de los privilegios, hipotecas o fianzas unidas a su crédito, a menos que haya tenido justa causa para ignorar el crédito que habría debido compensar su deuda.

Obviamente que la compensación no da lugar en todo caso a la terminación del contrato, pues, v. gr., si el arrendatario es demandado por su arrendador por falta de pago del arrendamiento, puede oponer las excepciones de pago por compensación de los gastos, las reparaciones y los servicios abonados por cuenta del arrendador, y de resultar procedente cualquiera de las mismas el contrato no termina por tal motivo o causa, sino por otras causas establecidas en la ley.

7.2. CONFUSIÓN

La misma tiene lugar cuando las cualidades de acreedor y de deudor se reúnen en la misma persona, pues se confunden los derechos y se extingue la deuda. En tal hipótesis la obligación se extingue *ipso iure* por confusión, puesto que el hecho de concurrir en una misma persona las cualidades de acreedor y deudor, produce los mismos efectos que el pago o cumplimiento.

Obviamente que nadie puede deberse a sí mismo[169], pues resulta imposible que se reúnan en una misma persona las cualidades de acreedor y deudor (de sí

169 Diferente es la *autocontratación* o el contrato consigo mismo, sobre la cual la doctrina y jurisprudencia han planteado diversos problemas, en cuanto a su naturaleza jurídica de este acto y de si es o no un verdadero contrato. El contrato es un acuerdo de voluntades, en cuyo caso en el autocontrato existirán dos voluntades: la suya y la del principal, y aun cuando pudiera decirse que hay una sola voluntad, la del autocontratante, no obstante hay dos declaraciones de voluntad; y se sostiene que aun cuando hay una sola voluntad y una sola declaración, hay "dos direcciones" de voluntad; no obstante se dice que estos distingos se fundamentan en una verdadera ficción, pues es imposible hacer distinción en la actuación del autor del negocio dos declaraciones o dos voluntades, pues hay una sola. Esta observación es la base de quienes consideran el autocontrato no como contrato sino como negocio jurídico unilateral de naturaleza especial, pero tiene dificultad en explica en qué consiste la especialidad, así como se le complica aclarar por qué si no es un contrato origina los mismos efectos que un contrato y bajo el mismo régimen que los demás contratos. En la praxis y a tenor de a ley, el autocontrato será válido sí el principal o representado faculta a su representante para que autocontrate de manera expresa, v. gr., el mandante autoriza al mandatario a enajenar un inmueble por determinado precio, facultándolo para adquirirlo él mismo; o el caso del

misma), y continúe la misma persona siendo deudora y acreedora al mismo tiempo. De aquí la extinción por confusión.

Sin embargo, en la confusión las recíprocas obligaciones quedan insatisfechas (con la confusión), pues no hay pago o cumplimiento alguno de la obligación. No hay cumplimiento o pago de la prestación, y no obstante la obligación se extingue. Este hecho pareciera una ficción o simulación. ¿Una ficción? No. Una realidad. Es imposible que el acreedor actúe contra sí mismo. Por esto, cuando las cualidades de acreedor y de deudor concurren en la misma persona, la obligación se extingue por confusión. En la hipótesis de que en "A" se confundan las cualidades de acreedor y de fiador, o de fiador y deudor principal, extingue el contrato de fianza confundido, pero no la obligación principal ni las demás garantías; tal y como así se llega a preceptuar *ex lege*.

En algunos códigos civiles se ha llegado a estatuir que la confusión del derecho del acreedor, con la obligación del deudor, extingue la obligación accesoria del fiador; pero la confusión del derecho del acreedor con la obligación del fiador, no extingue la obligación del deudor principal; y, asimismo, que en el caso de la deuda que uno de los sucesores a título universal tuviere en beneficio de la sucesión, así como los créditos que tenga en contra de ella, no se extinguen por confusión sino hasta la concurrencia de su cuota hereditaria. De igual forma, la concurrencia en una misma persona de la cualidad de deudor y fiador, deja subsistentes las fianzas, hipotecas y todas las seguridades especialmente dadas al acreedor por el fiador.

Esas dos cualidades (de acreedor y de deudor) pueden reunirse en la misma persona por medio de la sucesión particular o a título universal. En el primer caso, v. gr., el contrato de arrendamiento con opción de compra, cuando el arrendatario adquiere el inmueble el contrato de arrendamiento se termina y extingue por confusión. En la segunda hipótesis, cuando el deudor es heredero del acreedor o viceversa, no obstante que la ley permite que se impida la confusión de patrimonios, la eficacia extintiva cesa por cesar la causa, v. gr., en la herencia aceptada con beneficio de inventario, o en la separación de patrimonios concedida a los acreedores de la herencia y a los legatarios; que impiden la confusión del patrimonio entre el *de cujus* con el del heredero. En la sucesión universal, como señala RICCI, yo, por ejemplo, sucedo a mi acreedor; si, por efecto de la confusión, el crédito se hubiese extinguido realmente, no podría tenerse en cuenta para determinar el as hereditario y las legítimas; pero como esta extinción no consiste en otra cosa sino en la imposibilidad de que el acreedor ejercite su acción, de aquí que no tratándose de ejercitar la acción,

---

préstamo de dinero a interés, que el mandatario puede celebrarlo consigo mismo bajo expresa autorización del mandante; y asimismo inobjetable su validez - como así se contempla en algunas legislaciones civiles -, si no existe conflicto de intereses con la celebración del autocontrato en cuanto se siga perjuicio o lesión contra el mandante o representado.

sino de incluir el importe del crédito en el as hereditario, deba considerarse todavía como subsistente[170].

Por eso, en atención a la naturaleza jurídica de la confusión, en la doctrina todavía se discute acerca de si es o no un medio extintivo de las obligaciones como lo contempla la mayoría de los códigos civiles; o, si por el contrario, es una posibilidad de percibir el crédito o una paralización del mismo. Por el primer criterio se llega a estimar que la extinción se produce y que el fenómeno no sería distinto a lo que acontece con la transacción o la novación en los casos a que se refiere la ley; mientras que según el criterio en contrario la paralización del crédito mantiene el derecho (*creditorio*) en estado de latencia y luego de desaparecidas las circunstancias que las originaron, readquiere toda la vigencia; pues como se admite en la doctrina, si por un lado las titularidades de deuda y crédito se agrupan en una persona, el valor económico comprendido en la obligación - deuda - queda intacto (BEAUDRY-LACANTINIERI, RIPERT-BOULANGER). Mayoritariamente y con fundamento en la ley, se sostiene que la primera doctrina es correcta, pues la confusión extingue el crédito y la deuda correlativa.

Otra consecuencia derivada del principio expuesto es que, cesando la confusión y con ella la imposibilidad de ejercitar la acción, se considerará que el crédito no se extinguió. Supóngase que yo obtengo la anulación de la aceptación hecha por mí de la herencia de mi deudor; en tal caso yo recobro mi derecho de proceder contra el que acepte la herencia de mi deudor, y, por consiguiente, no solo quedará obligado conmigo el heredero, sino el fiador o fiadores, y subsistirán las hipotecas constituidas en garantía del crédito; porque si el derecho de ejercitar la acción del acreedor ha estado por algún tiempo en suspenso, tal suspensión no ha podido liberar las fianzas e hipotecas. Igualmente, si yo vendo los derechos hereditarios de mí deudor, recobro el derecho de proceder contra el adquirente para la satisfacción de mi crédito, y este no puede, ciertamente, oponerme la extinción del mismo por efecto de la confusión; pero ¿podré proceder contra los fiadores o sobre los fundos hipotecados? Entre este caso y el anterior hay mucha diferencia, porque en el primero a mí se me considera como si no hubiera sido nunca heredero, y, por consiguiente, la confusión como no efectuada; mientras en el segundo hay verdadera confusión, porque, a pesar de la venta, yo soy heredero del de cujus. En uno y otro caso, sin embargo, la respuesta no puede ser la misma, porque si las garantías son liberadas por efecto de la confusión, en tanto lo son en cuanto esta perdura; por lo que cesando la confusión por haberse el acreedor colocado en situación de ejercitar sus derechos, las garantías se han de considerar como no liberadas; continúa exponiendo RICCI.

7.3. REMISIÓN DE LA DEUDA

El deudor puede acceder a la liberación de su obligación sin que efectúe el pago o cumplimiento, por medio de la remisión o condonación de la deuda. Ante

170 RICCI, Francisco: Derecho Civil teórico y práctico, vol. 14, Editorial Antalbe, s/f editorial, Barcelona, pp. 93-94.

la dejación o abandono de los derechos del acreedor, de la obligación, estamos en presencia de la remisión de la deuda. Sin embargo, la gratuidad del abandono al derecho de exigir el pago o cumplimiento, del acreedor al deudor, es así un acto unilateral gratuito. Pero se afirma que la remisión no siempre es un negocio a título gratuito, pues la *causa donationis* no es sino una de las causas posibles de la remisión, y esta puede verificarse para realizar una *solutio* o para constituir una relación obligatoria distinta. En general, la mayoría de los códigos civiles acogen la tesis de la gratuidad de la remisión de la deuda, cuando la someten a las reglas de la donación en cuanto al fondo, no obstante que la donación onerosa no es donación sino en cuanto el valor de lo donado exceda el valor de las cargas impuestas.

En la doctrina la temática es inacabada. Así, para la francesa hay coincidencia en que la remisión de la deuda es la liberación convencional, con la especial concurrencia del consentimiento de las partes (contrato bilateral). Se trata de una convención o un contrato liberatorio en donde no es suficiente la sola voluntad del acreedor; mientras que para la doctrina alema, aduciendo disposición legal, la relación obligacional se extingue cuando el acreedor mediante contrato hace remisión de la deuda al deudor, y cuando por contrato también admite que ya la obligación no existe.

Desde el contexto anterior y observando lo que disponen algunos códigos civiles, la remisión de la deuda es un acto gratuito, unilateral, pero también puede ser bilateral. Al efecto, cuando en estos se hace remisión a la donación, esta es un contrato unilateral y gratuito por su naturaleza, que será bilateral cuando la ley requiere de su aceptación.

En efecto, según el artículo 1187 CCes, la condonación podrá hacerse expresa o tácitamente. Una y otra estarán sometidas a los preceptos que rigen las donaciones inoficiosas. La condonación expresa deberá, además, ajustarse a las formas de la donación; siendo que la donación es un acto de liberalidad por el cual una persona dispone gratuitamente de una cosa en favor de otra, que la acepta (art. 618 *eiusdem*). El artículo 821 CCcr preceptúa que la remisión está sometida en cuanto al fondo, a las reglas de las donaciones, pero no en cuanto a la forma; mientras que la donación onerosa no es donación, sino en cuanto el valor de lo donado exceda al valor de las cargas impuestas (art. 1394 *eiusdem*). La entrega del documento privado justificativo de un crédito, hecha voluntariamente por el acreedor al deudor, implica la renuncia de la acción que el primero tenía contra el segundo (art. 1466 CCh). La renuncia no está sujeta a formas especiales, aun cuando se refiera a derechos que constan en un instrumento público; y, asimismo, se considera remitida la deuda, excepto prueba en contrario, cuando el acreedor entrega voluntariamente al deudor el documento original en que consta la deuda (v. arts. 949 y 950 CCCN). Hay condonación de la deuda cuando el acreedor entrega al deudor el documento original en que consta aquella, salvo que el deudor pruebe que la ha pagado (art. 1297 CCp). Por su parte CCv preceptúa que la entrega voluntaria del título original bajo documento privado, hecha por el acreedor al deudor, es una prueba de liberación (art. 1326).

Tal y como puede apreciarse, la remisión de la deuda puede ser un acto unilateral cuando no requiera la aceptación o del consentimiento del deudor, pues este obviamente no estará beneficiado al constreñir a su acreedor, contra su voluntad, a que le exija el cumplimiento o pago de la deuda. Cuando la renuncia comprende la totalidad de la deuda, el contrato que la contiene, si no existen otras obligaciones, se termina y extingue; lo que no ocurre en la remisión parcial, pues esta solo se refiere a parte de la deuda y no a la totalidad de la misma. La remisión concedida al deudor principal descarga a los fiadores, extingue el contrato de fianza, salvo las excepciones dispuestas en la ley; pero la remisión concedida al fiador no extingue la deuda principal y no beneficia ni afecta a los cofiadores.

La terminación del contrato por remisión de la deuda puede tener lugar, además y como antes hemos constatado, cuando ocurre la entrega voluntaria (remisión tácita) del título original hecha por el acreedor al deudor, en cuyo caso se trata de una prueba de liberación.

En la doctrina se considera para que esta remisión tácita tenga lugar, el cumplimiento de varios requisitos:

a) La entrega del título o instrumento original, continente de la deuda, debe ser voluntaria, lo que excluye el dolo y la violencia, la efectuada por error, la pérdida del instrumento o título.

b) La entrega debe corresponder al instrumento privado original donde aparece la aceptación del deudor, y también la del acreedor si se corresponde al contrato bilateral. Debe tratarse del documento privado, pues el acreedor quedará sin la prueba de la obligación por haberla remitido al deudor.

c) La entrega de ese título o instrumento original (privado) debe ocurrir por el acreedor.

d) La entrega del título o instrumento original debe efectuarse al deudor, al coobligado o al mandatario.

La remisión (de la deuda) efectuada al deudor origina los mismos efectos jurídicos que el pago, en relación a sus herederos y a los codeudores solidarios; mientras que la remisión hecha al deudor principal libera a los fiadores, pero la efectuada al fiador no beneficia al deudor; y, asimismo, la remisión efectuada a uno de los fiadores no beneficia a los otros fiadores, sino solo en la medida de la parte que corresponde al fiador que haya obtenido la remisión. Asimismo, extinguida la obligación principal, queda extinguida la accesoria; pero la extinción de esta no comprende la de la principal.

7.4. TRANSACCIÓN

La transacción es un contrato, o también un acto jurídico bilateral, por el cual las partes, mediante recíprocas concesiones terminan un litigio pendiente o precaven un litigio eventual.

Tal y como se puede apreciar, hay referencia a todo asunto que esté o no pendiente ante los tribunales, que puede terminare por transacción, pero todo asunto también comprende al contrato, a determinados contratos. Si la cuestión no está pendiente en fase judicial, las partes pueden precaver el litigio eventual mediante el contrato de transacción, e igualmente si está pendiente ante el órgano jurisdiccional. En consecuencia, tenemos un doble efecto en el contrato de transacción: como creador de obligaciones recíprocas y extintivo de obligaciones. En este caso, normalmente, en la transacción se producirá un efecto, consistente en la extinción de obligaciones como contenido del continente contractual.

Esas concesiones recíprocas denotan que cada parte está obligada a desprenderse de alguna prestación en beneficio de la otra y viceversa; pues sin reciprocidad no hay transacción. Esta extingue los derechos y obligaciones que las partes hayan renunciado.

La transacción es un contrato liberatorio. Sin embargo, se ha negado la contractualidad de la transacción. CARNELUTTI niega la contractualidad de la transacción porque no existe el *duorum in idem placitum consensus*[171]. Las dos partes en la transacción, renunciando parcialmente a la pretensión, y, parcialmente reconociéndola, no quieren la misma cosa; los dos negocios son heterogéneos, no homogéneos. Hay, en realidad, dos negocios coligados, pero no fundidos. La renuncia y el reconocimiento están recíprocamente condicionados; la renuncia al reconocimiento y el reconocimiento a la renuncia.

Observa Antonio GULLÓN BALLESTEROS, citando a CARNELUTTI[172], que la tesis de este es exacta en lo que respecta a la disección que hace del interior de la transacción, pues en ella efectivamente hay renuncia y reconocimiento de pretensiones, y en algunos casos, creación de otros contratos. ¿Pero puede ello servirnos para negar que exista un contrato de transacción, porque falta la identidad del objeto que persiguen las partes? De ningún modo. En toda transacción la causa se halla en la composición de un litigio o controversia, pero el presupuesto u objeto lo constituye la realidad de una relación jurídica que encuentra obstáculos para desenvolverse por el hecho de la controversia. En efecto, la transacción hecha conforme lo exige la ley cumple con los requisitos, como son: capacidad de parte de quien se obliga en la transacción, objeto o cosa cierta y posible que sirva de materia a la obligación (objeto que pueda ser materia de contrato), y causa justa (la eliminación de la controversia mediante recíprocas concesiones con fundamento en la ley, pero

---

171 La noción de contrato se extiende, en cierto modo, a todo acuerdo de voluntades con eficacia jurídica; denominándose contrato al consentimiento de dos o más sujetos sobre un mismo objeto ("*duorum vel plurium in idem placitum consensus*", según la definición de ULPIANO), que vincula jurídicamente a las partes, produciendo, de tal forma, derechos y obligaciones recíprocas la mayoría de las veces cuando el contrato es sinalagmático o bilateral.

172 ¿La transacción es un contrato? *Revista de Derecho Privado*, vol. 1, pp.188-189.

no siempre lo justo es legal ni lo legal es justo)[173]; debiendo incluirse como cuarto requisito *el consentimiento* pues además de las anteriores condiciones indispensables para la validez de las obligaciones en general, para las que nacen de contrato se requiere el consentimiento y el cumplimiento de las solemnidades que la ley exija.

A través de la transacción los contratantes pueden:

(i) Poner término al contrato en el litigio pendiente (acto judicial), pues las partes podrán hacer valer la transacción del derecho en litigio mediante escrito en que conste el convenio, o mediante la suscripción de un acta ante el juez. Este se limitará a examinar la concurrencia de los requisitos que exige la ley para la validez de la transacción, y hará o no la homologación de modo motivado. La negativa a la homologación denota que el procedimiento continúa.

Renunciar a un derecho, sin que medie recíproca concesión, que está en disputa tampoco califica al acto como transacción, sino que se traduce en un *desistimiento*, o en renuncia de los derechos. En la primera hipótesis, se puede desistir de la demanda, pues tratándose del proceso ordinario, si se hiciere después de la contestación, se necesitará que el desistimiento sea aceptado por la parte contraria. Si se hiciere unilateralmente, se dará audiencia a la parte contraria, bajo el apercibimiento de tenerlo por aceptado si guardare silencio.

(ii) A través de la transacción también pueden las partes precaver un litigio eventual mediante autocomposición extrajudicial. En este caso, los con-

---

173 Entre lo jurídico y lo justo siempre existe notable diferencia. Lo justo y el Derecho no son lo mismo, pero entre ellos, necesariamente y por la propia naturaleza humana, mal pueden existir distancias insalvables puesto que el Derecho debe estar subordinado a la justicia, a la cual tiene siempre que servirla.

O como se escribe, la justicia es un valor esencialmente humano y social. Lo primero, porque tan solo puede predicarse, con propiedad, respecto de las acciones de los hombres. Se puede afirmar que la sentencia de un juez es justa o injusta, o que la reclamación de una deuda por el acreedor está o no justificada. No tiene sentido, por contra, decir que un árbol es justo, o que el tigre que devora a su presa es injusto. Es cierto que en el lenguaje literario algunos poetas pueden proyectar el atributo de la justicia al modo de ser o de producirse de las cosas o animales, pero se trata siempre de metáforas. La justicia implica una relación deóntica, es decir, entraña un "deber ser" y, precisamente, lo que caracteriza a las acciones humanas es la tensión entre el "ser" y el "deber ser". La justicia representa un valor, un ideal de comportamiento al que las personas "deben" tender, pero sin que ello implique que todas las acciones humanas "sean" necesariamente justas. La justicia, además, es un valor social, se refiere a comportamientos o actos de una persona que afecta a otras personas. La justicia exige la concurrencia de, al menos, dos sujetos y la existencia de relaciones entre ellos (PÉREZ LUÑO, Antonio-Enrique: *Teoría del derecho una concepción de la experiencia jurídica*, ed. Tecnos, Madrid, 2008, p. 214).

tratantes mediante el contrato de transacción evitan un litigio eventual, es decir, contingente, imprevisto, fortuito, posible, que depende de las circunstancias, que todavía no existe y por eso es eventual. En el caso de la renuncia en referencia, la renuncia del derecho puede hacerse en cualquier estado del proceso, sin que sea necesaria la conformidad de la parte contraria, y el juez dará por terminado el proceso previo examen de la naturaleza del derecho discutido, sin que pueda promoverse nuevo proceso con el mismo objeto y causa.

No es transacción el acto que solo consiste en la renuncia de un derecho que no se disputa, pues la renuncia consiste en el abandono que una persona realiza o se desprende por la dejación de un derecho. La sola renuncia a una parte de lo que se disputa no es determinante para calificar al acto.

El contrato de transacción supone como requisitos de su formación las exigencias siguientes: a) La concurrencia de las condiciones para la validez del contrato; b) la existencia actual o futura de una desavenencia, disputa o desacuerdo entre las mismas; y, c) la reciprocidad de concesiones o de sacrificios por parte de cada uno de los contratantes, pues se obligan (recíprocamente) a dar, hacer o no hacer alguna cosa. Es la renuncia total o parcial que hacen las partes de sus pretensiones, para poner término a un litigio pendiente o evitar un litigio eventual. Esta es la circunstancia que distingue la transacción de la simple renuncia de un derecho, de la remisión de una deuda, del desistimiento.

Naturalmente que la transacción como contrato bilateral, en donde cada parte hace concesiones, tiene que verse afectada por la resolución judicial, cuando una de ellas no cumple su compromiso en tanto que la otra sí lo ha cumplido u ofrecido eficazmente cumplir[174]. El contrato de transacción no está excluido por ley de algu-

174 Ante la importancia de este tema, volvemos a insistir en que al vocablo "eficazmente" le concedemos la significación de lograr hacer efectivo un propósito: garantizar a la otra parte el cumplimiento de la prestación, de la obligación, a que se obligó. Si una de las partes no ejecuta su obligación, la otra puede a su elección, resulta comprensivo que el demandante debe haber cumplido su obligación a menos que no le sea exigible todavía. Se trata de una sanción o de una defensa, como se afirma en la doctrina, según sea la posición adoptada respecto del fundamento del instituto y de su naturaleza jurídica, el mecanismo resolutorio solo puede ser ejecutado por quien ha cumplido con las prestaciones que tenía a su cargo, o por quien ofrece cumplir prestaciones pendientes (sin hallarse en mora por no ser aún exigibles), ante la inejecución de la contraparte. Es precisamente la función de la resolución que autoriza quien ejecutó o estuvo dispuesto a cumplir lealmente, a tornar ineficaz el vínculo nacido del contrato, a desvincularse, ante la inejecución del deudor.

De no haber cumplido todavía el demandante, el ofrecimiento eficaz de cumplir constituye una posibilidad cierta, segura o garantizada de que cumplirá. Si no ha cumplido el accionante, el motivo de justificación que se puede encontrar está en que la otra parte no ha querido o podido cumplir, siendo un riesgo para esta ejeno de los efectos de la resolución del contrato, y es obvio que la parte afectada por el incumplimiento de la otra pueda solicitar la terminación de la *relación contractual u obligatoria*.

¿Es procedente la rescisión de la transacción? En la doctrina se considera que la rescisión procede por causa de lesión y a falta de otra acción que permita la supresión del daño causado, dado su carácter subsidiario (cfr. V.5.5).

La ley no reconoce la lesión como causa de ineficacia de los contratos, pues estos son actos especulativos y cada quien está en libertad de hacer malos negocios. En cambio, en la partición no hay especulación, pues su finalidad es sustituir derechos preexistentes por bienes concretos, a través de un procedimiento basado en la igualdad de las partes que intervienen en ella y sin que las mismas ganen ni pierdan absolutamente nada. Desde luego, la estricta aplicación del referido principio de igualdad entre los copartícipes, debería traducirse en el sentido de que toda partición tuviera que ser manifiestamente exacta, para poder escapar a la rescisión, lo cual sería sumamente difícil o incluso imposible, en la generalidad de los casos. Entonces, a los efectos de conciliar tal aspiración de igualdad de trato, con la conveniencia de mantener la validez de las particiones, el legislador se ha pronunciado por considerar irrelevante un margen de lesión equivalente a la cuarta parte del valor de la cuota de cada copartícipe[175].

La transacción, como contrato, genera consecuencias que demuestran la fuerza obligatoria del mismo; especificadas en la doctrina como extintivas y declarativas.

a) *Extintivas.* La transacción extingue los derechos y obligaciones que las partes renuncian y tiene para con estas la autoridad de la cosa juzgada. La transacción judicial tiene entre las partes los mismos efectos que la sentencia definitivamente firme.

b) *Declarativas.* Se admite que por la transacción no se transmiten, sino que se declaran o reconocen derechos que hacen al objeto de las diferencias sobre las que ella interviene; que la declaración o reconocimiento de esos

---

cutar la prestación, máxime si posteriormente no puede recuperarla. Por eso, el ofrecimiento eficaz de cumplir puede permitir a las partes el mantenimiento en vigencia del contrato en cuya celebración ha existido un interés especial y, de no ser posible esto último, entonces se impide que la otra parte de *buena fe* resulte afectada en sus intereses patrimoniales y, de consiguiente, pueda obtener la terminación y extinción del contrato como medio de excepción derogatorio del derecho común (las obligaciones deben cumplirse). La buena fe obliga a ambos contratantes y en consecuencia, el contratante que invoque el incumplimiento del otro pidiendo la terminación del contrato, debe ser leal en el cumplimiento de la obligación que ha asumido.

175 LÓPEZ HERRERA, Francisco: Derecho de Sucesiones, Universidad Católica Andrés Bello, Caracas, 1994. pp. 893-894.

derechos no obliga al que la hace a garantirlos (a menos que voluntariamente garantice), ni le impone ninguna responsabilidad en caso de evicción (vid. 7.8 *infra*), ni forma un título propio en que fundar la prescripción. No obstante, la responsabilidad por evicción es consagrada en algunas legislaciones en determinadas circunstancias, v. gr., cada socio es deudor a la sociedad de lo que ha prometido aportar a ella. En cuanto a las cosas ciertas y determinadas que haya aportado a la sociedad, es también obligado en caso de evicción al pleno saneamiento de los daños y perjuicios (art. 1220 CCcr).

7.5. NOVACIÓN

La novación[176] consiste en un contrato por medio del cual se sustituye un nuevo deudor, en lugar del primitivo, y su efecto es extinguir la obligación anterior y la sustitución por una nueva obligación[177]. La novación tiene lugar cuando se verifica el reemplazo de una obligación por otra. Existe interdependencia entre la eliminación de la obligación preexistente y la creación del nuevo vínculo, pues aquella se extingue precisamente para ser sustituida por este. Ambos efectos son inseparables, se presuponen recíprocamente, ninguno de ellos puede obtenerse en forma aislada del otro. La extinción de la primera relación jurídica queda subordinada al nacimiento de la siguiente. De no ser así, se produce un simple reconocimiento de deuda.

Sin embargo, en la doctrina no existe acuerdo sobre la naturaleza jurídica de la novación. La novación es un contrato, pero existe disentimiento sobre esta concepción. Parte de la doctrina muestra desacuerdo. Afirma tratarse de un acto jurídico bilateral pero no explica por qué. Se afirma que el *acto jurídico* es el hecho, humano, voluntario o consciente y lícito, que tiene por finalidad inmediata establecer entre las personas relaciones jurídicas, crear, modificar o extinguir derechos y obligacio-

---

176 En el Digesto, Justiniano, 46, 2, 1, se define la novación, así: *Novatio est prioris debiti in aliam obligationem (vel civilem vel naturalem) transfusio atque translatio, hoc est, cum ex precedenti causa ita nova constituatur, ut prior perematur; novatio enim a `novo' nomen accepit, et a 'nova' obligatione;* significando - según la tradición interpretativa - que la novación es la transfusión y traslación de una deuda anterior en otra obligación civil o natural, cuando por motivo o razón de otra causa precedente se constituye una nueva, de modo que se extinga la primera; porque la novación recibió su nombre de la palabra 'nueva', y de obligación nueva.

177 La novación es un contrato que tiene por objeto extinguir una obligación y crear otra nueva que la sustituya. La novación puede darse sustituyendo una obligación entre las mismas partes, cambiando de deudor o cambiando de acreedor (art. 1329 CCf de 2016).

La extinción de la obligación antigua se extenderá a todos sus accesorios. Por excepción, las garantías originarias podrán reservarse para asegurar la nueva obligación con el consentimiento de los terceros garantes (art. 1334 *idem*).

nes. El acto jurídico produce una modificación en las cosas o en el mundo exterior porque así lo ha dispuesto la ley. Para que se dé el acto jurídico no basta con que existan un sujeto y un objeto con capacidad. Se necesita algo que los ponga en relación, estableciendo un lazo o un vínculo que los una, haciendo pasar la relación jurídica del estado de posibilidad al estado de existencia. Este tercer elemento es un hecho, que por ser productor de efectos jurídicos se denomina hecho jurídico, cuando tal hecho procede de la voluntad humana recibe el nombre de acto jurídico. Desde luego que la novación es un contrato, más aún cuando no solo el acto jurídico se limita a crear entre las personas relaciones jurídicas, modificar, sino también a extinguir derechos y obligaciones.

En ese contexto, el CCf en su reforma de 2016 resulta explícito al definir la novación como con un contrato: La novación es un contrato que tiene por objeto extinguir una obligación y crear otra nueva que la sustituya. La novación puede darse sustituyendo una obligación entre las mismas partes, cambiando de deudor o cambiando de acreedor (art. 1329). La novación no se presume; la voluntad de realizarla deberá derivarse claramente del acto (art. 1330).

En observancia a lo anotado, dos tipos de novación se admiten: la objetiva y la subjetiva, mostrando cómo en algunos casos se genera la extinción de la obligación.

(i) La *novación objetiva* tiene lugar cuando se introducen en la obligación, sin mudarse los sujetos, cambios de tal trascendencia que configuran por sí una relación jurídica distinta. Debe producirse una alteración sustancial, pues "una obligación nueva que no transforma ni desnaturaliza la anterior no importa una novación"; pues como se admite, las estipulaciones y alteraciones en la primitiva obligación que no hagan al objeto principal, o a su causa, como respecto al tiempo, lugar o modo del cumplimiento, serán consideradas como que solo modifican la obligación, pero no que la extinguen. Ejemplo de lo anotado es el artículo 1329 del nuevo CCf en la parte que preceptúa: "La novación puede darse sustituyendo una obligación entre las mismas partes...".

(ii) La *novación subjetiva* tiene lugar cuando se verifica el reemplazo de alguno de los sujetos de la obligación, v. gr., "La novación puede darse sustituyendo una obligación entre las mismas partes, cambiando de deudor o cambiando de acreedor" (alcanza tanto la novación objetiva como la subjetiva, cfr. art. CCf de 2016).

La novación subjetiva comprende dos subclases: por cambio de acreedor y por cambio de deudor. También puede ser conjunta (activa y pasiva) cuando se opera la sustitución de acreedor y deudor. La novación por cambio de acreedor, tiene lugar en el caso de haberse hecho con consentimiento del deudor el contrato entre el acreedor precedente y el que lo sustituye, pues si el contrato se hace sin consentimiento del deudor no hay novación, sino cesión de derechos («Art. 1333.- La novación por cambio de acreedor requiere el consentimiento del deudor. Este podrá, de antemano, aceptar que el nuevo acreedor sea designado por el primero, art. 1333 CCf de 2016); y viceversa, es decir, cuando el acreedor libra de su obligación al deudor, admitiendo un nuevo deudor en reemplazo del primero, y en esta hipótesis "La novación por cambio de deudor podrá realizarse sin el concurso del primer deudor" (art. 1332 *eiusdem*).

La novación como contrato requiere, en consecuencia, la existencia de los requisitos siguientes:

a) Una *obligación preexistente* que es sustituida por la nueva, pues en caso contrario la novación carece de causa. Este principio se encuentra formulado así: La novación se efectúa cuando, por cambio de objeto, o por cambio de causa, se contrae una nueva deuda en sustitución de la antigua, que queda extinguida.

b) *Creación de una nueva.* La subsistencia del primer nexo obligatorio o su extinción sin creación de un nuevo vínculo no opera novación. Como en este caso la obligación afectada es la subsiguiente, la suerte de la novación quedará supeditada a la actitud de la parte a cuyo beneficio fue establecida la nulidad (colocándonos, por supuesto, en la hipótesis de que esta sea relativa): si el interesado la hace declarar, deja de existir la obligación y arrastra consigo a la novación; si, por el contrario, no ejercita dicha prerrogativa, por tratarse de un acto susceptible de confirmación, la novación quedará consumada. En el primer supuesto la antigua obligación debe renacer; el acreedor renuncia a ella solo porque otra viene a ocupar su lugar. El principio expuesto deja de tener vigencia si fue intención de las partes sustituir definitivamente, y pese a todo, el anterior nexo por la obligación vulnerable en cuyo caso, como lo reconoce la doctrina, aun sobreviniendo su invalidez, la extinción de la relación preexistente permanecerá firme.

c) *El animus novandi* o la intención de novar, de manera que no quede duda de la intención de novar. El deliberado y común propósito de los intervinientes de sustituir una obligación por otra, es decir, la necesidad de que la voluntad de las partes se manifieste claramente en la nueva convención. Es por esto que la novación no se presume. Es indispensable que la voluntad de hacerla resulte claramente de los términos del nuevo contrato, o de los hechos acaecidos entre las partes. En consecuencia, en la duda corresponde excluir su existencia. La simple indicación hecha por el deudor de persona que deba pagar por él, no produce novación. La delegación, aunque obliga directamente al delegado para con el acreedor que lo acepta, no produce novación por sí misma, sino cuando es acompañada o seguida de descargo total hecho de un modo expreso por el acreedor en provecho del delegante.

Para la doctrina, la novación posee una singular dualidad: a su efecto extintivo une su función creadora. Aquel resultado es decisivo: la obligación primera fenece *novatione tollitur obligatio*, "queda completamente extinguida, *erga omnes*", y con ellas sus accesorios y las garantías que lleva aparejada, sin supeditarse al efectivo cumplimiento de la nueva (*obligatio semel extincta non reviviscit*); el vínculo que la suplanta tiene una vida jurídica propia e independiente, no le alcanzan los vicios del anterior ni puede valerse, en principio, de sus seguridades. Desaparecido el nexo precedente queda purgada la mora en que hubiese incurrido el deudor o el acreedor y extinguidos *ipso iure* los intereses no comprendidos en la nueva obligación. Se trata de corolarios lógicos de la extinción operada: en el caso de la mora, ella supone una prestación incumplida; en cuanto a los intereses, es una consecuencia natural de su carácter accesorio.

d) *La capacidad de contratar*, es decir, capacidad de disponer pues con la novación se está disponiendo del crédito. Siendo así, la novación dará lugar a que si el deudor estaba en mora, deja de estarlo, el plazo de prescripción se extingue y empieza a correr otro nuevo con la nueva obligación, no hay ninguna responsabilidad con la nueva obligación, se extingue la prenda y la hipoteca que estaban con la primera obligación, y la novación libera a los codeudores solidarios que no hayan accedido a la nueva obligación.

Así, la novación no se presume pues se requiere que la voluntad de efectuarla aparezca claramente expresada. De este modo la novación se verifica cuando: 1. El deudor contrae para con su acreedor nueva obligación en sustitución de la anterior, la cual queda extinguida. 2. Un nuevo deudor se sustituye al anterior dejando el acreedor a este libre de su obligación. 3. En fuerza de nueva obligación, un nuevo acreedor se sustituye al anterior, quedando libre el deudor para con este.

Los requisitos antes apuntados, de cumplirse hacen aparecer la terminación y extinción de la relación obligatoria. En el primer caso, cuando el deudor contrae para con su acreedor nueva obligación en sustitución de la anterior, esta queda extinguida. Se comprende que si la obligación es única en la relación contractual, el contrato que la contiene queda terminado y extinguido de modo tácito pues la relación contractual estará totalmente vacía de contenido. En cambio, si solamente es una de las varias obligaciones obviamente que la extinción operará para la sustituida y hasta allí.

En la segunda hipótesis, cuando un nuevo deudor se sustituye al anterior dejando el acreedor a este libre de su obligación. En tal situación el contrato, continente del deudor sustituido, termina para este de manera directa y tácita, siempre que, como en la hipótesis anterior, la obligación sea única en la relación contractual, continuando la relación obligatoria con el nuevo deudor o sustituto. En esta hipótesis se entiende que la sustitución es total y, por tanto, el anterior deudor no tiene más obligaciones para con el acreedor primario que se concebirá con el nuevo deudor sustituto.

En cuanto a la tercera hipótesis, cuando, en fuerza de nueva obligación, un nuevo acreedor se sustituye al anterior, queda libre el deudor para con este. Es de considerar que el contrato continente de la obligación termina para el acreedor sustituido, pues ya no tiene la acreencia que tenía con el deudor, al haber sido sustituido totalmente. Y es comprensible que sea así puesto que se habla de sustitución del acreedor primigenio por uno nuevo.

La novación está considerada como un modo de extinción de las obligaciones. Si no existe la primera deuda, falta una de las condiciones esenciales de la novación. La propia definición de la novación implica que hay una relación obligatoria que ha de transformarse. El acreedor no ha tenido la intención de renunciar gratuitamente a su derecho. La extinción de su crédito está subordinada a la creación de una deuda nueva. Por tanto, si esta no nace, la novación no tiene lugar y subsiste el crédito que se quería extinguir. Así ocurre si la nueva obligación fuese alcanzada por una nulidad radical o absoluta. Asimismo, si la nueva obligación depende de una condición suspensiva, la novación no se produce sino cuando se realiza la condición. Como siempre puede crearse una deuda nueva al lado de una antigua. La intención de novar se afirma por la voluntad de extinguir la obligación primitiva. Por tanto, si el acreedor no ha consentido en perder su primera acción, ambas obligaciones coexistirán; habrá, desde luego, la creación de una deuda, pero sin la extinción correlativa de otra deuda. En la novación el deudor antiguo es liberado y un nuevo deudor se obliga en su lugar con respecto al acreedor. El cambio de objeto está considerado hoy como uno de los mejores ejemplos de novación[178].

No es una mera transformación del derecho de crédito por el cambio operado en uno de sus elementos constitutivos o accesorios, sino la constitución de un nuevo derecho de crédito, sobre la base y con la esencia de una precedente relación obligatoria que queda extinguida; o más precisamente: la extinción de una obligación mediante la constitución de una obligación nueva que sustituye a la anterior. Se trata simplemente de un acto que, sustituyendo una obligación existente por otra nueva, crea un nuevo vínculo obligatorio y extingue otro cuyo contenido absorbe aquel total o parcialmente, siendo ambos vínculos distintos aun siendo idénticos sus contenidos. Es la novación un acto de eficacia compleja que se basa en una voluntad dirigida a extinguir un crédito, creando otro nuevo, siendo en él decisiva la voluntad del acreedor de la primitiva obligación, para el cual la nueva funciona como cumplimiento de la primera[179].

Es evidente que como la novación extingue la obligación principal con sus accesorios y las obligaciones accesorias; cumplidas que sean las exigencias *ex lege* para que la misma tenga lugar, la terminación y extinción del contrato se origina sin necesidad de ninguna declaración adicional.

178 RIPERT y BOULANGER, ob. cit., vol. 5.pp. 496-501.

179 DE RUGGIERO, Roberto: Instituciones…, ob. cit., vol. 2, pp. 219-220.

7.6. PÉRDIDA DE LA COSA DEBIDA

De modo genérico, se trata de la imposibilidad sobrevenida de la prestación. Las obligaciones deben cumplirse exactamente como han sido contraídas, pero puede suceder, obviamente, que no solo ocurra lo contrario (no pueda cumplirse de modo exacto), sino que la *cosa determinada*[180] - que debe entregarse - perece o queda fuera del comercio, o se ha perdido; o como disponen los artículos 1351 y 1351-1, CCf de 2016: "La imposibilidad de cumplir la prestación liberará al deudor por la cantidad concurrente cuando proceda de un caso de fuerza mayor y sea irremediable, a menos que haya convenido hacerse cargo de ella o haya sido requerido" (art. 1351): y, "Cuando la imposibilidad de cumplimiento resulte de la pérdida de la cosa debida, el deudor requerido quedará no obstante liberado si prueba que la pérdida se habría producido igualmente si la obligación se hubiere cumplido. No obstante, está obligado a ceder a su acreedor los derechos y acciones inherentes a la cosa" (art. 1351-1).

La cosa se pierde cuando queda fuera del comercio, de modo que se ignora su existencia o no se puede recobrar, de modo que se ignora su existencia o no se puede recuperar. Se ha escrito, en la doctrina, que por consiguiente, tres son las posibles hipótesis observadas de pérdida de la cosa debida. Una, la pérdida o desaparición de la misma, porque se ignora su existencia o no se puede recuperar la cosa que se debía entregar, caso este que parece referirse al hurto como a la disposición a favor de tercero de quien no se puede recuperar; otra, el perecimiento o destrucción, de modo fortuito como por causa imputable a un tercero; y la tercera, quedar fuera del comercio o la imposibilidad legal o jurídica que impide la entrega de la cosa debida, o, en general, el cumplimiento de la prestación debida. Cuando el perecimiento o destrucción se debe a un tercero, o la desaparición, surge entonces la cuestión de a quién corresponden la acción contra el tercero responsable de la pérdida: al deudor o al acreedor.

Al ocurrir cualquiera de esos supuestos fácticos, la obligación se extingue si la cosa ha perecido o se ha puesto fuera del comercio o perdido, sin culpa del deudor y antes de que haya incurrido en mora. Aun cuando el deudor haya incurrido en mora, si no ha tomado a su cargo el peligro de los casos fortuitos (cfr. 7.11 *infra*), se

---

180 Obligación de especie o cuerpo cierto es aquella en que el objeto de la prestación es una cosa determinada por sus caracteres propios, que la distinguen de todas las demás, incluso de las de su mismo género o especie. Esto tiene aplicación a las obligaciones de hacer pues se refiere a la entrega de *cosa determinada,* que constituye el objeto de la obligación, y cuya conducta por el deudor se refiere a una conducta diferente a la de transmitir la propiedad u otro derecho real. Si se hace imposible hacer la entrega, la obligación quedará extinguida. No hay duda de que cuando una obligación pierde su objeto necesariamente deja de existir. Sin embargo, para que esto ocurra, la imposibilidad debe ser total y posterior a la celebración del contrato, porque si hubiese sido anterior la obligación nunca habría existido por carecer de objeto.

extingue la obligación, si la cosa hubiera perecido igualmente en poder del acreedor, en el caso de habérsele entregado. El deudor está obligado a probar el caso fortuito que alega. De cualquier manera que haya perecido o se haya perdido una cosa indebidamente sustraída, su pérdida no dispensa a aquel que la ha sustraído de restituir su valor.

Esa forma o modo de extinguir obligaciones, tiene su fundamento en el principio de que nadie puede estar obligado a ejecutar cosas imposibles, significándose así que desde el momento en que el cumplimiento de la obligación se hace imposible, física o legalmente, el deudor queda liberado de cumplir su obligación que en su nacimiento era realizable, pero mientras estaba pendiente su ejecución aparecieron ciertos eventos, acontecimientos o sucesos que le dieron el carácter de imposible.

En la doctrina alemana e italiana el tratamiento que se da al incumplimiento de las obligaciones, en torno a la imposibilidad sobrevenida de la prestación, admite que fuera de tal tratamiento el incumplimiento cae en el marco del criterio subjetivo del comportamiento del deudor. Por esto se ha dicho que el genuino incumplimiento obligacional se circunscribe al caso en que la prestación deviene imposible, esto es, cuando objetiva o subjetivamente la conducta debida no es viable realizarla en los términos que fueron contemplados en el programa prestacional. El hecho que determina *a posteriori* la imposibilidad de dar cumplimiento a la prestación debida puede ser por completo ajeno a la voluntad del deudor o venir determinado por el querer de este. En uno y otro caso se produce la misma consecuencia objetiva que consiste en que ya no es posible que la relación obligatoria llegue a su fin en la forma en que fue configurada a la hora de su constitución o nacimiento. Deseándolo o no el deudor, lo cierto es que, en cualquier caso, se ha derivado hacia una situación en que ya no permite la plasmación del vínculo tal como fue originariamente diseñado. La imposibilidad sobrevenida debe ser objetiva, para resaltar que no bastara cualquier insuficiencia, malestar o inconveniencia del deudor, sino que el hecho atinente a la persona del deudor y que obstruye las realización del vínculo obligatorio debe ser de tal naturaleza que no solo le genere mayores o menores molestias, problemas y erogaciones, sino que de manera básica y obligada le impide "objetivamente" cumplir lo prometido. Es decir, resultará intrascendente distinguir entre imposibilidad objetiva y subjetiva, pues para que quepa hablar de propia imposibilidad, capaz de extinguir la obligación y liberar al deudor, deberá tratarse siempre de un acontecer que torne irrealizable, y no meramente dificultoso y complicado, el comportamiento a observar por el deudor. Lo que equivale a decir que toda imposibilidad es, por definición misma, imposibilidad objetiva[181]

Por lo general, se admiten varios requisitos para que la pérdida de la cosa origine la extinción de la obligación:

---

181 MONTES, Ángel Cristóbal: El incumplimiento..., ob. cit., pp. 23-33.

1. Imposibilidad sobrevenida

La imposibilidad ha de ser sobrevenida, es decir, que no exista en la celebración del contrato, sino que aparece con posterioridad a este; pues, de lo contrario, se estará en presencia de un supuesto de nulidad de la obligación o del contrato, en cuanto a que la posibilidad, como se admite, es uno de los requisitos de la prestación como objeto de la obligación y del contrato.

2. Que la imposibilidad de cumplir sea fidedigna

Esta exigencia indica que la imposibilidad no se corresponda o encubra en una dificultad para cumplir la prestación (*difficultas praestandi*), por onerosa que sea para el deudor; pues entonces no se habla en propiedad de imposibilidad sino de dificultad en el cumplimiento de la prestación prometida. La imposibilidad no es solo del deudor, sino que también puede referirse al acreedor, no obstante existir determinados casos en los cuales se afecta únicamente al deudor, como acontece en las obligaciones o contratos *intuitu personae.* Incluso se habla de que la imposibilidad debe ser definitiva.

En la doctrina se admite que la imposibilidad de la prestación extingue la obligación, cuando se trata de una imposibilidad debida a una causa ajena al ámbito de responsabilidad del deudor. Significa la imposibilidad no imputable, pues si la pérdida o destrucción, o en general, la imposibilidad de la prestación, se debe a culpa del deudor, entonces no habrá extinción de la obligación sino un incumplimiento imputable que dará lugar a las consecuencias correspondientes, entre ellas a la indemnización de daños y perjuicios, toda vez que conceptualmente no es posible una ejecución forzosa específica que permita la obtención de la cosa debida, en la medida y cuantía que corresponda en atención a la causa del incumplimiento, es decir, no hay liberación del deudor por extinción de la obligación, sino que el deudor continúa obligado. A esta subsistencia de la obligación cuando la imposibilidad de la prestación se debe a culpa del deudor se la ha llamado tradicionalmente *perpetuatio obligationis,* denominación con la que se quiere significar que la obligación subsiste, solo que se transforma el objeto de la misma, cambia la prestación.

Cuando la imposibilidad de la prestación se deba a la intervención de un tercero sin culpa del deudor, determina la extinción de la obligación. En esta hipótesis, al acreedor corresponderán las acciones que el deudor tuviera contra el tercero causante de la pérdida o destrucción. Algunos entiende que luego de extinguida la obligación, se origina una subrogación legal y automática del acreedor en la posición jurídica que el deudor tenía frente al tercero; y que está en presencia de un supuesto de legitimación extraordinaria operada por ministerio de la ley, para aminorar el perjuicio que el acreedor recibe por la extinción de la obligación; mientras otra parte de la doctrina sostiene que se está en presencia de un supuesto de cesión de acciones por el deudor y no una legitimación automática. La justificación de la medida se encuentra en que si el acreedor debe soportar el riesgo de la pérdida o imposibilidad fortuita o debida a tercero, debe también corresponderle a él los medios para resarcirse del daño por tal pérdida sufrida; razón por la cual se habla de cesión del *commodum representationis*.

Se discute también en relación a la pérdida de la prestación por caso fortuito, sin que haya mediado hecho o culpa del deudor, o de las personas de quienes es responsable. Que la pérdida haya ocurrido por caso fortuito, es decir, una causa extraña no imputable. Existe una tendencia en la doctrina de no establecer diferencia entre *caso fortuito* y *la fuerza mayor*, en su concepto ni en sus efectos, excepto en algunos casos; indicándose que el caso fortuito se refiere a los hechos ordinarios y la fuerza mayor a los extraordinarios. Los primeros como los que racionalmente son previsibles, mientras que los segundos como aquellos que no son racionalmente previsibles; dando como ejemplo de los primeros la escarcha y el granizo, y de los segundos inundaciones súbitas, devastaciones de guerra, los hechos intempestivos. Pero también se considera que aun cuando ambos eventos tienen los mismos efectos liberatorios para el deudor, que con el caso fortuito se resalta lo *imprevisible del acontecimiento*; mientras que la fuerza mayor sugiere la coacción ejercida sobre el deudor que le hace *irresistible el impedimento*.

A veces se les utiliza como sinónimos y se les considera dentro del concepto como "*causa extraña no imputable*". La "*imprevisibilidad*" e "*irresistibilidad*" son los requisitos de esta causa. "*Imprevisibilidad*": El acontecimiento que impide el cumplimiento no debe haber sido posible anticiparlo en su conocimiento por parte del deudor, en su necesaria conducta como la de un padre de familia, pues de lo contrario no está exento de culpa, v. gr., las inundaciones en época de lluvia que el deudor conoce que se producen en ciertas épocas del año, y no adopta el cuidado necesario para preservar la prestación debida. "*Irresistibilidad*": además de imprevisible, el evento debe resultar insuperable para el deudor, de tal manera que aun con el esfuerzo desplegado no pueda impedir los efectos del acontecimiento.

Sin embargo, cinco criterios de distinción pueden presentarse entre caso fortuito y fuerza mayor (VII.11), tales como: 1) El caso fortuito entraña un acontecimiento imprevisible y la fuerza mayor uno irresistible (PLANIOL-RIPERT y BOULANGER); 2) El caso fortuito se refiere a los hechos de la naturaleza y a fuerza mayor a los hechos del hombre, con consecuencias idénticas (SALVAT); 3) El caso fortuito es lo objetivo del hecho extraordinario y la fuerza mayor es el lado subjetivo de la imposibilidad de prever o evitar el hecho (COLMO); 4) El caso fortuito es el obstáculo menor que el otro, y consiste en la imposibilidad absoluta emanada de la irresistibilidad (COLIN y CAPITANT); y, 5) El caso fortuito es el acontecimiento producido en el interior del círculo obligatorio del deudor y la fuerza mayor es el hecho extraño a la persona de quien se obligó (JOSSERAND). Sin embargo, para BETTI, no es adecuado hablar de imposibilidad absoluta porque este calificativo confiere a la formula misma un énfasis que resulta absurdo e ineficaz para dar con exactitud el concepto; en cambio, si con el termino indicado quiere señalarse una especie de imposibilidad conceptualmente contrapuesta a otra que pueda calificarse de relativa, en tal caso no dudamos en calificar fundamentalmente a esta distinción, y ello, porque siempre que se habla en el plano jurídico de imposibilidad de la prestación, esta va siempre entendida en el sentido de que imposibilidad relativa a aquel tipo particular de relación obligatoria de la que la prestación de que se trata forma su especifico objeto[182].

A los efectos de la *doctrina del riesgo,* el caso fortuito se define, justamente, por contraposición a la *vis maior* y se caracteriza por dos notas esenciales, la indeterminación y la interioridad, cuyos contrarios, la determinación irresistible y la exterioridad, singularizan a aquella. La indeterminación característica del caso fortuito supone que la causa del accidente productor del daño es desconocida. Como decía HAURIOU expresivamente, se trata de una "falta de servicio que se ignora". El elemento esencial y el que da razón, incluso, del que acabamos de indicar, es el de la interioridad del evento por relación a la empresa o actividad en cuyo seno se presenta el daño; se trata, en efecto, de un evento directamente conectado al objeto dañoso, a su constitución, a su naturaleza íntima, al funcionamiento mismo de la empresa o servicio que integra ese objeto. Estos dos elementos faltan, por el contrario, en la fuerza mayor, que, como ya hemos notado, se caracteriza por sus contrarios, identificándose con una *causa extraña,* exterior por relación al objeto dañoso y a sus riesgos propios, ordinariamente imprevisible en su producción y, en todo caso, absolutamente irresistible, aun en el supuesto de que hubiera podido ser prevista (*cui humana infirmitas resistere non protest*)[183].

Se ha advertido que la fuerza mayor actúa algunas veces en forma definitiva, dando lugar a la extinción de la prestación del deudor, pero bajo el rigor de privarle del derecho a exigir la prestación reciproca; mientras que en otras ocasiones aparece operar de manera transitoria, retardando el cumplimiento de la obligación y eximiendo de la indemnización por mora; situación esta en que la obligación revive al cesar la actuación de la fuerza mayor, a menos que el contrato haya perdido su valor al no ser posible obtener la finalidad buscada por los contratantes. Se plantea, entonces, el tema de la imposibilidad temporal producida por el hecho involuntario, como circunstancia que imposibilita transitoriamente el cumplimiento de la obligación asumida por el deudor, pero que no impide a este su deber de cumplir, pero, ¿hasta qué momento es posible entender esa imposibilidad temporal que puede prolongarse en demasía?

Y, asimismo, se sostiene que el problema parece obtener oportuna respuesta en el caso de las obligaciones que deben cumplirse en tiempo determinado, en cuya hipótesis la imposibilidad temporal de nada vale porque el solo vencimiento del plazo prefijado por los contratantes, sin que el deudor haya cumplido, en principio

---

182 BETTI, Emilio: Teoría general..., ob. cit., vol. 1, p. 48.

183 GARCÍA DE ENTERRÍA, Eduardo y FERNÁNDEZ, Tomás Ramón: ob cit., vol. 2, pp. 382-383.

este queda constituido en incumpliente y el acreedor puede solicitar la resolución del contrato. Diferente puede resultar si la imposibilidad (fuerza mayor) hace que se demore o retarde el cumplimiento, habiendo el deudor realizado una actuación orientada a satisfacer el interés de su acreedor, de modo que no le ha sido posible ejecutar la prestación en tiempo oportuno, como puede ocurrir si el deudor ha empezado a realizar lo necesario para cumplir y ocurre la imposibilidad que perturba su actividad diligente y acontece el hecho involuntario, que impide, al llegar el momento temporal fijado para cumplir, el cumplimiento. Aquí hay una causa extraña excusable que, aun cuando le exime de cumplir en el momento exacto, no obstante le posibilita cumplir con retardo de modo justificado.

En segundo lugar, *que la pérdida de la cosa no sea por culpa del deudor*. Hasta ahora no se ha dado un concepto exacto o preciso sobre lo que es la culpa, siendo uno de los conceptos jurídicos más difíciles de precisar o definir; razón por la cual a veces se le confunde con la negligencia y otras con la imprudencia y hasta con el incumplimiento. Su realidad anfibológica hace que la doctrina y la jurisprudencia sostenga criterios disímiles. Para uno la culpa es la violación de una confianza legítima engañada (LEGEL), para otros la culpa es un error en la conducta (DE PAGE). SAVATIER dice que la culpa consiste en la inejecución de un deber que la persona debía conocer y observar.

Y por último, *que la pérdida de la cosa no sea por culpa de las personas de quienes es responsable el deudor*. La pérdida de la cosa por culpa de esta clase de personas no se considera a las mismas como terceros, pues estos son ajenos totalmente al concepto de "personas de quienes es responsable el deudor", aun cuando el hecho del tercero puede constituir una causa extraña no imputable. Se trata de la responsabilidad objetiva, la responsabilidad por el hecho de otro.

3. Que el deudor no esté constituido en mora

Se dice que la mora significa lo mismo que retardo o retraso en el cumplimiento de la obligación, pues el deudor ha debido haber cumplido y todavía no lo ha hecho.

Este concepto jurídico, como todos los conceptos jurídicos indeterminados, por ser concepto jurídico abierto, no limitado, permite que sobre la misma (la mora) se aporte pluralidad de nociones e interpretaciones, sin que se llegue al establecimiento de un concepto unívoco. ¿Qué es propiamente la mora? ¿En qué punto exacto se inicia? ¿Cuál es el límite que separa la mora o retardo del incumplimiento definitivo en las obligaciones recíprocas?

En el juego de las palabras, se denomina mora a la *tardanza* en cumplir una obligación, y tardanza es lo mismo que *demora*; mientras que esta significa retrasar o retardar el cumplimiento de la prestación, "dar largo al tiempo" para cumplir después; pero no toda tardanza es mora, v. gr., el arrendatario puede efectuar el pago dentro de determinado lapso temporal determinado en la ley, contado a partir del vencimiento del respectivo período de pago; lo cual significa, desde luego, que si el arrendatario dentro de este tiempo no paga incurre en retardo pero no en mora, pues esta se produce cuando el arrendatario deja de pagar habiendo transcurrido el lapso prefijado ex lege. En este supuesto el retardo se justifica al concederse plazo de gracia para cumplir. El retardo será, en la hipótesis, un *retraso* o tardanza en la satisfacción de la prestación debida, pero no objetivamente mora *debitoris*. Esta tendrá lugar transcurrido que sean los días establecidos en el plazo en comentario.

Mora y *retardo* son conceptos que no coinciden automáticamente. Se afirma en la doctrina que los términos "mora" y "retardo", aún cuando coinciden en principio, sin embargo no coinciden con carácter general; que hay retraso si llega el vencimiento de la obligación y el deudor incumple. La mora, en cambio, exige en algunos casos una *intimación*. El retraso por si solo es intrascendente desde el punto de vista jurídico, y solo cuando a aquel se agrega el hecho de la mora, aparecen consecuencias jurídicas y entonces tal "retraso" se eleva a la categoría de lesión del derecho de crédito y de violación de la relación obligatoria.

En la doctrina también se ha planteado, en un ángulo opuesto, que todo retraso ya es de por sí una infracción de los deberes que el deudor soporta y puede, por tanto, ocasionar responsabilidad. Según este criterio la mora no sería más que un retardo cualificado. Sin embargo, este criterio no es del todo exacto cuando se le contrasta con determinadas obligaciones en el ámbito arrendaticio, como en el caso de la obligación del arrendatario de pagar el arrendamiento en los términos convenios, y sin embargo cuando en la ley le da el derecho a pagar dentro de determinado lapso temporal a partir del vencimiento del respectivo pago, este tiempo constituye un plazo de gracia. El retraso por si mismo carece de relevancia para el Derecho - según se ha sostenido - y no despliega en este apenas efectos cuando el acreedor sigue teniendo interés jurídico en recibir la prestación, ya que esta conserva su total o, al menos, parcial utilidad. La presunción ("*iuris tantum*") a favor de la conservación del interés, lleva a la acertada consideración de que "no es posible la ejecución o la resolución del contrato por el simple hecho del incumplimiento o del retraso". El incumplimiento de la obligación debe ser grave y absoluto, de tal magnitud e importancia, que solo así se autorice la actuación del acreedor.

Se escribe que la mora es una figura jurídica que se halla a caballo entre el incumplimiento y el retardo, ya que sin suponer estrictamente un caso del primero constituye sin más una manifestación del segundo, parece obligado algún tipo de consideración sobre estas cuestiones antes de pronunciarnos sobre el tema clave en estudio, que no es otro que el de la necesidad de no constituir previamente en mora al deudor a la hora de demandar la resolución de un contrato por incumplimiento. Las obligaciones se establecen para que sean cumplidas en el lugar, del modo y en el tiempo convenidos, pues solo de esta manera tendrá plena y exacta realización el interés del acreedor contemplado a la hora de concluir el contrato. Si no se cumplen en el momento debido, pero, objetiva y subjetivamente cabe su ejecución posterior, estamos ante un supuesto de retardo que aunque no constituye, por propia definición, incumplimiento definitivo, ya que es posible todavía el cumplimiento retardado, nos lleva, sin embargo, al campo del incumplimiento *latu sensu* entendido, pues evidentemente, el programa obligacional no ha tenido verificación en los términos exactos en que fue concebido y concertado[184].

Para que el deudor pueda ser considerado en mora, la doctrina ha señalado ciertos requisitos:

a) Que la obligación contraída sea válida, cierta, líquida y exigible. *Valida*, en cuanto no sea anulable, nula, ni natural. El deudor no está obligado a ejecutar una prestación cuya obligación presente algunas de estas características. *Cierta*, es decir, que el deudor conozca a qué se ha obligado; *líquida*, significa que esté determinado el quántum de la prestación; y, *exigible*, que la obligación no esté sometida a condiciones suspensivas no cumplidas, a término, que haya sido en forma pura y simple.

b) Que la obligación sea posible de cumplir. Una obligación imposible de cumplir carece de valor jurídico y, por lo tanto, no puede incurrir en mora la persona cuya obligación de cumplir sea imposible. La obligación imposible o contraria a la ley o a las buenas costumbres es nula, y se reputa no escrita si es resolutoria.

c) Se requiere retardo injustificado, pues de no resultar así no es imputable al deudor y, por tanto, no hay lugar a mora sino incumplimiento involuntario.

d) Debe haberse fijado plazo para el cumplimiento, pues en caso contrario si la obligación es de dar o hacer el deudor no quedará constituido en mora sino por el requerimiento u otro acto equivalente. Por esto es que en algunas circunstancias, cuando no haya plazo estipulado, la obligación deberá cumplirse inmediatamente si la naturaleza de la obligación, o la manera como deba ejecutarse, o el lugar designado para cumplirla, no hagan necesario un término, que se fijará por el Tribunal. Si el plazo se hubiere dejado a la voluntad del deudor, se fijará también por el Tribunal.

7.7. PRESCRIPCIÓN

De modo general o *in extenso* se dice que la prescripción, en el ámbito civil, consiste en la adquisición (prescripción adquisitiva o usucapión) o extinción (prescripción extintiva o liberatoria) de un derecho por el transcurso de determinado tiempo; que la prescripción adquisitiva es un derecho que permite adquirir al poseedor de una cosa inmueble, la adquisición de la propiedad de la misma por la

184 MONTES, Ángel Cristóbal: La mora del deudor, Cuadernos Civitas, Madrid, 1989, pp. 129-130.

continua posesión durante el tiempo establecido en la ley; mientras que de la segunda, los derechos personales o reales se pierden por la inacción o el silencio del acreedor y por el tiempo prescrito en la ley, quedando libre el deudor de cumplir la obligación.

Como se puede apreciar, el tiempo es el signo o elemento fundamental que puede dar lugar a la prescripción, y como nuestra temática solo discurre sobre la terminación y extinción del contrato en el ámbito civil, la materia atinente a la prescripción extintiva que aquí anotamos, pero únicamente en cuanto permite la posibilidad de originar la extinción de la obligación y, por tanto, del contrato.

1. El tiempo

Se ha afirmado que el tiempo en sí no es un hecho, desde el punto de vista fenoménico, sino un concepto de relación del cual nos servimos con el espacio para establecer la individualidad, relacionándolos entre sí, de todos los hechos y de todos los entes materiales. Pero, si no el tiempo en sí, puede asumir para el Derecho razón de "hecho", y función inherente, el llamado "transcurso del tiempo". Y a este efecto nosotros no tenemos que definir este concepto ni asumirlo en la que pueda ser su acepción filosófica, sino que tenemos que considerarlo tal como se ofrece a nuestra experiencia. Todos sabemos, y lo concebimos prácticamente, que el tiempo pasa, que hoy ya no es ayer y mañana no será ya hoy. Este "pasar del tiempo" no deja de tener influencia en las relaciones jurídicas. En el ámbito procesal, su influencia es determinante, v. gr., en el caso de la jurisdicción y la competencia, pues esta y aquella se determinan conforme a la situación de hecho existente para el momento de la presentación de la demanda, y no tiene efecto respecto de ellas los cambios posteriores de dicha situación, salvo que la ley disponga otra cosa; mientras que la ley procesal se aplicará desde que entre en vigencia, aun en los procesos que se hallaren en curso; pero en este caso, los actos y hechos ya cumplidos y su efectos procesales no verificados todavía, se regularán por la ley anterior[185].

El denominado "tiempo" tiene una marcada influencia en el Derecho, hasta el punto que su presencia da lugar al nacimiento o adquisición de derechos y obligaciones, pero también a la extinción de los mismos en determinados casos; de él depende la adquisición de la capacidad de obrar de la persona, la determinación del período en que deben ser ejercitados y su extinción pero no solo esto sino que, además, se da una relación entre el Derecho con el tiempo mucho más compleja, como puede advertirse, entre otros ejemplos, en el brocardo latino "Lex posterior, derogat priori", en cuyo aforismo el tiempo cumple una función de relevante importancia, pues con su movimiento hacia el pasado corrige o deja sin aparente efecto una situación fáctica anterior que se considera es objeto de modificación. De igual modo, la

185 GUERRERO-QUINTERO, Gilberto: El concepto de arrendamiento inmobiliario, Editorial Investigaciones Jurídicas SA, San José, Costa Rica, 2015, pp. 117-125.

norma jurídica por su propio contenido (material) contiene una visión temporal. De tal modo se afirma que si lo que se pretende mediante la ley es regular un posible conflicto de intereses o sancionar determinado comportamiento, esto implica que se intenta imponer un determinado futuro que se fundamenta en los valores actuales. Así, al castigar un delito la norma pretende establecer un precedente para prevenir futuros comportamientos a nivel individual y colectivo al mismo tiempo, es decir, prevención general y prevención especial. La primera destinada a la sociedad y la especial destinada al delincuente. La complejidad relacional entre tiempo y Derecho comprende lo que fue (pasado) y lo que es (presente) y lo que puede ser o será (futuro)[186].

¿El tiempo es un hecho jurídico? En sentido amplio en la doctrina se denomina hecho jurídico a un acontecimiento que tiene efecto en el ámbito del Derecho, es decir, se modifican ciertos estados jurídicos iniciales desde el punto de vista legal. Por hecho jurídico se puede entender aquel acontecimiento natural o del hombre que el Derecho toma en cuenta para atribuirles consecuencias jurídicas. Los hechos jurídicos pueden presentar actividad del hombre o ser ajenos a ella. En el primer caso se los denomina humanos y en el segundo naturales o externos. Todo hecho cultural o natural al que el ordenamiento legal confiera una determinada consecuencia, constituye un hecho jurídico. Por tanto, cualquier fenómeno o acontecimiento que dé lugar al nacimiento, adquisición, modificación, conservación, transmisión, o extinción de los derechos y obligaciones de las personas, sean estas naturales o jurídicas, constituye un hecho jurídico. Es así, entonces, como no se consideran "hechos jurídicos", los hechos que no afectan los intereses de dichas personas o que afectándolos no se encuentren estos amparados por el ordenamiento legal. Un hecho jurídico en sentido estricto no tiene por qué ser voluntario ni controlable por la persona, mientras que en un acto jurídico, la voluntad de la persona es esencial. Cuando el hecho procede de la voluntad humana recibe el nombre de acto jurídico. El acto jurídico es el acto humano voluntario o consciente, que tiene por finalidad inmediata constituir entre las personas relaciones jurídicas; crear, modificar o extinguir derechos. El acto jurídico produce una modificación en las cosas o en el mundo exterior porque así lo establece el ordenamiento jurídico. Para que se dé el acto jurídico no basta con que haya una persona y una cosa con capacidad, pues se necesita algo que los ponga en correspondencia, estableciendo un vínculo que los una, haciendo pasar la relación jurídica del estado de posibilidad (potencia) al estado de existencia (acto)[187].

2. La prescripción extintiva o liberatoria

Es uno de los medios de extinción de las obligaciones. Desde luego que al constituir un medio que puede conducir a esa finalidad, la prescripción extintiva

186 *Ídem.*

187 *Ibidem.*

constituye un medio para liberarse de una obligación, por el tiempo y bajo las demás condiciones determinadas por la Ley.

En los sistemas legislativos civiles que se refieren a la prescripción como medio extintivo de la obligación, algunos de los mismos disponen lo relativo a la prescripción de la acción, y tal vez por esto es que la prescripción liberatoria, según algunos autores, no causa exactamente la extinción del contrato sino de la acción civil que surge del contrato, y no constituye propiamente un modo de extinguir las obligaciones sino un medio que obra sobre la acción. Quienes así piensan consideran que lo que se extingue es la acción, es decir, el derecho de peticionar ante los órganos jurisdiccionales del Estado para la obtención del medio coactivo de la obligación. Modernamente la mayoría en la doctrina se inclina por el criterio según el cual la prescripción extintiva extingue la obligación; afirmando que la obligación nace para extinguirse y se diferencia del derecho real porque este, en especial el derecho de propiedad tiende a perpetuarse; que el interés general y la seguridad jurídica crean la necesidad de adecuar las situaciones de derecho a la de hecho, por lo cual la inactividad del acreedor durante el tiempo establecido en la ley es demostrativa de su desinterés en exigir el cumplimiento de la obligación.

De tal modo, en la doctrina el criterio según el cual entre el elenco de contrastes antes señalados, cuya construcción se debe casi en su totalidad a la doctrina civilista, existe una elaboración ya superada por el derecho procesal, cual es la que confunde la acción, pretensión y derecho sustancial; por lo cual la prescripción extintiva extingue el derecho sustancial (obligación) y la acción, es como negarle autonomía a los conceptos de acción y pretensión, conceptos cuyo deslinde del derecho sustantivo le dio elevación científica al derecho procesal. Para los que siguen la concepción civilista de la acción que la identifica con el derecho sustancial, que se hace valer en el proceso, la falta de derecho equivale a falta de acción, puesto que esta no sería sino el mismo derecho, en su tendencia a la actuación. Desde luego, el derecho sustancial o material tiene por contenido la prevalencia del interés en litigio y por receptor a la otra parte. En cambio la acción tiene por contenido la prevalencia del interés en la composición de la litis y por destinatario al Estado, o en general al órgano jurisdiccional.

Se acepta en la doctrina que ni la prescripción ni la caducidad son modos de extinguirse la acción, como tampoco lo es la cosa juzgada material, porque las correspondientes excepciones no impiden el ejercicio de la acción con una pretensión contraria a ellas. El ordenamiento positivo podrá, eso sí, habilitar para tales hipótesis un procedimiento más expedito, a fin de aplacar esas pretensiones infundadas, pero no puede impedir que el juzgador tenga que proveer sobre ellas para desecharlas. Por tanto, la prescripción (como la caducidad) no tienen efectos extintivos de la acción y del derecho material, pues solo constituye exigencias para el ejercicio de la pretensión procesal fundada, cuya determinación debe hacer el juez antes de cualquier pronunciamiento sobre el derecho sustancial controvertido.

Sin embargo, ante la afirmación de no tener la prescripción efectos extintivos de la acción, la tesis civilista del efecto extintivo de la acción ha sido admitida por el legislador. Veamos algunas de estas disposiciones: La prescripción es un modo de adquirir las cosas ajenas, o de extinguir las acciones o derechos ajenos, por haberse poseído las cosas y no haberse ejercido dichas acciones y derechos durante cierto lapso de tiempo, y concurriendo los demás requisitos legales (art 2512 CCc). La prescripción iniciada contra una persona continúa funcionando en contra de su sucesor (art. 196 CCb). Por la prescripción negativa se pierde un derecho y para ello basta el transcurso del tiempo (art. 865 CCcr). La prescripción extintiva, negativa o liberatoria, ejercitada como acción o como excepción por el deudor, extingue la obligación (art. 1501 CCg). Por la prescripción se adquieren, de la manera y con las condiciones determinadas en la ley, el dominio y demás derechos reales. También se extinguen del propio modo por la prescripción los derechos y las acciones, de cualquier clase que sean (arts. 1930 CCes, 2263 CCh).

Se predica en la doctrina que declarada la prescripción, permanece el derecho sin posibilidad de protección judicial. Así la prescripción sería una entidad más procesal que civil. La opinión contraria es que prescribe y se extingue el derecho subjetivo. Esta es la proposición que debe aceptarse, aun cuando con un sentido atenuado por la doctrina más moderna, que es más coincidente, en relación a que se extingue el derecho en cuanto al poder de ser exigido a otro, al perder la facultad de coercibilidad que ha permanecido inactiva, como límite temporal del ejercicio de los derechos y como una facultad del tercero para repeler el ejercicio intempestivo del derecho; extinción de derechos *sui generis*, relativizada por la expresión: "bajo las demás condiciones determinadas por la Ley".

Tal y como se admite por lo general en la legislación civil, por el trascurso del tiempo prescribe la acción – no puede ya ejercerse – y deja de ser exigible la obligación, convirtiéndose en natural, y esta carece - por ser tal - de fuerza coercitiva exterior para imponer su cumplimiento, pues no goza de coercibilidad, es decir, no es judicialmente exigible; pero si el deudor paga su pago no está sujeto a repetición. Así pues, la obligación no se ha extinguido, sino tan solo se extinguen los medios de exigir el cumplimiento. Se le ha dado a la prescripción una trascendencia especial en el sentido de que equivale a una *presunción de pago*, y de ser así equivale a cumplimiento por una causa o disposición expresa de la ley. Si el acreedor no ha demandado al deudor por el pago de la prestación, posiblemente se debe a que de alguna manera se siente satisfecho.

El juzgador no puede suplir de oficio la prescripción no opuesta, y de resultar procedente puede dar lugar a la terminación del contrato si la obligación prescrita es la única contenida en la relación obligatoria, pues ninguna de las partes, luego de la prescripción declarada, tendrá otras obligaciones o prestaciones por liquidar; pues el contrato de préstamo de dinero, o el caso de la fianza que se extingue o termina al extinguirse la obligación principal; así como el mandato que termina por cualesquiera de los supuestos *ex lege.*

¿Qué sentido tendría de allí en adelante una relación contractual que ahora carece de contenido, de objeto? La prestación se identifica con el elemento objetivo de la relación obligatoria. Es la conducta prometida por el obligado, sea cual sea su naturaleza, alcance y concreción. En principio la prestación debe estar determinada porque el deudor debe saber a qué queda obligado y el acreedor debe conocer la conducta prometida por el deudor para que, llegado el caso, pueda reclamar. De lo contrario, resultaría necesario un nuevo acuerdo entre las partes. El objeto de la obligación es aquello que el deudor debe satisfacer a favor del acreedor, y consiste en una cosa, en un hecho que habrá de ejecutar el deudor, o en una abstención de algo que el deudor hubiera podido libremente realizar de no mediar la existencia de la obligación que le exige un comportamiento negativo; pues no es posible estar obligado en abstracto. Dentro de lo que constituye el objeto de la obligación hay que distinguir por una parte la cosa prometida (objeto), y la prestación (contenido). En definitiva, declarada judicialmente la prescripción de la acción para hacer exigible la obligación, ¿no se ha extinguido esta? Desde luego que sí.

7.8. EVICCIÓN

La evicción consiste, como se admite, en la desposesión al comprador por un tercero, al hacer valer un derecho real sobre la cosa vendida, y solo en razón de sentencia pasada en autoridad de cosa juzgada; pues si la desposesión no es judicial no hay evicción, lo cual indica que la evicción debe ser de derecho no de hecho. Se caracteriza por la privación total o parcial de una cosa sufrida por su adquirente, en virtud de una decisión judicial o administrativa, por la intervención de terceros que alegan derechos cuyas causas son anteriores al título de adquisición del primero.

La evicción tiene lugar especialmente, no exclusivamente, en la compraventa y el arrendamiento. En la primera, aunque en el contrato de venta no se haya estipulado el saneamiento, el vendedor responderá al comprador de la evicción que le prive del todo o parte de la cosa vendida, y de las cargas con que se pretenda gravarla, que no hayan sido declaradas en el contrato. En el caso de una evicción parcial el adquiriente puede elegir entre una indemnización proporcionada a la pérdida que ha padecido, o la resolución de la enajenación, si la parte de la cosa en que ha sido vencido fuere de importancia con respecto al todo, que sin ella no hubiere realizado la adquisición. A la evicción parcial, aunque no dé lugar a la *acción resolutoria*, son aplicables en cuanto lo permita la naturaleza de las cosas, las reglas fijadas para el total.

En el contrato de arrendamiento ante la obligación del arrendador de mantener al arrendatario en el goce pacífico de la cosa arrendada, durante el tiempo del contrato; cuando por causa de evicción el arrendatario resulta privado del uso o goce del inmueble arrendado (evicción total), el contrato de arrendamiento se termina o extingue y el arrendador está obligado al saneamiento; mientras que si la evicción es parcial, el arrendatario tiene el derecho de reclamar una disminución del precio, o la *extinción de la relación contractual* si resulta privado de una parte principal de la cosa, así como reclamar los daños y perjuicios sufridos, salvo que el arrendatario al celebrar el contrato conocía el peligro de evicción y siempre que este conocimiento aparezca por escrito.

En las hipótesis *ex lege* que anteceden, la terminación del contrato de arrendamiento se explica: en los inmuebles urbanos o suburbanos regidos por la ley especial que los regula, la evicción puede dar lugar a la *extinción del contrato* de la manera antes observada; "extinción" que puede traducirse por "terminación del contrato"; mientras que en el caso de la compraventa, regida por la legislación común, la evicción puede conducir a la "resolución del contrato", que también se entiende como la misma "terminación de la relación obligatoria o contractual". Desde la primera perspectiva por causa de haber el arrendatario perdido el uso y goce del bien recibido en arrendamiento, el contrato queda sin objeto (el uso y el goce), incumpliendo de tal modo el arrendador con mantener al locatario en el uso y goce pacífico por todo el tiempo del contrato, como una de sus obligaciones principales; e incluso al perder el objeto del contrato puede observarse que este queda sin causa en cuanto corresponde al derecho del arrendatario de usar y gozar del bien, ante cuyo circunstancia el locador carece del derecho a cobrar el precio arrendaticio como contrapartida. Desde luego que al momento de materializarse la perturbación en ese uso y goce, el arrendatario carece ya de justificación para conservar el contrato por haber perdido su finalidad. Y en cuanto concierne a la venta, ante la evicción parcial el adquiriente puede solicitar la resolución de la enajenación del contrato, si la parte de la cosa en que ha sido vencido fuere de importancia con respecto al todo, que sin ella no hubiere realizado la adquisición.

De tener lugar la evicción, en el caso de la compra, por sentencia firme y en virtud de un derecho anterior a la compra, de toda la cosa comprada, se priva al comprador de la propiedad de esta; en cuya hipótesis el contrato de compraventa queda extinguido y por el efecto retroactivo que aquí la sentencia origina, el contrato de venta queda como si no se hubiere celebrado y el vendedor está obligado a repetir al comprador la prestación cumplida por este, así como todo cuanto dispone la ley.

7.9. EXPROPIACIÓN Y TERMINACIÓN DEL CONTRATO

La expropiación es una institución de Derecho Público. La misma consiste en la transferencia forzosa de la propiedad privada desde su titular al Estado, mediante indemnización; con la finalidad de cumplir con un interés social. Es una transferencia de carácter coactivo, lo que hace de ella una institución característica del Derecho Público que no puede ser asimilada a la compraventa prevista en el derecho privado; y, además, el expropiado tiene derecho a recibir como contrapartida la indemnización correspondiente al valor económico del bien expropiado, por lo cual en los países democráticos, de derecho y de justicia, se diferencia de la confiscación.

La expropiación forzosa altera a dos titularidades como son el dominio y la posesión. Al primero pues mediante la expropiación forzosa se sustituye a un sujeto titular por otro, así como también traslada el objeto del derecho de un sujeto a otro, sustituyéndole por su valor pecuniario, como debe ser; de manera que al desaparecer la relación arrendaticia por causa de la expropiación, los derechos arrendaticios han sido alterados sustancialmente, y el arrendatario pierde la posesión precaria que ha tenido y con esto el goce que le corresponde. No se genera la subrogación por el expropiante, pues la Administración no continúa la relación jurídica (en ella) porque se extingue, y aun cuando asume la misma el dominio o la propiedad es con la finalidad de interés público o general, y no para obtener la propiedad como fin en sí mismo, sino se supone que para el goce efectivo y directo por la comunidad.

Mediante la expropiación el Estado obtiene la transferencia forzosa del derecho de propiedad o algún otro derecho de los particulares, por causa de utilidad pública o de interés social. Por esto la la Ley que rige la materia previene que, durante el trámite de las diligencias de expropiación, se oirá a todos los que justifiquen tener, sobre el bien por expropiar, intereses que puedan sufrir perjuicio.

Entre otro contratante, el arrendatario es uno de esos interesados pues al estar en posesión del inmueble arrendado, objeto de expropiación, puede ser titular de derechos que deben ser protegidos desde el punto de vista indemnizatorio; y el arrendador debe ser llamado, luego de publicado el decreto de expropiación, al acuerdo amigable y la realización de justiprecio del inmueble afectado; y desde luego, de no producirse ese acuerdo, a ser emplazado por el Tribunal a fin de que ejerza sus derechos consagrados en la Constitución y en la ley; a ser indemnizado más aún cuando el derecho de propiedad del locador, sobre el inmueble arrendado que se trasfiere al sujeto expropiante, se sustituye por el valor o precio que establezca el justiprecio, por lo cual al dejar de ser propietario, la relación arrendaticia desaparece para él por vía de extinción o terminación.

El arrendatario tiene el derecho a hacerse parte en el proceso de expropiación, con la finalidad de solicitar del precio del bien expropiado, la cuota que le corresponda por el valor de las mejoras que deba reembolsarle el arrendador. El arrendador debe pagar las mejoras y las reparaciones efectuadas por el arrendatario solo si en el contrato o, posteriormente, lo autorizó por escrito a realizarlas y se obligó a pagarlas. Las mejoras y las reparaciones realizadas por el arrendatario quedarán en beneficio del bien, salvo pacto expreso en contrario, o de mejoras que puedan ser retiradas sin menoscabo del inmueble arrendado.

En la doctrina, de manera general, se ha sostenido que la expropiación forzosa, como pérdida de la cosa debida (vid 7.6 *retro*), en sentido jurídico y no físico, en referencia al artículo 1182 del CCe ("Quedará extinguida la obligación que consista en entregar una cosa determinada cuando ésta se perdiere o destruyere sin culpa del deudor y antes de haberse éste constituido en mora"), no entra como medio de extinción de la obligación, ya que el deudor ante el mecanismo expropiatorio, como ante cualquier otro evento que incida sobre el cumplimiento de la prestación, está obligado a impedir que se haga imposible, es decir, debe oponerse a las pretensiones de la Administración utilizando todos los recursos legales, y tan solo cuando el deudor haya hecho lo que estaba en sus manos, de acuerdo con las circunstancias del caso, podrá estimarse exonerado de cumplir la prestación[188]; pero antes de esta opinión se ha afirmado que en todos los casos de expropiación es claro que no se puede imputar al deudor culpa por no haber utilizado, para tratar de impedirla, todos los medios y recursos, porque a tanto no cabe estimar que llega su obligación, aparte de que en la mayor parte de los casos la conducta sería ineficaz[189]. Sin embargo, el arrendatario nada, absolutamente nada, puede hacer para impedir la expropiación forzosa, cuando solamente es locatario e incluso posee en nombre del arrendador propietario. Exigirle responsabilidad ante su no actuación en contra de la expropiación, indicaría, es posible entender, que su contrato no se termina y extingue por la fuerza expropiatoria y que continuaría con el ente expropiante por la subrogación de este, lo cual es inadmisible.

Estamos frente a una forma atípica de terminación y extinción del arrendamiento, que hace excepción, no solo respecto a los modos de extinguir el contrato por voluntad de ambas partes contratantes o de una de ellas, pues, en el caso que nos ocupa, el arrendamiento cesa por voluntad de un tercero, que es el Estado o la entidad oficial expropiante; sino también respecto a la normativa que regula la suerte futura del contrato arrendaticio en caso de enajenación del inmueble a terceros adquirentes, ya que, en caso de expropiación, el arrendamiento se extingue, aun cuando se haya constituido mediante acto jurídico que conste de instrumento público o privado de fecha cierta; pues como se afirma, aunque parezca a primera vista un atentado contra la propiedad privada, mayor incongruencia social sería sostener que el Estado tuviera que respetar el contrato de arrendamiento y esperar su extinción natural o recurrir a la vía administrativa o judicial.

La expropiación termina de pleno derecho el contrato de arrendamiento, así como determina la transferencia de los derechos posesorios y la sustitución de la pérdida de tales derechos arrendaticios por el correspondiente valor indemnizatorio, cuando procede; como también origina la extinción de cualesquiera otros derechos relativos a la posesión y ocupación de los bienes expropiados. Además, debe entenderse, en un Sistema Democrático de Derecho y de Justicia, el proceder del ejercicio correcto de la actividad de la Administración, en la indemnización por el justo valor por la falta del bien y dentro de las debidas garantías del expropiado, de manera que no llegue a entenderse que ocurrió una confiscación u otro acto ilícito e inconstitucional.

El arrendatario no está protegido en cuanto al mantenimiento de la relación arrendaticia, y no puede oponer su contrato al ente expropiante pues por la misma

---

188 GONZÁLEZ PORRAS, José Manuel: Comentarios al Código Civil español y Compilaciones forales dirigidos por M. Albaladejo, Madrid 1980, XVI, pp. 261-262.

189 MANRESA, José María: Comentarios al Código Civil español, edición revisada por Moreno Mocholí, Madrid 1967, VIII-1, 6a ed., p. 749.

razón de la causa de utilidad pública o social, la expropiación produce *ipso iure* la terminación y extinción del contrato de arrendamiento.

7.10. EL TÉRMINO DEL CONTRATO

En los actos jurídicos se debe distinguir el momento de su formación o perfección, del de su cumplimiento. En los actos o negocios jurídicos de cumplimiento inmediato, como la compraventa al contado y la permuta, ambos momentos coinciden. En los que no lo son, el momento de su ejecución se halla separado en el tiempo de su celebración, es decir, del instante en que se constituye la relación jurídica. Llámese "plazo" a este espacio agotado de tiempo entre la declaración de voluntad y el instante en que, por voluntad de las partes, la relación de derecho debe empezar a producir sus efectos. Este instante recibe el nombre de "término"[190].

La idea del "término" alude, indefectiblemente, a sus diversas comprensiones como "término inicial", "suspensivo" o "término final". El término, señala MESSINEO, es el momento del tiempo en el cual el efecto del contrato empieza (y es el término llamado inicial o, extendiendo la nomenclatura propia de la condición, el término suspensivo), o bien - respectivamente - cesa (y es el término final o resolutorio). El término influye sobre la eficacia del contrato, dejándola en suspenso o (respectivamente) haciéndola cesar: *no sobre su perfeccionamiento.* En el caso del término inicial, la transferencia y la adquisición de un derecho, o la asunción de una obligación, se supone realizada ya; solo que todavía no ha llegado el momento del ejercicio del derecho o (respectivamente) del cumplimiento de la obligación. De la misma manera, en el caso del término final, no es que el contrato deje de ser válido y perfecto: simplemente sus efectos cesan, es decir, se extinguen. La función del término inicial consiste pues en diferir la realización de los efectos del contrato a un momento posterior al de su perfeccionamiento. La función del término inicial consiste en limitar en el tiempo el perdurar de los efectos del contrato, aunque se trate de contrato de ejecución continuada o periódica[191].

Desde la perspectiva anterior, nos referimos al término como modo que también permite la terminación del contrato. El término como evento futuro y cierto, el cual necesariamente se producirá, pero también se comprende como un *plazo* pues está ligado a la temporalidad. El término del contrato o la conclusión del término estipulado como duración del mismo. La referencia es al término calendario: *dies certus quando,* puesto que hay certeza acerca del momento en que se produce la terminación del contrato. Al celebrarse un contrato casi siempre se fija un lapso de duración del mismo, y fijado el lapso de duración, o el plazo para el cumplimiento, surge una longitud temporal, una medida, una dimensión histórica endocontrac-

---

190 DE GÁSPERI, Luis: Tratado de Derecho Civil (con la colaboración de Augusto Morello), Tipográfica Editora Argentina, Buenos Aires, 1964, vol. 1, p. 359.

191 MESSINEO, Francisco: Doctrina general..., ob. cit., vol. 1, pp. 209-212.

tual que parte desde el mismo momento de la celebración del contrato, o desde la fecha que indica como vigente y hasta que ese lapso temporal concluya efectivamente por disposición de la ley o los contratantes.

1. Termino inicial (*dies a quo, ex die)* o el momento del comienzo o inicio de la relación obligatoria. Desde este punto de vista, en la doctrina se habla de unas relaciones obligatorias de eficacia inmediata, cuando su entrada en vigor se produce en el momento mismo de su constitución y de unas relaciones obligatorias aplazadas, cuando el momento de su entrada en vigor es posterior al de su constitución. En estas últimas, la doctrina ha discutido si existe o no la obligación antes de la llegada del término. Para algunos autores, durante la pendencia del término no existe una verdadera obligación, sino una fase preparatoria de la misma o un estado de expectativa jurídicamente tutelado.

Y como también se sostiene, no puede hablarse, de la existencia de un auténtico derecho de crédito ni de un auténtico deber de prestación, cuando el acreedor nada puede pedir ni reclamar ("*obligatio ante diem nulla est*"). Frente a esta opinión, otro importante sector de la doctrina sostiene que el derecho de crédito existe antes de la llegada del término. La inexigibilidad del crédito no significa, inexistencia del derecho o existencia de un derecho sin acción, sino simplemente aplazamiento de su ejercicio. La llegada del *dies* no opera como un requisito del nacimiento del derecho de crédito, sino como un presupuesto de su ejercicio. El derecho existe, aunque no pueda todavía ser ejercitado.

2. Término suspensivo, que se da entre el momento de la celebración de la relación obligatoria y el nacimiento de un derecho en su ejercicio o el cumplimiento o exigibilidad de la obligación. Subyace la idea de *suspensión* (detención, interrupción, aplazamiento, dilación, espera, que no es una condición suspensiva), o el movimiento de la relación o vínculo de derecho que une a los contratantes, desde un inicio hasta un momento conclusivo, la dinámica del devenir endocontractual. El término suspensivo no es una condición suspensiva, pues el término estipulado en las obligaciones no suspende la obligación, y solo fija el momento de la ejecución o de la extinción de las mismas; mientras que la condición suspensiva hace depender la obligación de un acontecimiento futuro e incierto.

3. Término final (*dies ad quem, ad diem*) es el momento temporal fijado por los contratantes que, al llegar al mismo, signa o distingue con cierta precisión la conclusión o terminación de la relación obligatoria fijada por el tiempo previsto; o que al producirse un hecho determinado por la ley hace deducir el término final, o que de no haberse fijado el término final, este se deduce según la naturaleza del contrato. En la primera hipótesis ocurre, *v. gr.*, en el comodato que, terminado el contrato por las causas determinadas en la ley, el comodatario está obligado a restituir la cosa; la sociedad se *disuelve* por la terminación del plazo o por el evento de la condición que se haya prefijado para que tenga fin, aun cuando podrá prorrogarse por el unánime consentimiento de los socios. En la segunda hipótesis, si se ha fijado el término final y el mismo no ha llegado, el comodato expira por el acaecimiento de circunstancias apremiantes e imprevistas que hagan necesaria la cosa para el comodante. En la tercera hipótesis, el contrato de comodato también se termina cuando el comodante exija al comodatario la restitución de la cosa por haber hecho uso de la misma.

4. ¿Quién puede fijar la terminación del contrato?

Hacemos referencia a la conclusión o fin de la duración del contrato, fijada o determinada por las partes, la ley o el juez.

a) ***Las partes***. En primer lugar, el término del contrato o su conclusión lo establecen las partes (*término final*) en ejercicio de su derecho a establecer la relación obligatoria y su contenido (aun cuando en determinadas circunstancias lo fija la ley), en ejercicio de su voluntad señalando el tiempo que la relación durará, en cuya circunstancia la temporalidad se cuantifica o contabiliza del modo como se mensura el tiempo (su movimiento), pues - como se dispone ex lege - siempre que no se establezca otra cosa, en los plazos señalados por días, a contar de uno determinado, quedará este excluido del cómputo, el cual deberá empezar en el día siguiente, y si los plazos estuvieren fijados por meses o años, se computarán de fecha a fecha, según el calendario gregoriano. Cuando en el mes de vencimiento no hubiere día equivalente al inicial del cómputo, se entenderá que el plazo expira el último del mes. En el cómputo civil de los plazos se incluyen los días inhábiles y si el último día fuere inhábil, el plazo se tendrá por prorrogado al día hábil inmediato siguiente.

b) ***La ley***. En segundo lugar, aun cuando los contratantes pueden establecer el término o la conclusión del contrato, en específicas circunstancias es la ley la que fija el término de la relación obligatoria y en atención a la tutela de los derechos del contratante débil (v. IV. 4.5). Bajo esta premisa, en determinados contratos entra en juego una norma de orden público para impedir que la relación concertada pueda permitir la terminación del contrato al vencimiento del término de duración del mismo, al imponer un lapso de duración mínimo que solo a partir de su vencimiento sea posible la terminación del contrato. Esto ocurre, v. gr., en el arrendamiento cuya duración no podrá ser inferior a determinado tiempo. Solo luego del vencimiento del plazo de duración del contrato, salvo que se produzca la prórroga tácita o concertada, queda expedita la vía conducente a la extinción de la relación arrendaticia.

Como se puede apreciar, desde que la relación arrendaticia se inicia hasta que concluye por convención (no por la ley), durante el transcurso del tiempo determinado no se puede exigir la devolución del inmueble por vencimiento del término contractual, a menos que sea por una de las causas establecidas en la Ley. Por disposición *ex lege,* dentro de la excepción de la prórroga tácita, el contrato se termina o extingue por expiración del plazo. En otras circunstancias, la ley fija el término v. gr., como acontece con la suma dada en mutuo, que si no se hubiere fijado al tiempo de la devolución de la suma dada, se hará dicha devolución como lo determine la ley, después de celebrado el contrato; y lo mismo ocurre con la cosa arrendada.

c) ***El juez o tribunal.*** En tercer lugar, el *término judicial* o impuesto por el juez o tribunal, cuando no lo establecen las partes y tampoco la ley. Bajo tal circunstancia, si la época en que debe ser exigible la deuda no está indicada en el título, el acreedor puede inmediatamente demandar el pago, a menos que la obligación por su naturaleza, o por disposición especial de la ley, requiera, para ser exigible, "el lapso de cierto tiempo". Así tenemos que, en determinadas circunstancias, cuando no haya plazo estipulado, la obligación deberá cumplirse inmediatamente si la naturaleza de la obligación, o la manera como deba ejecutarse, o el lugar designado para cumplirla, no hagan necesario un término, que se fijará por el Tribunal; y que si el plazo se hubiere dejado a la voluntad del deudor, se fijará también por el Tribunal.

En aquella hipótesis para la exigibilidad del cumplimiento, dentro de *"el lapso de cierto tiempo"* puede entenderse la necesidad de que sea el juez o tribunal el que fije la certeza o tiempo para el cumplimiento, siempre que aparezca alguna de las dos exigencias como excepciones al cumplimiento o pago inmediato, es decir, que la naturaleza de la obligación sea de tal naturaleza que pueda interpretarse no haber lugar al cumplimiento inmediato, o que disposición especial de la ley requiera la fijación de plazo durante el cual el pago o cumplimiento debe efectuarse.

5. De algunas vicisitudes del término del contrato

El término del contrato en ocasiones está sometido a vicisitudes, que de alguna manera influyen en su realización o sobre la suerte del mismo. A manera de ejemplo, ofrecemos dos hipótesis, que de alguna forma asoman esas vicisitudes o acontecimientos que denotan oposición a que el término se realice o sobre la suerte de este.

a) ***En el mutuo.*** El mutuante no puede pedir, antes del término convenido, las cosas que dio en préstamo, pues lo que se debe en un término fijo no puede exigirse antes del vencimiento del término, a no ser que del contrato o de otras circunstancias, resultare haberse puesto a favor del acreedor, o de las dos partes. ¿Y de no haber término fijado para la restitución?

Si no hay término fijado para la restitución, deberá hacerse en el tiempo previsto *ex lege*, a la celebración del contrato. De esta manera la ley protege al contratante, fijándole un plazo para cumplir y durante el mismo se libere del cumplimiento forzoso que de otra forma no podría tener lugar, sino que se iría inmediatamente contra el obligado.

En el caso del mutuo, el mutuario está obligado a restituir la cosa u otra equivalente en número, cantidad y calidad dentro del plazo convenido. No habiéndose dicho nada acerca del plazo, la restitución se hará dentro del tiempo previsto en la ley, después de la entrega de la cosa, hecha al mutuario. El cumplimiento del mutuario mediante la restitución de la cosa u otra equivalente en número, cantidad y calidad dentro del plazo convenido; da lugar a la terminación del contrato de mutuo, pues el pago o cumplimiento es uno de los medios de extinción del contrato o de la obligación (vid. V.5.1).

b) ***¿Vencimiento anticipado del contrato?*** En atención al vencimiento anticipado ¿puede terminarse o extinguirse un contrato antes del vencimiento del término para cumplir o antes del cumplimiento de la "condición" que de vida a la obligación? Antes del vencimiento del término para cumplir, fijado en la relación obligatoria, no parece fácil admitir que exista incumplimiento pero no imposible que ocurra. Lo que se debe a término fijo no se puede exigir antes del vencimiento de aquel. Este es un principio esencial, pues siempre que en los contratos se estipule un término o plazo, se presume establecido en beneficio del deudor, a no ser que del contrato mismo o de otras circunstancias, resultare haberse puesto en favor del acreedor, o de las dos partes; no obstante que si el deudor se ha vuelto insolvente, o por actos propios hubiere disminuido las seguridades otorgadas al acreedor para el cumplimiento de la obligación, o no le hubiere dado las garantías prometidas; el deudor no puede reclamar el beneficio del término o plazo.

En la doctrina se aprecia que ese fenómeno se producirá siempre que, durante la vigencia del término, el acreedor por él beneficiado realice un acto que haga imposible el futuro cumplimiento, impidiendo al deudor cumplir para cuando llegue el fin del plazo. Semejantes actos pueden ser de carácter material o de naturaleza jurídica. Ejemplo de los primeros son la destrucción, consumición o completa transformación de la cosa específica debida. Como ejemplo principal de los actos jurídicos que imposibilitan el ulterior cumplimiento está, en primer lugar, la enajenación de la cosa específica debida, que hace imposible el posterior cumplimiento de la obligación de transmitir la propiedad a la otra parte del contrato bilateral anteriormente celebrado. Serán también casos de incumplimiento anterior al vencimiento del término, la imposición sobre el fundo, al que se refiere el contrato bilateral a término, de servidumbres y gravámenes especialmente si son muy onerosos o molestos.

La imposibilidad del cumplimiento provocada por la enajenación se verifica de manera totalmente clara si el cumplimiento del contrato con prestaciones recíprocas no estaba subordinado al vencimiento de un término, esto es, si se trataba de prestación a ejecutarse a petición del acreedor en virtud de otro evento dependiente de la voluntad del mismo acreedor. En estos casos, en verdad, el promitente debe mantenerse siempre pronto a cumplir. Pero también si la prestación es a término, la solución no debe ser diversa, como no es diversa la opinión adoptada en Inglaterra por la jurisprudencia y la mejor doctrina. En efecto, también en este caso es cierto que la enajenación ha frustrado en forma segura al promitente la posibilidad de cumplir, y la eventualidad de que adquiera de nuevo la cosa en un tiempo futuro, pero siempre anterior al vencimiento, no puede ser tomada en consideración en cuanto ello no depende de la voluntad del deudor, sino podría realizarse solamente a través de circunstancias excepcionales[192].

192 MOSCO, Luigi: La resolución de los contratos por incumplimiento, ob. cit., p. 41.

Determinadas circunstancias pueden motivar o impulsar la terminación del contrato antes del vencimiento del término o plazo estipulado para cumplir, al producirse una especie de *vencimiento anticipado* de la deuda u obligación, que no consiste en la *pérdida del beneficio del plazo*, pues, como se observa, es particularmente incorrecta porque su contenido se va a aplicar - siguiendo la terminología del Código Civil - no solo cuando el plazo beneficie al deudor, sino también cuando se establezca en beneficio de acreedor y deudor. Lo esencial es que el acreedor no tenga inicialmente la facultad de exigir antes del vencimiento, pues en caso contrario no existiría para él ninguna limitación. Teniendo en cuenta esto, otros autores prefieren hablar de "*decadencia del término*", "*caducidad del plazo*", o de "*vencimiento anticipado*", expresión esta última que se puede considerar dominante[193].

Se trata de varias situaciones en las cuales tanto el deudor como el acreedor, pueden resultar incumplientes antes de la conclusión del término estipulado. Sus obligaciones no vencidas todavía, por esos hechos típicos de un *incumplimiento anticipado*[194], pueden ubicarse dentro de un tipo de incumplimiento contractual por la pérdida, incluso, del beneficio del plazo, aun cuando lo que se debe a un término fijo no puede exigirse antes del vencimiento del término. Siempre que en los contratos se estipula un término o plazo, se presume establecido en beneficio del deudor, a no ser que del contrato mismo o de otras circunstancias, resulte haberse puesto a favor del acreedor, o de las dos partes. Si el deudor manifiesta inequívocamente, antes del vencimiento del término o plazo, que no va a cumplir, ¿es posible entender que hay un incumplimiento anticipado? Es posible deducirlo así, pues también es posible que se le crea.

(i) Esa manifestación debe ser inequívoca pero debe valorarse o medirse en términos objetivos, que no presente ninguna duda, pues una simple manifestación verbal parece tener escasa importancia, ante la presencial duda o inseguridad de esa manifestación que no es concluyente o irrefutable de una voluntad ostensible por parte del deudor, además de que puede ser poco seria o simplemente derivada de una conducta locuaz del deudor; mientras que si la manifestación aparece documentada, en principio, la

---

193 DOMÍNGUEZ LUELMO, Andrés: El cumplimiento anticipado de las obligaciones, Universidad de León, Editorial Civitas, Madrid, 1992, p. 79.

194 El Instituto Internacional para la Unificación del Derecho Privado (UNIDROIT, con sede en Roma, Italia, por algunos llamado Estatuto de Roma), en los Principios sobre los contratos comerciales internacionales, contempla en el artículo 7.3.3. (*Incumplimiento anticipado*) que, si antes de la fecha de cumplimiento de una de las partes fuere patente que una de estas incurrirá en un incumplimiento esencial, la otra parte puede resolver el contrato.

Por su parte, La Convención Internacional de la Haya, de 1964, llegó a establecer, sobre la venta de muebles y en su artículo 76, lo siguiente: "cuando antes de la fecha fijada para la ejecución fuera evidente que una parte cometerá contravención esencial al contrato, la otra parte podrá declarar la resolución".

presunción de incumplimiento anticipado puede resultar admisible según sea el incumplimiento de que se trata (su importancia y gravedad).

(ii) Cuando el deudor manifiesta de modo inequívoco o irrefutable que no va a cumplir una obligación, pero esta es accesoria que no pone en peligro la obligación principal; en cuyo caso un incumplimiento así podría ser considerado de escasa importancia que no conduce a la terminación del contrato.

(iii) Aun cuando inequívoca la manifestación del deudor de no cumplir, pero se trata de una obligación para cuyo cumplimiento la ley concede al deudor un plazo (de gracia) para cumplir, no se aplica la regla según la cual si la obligación es de dar o hacer, el deudor se constituye en mora por el solo vencimiento del plazo establecido en la convención. Esta hipótesis presenta mayor relevancia en las obligaciones reguladas por un orden público de protección al deudor, cuando la ley concede a este un plazo para cumplir.

(iv) La *repudiación* puede no consistir en una negativa a cumplir, sino en una negativa a cumplir excepto de una manera que no se corresponde con lo pactado, o, en otras palabras, la manifiesta voluntad de cumplir sin ajustarse a lo convenido. Esta forma de *repudiación* puede tener su origen en una errónea interpretación del contrato, pero en este caso que el deudor haya actuado de buena fe apenas tiene relevancia: ha de tenerse en cuenta, pero no impide la existencia de repudiación cuando la errónea interpretación afecta a una *conditio* o causaría serio perjuicio al acreedor. Cuando con anterioridad al vencimiento y exigibilidad de la prestación, el deudor manifiesta que no está dispuesto a cumplir se dice que ha "repudiado" el contrato o cometido un *anticipatory breach* (evaluación anticipada de perjuicios)[195]. La sola repudiación del deudor, cuando manifiesta que no va a cumplir la obligación asumida, no tiene por sí sola la fuerza suficiente como para demostrar el incumplimiento anticipado, más aún de adolecer de prueba suficientemente demostrativa de ese hecho y en todo caso que el plazo o término para cumplir puede haber sido especialmente dictado *ex lege* en su protección.

7.11. CASO FORTUITO Y FUERZA MAYOR COMO CAUSAS DE TERMINACIÓN Y EXTINCIÓN DEL CONTRATO

La fuerza mayor o el caso fortuito pueden dar lugar a la terminación y extinción del contrato, cuando la imposibilidad del deudor es de tal magnitud que el deudor no puede, de ninguna manera, cumplir con la prestación que ha asumido.

---

195 CLEMENTE MEORO, Mario: La Resolución de los contratos por incumplimiento (estudio comparativo, doctrinal y jurisprudencial del Derecho inglés y del Derecho español), Ed. Tirant lo Blanch, Valencia, España, 1992, pp. 205-206.

1. Requisitos o características

Mayoritariamente en la doctrina y jurisprudencia se considera el caso fortuito y la fuerza mayor como sinónimos de la causa extraña no imputable; por lo cual el caso fortuito y la fuerza mayor deben reunir las exigencias para que el cumplimiento de la obligación (prestación) sea imposible. La imposibilidad es hacer sumamente difícil que el deudor cumpla la prestación prometida, pues es una causa que impide de modo total o absoluto la ejecución de la prestación del deudor. Aun cuando tuvimos ocasión de referirnos a esta temática (cfr. 7.6 *retro*), para que la imposibilidad de cumplimiento frustre el fin del contrato debe ser *imprevisible, irresistible, actual, no culposa, obstáculo insuperable* y *hecho extraño a la voluntad del deudor.*

a) *Imprevisible* denota que el hecho sucede sin que el obligado pueda normalmente preverlo (de manera anticipada), por lo sorprendente de su ocurrencia, aun cuando en ciertas circunstancias el deudor puede adoptar algunas previsiones.

b) Será *irresistible* cuando el obligado no está en posibilidad física o material de impedir el sorpresivo acontecimiento. Es lo inevitable porque el deudor nada puede hacer para impedir el hecho.

c) La *inculpabilidad* denota, aun cuando el concepto "culpa" es indeterminado y por tanto anfibológico ante las diversas comprensiones que presenta en el campo no solo legislativo sino doctrinal y jurisprudencial, que el obligado no incurra en falta, malicia, descuido, negligencia u otra causa que le sea imputable.

d) El obstáculo insuperable se explica porque el deudor se encuentra impedido de manera absoluta de cumplir la prestación que ha asumido en beneficio del acreedor. En la doctrina se admite que cuando no se hace imposible el cumplimiento de la prestación, sino que se convierte en una prestación excesivamente onerosa se está en presencia de la denominada *imprevisión*, pero no ante el caso fortuito o la fuerza mayor.

e) La *actualidad* significa que la imposibilidad que se presenta al deudor es en el momento en que debe cumplir, no ante una expectativa o posibilidad.

f) El *hecho extraño a la voluntad del deudor,* es decir, que el hecho no derive de la voluntad del deudor, pues en caso contrario el deudor no tiene causa de justificación que le exima de cumplir.

Pero además del cumplimiento de esos requisitos, a fin de tener o considerar el contrato como terminado y extinguido como consecuencia de la imposibilidad del cumplimiento prestacional, la imposibilidad tiene que ser total, no parcial o temporaria.

Si la causa que genera la imposibilidad sobrevenida para cumplir actúa únicamente retardando el cumplimiento de la obligación, al cesar la causa (caso fortuito o fuerza mayor) el deudor no queda liberado de cumplir si el cumplimiento no resulta imposible; pues no es suficiente el suceso para liberar al deudor a menos que la imposibilidad sea definitiva. En este caso la imposibilidad definitiva extingue la prestación del deudor.

2. Carácter liberatorio y extintivo de la imposibilidad

La imposibilidad sobrevenida para cumplir y no imputable, tiene carácter extintivo y por tanto liberatorio, o viceversa. Así, v. gr., el contrato de transporte mercantil queda terminado en caso fortuito o de fuerza mayor que imposibilite realizar el viaje; e igualmente el contrato de compraventa queda terminado si la falta de entrega de la mercancía procediere de pérdida causada por caso fortuito, y el vendedor exclusivamente obligado a devolver el precio. Lo mismo puede decirse del contrato de arrendamiento inmobiliario, pues si durante la vigencia del mismo el bien dado en locación es destruido en su totalidad o en su parte principal, por caso fortuito o fuerza mayor.

Algunos hechos jurídicos permiten fortalecer las anteriores hipótesis para señalar que la referida terminación y extinción del contrato puede originarse, tales como: un terremoto, maremoto, incendio provocado por causas inevitables, inundación, tempestad extraordinaria, entre otros. Si algunos de estos hechos origina la imposibilidad sobrevenida total para cumplir, no siendo obviamente imputable al deudor o al acreedor - según corresponda -, que impida el cumplimiento de la prestación debida; el hecho tiene carácter extintivo y por tanto liberatorio.

En las hipótesis antes consideradas, como en muchas otras, lo normal es admitir la inculpabilidad del deudor. No obstante, este no queda liberado de haber estipulado cláusula donde asume las consecuencias que se produzcan, siempre que tal cláusula sea válida; entendiéndose que esa responsabilidad del deudor solo podrá admitirse en los casos fortuitos comunes u ordinarios, pero no los extraordinarios. Al respecto, el CCf reformado en 2016 preceptúa que "La imposibilidad de cumplir la prestación liberará al deudor por la cantidad concurrente cuando proceda de un caso de fuerza mayor y sea irremediable, a menos que haya convenido hacerse cargo de ella o haya sido requerido" (art. 1351). Así, si el vendedor no hubiere efectuado la entrega, por caso fortuito o fuerza mayor, no habrá lugar a la resolución del contrato, salvo pacto en contrario (art. 2588 CCn). Se interpreta que en este supuesto normativo no existe incumplimiento imputable, salvo que las partes en el contrato dispongan que de ocurrir caso fortuito o fuerza mayor, la parte a quien corresponda incurre en incumplimiento, salvo la ocurrencia de hechos extraordinarios imprevisibles, que no pueden evitarse bajo ninguna circunstancia.

El artículo 1722 CCrd, preceptúa que, si durante el arrendamiento se destruye en totalidad la cosa arrendada por caso fortuito, queda aquel rescindido de pleno derecho; si no se destruyere sino en parte, puede el inquilino, según las circunstancias, pedir una rebaja en el precio, o aun la rescisión del arrendamiento. Obsérvese que en esta norma se emplea el vocablo "rescisión" denotando que esos eventos, por lo general imprevisibles, son causa de lesión en perjuicio del contratante a quien afectan; pero no es de tal modo porque no han existido al momento de la celebración del contrato que generen la lesión, para que tenga lugar la rescisión por lesión (cfr. V. 5.5), que procede por disposición *ex lege*, como medio subsidiario y en defecto de otro medio para la terminación del contrato por causa de lesión. Tanto el caso fortuito como la fuerza mayor son hechos sobrevenidos a la celebración del contrato. Además, cuando la norma en comentario se refiere al bien afectado por caso fortuito o fuerza mayor, al señalar que "si no se destruyere sino en parte, puede el inquilino, según las circunstancias, pedir una rebaja en el precio, o aun la rescisión del arrendamiento". Aquí al hablar de "rescisión" se refiere a la resolución del contrato, pues aquellas causas, posiblemente no imputables, parecieran constituir un incumplimiento en sí mismas cuando en realidad no son.

El deudor no está obligado al caso fortuito, sino cuando ha contribuido a él o ha aceptado expresamente esa responsabilidad (art. 703 CCcr). Esta norma resulta más precisa, pues con la primera hipótesis señala que la causa (el hecho fortuito) si no es imputable al obligado, lo exime del cumplimiento de la prestación a que se ha obligado, a menos que haya asumido de modo expreso esa de responsabilidad; no obstante que establece la consecuencia del hecho cuando se ha producido por la intervención del deudor, que ha contribuido a que se genere (el caso fortuito), en cuya hipótesis puede interpretarse que el deudor no está exento de cumplir; desde luego cuando este ha aceptado responder hasta por caso fortuito o fuerza mayor. En las dos hipótesis normativas que excepcionan la regla, el contrato no termina ni se extingue.

La imposibilidad sobrevenida, objetiva, absoluta y definitiva de la prestación, producida por caso fortuito o fuerza mayor, extingue la obligación, sin responsabilidad. Si la imposibilidad sobreviene debido a causas imputables al deudor, la obligación modifica su objeto y se convierte en la de pagar indemnización de los daños causados; y, la imposibilidad sobrevenida, objetiva, absoluta y temporaria de la prestación tiene efecto extintivo cuando el plazo es esencial, o cuando su duración frustra el interés del acreedor de modo irreversible (vid. arts. 955 y 956 CCCN). La imposibilidad sobrevenida, que reúne esos requisitos, es un medio que permite extinguir obligaciones, tiene su fundamento en el principio de que nadie puede estar obligado a ejecutar cosas imposibles, significándose así que desde el momento en que el cumplimiento de la obligación se hace imposible, física o legalmente, el deudor queda liberado de cumplir su obligación que en su nacimiento era realizable, pero mientras estaba pendiente su ejecución aparecieron ciertos eventos, acontecimientos o sucesos que le dieron el carácter de imposible. En efecto, si la *cosa determinada* que constituía el objeto de la obligación ha perecido o quedado fuera del comercio, o se ha perdido de manera que se desconoce absolutamente su existencia, la obligación se extingue, si la cosa ha perecido o se ha puesto fuera del comercio o perdido, sin culpa del deudor y antes de que haya incurrido en mora. La norma legal se ajusta a la equidad, pues no puede hacerse responsable al deudor de los accidentes o hechos que le ocurran a la cosa, cuando él no es responsable de los mismos, y que constituyen caso fortuito o fuerza mayor (vid. 7.6 *retro*).

La obligación se extingue si la prestación no se ejecuta por causa no imputable al deudor. Si dicha causa es temporal, el deudor no es responsable por el retardo mientras ella perdure. Sin embargo, la obligación se extingue si la causa que determina la inejecución persiste hasta que, al deudor, de acuerdo al título de la obligación o a la naturaleza de la prestación, ya no se le pueda considerar obligado a ejecutarla; o hasta que el acreedor justificadamente pierda interés en su cumplimiento o ya no le sea útil. También se extingue la obligación que solo es susceptible de ejecutarse parcialmente, si ella no fuese útil para el acreedor o si este no tuviese justificado interés en su ejecución parcial. En caso contrario, el deudor queda obligado a ejecutarla con reducción de la contraprestación, si la hubiere (art. 1316 CCp).

Según el CCf reformado en 2016, hay fuerza mayor en materia contractual cuando un evento que se escapa del control del deudor, que no podría haberse previsto razonablemente a la suscripción del contrato y cuyos efectos no se pueden evitar con medidas inapropiadas, impide la ejecución de su obligación por parte del deudor. «Si el impedimento es temporal, la ejecución de la obligación se suspenderá a menos que el retraso que resultaría justifique la resolución del contrato. Si el impedimento es definitivo, el contrato se resolverá de pleno derecho y las partes serán liberadas de sus obligaciones en las condiciones previstas en los artículos 1351 y 1351-1 (art. 218).

7.12. LA MUERTE

Nada de extraño tiene que la ciencia crea saber sobre la muerte celular, hechos tan incontrovertibles que algunas expresiones dentro de los mismos textos de patología sorprenden, por cuanto muestran nuestra ignorancia. La transición de la vida a la muerte es igualmente difícil de precisar para la célula como para el organismo considerado globalmente. Este intento de la ciencia por definir la muerte del ser humano choca estrepitosamente con la barrera ideológica. JOHN ECCLES[196], premio Nobel de Medicina y Fisiología, en "*Muerte y Cerebro*" afirma: "Creo que la ciencia ha ido demasiado lejos al romper la creencia del hombre en su grandeza espiritual

196 JOHN ECCLES (1903-1997) era un neurofisiólogo australiano conocido por describir el funcionamiento de la sinapsis. Encontró la relación entre la inhibición de las células nerviosas y la repolarización de la membrana de una célula, lo cual le valió el premio Novel de Medicina y Fisiología. Es considerado como uno de los neurofisiólogos más prominentes del siglo XX, y uno de los fundadores de la electrofisiología moderna. En su artículo "*La biología moderna y el giro a la creencia en Dios*", que escribió para el libro, "*Los intelectuales hablan sobre Dios: Un Manual para el Estudiante Cristiano en una Sociedad Secular*" (1984), JOHN ECCLES llegó a la siguiente conclusión: "La ciencia y la religión se parecen muchísimo Ambas son aspectos creativos de la mente humana.

y le ha dado la idea de que es meramente un animal insignificante que surgió por azar y necesidad en un planeta insignificante en la gran inmensidad del cosmos. Debemos aceptar el gran desconocimiento de la física y la fisiología de nuestros cerebros, de las relaciones de mente y cerebro y de nuestra imaginación creadora". Históricamente los intentos por definir el momento preciso de la muerte han sido problemáticos. Antiguamente se definía la muerte (evento) como el momento en que cesan los latidos del corazón y la respiración, pero el desarrollo de la ciencia ha permitido establecer que realmente la muerte es un proceso, el cual en un determinado momento, se torna irreversible. Hoy en día, cuando es precisa una definición del momento de la muerte, se considera que este corresponde al momento en que se produce la irreversibilidad de este proceso. Existen en medicina protocolos clínicos que permiten establecer con certeza el momento de la muerte, es decir, que se ha cumplido una condición suficiente y necesaria para la irreversibilidad del proceso de muerte. Gracias al avance tecnológico de la medicina, hoy es posible mantener una actividad cardíaca y ventilatoria artificial en cuidados intensivos, en una persona cuyo corazón ha dejado de latir y no es capaz de respirar por sí mismo, por lo cual esto demuestra que no es estar muerto. El protocolo utilizado para el diagnóstico de la muerte en este caso es diferente y debe ser aplicado por especialistas en ciencias neurológicas, hablándose entonces de "*muerte cerebral*" o "*muerte encefálica*".

En el pasado, algunos consideraban que era suficiente con el cese de actividad eléctrica en la corteza cerebral (lo que implica el fin de la conciencia) para determinar la muerte encefálica, es decir, el cese definitivo de la conciencia equivaldría a estar muerto, pero hoy se considera, en casi todo el mundo, difunta a una persona (aún si permanece con actividad cardiaca y ventilatoria gracias al soporte artificial en una unidad de cuidados intensivos), tras el cese irreversible de la actividad vital de todo el cerebro incluido el tallo cerebral (estructura más baja del encéfalo encargada de la gran mayoría de las funciones vitales), comprobada mediante protocolos clínicos neurológicos bien definidos y soportada por pruebas especializadas. En estos casos, la determinación de la muerte puede ser dificultosa. Un electroencefalograma, que es la prueba más utilizada para determinar la actividad eléctrica cerebral, puede no detectar algunas señales eléctricas cerebrales muy débiles o pueden aparecer en él señales producidas fuera del cerebro y ser interpretadas erróneamente como cerebrales. Debido a esto, se han desarrollado otras pruebas más confiables y específicas para evaluar la vitalidad cerebral como la tomografía por Emisión de Fotón Único (SPECT cerebral), la panangiografía cerebral y el ultrasonido transcraneal. A pesar de esto se dan por muertos a personas que no lo están ya que a veces el cerebro

---

El conflicto aparente es resultado de la ignorancia. Venimos a existir a través del acto divino. Esa guía divina es un tema desde el principio hasta el fin de nuestra vida, en nuestra muerte el cerebro se va, pero la orientación y el amor divino continúa. Cada uno de nosotros es un ser único, consciente, una creación divina; es el punto de vista religioso; es el único punto de vista consistente con toda la evidencia" vuelve a funcionar y otras muchas veces porque casi nunca se hacen las pruebas anteriormente escritas.

La muerte termina de derecho el contrato bilateral en determinados casos, específicamente contemplados en la ley, por causa de la cesación de la vida, desde el punto de vista material o corporal; pues la vida es consustancial con la personalidad y esta consiste en la aptitud para ser titular de deberes y derechos, y la misma se extingue por la muerte de la persona, sin que física ni jurídicamente pueda continuarse en otra persona. Cuando la persona humana finaliza en sus signos vitales, cesan sus derechos y deberes asumidos (que en principio no se extinguen con la muerte), su personalidad o subjetividad jurídica se extingue y sus atributos tales como la capacidad, el nombre, domicilio, estado civil, patrimonio, nacionalidad. Ante esta situación fáctica y jurídica, unos derechos y deberes también se extinguen, pero otros continúan como relaciones jurídicas activas y pasivas en sus sucesores.

Existen unos derechos y deberes que se extinguen por causa de la muerte de la persona, y los mismos cuando trasuntan en el contexto de la convención entre dos o más personas para constituir, reglar, transmitir, modificar o extinguir entre ellas un vínculo jurídico; obviamente que se trata del contrato continente de esos derechos y deberes como obligaciones. El contrato puede terminarse según sea su naturaleza jurídica (más que su denominación), por causa de muerte de uno de los contratantes o de ambos, y no en todos los casos; solo en los contratos que se celebran en especial consideración de la persona con quien se obliga *(intuitu personae)*

La muerte únicamente termina y extingue la relación obligatoria en aquellos casos en que excepcionalmente la relación obligatoria va vinculada de manera necesaria a determinada persona y solo a esta, por determinadas razones personales y de interés, con influencia en la celebración de la relación obligatoria. Este carácter excepcional (por causa de muerte) en la terminación y extinción, se origina - en algunos casos -, por la naturaleza económica o patrimonial de la prestación, y en otros por motivos diferentes como en el Derecho de familia, v. gr. en caso de divorcio, para cuya procedencia se requiere la existencia de determinadas causales que en su mayoría no atienden a motivos económicos. De tal manera que en la legislación hay un elenco de relaciones jurídicas que terminan por causa de muerte, y que solo a modo de ejemplo, entre otras, señalamos:

1. En el ámbito del Derecho Civil

Por causa de la muerte algunas relaciones jurídicas se extinguen, de la forma o manera como lo dispone la ley. Hay hipótesis demostrativas de que la muerte da lugar a la terminación del contrato por disposición de la ley, o por voluntad expresa de las partes o si esta resulta demostrativa de lo contrario.

Como ejemplo de la pluralidad de relaciones obligatorias que terminan o extinguen por causa de muerte, el *usufructo* es una de ellas como derecho real de usar y gozar durante cierto tiempo de las cosas cuya propiedad pertenece a otro, del mismo modo que lo haría el propietario; pues *ex lege* se extingue por la muerte del usufructuario, aunque ocurra antes del día o condición prefijada para su terminación. Cuando se ha encargado cierta *obra* a una persona por razón de sus cualidades personales, el contrato se termina por la muerte de esta persona. Si el usufructo se ha constituido hasta que una persona distinta del usufructuario llegue a cierta edad, y esa persona fallece antes, durará sin embargo el usufructo hasta el día en que esa persona hubiera cumplido esa edad, si hubiese vivido (cfr. art. 804 CCh). El usufructo se extingue también: Por la muerte del usufructuario, aunque ocurra antes del día o condición prefijada para su terminación (v. art. 806 eiusdem).

Otros contratos también terminan y se extinguen por causa de muerte, v. gr., el de *donación* que tenga por objeto prestaciones periódicas, se extingue con la muerte del donante, a menos que del contrato resulte una voluntad distinta. Asimismo, el contrato de obras se termina por la muerte del obrero, del arquitecto o del empresario de la obra. La *renta vitalicia* también se termina y extingue con la muerte de la persona en cabeza de quien se constituye, al producirse la muerte de aquel; pero no se origina la terminación y extinción de este contrato cando es un tercero el cabeza de la renta, pues la renta pasa a sus herederos y deberá pagarse hasta la muerte del cabeza de la renta. Incluso el *comodato* termina y se extingue con la muerte del comodatario cuando en el contrato no se establece expresamente la continuidad del uso por los herederos. El mandato es un contrato por el cual una persona se obliga mediante contraprestación o gratuitamente, a ejecutar uno o más negocios por cuenta de otra; que se extingue por la muerte del mandante o del mandatario, a menos y como se contempla en algunas legislaciones, haya sido conferido en ejecución de una obligación del mandante para con el mandatario.

En los casos propuestos como de terminación y extinción de la relación obligatoria por causa de muerte, se aprecia que estas se producen *ipso facto* (por el mismo hecho) desde el mismo momento del acaecimiento de la cesación de los signos vitales; pues lo que amerita prueba es el hecho de la muerte pero no es necesaria una declaración adicional o exigencia que conduzca a la demostración de haber terminado la relación jurídica.

2. En la ley mercantil

La ley mercantil rige las obligaciones de los comerciantes en sus operaciones mercantiles y los actos de comercio, aunque sean ejecutados por no comerciantes, y contienen normas relativas sobre la terminación o extinción de determinados contratos por causa de muerte.

Así, en algunos códigos mercantiles se contempla que la sociedad colectiva se disuelve por la muerte de uno de los socios, pero este hecho no pondrá fin a la sociedad por convenio en contrario en cuanto a la continuación de la sociedad con los socios restantes o con los herederos, y de ser estos será necesaria la aceptación de los mismos. Esto es evidente pues la sociedad mercantil en nombre colectivo, es aquella en la cual las obligaciones sociales están garantizadas por la responsabilidad limitada y solidaria de todos los socios; mientras que en la compañía en comandita, las obligaciones sociales están garantizadas por la responsabilidad limitada y solidaria de uno o más socios, llamados socios solidarios o comanditantes; así como por la responsabilidad limitada a una suma determinada de uno o más socios, llamados comanditarios. Así, la sociedad en comandita termina por la muerte y siendo varios los socios comanditados y el caso estuviere previsto en el contrato social, la sociedad podrá continuar bajo la administración de los otros socios.

El *contrato de comisión* es aquel por el cual una persona denominada comisionista, en nombre propio se encarga de ejecutar uno a varios negocios encomendado por otra persona, el comitente. Como se observa, es un auténtico mandato civil aplicado a los actos mercantiles, pero con la diferencia que el mandatario (comisionista) actúa sin representación, en nombre propio.

Si el comisionista muere o queda inhabilitado se termina el contrato, mientras que si es el comitente el contrato de comisión subsiste pues se produce la transmisión de la posición contractual hacia los herederos, como continuadores de las relaciones jurídicas activas y pasivas del causante. Se admite que el *contrato de distribución* puede terminarse por la muerte de cualquiera de los contratantes, con fundamento en que el mismo es un contrato intuitu personae.

El *factor mercantil* es el gerente de una empresa o establecimiento mercantil o fabril, o de un ramo de ellos, que administra por cuenta del dueño; y se considera autorizado para todos los actos que abrace la gestión en la empresa o establecimiento que se le confía, pudiendo ejecutar todo lo que sea necesario para el buen desempeño de su cargo, a menos que el principal le limite expresamente sus facultades en el poder que le otorgare.

La muerte del factor mercantil es causa de extinción del apoderamiento y sus herederos están obligados a poner en conocimiento del empresario el hecho ocurrido. La muerte del empresario individual no causa la extinción del contrato. Sin embargo, nada impedirá que, posteriormente, los herederos del empresario (en el supuesto de muerte) o el representante legal (en el supuesto de incapacitación) puedan revocarle al factor el apoderamiento que en su día le confirió el empresario que falleció o que fue incapacitado.

La doctrina define el contrato de *cuenta corriente* como un contrato mercantil por el cual dos personas en relación de negocios continuada, acuerdan concederse temporalmente crédito recíproco en el sentido de quedar obligadas ambas partes a ir sentando en cuenta sus remesas mutuas como partidas de cargo y abono, sin exigirse el pago inmediato sino el saldo, a favor de una o de la otra, resultante de una liquidación por diferencia al ser aquella cerrada en la fecha convenida.

El contrato de cuenta corriente tiene importantes diferencias con determinadas operaciones bancarias que también utilizan el término cuenta corriente. Así, debe distinguirse el contrato de cuenta corriente de la apertura de crédito en cuenta corriente que según la doctrina, se caracteriza por ser un contrato en virtud del cual el Banco se obliga, dentro del límite pactado y mediante una comisión que percibe del cliente, a poner a disposición de este, y a medida de sus requerimientos, sumas de dinero o a realizar otras prestaciones que le permitan obtenerlo al cliente. En la apertura de crédito de cuenta corriente el único que concede crédito es la entidad bancaria, sin que exista reciproca concesión de crédito ni compensación. No debe confundirse este contrato con el depósito de cuenta corriente o cuenta corriente impropia en la que tampoco hay recíproca concesión de crédito ni compensación alguna, sino que se trata de un depósito irregular con devengo de intereses y liquidaciones periódicas por el Banco, sin perjuicio de que se anoten en forma de cuenta corriente las disposiciones como los abonos que se realicen. Por último, también se hace diferencia entre el contrato de cuenta corriente de la cuenta corriente bancaria, en donde además de faltar la nota de la recíproca concesión de crédito y de la compensación, la entidad bancaria presta determinados servicios al cliente, lo que es completamente ajeno al contrato *in commento*.

El contrato de cuenta corriente se concluye por la muerte del cuentahabiente o cuentacorrentista, pues su personalidad se extingue con la muerte.

3. En el Derecho de Familia

Tal y como se entiende, el Derecho de Familia es el conjunto de reglas jurídicas y principios legales, contemplados con la finalidad de determinar o establecer la condición de las personas; dirigir, presidir y reglar la organización, la vida y disolución de la estructura familiar; siendo como es la familia la cédula fundamental de la sociedad a tenor de lo expresamente preceptuado en el artículo 16, inciso 3, de la Declaración Universal de los Derechos del Hombre, proclamada por la Organización de las Naciones Unidas; ratificada por la mayoría de los países democráticos, en los cuales se atiende a la defensa de la dignidad de la persona humana.

Este trabajo no comprende el estudio del Derecho de Familia y, por tanto, el del matrimonio, y solo nos referimos sutilmente a los mismos a modo de ejemplo, para considerar la terminación y extinción del matrimonio; pues este es, sin lugar a dudas, como se afirma, el más importante de todos los negocios jurídicos y de todas las instituciones reconocidas por el Derecho. Constituye la base y el fundamento de la familia legítima y por ende, el pilar fundamental de la sociedad organizada. Es tradicional la discusión sobre si el matrimonio civil es o no un contrato; se trata de un problema teórico que no determina consecuencias ni repercusiones jurídicas de orden práctico, pero se lo considera tema obligado en todo texto de Derecho de Familia. Para el Derecho Canónico, el matrimonio es un acto que, al mismo tiempo, es de carácter religioso y de naturaleza jurídica. El matrimonio canónico es fundamentalmente un Sacramento, es decir, un signo exterior instituido por Nuestro Señor Jesucristo como medio de santificación y de salvación. Pero el matrimonio es también un contrato, que resulta del consentimiento de las partes.

De ahí que se hable del matrimonio como contrato-sacramento. El sacramento matrimonial es el contrato y el contrato matrimonial es el sacramento (canon 1055, pr.2 CDC)[197].

Ahora bien, es regla que todo matrimonio válido se disuelve por la muerte de uno de los cónyuges y por divorcio. La extinción del vínculo matrimonial por causa de muerte es automática, mientras que por causa de divorcio hay que atenerse a las causales previstas *ex lege* para que, como materia en la cual está interesado el orden público, solo así puede disolverse o extinguirse.

Matrimonio válido que se disuelve por cualquiera de aquellas dos causas, significa que en la celebración del matrimonio se han cumplido los requisitos esenciales determinantes de su validez, y de aquí que el efecto de la nulidad (absoluta o relativa, vid. V. 5.2) del matrimonio es tener el vínculo como jamás contraído, es decir, el efecto *ex tunc* (desde entonces), o lo que es igual: desde la fecha de su celebración; salvo se trata del denominado "matrimonio putativo", es decir, aquel que en ciertos casos el matrimonio celebrado nulo o anulado tiene plena validez legal, durante el tiempo comprendido entre la celebración y la fecha de la sentencia definitivamente firme que declara la nulidad (efecto ex nunc: desde ahora y no desde el pasado). La sentencia definitivamente firme que pronuncia la nulidad del matrimonio, absoluta o relativa, borra el vínculo matrimonial tal y como jamás se hubiera celebrado, desde la fecha de celebración, pero no afecta a los hijos habidos durante la unión.

Asimismo, el *régimen capitular matrimonial,* como contrato bilateral o sinalagmático, que se celebra con ocasión al matrimonio (accesorio al matrimonio), con la finalidad de establecer, determinar y reglamentar el régimen de bienes durante el matrimonio; puede en su celebración estar inficionado de vicios que afectan su eficacia y validez (falta de cumplimiento de requisitos esenciales), en relación a los cónyuges y con respecto a terceros; que pueden conducir a su nulidad absoluta o relativa. La primera cuando en su celebración se han infringido normas en cuyo cumplimiento está interesado el orden público o las buenas costumbres; mientras que la segunda se refiere a la violación de normas legales prohibitivas o imperativas dispuestas solamente en protección de alguno de los contratantes.

Tratándose de la nulidad absoluta, cualquiera de los contratantes, como los terceros con interés legítimo, pueden solicitar judicialmente la nulidad de las capitulaciones matrimoniales, pues el vicio no puede ser confirmado. La nulidad relativa del régimen capitular es solo del interés de la parte a quien protege la normal legal infringida en la celebración del contrato o de las capitulaciones matrimoniales.

Cuando se extingue el matrimonio por causa de muerte, o por cualquier otra causa determinada en la ley, se producen efectos de orden personal y patrimonial. Entre los primeros, el estado conyugal desaparece al quedar disuelto o

197 LÓPEZ HERRERA, Francisco: Derecho de Familia, ob. cit., vol. 1, pp. 197-200.

extinguido el matrimonio, y se extinguen también los derechos y deberes conyugales (de cohabitación, asistencia, socorro, fidelidad y de protección recíproca). Los efectos patrimoniales tienen que ver en especial con que la comunidad de bienes cesa y, por tanto, procede la liquidación de los bienes adquiridos durante el matrimonio.

7.13. CESIÓN DE CONTRATO

In genere, la llamada cesión de contrato representa la forma más completa de sucesión a título particular en una relación de obligación. Ella no afecta al negocio, sino a la relación jurídica contractual, y tiene por efecto el subingreso, por un solo acto, de un nuevo sujeto en la posición jurídica activa y pasiva de uno de los originales contratantes, sin necesidad de acudir a dos actos separados de cesión en la parte activa y de asunción en la posición pasiva. Como opera una sucesión total en la relación jurídica, la cesión de contrato es un medio técnico de circulación más progresiva que la cesión de crédito y la asunción de deuda[198]. Y esta figura jurídica (cesión de contrato) que no se encuentra expresamente regulada en varias leyes, no obstante es admitida mayoritariamente por la doctrina y la jurisprudencia. En los códigos que la omiten, se regla normativamente como la venta o cesión de un crédito como una especie de la cesión de derechos.

1. Noción general

La transferencia efectuada, a través de la cesión de contrato, a título gratuito es una donación, y realizada a título oneroso es una venta; y puede la cesión devenir de contrato, por disposición *ex lege* (venta de inmueble arrendado, automática y no voluntaria) o *mortis causa* (sucesión a título universal). Desde este contexto, nos referimos a la transferencia de posición que hace el cedente mediante "*cesión de contrato*" (se entiende que en ejercicio de su voluntad), en cuyo caso significa la transferencia que hace uno de los contratantes o acreedor (cedente) de la posición que tiene en el contrato, a un tercero o nuevo acreedor (cesionario); manteniéndose a la otra parte (el cedido) quien contrató con el cedente.

De ese modo el acreedor cedente enajena sus derechos y transfiriere las obligaciones (activos y pasivos) que comprenden la relación jurídica, en las mismas condiciones. Al respecto, en la doctrina se ha preguntado si en rigor se cede un contrato, si es o no cesible una relación jurídica; o si más bien lo que se cede es la posición jurídica de un contratante, su relación obligacional, su vínculo obligacional. BOFFI BOGGERO responde afirmando que es esto último. Sin embargo, es generalmente admitido que mediante la cesión de contrato ocurre la sustitución de un sujeto por otro en la titularidad de una relación jurídica de carácter económico. El contrato es cedible como un todo.

---

198 BETTY, Emilio: Teoría general de las obligaciones, ob. cit., vol. 2, p. 224.

Lo observado indica que la cesión solo puede tener lugar en el contrato con prestaciones bilaterales o recíprocas y no el de obligaciones a cargo de una sola parte (unilateral), pues de lo contrario resultaría la cesión de créditos, v. gr., el contrato de préstamo, siempre que este, obviamente, no haya sido cumplido totalmente. Así, el contrato de arrendamiento puede ser cedido, aun cuando se haya cumplido parcialmente, pues se trata de un contrato de cumplimiento sucesivo o continuado.

La cesión requiere la existencia del consentimiento del otro contratante, libre de vicios que afecten su eficacia y validez (con capacidad de obrar y legitimidad); existencia del objeto, es decir, el contrato bilateral o sinalagmático a ser cedido en toda su plenitud, aun cuando pueda pensarse que lo que se cede es la cualidad de contratante y la situación o posición jurídica derivada de la relación obligatoria (la cesión implica todo esto); y causa lícita, que puede ser por diversos motivos, por causa gratuita (v. gr., por donación), por simple liberalidad, o bien a cambio de una contraprestación, como la venta que es un contrato oneroso.

La cesión supone un negocio entre cedente y cesionario de un contrato con prestaciones recíprocas, no de prestación única, v. gr. el caso del contrato unilateral, pues entonces se trataría de una simple cesión de créditos o asunción de deuda; y, además, que las prestaciones estén pendientes de cumplimiento, pues de nada serviría la cesión de un contrato que ya nada puede transmitir al haber sido ejecutado en su totalidad; requiriéndose el consentimiento del contratante cedido cuando se autoriza la cesión del contrato bajo esta modalidad, aun cuando de prohibición estipulada el acreedor puede consentirla o convalidarla expresamente antes, en el mismo momento de la cesión o con posterioridad; así como también procede la convalidación tácita, cuando el acreedor realiza cualquier acto demostrativo de la confirmación de la cesión o por causa de prescripción de la acción correspondiente contra el acto inconsentido.

En la doctrina se plantea que la cesión del contrato es un negocio que se forma por la intervención de tres declaraciones de voluntad, bajo un mismo propósito; por lo cual se habla de un *contrato plurilateral.* La autorización o consentimiento para ceder el contrato puede ser *anterior* (cuando se establece en el contrato); *posterior* (en cuanto es aceptada después de celebrado el contrato que se ha cedido), o *simultánea* (en el mismo acto de la cesión incluso, si fue prohibida); así como *tácita, es decir,* que ante la cesión no autorizada, el contratante "cedido" acepte a través de cualquier acto suyo demostrativo no tener interés en impugnarla sino más bien aceptarla (recepción del canon arrendaticio del tercero que ocupa el inmueble, demostrativa de la aceptación de tenerlo como arrendatario; u otra manifestación indubitable demostrativa de aceptación).

La figura de la cesión del contrato, de reciente difusión práctica, puede ubicarse dentro de las llamadas vicisitudes modificadoras del contrato, pero con algunas consideraciones especiales. No obstante, queda abierto el problema de la construcción correcta de la cesión, objeto de recientes y vivaces discusiones, teniendo presente que tal negocio invade la esfera de intereses de tres sujetos: el contratante cedente, el cesionario y el cedido, por lo cual requiere, junto con el acuerdo entre cedente y cesionario, el asentamiento del contratante cedido (de otro modo nunca se podría alcanzar la liberación del cedente de sus obligaciones, y por ende, una cesión completa y definitiva del contrato). La disputa se plantea a propósito de la misión correspondiente a dicho asentimiento y divide a la doctrina entre quienes lo consideran como un mero requisito de eficacia del contrato ya celebrado entre el cedente y el cesionario, y quienes, por el contrario, lo toman como un elemento constitutivo del acuerdo, que de ese modo se manifestaría como un contrato trilateral[199]. Esta es la opinión prevaleciente. Sobre aquel punto, el texto de la ley, que se resiente de la incertidumbre de la doctrina, se muestra por lo menos equívoco. Pero no nos parece que esas dudas sean insuperables y que no pueda llegarse a solucionar este delicado problema, si se piensa en la naturaleza real de la cesión dentro del cuadro completo de la disciplina del código. Así, creemos que el asentimiento del contratante cedido, quien, como se indicó, concurre a título esencial a la realización de la cesión, no puede equipararse a un mero requisito extrínseco de eficacia, sino que debe situarse en el mismo pie del consentimiento de los otros dos estipulantes. Así, pues, debe propenderse derechamente por la concepción de la cesión como un contrato plurilateral, de la cual se desprenden consecuencias de cierta importancia sobre el momento de la celebración del acuerdo y la disciplina de su formación. Por ello debe expresarse que

199 Por contrato plurilateral se suele entender el contrato en el que pueden tomar parte *ab initio*, o después de la formación del mismo, varias partes. Pero la importancia de la figura no está, como podría aparecer a primera vista, en el hecho de que el contrato implique más de dos partes. En efecto, este es considerado por el legislador como una "especie" del contrato, el cual podría adoptar - indiferentemente - el aspecto de la bilateralidad o el de la pluralidad; este último, por tanto, no es un elemento constitutivo esencial. No se niega que puedan entrar varias partes a constituir un negocio jurídico (negocio plurilateral); se niega que, en este caso, ellas realicen un contrato (plurilateral). Y se niega, no el hecho concreto, sino la difundida construcción jurídica de la misma. En sustancia, el acto colectivo realiza el fenómeno de varias voluntades y de varias declaraciones de voluntades, todas del mismo contenido (suma de voluntades), que concurren a un interés común y tienen un efecto jurídico común en el que cada uno de los declarantes participa *pro quota* (exteriormente, el acto colectivo es unilateral). En el contrato, las declaraciones de voluntad son de contenido heterogéneo; tienden a satisfacer intereses no coincidentes entre sí y producen efectos que son distintos para cada parte; pero son también complementarios, en el sentido de que se presuponen el uno al otro (MESSINEO: ob. cit., vol. 1, pp. 76-77). El *negocio jurídico bilateral* es el contrato, como fuente de relaciones jurídicas, en donde las declaraciones de voluntad se dirigen una hacia la otra, se cruzan, por la concurrencia de dos declaraciones de voluntad; y que como tal (contrato) es - como se preceptúa en algunos códigos civiles -, una convención entre dos o más personas para constituir, reglar, transmitir, modificar o extinguir entre ellas un vínculo jurídico. De esta concepción se deduce que el contrato, es fuente de la relación obligatoria. En este punto los conceptos "contrato" y "obligación" parecen identificarse.

la cesión del contrato se celebra con todos sus efectos en el momento en que se realiza el encuentro de las declaraciones de las tres partes interesadas. Al paso que en la hipótesis muy frecuente en que el consentimiento del contratante cedido se otorgue con posterioridad, debe aceptarse que el acuerdo parcial celebrado entre cedente y cesionario significa solamente una fase formativa, durante la cual se satisface usualmente el deber de comportarse de buena fe, con la consiguiente responsabilidad por el interés negativo a cargo de quien observe una conducta disconforme (v. gr., retirando su asentimiento sin una justificación seria)[200].

Por el silencio de la ley se producen discusiones en lo referente a *la forma que debe darse a la cesión*. La oposición se plantea entre quienes creen que la cesión puede hacerse en cualquiera forma, y en particular, que el asentimiento del contratante cedido puede otorgarse incluso por su conducta concluyente, y quienes, a la inversa, sostienen que debe adoptarse la misma forma necesaria para el contrato del cual se dispone. En nuestro concepto, y por iguales razones a las expuestas sobre el mutuo disenso, debe propenderse, sin más ni más, por esta segunda solución, que consideramos más respetuosa de los principios y la que mejor responde a las exigencias prácticas[201]. Sin embargo, cuando la cesión no se escritura, se da una pluralidad de hechos demostrativos de que el contrato ha sido cedido, como acontece en el arrendamiento, ante la ausencia del arrendatario en el inmueble, y la ocupación por un tercero, el uso y goce por un tercero quien permanece en el inmueble, el deseo del tercero en pagar el arrendamiento al arrendador cuyo consentimiento no fue emitido o la consignación del alquiler por el tercero pretendiendo la convalidación tácita del subarrendamiento o subcontrato; aun cuando el pago o la consignación realizada por un tercero resulta irrelevante para conferir - a quien paga o consigna el canon - la condición de arrendatario, pues nada impide el pago o la consignación por un tercero, aun cuando el arrendador puede consentir de forma tácita o expresa para tener al tercero como cesionario; el mantenimiento y conservación por el tercero del inmueble, el pago de los servicios públicos. Estos hechos constituyen, entre otros, elementos indiciarios que orientan a la prueba del acto realizado (el subcontrato, no la cesión del contrato pues para esta es necesario el consentimiento del correspondiente contratante).

Sin embargo, la presunción sobre la ocurrencia del acto prohibido al arrendatario es la introducción de un tercero en el local arrendado en complicidad con aquel, sin cumplirse los requisitos que la ley establece para su validez, sin la autorización del arrendador. La introducción del tercero supone la entrada furtiva de este en la relación arrendataria, usando el inmueble en su beneficio. En tales hipótesis no es necesario que el actor pruebe de una manera circunstanciada y precisa las condiciones de esa introducción, pero debe probar la presencia del tercero en el inmueble arrendado, y de esta manera se presume la cesión, el subarriendo o traspaso ilega-

200 SCOGNAMIGLIO, Renato: ob. cit., pp. 211-213.

201 *Idem*, p. 214.

les. Para nada interesa, en tal caso, que la introducción sea excluyente o compartida, a título gratuito u oneroso.

2. ¿La cesión en acto único?

En la doctrina se ha discutido si la cesión del contrato se desglosa en varias sesiones de cada uno de los efectos del contrato: cesión de derechos, crédito (*v.* 3 *infra*) u acciones; o más bien se trata de una cesión única, de un negocio único, con un objeto unitario. Al respecto han sido consideradas varias teorías, siendo importantes la Teoría Atomística o de la Descomposición y la Teoría Unitaria.

a) Teoría Unitaria. Según esta teoría en la cesión de contratos opera una transferencia integral de los elementos activos y pasivos del contrato, de tal modo que el cesionario cubre en el contrato básico la compleja posición de parte del contratante cedente; mediante un negocio único de disposición sobre el contrato. Es la teoría desarrollada por SIBER en Alemania y por MOSSA en Italia. Este último se refiere a "venta de contrato". Este enunciado posiblemente lo empleó de haber entendido, de alguna forma, que la cesión de contrato - al igual que la cesión de créditos - es un negocio de enajenación que puede tener el carácter de una compraventa, donación u otro acto de transferencia que le sirva de fundamento. En algunos códigos civiles como el venezolano se habla de "La venta o cesión de un crédito, de un derecho o de una acción son perfectas, y el derecho cedido se transmite al cesionario, desde que haya convenio sobre el derecho o crédito cedido y el precio, aunque no se haya hecho tradición..." (v. art. 1549).

La parte del contrato que se transfiere se cede en bloque, simultáneamente activos y pasivos. El paso del contrato al cesionario está determinado por un único negocio de disposición sobre el contrato como conjunto unitario de derechos y obligaciones. Existe la necesidad de adhesión del contratante cedido a la manifestación de voluntad negocial del cedente y el cesionario. El cedente sale totalmente de la relación contractual sin que el cedido pueda exigirle nada más. Esto configura la verdadera cesión de contrato. El principal efecto de este negocio jurídico, que responde al objetivo que perseguían las partes al concertar el negocio, es que se trasfiere a un tercero (cesionario) el conjunto de créditos y deudas que poseía una persona (cedente) en un contrato originario, de manera tal que el contratante original sale de la relación contractual y en su lugar subentra el tercero. El cesionario al adquirir la posición en la relación contractual recibe el crédito en la misma condición y estado en que se encontraba al realizarse la operación y junto a él se trasmiten los derechos accesorios (fianza, hipoteca). Con respecto a los derechos del cedido de oponer al cesionario todas las excepciones y medios de defensa que ostentaba contra el cedente, siempre y cuando estos se fundamenten en causas anteriores a la cesión del contrato y no desmejoren ni agraven la condición jurídica del contratante original.

En la cesión de contrato no solo se cede la parte activa de una relación obligacional, sino igualmente la pasiva y en definitiva se cede la posición contractual, con lo cual se le confiere al tercero los derechos de todo contratante.

Según la teoría *in commento*, a partir de que el negocio de cesión del contrato es eficaz, surte plenos efectos para todas las partes y, por tanto, el cedente ya no es la contraparte del cedido, pues entre los mismos falta la reciprocidad y aquellas excepciones, que dependan de los derechos propios o vínculos de las partes, no pueden ser alegadas al cesionario invocando vínculos con el cedente (compensación). Ahora la relación es entre cedido y cesionario por lo que a este solo podrá oponerle las excepciones propias de sus vínculos. Caso muy similar sucede con el cesionario que, para minimizar su deuda, pretende oponer a las reclamaciones hechas por el cedido las excepciones derivadas de la relación jurídica que este mantenía con el cedente. Los tres fueron parte del negocio de cesión de contrato, y su consentimiento fue requisito esencial para la validez del acto por lo que si no objetó nada en el momento en que manifestó su voluntad, su derecho se debe entender renunciado. En cuanto a los privilegios y derechos de garantía constituidas a favor del cedente, como fianza o prenda, por un tercero, estas no deben acompañar al nuevo deudor a menos que dichos terceros decidan ratificarla a favor del cesionario. Esta es una consecuencia lógica si tenemos en cuenta que sus operaciones se realizan en valoración de las condiciones patrimoniales del obligado, que se ven evidentemente afectadas al producirse el cambio de sujeto que tiene lugar.

b) La Teoría Atomística o de la Descomposición. Según esta teoría, de origen alemán, en los contratos bilaterales no se admite la transferencia unitaria de la relación contractual, sino que la fragmenta en derechos y obligaciones, de modo que el traspaso de la relación misma se lleva a efecto en virtud de la cesión de derechos y asunción de deudas. El negocio de cesión es una conjugación de dos negocios más simples perfectamente distinguibles e individualizables: la cesión de créditos y la asunción de deudas. Sin embargo, resulta poco satisfactoria en la actualidad porque no admite la circulación del contrato en toda su extensión. De aceptarse esta teoría resultaría más que imposible resolver el contrato de cesión, pues no admite la transferencia unitaria de la relación contractual, sino fragmentada en derechos y obligaciones, de la manera como sostiene.

3. Cesión de contrato y cesión de créditos

Se escribe que con esta poco exacta expresión "cesión del contrato" (se cede el conjunto de relaciones jurídicas nacidas de un contrato y no el propio contrato) se alude al acuerdo por el cual se transmite, no un simple derecho de crédito, sino el conjunto de relaciones jurídicas nacidas de un contrato con los derechos y obligaciones anejos al mismo[202]. Pero el contrato es susceptible de ser cedido como conjunto, después de su formación y antes de su ejecución; y sirve para hacer posible la circulación del contrato en su integridad, es decir, para hacer subintrar un extraño en la categoría de parte contractual en lugar de uno de los contratantes originarios. Espontánea es la referencia a la cesión del crédito y a la circulación del título de crédi-

202 BARASSI, Ludovico: Instituciones de Derecho Civil, ob. cit., vol. 2, p. 140.

to: pero estos constituyen casos de sustitución de un sujeto a otro únicamente en el lado activo, que queda como separado del resto de la relación obligatoria, mientras que el lado pasivo, si existe, queda inmutado, es decir, la relación correspondiente continúa existiendo entre los sujetos originarios. Por lo tanto, la cesión del crédito es respecto de la cesión del contrato un instrumento práctico notablemente más atrasado desde el punto de vista de la técnica jurídica, y más pobre de efectos desde el punto de vista del contenido, porque hace circular el crédito, pero no el contrato íntegro ni la relación obligatoria consiguiente; casi otro tanto ha de observarse, bajo el aspecto señalado, con relación a circulación del título de crédito; tal y como así se sostiene en la doctrina.

Lo anotado que antecede puede apreciarse en algunos códigos civiles. En efecto, CCCN define que hay contrato de cesión cuando una de las partes transfiere a la otra un derecho (v. art. 1614); y no solo esto sino el conjunto de las relaciones jurídicas nacidas de un contrato, con los derechos y obligaciones; pues en los contratos con prestaciones pendientes cualquiera de las partes puede transmitir a un tercero su posición contractual, si las demás partes lo consienten antes, simultáneamente o después de la cesión (cfr. art. 1636 *eiusdem*). En los contratos con prestaciones no ejecutadas total o parcialmente, cualquiera de las partes puede ceder a un tercero su posición contractual (art. 1435 CCp); no obstante que la doctrina admite la cesión de un contrato de ejecución periódica o continuada, aun cuando haya sido cumplido parcialmente, v. gr., la venta a crédito o el contrato de arrendamiento. Para el CCi, cada una de las partes podrá sustituir a sí mismo un tercero en las relaciones derivadas de un contrato con prestaciones recíprocas, si estas no hubieren sido todavía ejecutadas, con tal que la otra parte consienta en ello (art. 1406). CCb adopta en el artículo 539 la misma concepción de CCi. En los contratos con prestaciones recíprocas cualquiera de las partes tiene la facultad de transmitir a un tercero su posición contractual, a partir del momento que el otro contratante, antes o después de celebrado el contrato, consienta en la transmisión (art. 424.1 CCpr). Según CCsen, con el consentimiento de su cocontratante, cada parte se puede sustituir por un tercero en las relaciones aún no ejecutadas derivadas de un contrato (vid. art. 244).

En ese concepto codificado de cesión de contrato, no de la cesión de crédito, se comprende que la primera (cesión de contrato) se integra por una realidad triangular, de cedente, cesionario y cedido; en la cual el cedente es la parte que cede su posición en el contrato a una tercera persona ajena al mismo; el cesionario es el contratante que pasa a ocupar el lugar contractual cedido por el cedente, mientras que el contratante cedido es la parte que soporta la cesión.

La cesión de contrato, aunque actúe una sucesión en la posición de contratante, tanto del lado activo, como en el lado pasivo, se diferencia de la cesión del crédito que opera simplemente una sucesión en el aspecto activo de la relación, porque para la validez de la primera se precisa el consentimiento del contratante cedido, mientras que no se requiere un consentimiento del deudor para la cesión del crédito pues a este no le importa pagar a una persona con preferencia a otra cualquiera.

Solo en el caso de créditos "estrictamente personales" o cuya transferencia se prohíba por la ley, se precisa que el deudor dé su consentimiento a la cesión; conforme así generalmente se admite en la doctrina.

Espontánea es la referencia a la cesión del crédito y a la circulación del título de crédito; pero estos constituyen casos de sustitución de un sujeto a otro únicamente en el lado activo, que queda como separado del resto de la relación obligatoria, mientras que el lado pasivo, si existe, queda inmutado, esto es, la relación correspondiente continúa existiendo entre los sujetos originarios. Por tanto, la cesión del crédito es respecto de la cesión del contrato un instrumento práctico notablemente más atrasado desde el punto de vista de la técnica jurídica, y más pobre de efectos desde el punto de vista del contenido, porque hace circular el crédito pero no el contrato íntegro ni la relación obligatoria consiguiente; casi otro tanto ha de observarse bajo el aspecto señalado, con relación a la circulación del título de crédito[203]. Sin duda alguna, no es lo mismo cesión de contrato que cesión de créditos o asunción de deudas, aunque aquella comprende a estas e implica la transmisión de las mismas. No se identifica con la suma de ambas, pero sí exige los requisitos de estas; por lo cual la cesión del contrato requiere el consentimiento del cedido.

La cesión es una verdadera venta, como de tal forma se considera en la doctrina, que concurren en ella los mismos elementos de cosa, precio y consentimiento, y se perfecciona por el solo consentimiento legítimamente manifestado; entendiéndose por cesión de crédito, el contrato por el cual una persona llamada cedente se obliga a transferir y garantizar a otra llamada cesionario, la cual se obliga a pagar un precio en dinero, el crédito que tiene frente a un tercero llamado cedido; y que este contrato es pues, una especie del género venta sometido a las reglas generales de esta que le sean aplicables y que no estén contradichas por reglas específicas de la cesión de crédito; pero la cesión no siempre es onerosa, puede ser gratuita. La cesión de contrato no es, en esencia un contrato de venta, y lo será cuando en la misma concurran el consentimiento, objeto y precio; no obstante si en la cesión no hay precio, la gratuidad indica que se está en presencia de un contrato de donación, pero no de cesión arrendaticia como venta. No obstante, se sostiene que más que un contrato típico, es considerada la cesión como un acto abstracto encaminado a la transmisión del crédito, y se le atribuye en el campo de los derechos personales una función parecida a la desempeñada por la tradición en el campo de los derechos reales. La cesión tiene naturaleza y caracteres propios distintos del negocio jurídico o contrato que pueda servirles de causa. No obstante, en contrario se afirma que el negocio de cesión de contrato no debe considerarse como un negocio abstracto, que puede existir en él una abstracción meramente formal, en el sentido de que la causa no queda expresada y no aparece hacia el exterior. Habrá de entenderse que la causa existe y que es lícita y que ejerce su influencia decisiva en la validez y en la eficacia del negocio.

---

203 MESSINEO, Francisco: ob. cit., pp. 235-236.

4. Cesión inconsentida del contrato

¿Cuál es la razón para que el negocio concluido sin el asentimiento del cedido sea ineficaz? El cedente, al pretender trasladar al cesionario el contenido contractual en toda su integridad, al mismo tiempo que está disponiendo de los créditos existentes a su favor, para lo cual no se precisa la intervención de contratante cedido, está también disponiendo de los derechos de crédito de este al imponerle un cambio de dirección (mutación de la persona del deudor), de lo que resulta que el negocio es ineficaz por carecer uno de los contratantes del poder de disposición sobre los derechos que forman la materia del mismo (el poder de disposición, en cuanto es parte del contenido del derecho, solo corresponde al titular del derecho subjetivo). Ahora bien, esto no da lugar a la invalidez del contrato de cesión; en cuanto está provisto de todos los elementos o requisitos constitutivos, es válido; lo que sucede es que por la presencia de un obstáculo extrínseco (falta del poder de disponer) no es apto para producir efectos. Pero bastará que el contratante cedido dé su aprobación o asentimiento a la cesión para que, subsanado el defecto, la ineficacia quede eliminada retroactivamente, tal cual sucede en general con la disposición de derechos ajenos cuando su titular la ratifica o consiente[204].

La cesión prohibida del contrato consiste en no autorizarse el traslado de la condición o posición jurídica del acreedor o deudor, en beneficio de un tercero, sin el consentimiento del otro contratante; en cuya hipótesis si el cedente es el acreedor continúa en su misma posición que ha tenido, frente a un cesionario con el cual él no tiene ninguna vinculación. Con la cesión no autorizada o inconsentida, realizada por el contratante a que se refiere, se pretende trasladar al aparente cesionario las acreencias, obligaciones y derechos del deudor - a que se refiere el contrato y la misma ley -, pues de haber sido consentida por escrito la cesión, es indudable que la misma implica el traslado todo del contenido del contrato en orden a los derechos y las obligaciones inmersas en el mismo.

Si en el contrato no consta la expresa prohibición para ceder, en algunas circunstancias la prohibición no requiere que aparezca expresamente estipulada para que la cesión esté prohibida, v. *gr.*, el contrato se celebra *intuitu personae* dadas la importancia de las prestaciones asumidas por cualquier de las partes o de ambas; en cuya hipótesis el interés de la parte es que sea satisfecho por quien ha asumido la obligación. En cambio, en la cesión de crédito no se requiere el consentimiento del deudor, pues a este no interesa a quien paga sino pagar. Desde luego que el deudor queda válidamente libre si paga al cedente antes de que por este o el cesionario le haya notificado la cesión del crédito; pero se exceptúan los documentos que llevan la aceptación tácita o explícita del deudor.

204 CRISTÓBAL MONTES, Ángel: Estudios de Derecho Civil, UCV, Facultad de Derecho, Caracas, 1970, pp. 105-106.

5. Cesión y subrogación o substitución

El vocablo subrogación denota la idea de substitución (poner una persona o cosa en lugar de otra), que a su vez se refiere a reemplazo de una persona por otra o de una cosa por otra. La sustitución (substitución) es de uno de los contratantes por un tercero que subentra en los derechos y obligaciones (v. gr., en la cesión). De esta noción aparecen dos clases de subrogación: la *personal* y la *real*. La primera significa que una persona es substituida por otra en una relación jurídica, mientras que la segunda denota la substitución de una cosa por otra que ocupa el lugar y situación jurídica de la primera. Desde este contexto, para la doctrina el derecho real es la relación jurídica existente entre una persona y una cosa, teniendo aquella como sujeto y está el objeto. Entre el derecho real y el derecho de crédito no existe la diferencia radical que la doctrina clásica quiso atribuirles. Se ha establecido que estos derechos se distinguen sobre todo por su grado de oponibilidad. Entre el derecho real, que es un derecho de "oponibilidad absoluta", y el derecho personal, que no es oponible más que al deudor, puede encontrarse una categoría intermedia de derechos de oponibilidad restringida: el derecho del arrendatario es uno de ellos. Desde luego que, en esta hipótesis, nos referimos a la subrogación personal, pues el inmueble arrendado continúa siendo el mismo (no hay subrogación real).

"*Subrogación*", dentro del amplísimo alcance que tiene este concepto, se puede entender como el fenómeno de subingreso por el que un sujeto sustituye a otro en la misma posición jurídica que este ocupa o, por lo menos que le estaba destinada - sea en la titularidad del derecho o de la obligación, sea en el ejercicio del derecho o en el cumplimiento de la obligación - sin que el título jurídico de sujeto que subentra sea necesariamente unido por el nexo derivativo al título del sujeto precedente[205]; mientras que la subrogación arrendaticia consiste en la sustitución de uno de los contratantes, o de ambos, por un tercero que adquiere los derechos y deberes que ostentaba su anterior titular.

Si por ejemplo nos referirnos a la subrogación arrendaticia, se trata de la *substitución personal*, la del arrendatario o del arrendador, o de ambos a la vez, en la relación arrendaticia; subrogación esta de naturaleza y consecuencias diferentes a la que se origina por causa de venta del inmueble arrendado. La subrogación personal puede ser *convencional y legal*. La convencional se da cuando arrendador y arrendatario están de acuerdo en la substitución por un tercero, con quien en lo sucesivo se entenderá el arrendador; mientras que la legal tiene lugar por ministerio de la ley sin declaración de arrendador ni arrendatario, como ocurre, v. gr. al efectuarse la venta del inmueble dado en arrendamiento, ejecución hipotecaria contra el arrendador propietario, remate del inmueble. Es admisible, y aún discutible, que si durante la relación arrendaticia, por cualquier causa, el inmueble arrendado pasare a ser propiedad de una persona distinta del propietario-arrendador, el nuevo propietario

205 BETTI, Emilio: ob. cit., p. 353.

estará obligado a respetar la relación arrendaticia en los mismos términos pactados, y las acciones relativas a la terminación de la relación arrendaticia sobre el inmueble sólo podrán tramitarse conforme a las disposiciones contenidas en la Ley; lo cual no impide que el arrendatario pueda poner término a la relación arrendaticia recíprocamente con el nuevo adquirente del inmueble arrendado.

En el contexto de la misma hipótesis arrendaticia antes ofrecida, supóngase que el tercero ocupa la posición del arrendador o la del arrendatario. De este modo, la subrogación puede tener lugar en la persona del arrendador-propietario y también en la del inquilino, pudiendo significar un cambio en la titularidad de la relación arrendaticia, a diferencia de lo que ocurre en los casos de subarriendo o cesión. En la primera hipótesis, en el caso, v. gr., cuando el arrendador-propietario vende el inmueble arrendado a una tercera persona, el comprador está obligado a respetar las condiciones del contrato de arrendamiento que permanecerá vigente durante el tiempo previsto y según las exigencias legales correspondientes. En la persona del arrendatario, la situación más resaltante es su fallecimiento que no da lugar a la terminación del contrato de arrendamiento, como tampoco la del arrendador, pues la relación jurídica continúa en sus herederos como los continuadores jurídicos de las relaciones activas y pasivas del causante.

El arrendatario que fue puesto por el arrendador en el goce del inmueble arrendado tiene el derecho de hacer respetar ese goce por las demás personas, incluso por el comprador del bien arrendado. Y este derecho, por la naturaleza de la relación, es de índole contractual y, por tanto, hace nacer un derecho de oponibilidad a terceros. Así puede observarse que la oponibilidad del derecho del arrendatario al tercero, que ha comprado el inmueble arrendado, presenta especialmente dos aspectos como son: La enajenación del inmueble arrendado y la subrogación arrendaticia, así como el derecho del inquilino.

6. ¿Terminación y extinción del contrato en caso de cesión?

CRISTÓBAL MONTES y GARCÍA AMIGO[206] concuerdan en sostener que, en virtud de la cesión de contrato, uno de los contratantes puede transmitir su posición contractual como una unidad, como un todo, superando la escisión que necesariamente tiene lugar si se ha de proceder a la cesión de crédito por un lado, y a la asunción de deuda por el otro. Y es que la cesión de contrato es más que la suma de operaciones de transmisión de créditos y deudas, y esta afirmación, conforme ambos autores, debe entenderse en dos sentidos: Por un lado, no se trata de la transmisión de derechos y obligaciones deslavazados, sino que están íntimamente imbricados en una relación recíproca que les da sentido, creando un vínculo de interdependencia o sinalagma entre ellos. Por otro, la cesión no comprende solo derechos y obligaciones, sino otros efectos jurídicos, como pueden ser las acciones

206 GARCÍA AMIGO, M: La cesión de contratos en el Derecho español, Editorial Revista de Derecho Privado, Madrid, 1963, p. 83.

de nulidad, rescisión y anulabilidad, las facultades de modificación o extinción del contrato, en general lo que se denomina como derechos potestativos. Para Cristóbal Montes, si no hay sustitución íntegra en la posición de parte contractual, existirá más que una genuina sucesión en el contrato, la accesión o adhesión de un tercero a un contrato que permanece centrado todavía en los sujetos que inicialmente lo concluyeron; mientras García Amigo lo define como negocio jurídico concluido entre las partes contratantes y un tercero, cuya finalidad es sustituir a una de ellas por dicho tercero en la titularidad de la relación contractual, la cual permanece idéntica en su dimensión objetiva.

La cesión de contrato es más que la suma de operaciones de transmisión de créditos y deudas. Por un lado, no se trata de la transmisión de derechos y obligaciones deslavazados, sino que están íntimamente imbricados en una relación recíproca que les da sentido, creando un vínculo de interdependencia o sinalagma entre ellos. Si no hay sustitución íntegra en la posición de parte contractual, existirá más que una genuina sucesión en el contrato, la accesión o adhesión de un tercero a un contrato que permanece centrado todavía en los sujetos que inicialmente lo concluyeron[207]. La cesión de contrato como acto bilateral es continente de las obligaciones correspectivas que en el mismo se encuentran ínsitas y, por lo tanto, puede dar lugar a su terminación y extinción en lo que respecta al cedente. Es desde este punto específico que nos referimos a la terminación y extinción del contrato para la persona que lo cede, cuando su posición de parte queda excluida del mismo, de no quedar ligado a cumplir alguna prestación y mientras no la ejecute. Por la cesión el contrato en su unidad no se termina y extingue, pues el mismo continúa sin el cedente que ha cedido su posición.

La *cesión autorizada* da lugar a la transmisión de la titularidad de la relación convencional, lo que da lugar a que la realización negocial autorizada, entre cedido y cedente, devienen en la liberación del cedente de sus obligaciones que se trasladan al cesionario, en los términos de la cesión concertada según la ley. Se origina la transmisión de los efectos de ese contrato al tercero (derechos y obligaciones), pero no es la sustitución del contrato primigenio por otro posterior lo que ocurre, pues en este caso surgiría el contrato de *novación* y no la cesión, pues no hay el *animus novandi* o la intención de los intervinientes en que se extinga una obligación y se sustituya por una nueva, lo que se debe declarar de manera terminante y clara. Pero también es claro que aun cuando las obligaciones no se extinguen con la cesión, el contrato cedido si concluye para el cedente en los términos antes apuntados; pues de otra forma la cesión carecería de sentido alguno y más bien constituiría un problema para el cedente.

El cedente queda relativamente desligado del contrato en ciertos casos, y el cesionario se subroga en su lugar (v. 4 *retro*), asumiendo este los efectos su-

---

207 CRISTÓBAL MONTES, Ángel: La cesión de contrato, Anuario de Derecho Civil - ADC. Edición 1968. pp. 851-862.

cesivos del contrato cedido[208]. La relatividad de la cesión en este punto denota que el cedente no queda totalmente desvinculado de la cesión efectuada, pues la cesión no le transmite las obligaciones de la relación obligatoria que esté regulada por normas en cuyo cumplimiento está interesado el orden público, y debe responder incluso por la cesión consentida o autorizada, en cuanto a determinados efectos como en el caso de pagos indebidos antes de la cesión; aun cuando no puede reclamar los derechos generados con anterioridad a la cesión, así como existe su obligación de garantizar al cesionario la existencia y validez del contrato cedido, salvo que se haga expresa exclusión de esta responsabilidad. Debe, asimismo, en el contrato de cumplimiento periódico o continuado, cumplir las

---

208 Ante el silencio de la ley se producen discusiones en lo referente a *la forma que debe darse a la cesión*. La oposición se plantea entre quienes creen que la cesión puede hacerse en cualquiera forma, y en particular, que el asentimiento del contratante cedido puede otorgarse incluso por su conducta concluyente, y quienes, a la inversa, sostienen que debe adoptarse la misma forma necesaria para el contrato del cual se dispone. Por iguales razones a las expuestas sobre el mutuo disenso, debe propenderse, se opina, sin más ni más, por esta segunda solución, que consideramos más respetuosa de los principios y la que mejor responde a las exigencias prácticas. El CCCN resuelve la temática de esta manera: "La cesión debe hacerse por escrito, sin perjuicio de los casos en que se admite la transmisión del título por endoso o por entrega manual" (cfr. art. 1618); que para el nuevo CCf (Napoleón), "La cesión se tendrá que realizar por escrito, bajo pena de nulidad" (art. 1216).

Tal y como hemos observado, cuando la cesión no se escritura, se da una pluralidad de hechos demostrativos de que el contrato ha sido cedido, como se puede apreciar de la ausencia del arrendatario en el inmueble, el uso y goce por un tercero quien permanece en el inmueble, el deseo del tercero en pagar el arrendamiento al arrendador cuyo consentimiento no fue emitido o la consignación del alquiler por el tercero pretendiendo la convalidación tácita del subarrendamiento o subcontrato; aun cuando el pago o la consignación realizada por un tercero resulta irrelevante para conferir - a quien paga o consigna el canon - la condición de arrendatario, pues nada impide el pago o la consignación por un tercero; el mantenimiento y conservación por el tercero del inmueble, el pago de los servicios públicos. Estos hechos constituyen, entre otros, elementos indiciarios que orientan a la prueba del acto realizado (el subcontrato, no la cesión del contrato pues para esta es necesario el consentimiento del correspondiente contratante).

Sin embargo, la presunción sobre la ocurrencia del acto prohibido al arrendatario es la introducción de un tercero en el local arrendado en complicidad con aquel, sin cumplirse los requisitos que la ley establece para su validez, sin la autorización del arrendador. La introducción del tercero supone la entrada furtiva de este en la relación arrendataria, usando el inmueble en su beneficio. En tales hipótesis no es necesario que el actor pruebe de una manera circunstanciada y precisa las condiciones de esa introducción, pero debe probar la presencia del tercero en el inmueble arrendado, y de esta manera se presume la cesión, el subarriendo o traspaso ilegales. Para nada interesa, en tal caso, que la introducción sea excluyente o compartida, a título gratuito u oneroso.

obligaciones que corresponden al período anterior a la cesión, a menos que el cesionario las asuma.

Es precisamente por los motivos anteriormente expuestos que la cesión de contrato, realizada cumpliéndose todas las exigencias legales y contractuales, produce la extinción de la relación obligatoria para el cedente, especialmente cuando los otros contratantes manifiestan su consentimiento en los términos de la cesión y, en todo caso, de conformidad a la ley; pues su posición la ocupa el cesionario, si la cesión es eficaz, quedando el cedente liberado de sus obligaciones, salvo estipulación en contrario; pues como dispone CCi, el cedente se libera de su obligación frente al contratante cedido en el momento que la cesión es eficaz frente a este (v. art. 1408). También pierde los derechos determinados en su beneficio en el contrato cedido (las de crédito contra el cedido). La pérdida de los derechos y obligaciones del cedente origina efectos *ex nunc*, hacia el futuro; es decir, a partir de la fecha de la cesión.

Aparte de los efectos o consecuencias que puede presentar la cesión, suponiendo que el contrato objeto de cesión ha devenido en eficaz, así como la cesión del mismo, el contrato cedido no termina ni se extingue pues continúa entre las partes (cesionario y cedido), excepto el cedente que queda excluido por la asunción del tercero (cesionario) que subintra ocupando su lugar; en cuya situación podría decirse que para el cedente, en tal hipótesis, el contrato termina pues ya no es parte del mismo; v. gr., la cesión del contrato de arrendamiento realizada por el arrendatario y consentida por el arrendador (cesión voluntaria), el cesionario ocupa la posición del arrendatario, pero el arrendador no cede su posición de tal a menos que dé en venta el inmueble, en cuyo caso el arrendatario no tiene por qué consentir la venta pues *ipso iure* queda en su mismo posición, mientras que el comprador pasa a ocupar la posición que de arrendador tenía el vendedor mediante la subrogación arrendaticia.

> «Art. 1216.- Un contratante, el cedente, puede ceder su calidad de parte en el contrato a un tercero, el cesionario, de acuerdo con la otra parte contratante, el cedido. Este acuerdo se puede establecer de antemano, especialmente en el contrato suscrito entre los futuros cedente y cedido, caso en el cual la cesión surtirá efecto con respecto al cedido cuando el contrato suscrito entre el cedente y el cesionario le sea notificado o cuando tome nota. «La cesión se tendrá que realizar por escrito, bajo pena de nulidad.

CAPÍTULO VIII

Terminación *ipso iure* del contrato

8.1. EL AFORISMO "*IPSO IURE*" Y LA TERMINACIÓN DEL CONTRATO

Ipso iure es un brocardo latino que denota de derecho, por virtud del derecho, de pleno derecho, por expresa disposición legal, por el mismo derecho; por poder, potestad o ministerio de la ley, inmediatamente por el solo incumplimiento.

El aforismo o brocardo es utilizado en el Derecho para hacer referencia a una consecuencia jurídica, que se provoca sin necesidad de ocurrir a acto alguno, sino por el mismo derecho, sin requerimiento o instancia de parte, por fuerza de la norma jurídica que contempla la terminación del contrato por virtud del derecho. En cambio, el enunciado "*ipso facto*" (por el mismo hecho, inmediatamente) se refiere al efecto jurídico que se genera por motivo de un hecho o acto producido, a pedimento de parte.

En el Derecho romano la terminación del contrato por virtud del derecho parece especialmente referirse a la *lex commissoria* como la cláusula en virtud de la cual el vendedor se reservaba el derecho de resolver el contrato; pues se informa[209] que la aplicación de la *lex* cuando el comprador no pagaba el precio en determinado plazo. Expirado el plazo, el vendedor era libre de mantener el contrato de tenerlo por resuelto, ¿Cuál era el efecto de la resolución? Si el contrato no estaba aún ejecutado por una y otra parte, se extinguían de *pleno derecho* las obligaciones recíprocas; es como si no hubiera habido venta. Pero la cuestión presente, sobre todo, interés cuando el vendedor ha transferido al comprador la propiedad de la cosa vendida, pues en tal caso la resolución de la venta no tiene por consecuencia hacer volver de *pleno derecho* la propiedad al vendedor; pues es un principio cierto en la época clásica el de que la propiedad no puede ser transferida *ad tempus*. Pero como está resuelta la venta, que es la causa de transferencia de la propiedad, el comprador no puede ya conservar sin causa la propiedad de la cosa vendida, está obligado a transferirla al vendedor, quien, por su parte, debe devolver todo lo que ha cobrado del precio.

209 PETIT, Eugene. Ob. cit., pp. 495-497.

Actualmente la ley, en algunas circunstancias, declara producirse determinado hecho o acto de "pleno derecho". Observemos estos ejemplos: La subrogación se opera totalmente y de pleno derecho, salvo las excepciones establecidas en la ley. La compensación se opera de pleno derecho y produce la extinción de las dos deudas y de todas las obligaciones concomitantes, independientemente de la voluntad de las partes, desde el instante en que concurren las condiciones que la hacen nacer. Cuando la venta tiene por objeto una cosa mueble no pagada, y el término dentro del cual debe el comprador recibir la cosa, está determinado en el contrato, la resolución en provecho del vendedor, tiene lugar de pleno derecho, sin necesidad de intimación previa, si el comprador no retira la cosa del vendedor en el término previsto. Cuando en el contrato no se ha determinado la duración de la facultad para el ejercicio de la retroventa, o cuando ha indicado un término mayor al fijado en la ley, el plazo para ejercitarlo queda, de pleno derecho, fijado o reducido a ese término. En la fusión y transformación de las sociedades mercantiles, los derechos y obligaciones de las sociedades constituyentes serán asumidos de pleno derecho por la nueva sociedad o por la que prevalezca. "Cuando concurren en una misma persona las calidades de acreedor y deudor se verifica de derecho una confusión que extingue la deuda y produce iguales efectos que el pago" (art. 1665 CCch).

Existen sistemas donde se admite el *pacto comisorio expreso o* mediante cláusula[210], que hace producir de pleno derecho la terminación del contrato por vía resolutoria, previas algunas formalidades; como ocurre según el artículo 1456 del modelo italiano que expresa: "Los contratantes pueden convenir expresamente que el contrato se resuelva en el caso de que una determinada obligación no se cumpla según las modalidades establecidas. En este caso la resolución se produce de derecho cuando la parte interesada declara a la otra que entiende valerse de la cláusula resolutoria"; pero también se admite el caso de la condición resolutoria tácita (*pacto comisorio tácito, sin cláusula o sobreentendido*) que consiente la necesidad de solicitar la resolución judicial del contrato.

En relación con la terminación del contrato por la vía resolutoria, se afirma que[211], en el primer caso (de haber pacto comisorio expreso) la resolución no se produce de modo automático al quedar en mora el deudor, sino desde que la parte interesada comunica al incumplidor su voluntad de resolver. La solución es lógica, pues también puede estar interesado en exigir el cumplimiento. Bien entendido que

210 La *condición resolutoria ordinaria* no es lo mismo que la cláusula conocida bajo el nombre de *pacto comisorio*. En la condición resolutoria, desde que esta se cumple, la obligación queda para ambas partes como no sucedida; lo contrario sucede en el pacto comisorio. A pesar del cumplimiento de la condición prevista, la obligación no se resuelve mientras no lo quiera la parte que ha estipulado esa condición especial, y se conservará si quiere mantenerla, no obstante la voluntad contraria de la otra parte (VÉLEZ SARSFIEL, citado por MIQUEL, ob. cit., p. 17).

211 BORDA, Guillermo: ob. cit., p. 990.

la voluntad de resolver solo tiene efecto si previamente el deudor ha sido constituido en mora. Es posible deducir que no se obra de tal manera, no se requiere que la parte interesada comunique al incumplidor su voluntad de resolver el contrato para que solo así se produzca la resolución automática o de pleno derecho; cuando en la ley se llega a disponer que en los contratos bilaterales si una de las partes no cumple, la otra puede a su elección solicitar el cumplimiento o la resolución del contrato. En este caso la parte que ha cumplido puede exigir el cumplimiento o pedir se resuelva el contrato. Como puede fácilmente apreciarse, ante el incumplimiento de cualesquiera de los contratantes, el otro puede a su elección reclamar judicialmente la ejecución del contrato o la resolución de este.

En sentido diferente al incumplimiento, como apuntamos (cfr. VII.7.6, 7.11 y IX), si durante la vigencia del contrato la cosa se pierde o es destruida en su totalidad o en su parte principal por caso fortuito o por fuerza mayor, el contrato se extingue; y de contemplarse en la ley que el contrato de obra se termina o disuelve por la muerte del obrero, arquitecto o empresario, en cualesquiera de estos dos supuestos fácticos, por el solo perecimiento total de la cosa (el primer caso), o la muerte del obrero, arquitecto o empresario de la obra (segundo caso), se produce la consecuencia jurídica sin necesidad de ocurrir al tribunal para que este declare terminado el contrato: la terminación se produce por el mismo Derecho, sin requerimiento o instancia de parte, por fuerza de la norma jurídica que contempla la terminación del contrato; no obstante que a quien afecte la previsión normativa, ante la ocurrencia del hecho y la exigencia de quien se considere acreedor, para no continuar cumpliendo el deudor tiene el derecho a oponer el hecho del *perecimiento total de la cosa*, o la muerte del obrero, arquitecto o empresario de la obra. De constatar el juez que el hecho afirmado se produjo conforme a la norma, la constatación judicial encontrará que se ha producido la terminación del contrato de derecho, desde el momento temporal en que el hecho afirmado ocurrió. No es el incumplimiento, en tales supuestos, el que origina la terminación y extinción del contrato, sino la causa extraña no imputable.

Y lo mismo se produce de establecerse que si la venta tiene por objeto una cosa mueble no pagada, y el término dentro del cual debe el comprador recibir la cosa, está determinado en el contrato, la resolución en provecho del vendedor, tiene lugar de pleno derecho, sin necesidad de intimación previa, si el comprador no retira la cosa del vendedor en el término convenido. Esto muestra dos circunstancias fácticas diferentes que denotan la resolución *ipso iure* del contrato: en primer lugar, cuando el comprador no se ha presentado a recibir antes que haya expirado el término para la entrega de la cosa vendida (incumplimiento del deber de recibir la cosa). En esta hipótesis, el incumplimiento es definitivo, y la terminación del contrato no requiere de ninguna declaración adicional ni judicial; y en el segundo supuesto, aunque el comprador se haya presentado ante el vendedor a recibirla, antes de expirar el término o plazo, pero no ha ofrecido el precio, también se produce el mismo efecto de la terminación, a menos que se le haya otorgado plazo más largo para esto; no obstante que el deudor puede probar lo contrario.

8.2. EL INCUMPLIMIENTO COMO MOTIVO

El incumplimiento (voluntario o involuntario) es determinante en determinados casos para que la terminación de pleno derecho del contrato tenga lugar; en consideración a que el incumplimiento voluntario del deudor tiene su origen en un motivo o causa que le es imputable, por intención suya, o simplemente porque queriendo cumplir no puede por razones económicas o de otra naturaleza y que le sean imputables; por lo cual a este tipo de incumplimiento se le considera culposo, es decir, que se produce por negligencia o imprudencia cuando no satisfizo el interés del acreedor cumpliendo con la prestación prometida. El incumplimiento involuntario o la inejecución de la obligación por causas sobrevenidas al nacimiento de la relación obligatoria y que son independientes de la voluntad del deudor, razón por la cual no le son imputables (causa extraña no imputable) y, en consecuencia, eximen al deudor del deber de cumplimiento de la prestación y de la responsabilidad civil que tal incumplimiento puede generarle.

Estas dos clases de incumplimiento intervienen para que el contrato, en determinadas circunstancias fácticas puede considerarse si quedó o no terminado *ipso iure*; y en caso afirmativo si el judicante tiene o no la atribución de pronunciar la terminación del contrato, para que solo así se pueda en propiedad hablar que el contrato quedó terminado de pleno derecho (v. 8.4 *infra*).

En varios de los códigos civiles se incorpora la regla conforme a la cual, en el contrato bilateral si una de las partes no cumple su obligación, la otra puede a su elección solicitar el cumplimiento del contrato o la resolución del mismo, con los daños y perjuicios en ambos casos de haber lugar a ello[212]; mientras que en otros códigos se dispone que en los contratos bilaterales va implícita la condición resolutoria[213] por falta de cumplimiento y en tal caso la parte que ha cumplido puede exigir

212 Solo a manera de ejemplo a lo expresado, veamos lo que disponen algunos códigos civiles:

Los contratantes podrán convenir expresamente que el contrato se resuelva en el caso de que determinada obligación no se cumpliera según las modalidades establecidas (cfr. art. 1456 CCi. Se trata de un derecho no de una condición implícita). La facultad de resolver las obligaciones se entiende implícita en las recíprocas, para el caso de que uno de los obligados no cumpliere lo que le incumbe (v. art. 1124 CCes. Se refiere a facultad implícita, no a condición implícita que es absolutamente diferente). En el contrato bilateral, si una de las partes no ejecuta su obligación, la otra puede a su elección reclamar judicialmente la ejecución del contrato o la resolución del mismo (vid. art. 1167 CCv. Aquí se trata de una derecho, facultad u opción; no de una condición implícita). La parte perjudicada por el incumplimiento puede solicitar la resolución del contrato, si no que se requieren para el cumplimiento, ajustada, en ambos casos, la indemnización por daños y perjuicios (art. 475 CCbr. Igualmente se corresponde a un derecho, no al juego de una condición implícita en el contrato bilateral).

213 Observemos estos ejemplos, en los cuales se trata de la condición implícita, no del derecho o facultad para solicitar el cumplimiento o la resolución del contrato:

el cumplimiento del convenio o pedir se resuelva con daños y perjuicios. Lo importante en este aspecto es conocer cuándo determinado incumplimiento, voluntario o involuntario, concede a la parte afectada por el incumplimiento considerar que el contrato ha terminado de pleno derecho, especialmente según lo dispuesto de manera autorizatoria en la ley. No cualquier tipo de incumplimiento puede originar la terminación de pleno derecho del contrato, aun cuando las partes lo estipulen, pues como observamos más adelante (cfr. 8.4 *infra*), en caso de controversia corresponde al juez constatar el tipo de incumplimiento y declarar si el contrato quedó o no terminado de pleno derecho.

En el caso de la ejecución del contrato como la resolución del mismo, estos medios propios o típicos para la terminación del contrato por incumplimiento, devienen del derecho que tienen los contratantes ante el incumplimiento de la obligación asumida. Se utiliza el término *"derecho", en lugar de "facultad"*, pues la acción resolutoria pertenece a la categoría de los derechos subjetivos[214], y aun cuando los vocablos no presentan mayores diferencias (poder, facultad, derecho de hacer algo), sin embargo la terminología aplicada puede resultar de interés; más aún cuando la palabra derecho deriva de la voz latina "*directum*" que significa lo que está conforme a la regla, a la ley, a la norma; no obstante que se puede tener un derecho que no está en la regla, en la norma, ni en la ley; pero el derecho a que nos referimos se refiere a la capacidad que tiene la persona para hacer o no hacer algo, o bien para impulsar o impedir a otro hacer algo, o la realización de determinados actos, facultado por la ley, la norma jurídica o el contrato, bajo la tutela del Derecho. Obviamente que lo opuesto a ese derecho subjetivo es la *obligación* de forma activa (obligación de dar o hacer) o pasiva (*obligación de abstención o no hacer, soportar o* tolerar el obligado una actividad lícita que lleva a cabo el acreedor, sin oponerse a ello). Desde esta perspectiva, la parte afectada por el incumplimiento tiene derecho alegar la terminación de pleno derecho de la relación obligatoria, bajo determinados supuesto que así lo considere, pero siempre la otra parte también tiene derecho a oponer hechos positivos o negativos que puedan enervar tal pretensión.

La opción de terminación del contrato es una cláusula que puede o no incluirse en los contratos, y de no incluirse de todas maneras el contrato bilateral puede ser objeto de terminación. La verdadera naturaleza jurídica de la

---

La condición resolutoria está sobreentendida siempre en los contratos sinalagmáticos, para el caso de que una de las partes no satisficiera su obligación (v. art. 1184 CCf, es decir, el Código Napoleón). En los contratos va siempre implícita la condición resolutoria por falta de cumplimiento (cfr. art. 692 CCcr). En los contratos bilaterales la cláusula resolutoria es implícita y queda sujeta a lo dispuesto en los artículos 1088 y 1089 (art. 1087 CCCN). La resolución de un contrato por efecto de la condición resolutoria implícita debe ser declarada judicialmente (art. 1582. CCg).

214 Se dice que el derecho subjetivo es la facultad de un sujeto para realizar o no específica conducta; la potestad que el ser humano tiene, según una norma jurídica, para desarrollar su propia actividad frente a otro.

"opción" que concede la ley, es la de un derecho para requerir el cumplimiento o pedir la resolución del contrato.

8.3. MEDIDAS DE PROTECCIÓN *EX LEGE*

En algunos códigos civiles se prevén medidas tanto en beneficio del acreedor como del deudor incumpliente, especialmente en relación a que los contratantes podrán convenir expresamente que el contrato se resuelva en el caso de que determinada obligación no se cumpliera según las modalidades establecidas, y en este caso la resolución se producirá de derecho cuando la parte interesada declare a la otra que quiere valerse de la cláusula resolutoria; la posibilidad de conceder al demandado un plazo según las circunstancias y también la concesión del plazo antes del proceso judicial; que la resolución podrá ser demandada también aunque el juicio hubiese sido promovido para obtener el cumplimiento, pero no a la inversa; o que transcurrido el término sin que se haya cumplido el contrato, este quedará resuelto de derecho.

El incumplimiento debe ser regulado en protección especialmente del *contratante débil* en la relación contractual, mediante el establecimiento de opciones que le puedan permitir acceder al cumplimento como manera de impedir que sufra el definitivo daño a su patrimonio particular y familiar; tales como la fijación de un término o plazo de gracia al demandado para cumplir, la necesidad de la intimación para cumplir dentro de cierto plazo. Y con fundamento en la igualdad ante la ley, también en protección del acreedor cuando transcurrido inútilmente dicho término, el contrato se entienda, sin más, resuelto, para evitar interminables y opresivos procesos judiciales cuando la estructura judicial está caracterizada por un formalismo inútil.

Al respecto, en el artículo 47 del Proyecto Franco-Italiano del Código de las Obligaciones y de los Contratos de 1927, se incluyó que: "II) El juez puede otorgar un plazo de gracia al demandado según las circunstancias. Puede también rechazar la demanda cuando el incumplimiento sea de escasa importancia en relación con la prestación prometida". Con la primera medida se protege al deudor cuando llegado el momento para cumplir no cumple y siendo demandado por el acreedor, todavía tiene la oportunidad para cumplir tardíamente, cuando el juez según las circunstancias de modo, tiempo y lugar, facultado como está puede otorgar al deudor un plazo para cumplir; y no solo esta medida de protección sino que, además, en la sentencia definitiva el judicante puede declarar sin lugar la demanda cuando el incumplimiento sea de escasa importancia en relación con la prestación prometida, en cuanto un incumplimiento leve, parcial o de poca gravedad (cfr. IX. 9.5).

Entre otros códigos civiles que atienden aquella protección, ante el rigorismo de la terminación *ipso iure* del contrato, mencionamos los siguientes:

1. *Código Napoleón o Código Civil francés*. El Código en su artículo 1184, exige que la resolución del contrato debe ser solicitada judicialmente, y es posible con-

ceder al demandado un plazo según las circunstancias. En efecto: "La condición resolutoria (cfr. VI) está sobreentendida siempre en los contratos sinalagmáticos, para el caso de que una de las partes no satisficiera su obligación. En este caso, el contrato no se resuelve de pleno derecho. La parte a la cual no se haya cumplido la obligación, puede elegir entre compeler a la otra al cumplimiento, o demandar su resolución, con abono de daños y perjuicios. La resolución debe demandarse judicialmente; y puede concederse un plazo al demandado, según las circunstancias".

Como se puede apreciar, desde el Código Napoleón (1804) viene la concepción de hacer depender tanto la resolución como la ejecución del contrato de una condición resolutoria implícita, cuando en realidad la dependencia en comentario corresponde al derecho del contratante cumpliente, *o que ofrece eficazmente cumplir* (cfr. VII. 7.4), para ejercer una u otra opción ante el incumplimiento de la otra parte; como así lo hemos puntualizado (vid. VI). Desde luego que en relación a la terminación del contrato, a través de la opción resolutoria, la concepción napoleónica anticipa el derecho del deudor incumpliente a que no opere de pleno derecho en su contra la misma, sino es el juez quien debe pronunciarse sobre la resolución, en cuyo caso también el deudor goza del beneficio para que el judicante, según las circunstancias, pueda concederle un plazo de gracia al deudor para el cumplimiento tardío, que así queda justificado.

No obstante, el CCf o Napoleón, con su reforma en 2016, realizó un cambio radical de su antigua concepción, al establecer que "La resolución resultará ya sea de la aplicación de una cláusula resolutoria, ya sea, en caso de incumplimiento suficientemente grave, de una notificación del acreedor al deudor o de una resolución judicial" (art. 1224)[215].

---

215 Y del mismo Código:

«Art. 1225.- La cláusula resolutoria designará los compromisos cuyo incumplimiento conllevará la resolución del contrato. «La resolución estará supeditada a un requerimiento infructuoso, salvo que se hubiere convenido que resultaría del mero hecho del incumplimiento. El requerimiento tan solo tendrá efecto si hace constar de forma manifiesta la cláusula resolutoria.

«Art. 1226.- El acreedor podrá, por su cuenta y riesgo, resolver el contrato por vía de notificación. Excepto en casos de urgencia, previamente deberá requerir al deudor en mora que satisfaga su compromiso en un plazo razonable. «El requerimiento hará constar de forma manifiesta que a falta por el deudor de satisfacer su compromiso, el acreedor tendrá derecho a resolver el contrato. «Cuando el incumplimiento persista, el acreedor notificará al deudor la resolución del contrato y las razones que la motiven. «El deudor podrá en todo momento impugnar ante el juez la resolución. En tal caso el acreedor deberá probar la gravedad del incumplimiento.

«Art. 1227.- En cualquier caso, la resolución podrá siempre instarse por vía judicial.

«Art. 1228.- El juez podrá, según las circunstancias, homologar o pronunciar la resolución o decretar que se cumpla el contrato, concediendo un plazo al deudor, o conceder una indemnización por daños y perjuicios.

2. *Código Civil alemán*. En el § 326 señalaba: "Si en un contrato bilateral una parte está en mora en cuanto a la prestación que le incumbe, la otra parte puede señalarle un plazo para la efectuación de la prestación con la declaración de que rehusará la aceptación después del transcurso del plazo. Después del transcurso del plazo está autorizada a exigir indemnización de daños a causa de no cumplimiento o a desistir del contrato". Como se aprecia, la indicación por el acreedor cumpliente al deudor incumpliente, por haber incurrido en mora, de un plazo para cumplir, era facultativa para el acreedor.

Con la reforma del Código el § 323 autoriza la resolución del contrato por incumplimiento, con fundamento en la concesión al deudor de un plazo adecuado para el cumplimiento o el cumplimiento correcto de la prestación.

3. *Código Civil italiano*. El artículo 1454 dispone lo siguiente: "A la parte incumplidora la otra parte podrá intimarle por escrito que cumpla dentro de un término congruo, bajo apercibimiento de que, transcurrido inútilmente dicho término, el contrato se entenderá, sin más, resuelto. El término no podrá ser inferior a quince días, salvo pacto en contrario de las partes o que, por la naturaleza del contrato o de acuerdo con los usos, resulte conveniente un término menor. Transcurrido el término sin que se haya cumplido el contrato, éste quedará resuelto de derecho".

Consagra lo que la doctrina italiana denomina "resolución por intimación", consistente en que al deudor incumpliente de su prestación, el acreedor debe practicar el requerimiento para que dentro de un plazo especial a que la norma se refiere, cumpla aun cuando tardíamente; y solo de que aquel no cumpla dentro de ese plazo, el contrato quede resuelto por ministerio de la ley, es decir, sin tener el acreedor intimante que acudir al juez para que declare resuelto el contrato.

4. *Código Civil español*. En el artículo 1124 se contempla que, "La facultad de resolver las obligaciones se entiende implícita en las recíprocas, para el caso de que uno de los obligados no cumpliere lo que le incumbe. El perjudicado podrá escoger

---

«Art. 1229.- La resolución pondrá fin al contrato. «La resolución surtirá efecto, según corresponda, o en los términos previstos por la cláusula resolutoria, o a la fecha de recibo por el deudor de la notificación hecha por el acreedor, o a la fecha fijada por el juez o, en su defecto, el día de interposición de la demanda judicial. «Cuando las prestaciones intercambiadas solo pudiesen encontrar utilidad mediante la ejecución completa del contrato resuelto, las partes tendrán que devolver todo lo que han obtenido la una de la otra. Cuando las prestaciones intercambiadas hayan encontrado su utilidad conforme a la ejecución recíproca del contrato, no habrá habido restitución para el periodo anterior a la última prestación sin haber recibido su contrapartida; en este caso, la resolución se califica como resiliación. «Las restituciones tendrán lugar en las condiciones previstas en los artículos 1352 a 1352-9.

«Art. 1230.- La resolución no afectará ni a las cláusulas relativas al arreglo de desavenencias ni a las destinadas a surtir efecto aun en caso de resolución, tales como las cláusulas de confidencialidad y las inhibitorias de competencia.

entre exigir el cumplimiento o la resolución de la obligación, con el resarcimiento de daños y abono de intereses en ambos casos. También podrá pedir la resolución, aun después de haber optado por el cumplimiento, cuando éste resultare imposible. El Tribunal decretará la resolución que se reclame, de no haber causas justificadas que lo autoricen para señalar plazo. Esto se entiende sin perjuicio de los derechos de terceros adquirentes, con arreglo a los artículos 1.295 y 1.298 y a las disposiciones de la Ley Hipotecaria".

La norma en comentario no recoge la denominada resolución por ministerio de la ley, pero en protección del deudor incumpliente instituye que el tribunal en caso de haber causas justificadas que le autoricen para fijar plazo no decretará la resolución del contrato. Sin embargo, dentro de la línea jurisprudencial interpretativa del artículo 1124 en comentario, se ha afirmado que no asiste al acreedor dar por resuelto el contrato, de no estar de acuerdo ambas partes contratantes, por lo cual se exige una declaración judicial. Se admite que la facultad de resolver las obligaciones recíprocas puede hacerse extrajudicialmente por el perjudicado, cuando el otro obligado no cumpliere lo que le incumbe, siempre y cuando este último, reconocida la infracción, acepte la resolución; pero, si no media tal conformidad y se suscita contienda solo por vía judicial puede decretarse la resolución.

5. *Código Civil costarricense*. Se llegó a preceptuar en el artículo 1147 que si se pidiere la resolución del contrato de arrendamiento por no haber cumplido una de las partes una obligación positiva, puede el Juez, antes de acceder a la demanda, acordar al contraventor un plazo para el cumplimiento de su obligación, excepto si la resolución se fundara en falta de pago del precio. Si la resolución se pidiere por omisión del demandado de una obligación negativa, corresponde al Juez apreciar si la contravención es o no bastante grave para fundar la resolución del contrato. Esta norma quedó derogada por LGAUS, que es ley especial, en todo cuanto la contradiga, al establecer, para los casos de resolución del arrendamiento establecidos en el artículo 114, incisos 2), 3), subincisos ii) y iii), y en el artículo 115; que la parte interesada, antes de promover la acción correspondiente, deberá intimar a la otra para que cumpla con su obligación, y la intimación se efectuará mediante el trámite de notificación; debiendo cumplirse la obligación en un período no mayor de treinta días, contados a partir de la intimación (vid. art. 116).

Como se observa, la Ley especial arrendaticia contempla un plazo de gracia en beneficio del arrendatario incumpliente durante el cual puede cumplir, pues antes de promover el arrendador la acción correspondiente deberá intimarle para que cumpla cuando se trata de cualesquiera de las obligaciones a que se contrae el artículo 114, incisos 2), 3), subincisos ii) y iii), y en el artículo 115, es decir, la falta de pago del precio del arrendamiento, el incumplimiento de la obligación de conservar el bien en buen estado, la violación de las obligaciones derivadas de la Ley de propiedad horizontal o del Reglamento de condominio, o desacato de los acuerdos generales de la asamblea de propietarios; así como falta de pago de los gastos del condominio.

6. Código Civil hondureño. En el artículo 1386 se autoriza al demandante para que también pueda pedir la resolución del contrato, aun después de haber optado por el cumplimiento, cuando este resultare imposible; e igualmente el tribunal decretará la resolución que se reclame, a no haber causas justificadas que lo autoricen para señalar plazo.

El plazo de gracia en protección del contratante que no ha cumplido, lo otorga el juez o tribunal al dictar la sentencia de resolución del contrato solo si encuentra que existe una causa justificada. Es posible que una concepción diferente ahorraría el trámite procesal hasta llegar a sentencia, si la parte cumpliente estuviera obligada a conceder plazo al incumpliente para que dentro del mismo este cumpla, vencido el cual sin que ello se produzca se encontrará abierta, sin más contratiempo, la vía para solicitar la resolución judicial del contrato.

7. Código Civil boliviano. La parte que ha cumplido su obligación puede requerir a la parte que incumple mediante una nota diligenciada notarialmente, que cumpla la suya dentro de un término razonable no menor a quince días, con apercibimiento de que, el contrato quedará resuelto. Si la obligación no se cumple dentro del término señalado, el contrato se resuelve de pleno derecho (art. 570).

8. Código Civil argentino. En el artículo 1204 autoriza al acreedor para requerir al incumplidor el cumplimiento de la obligación en un plazo no inferior a quince días, salvo que los usos o un pacto expreso establecieran uno menor. Transcurrido el plazo sin que la prestación haya sido cumplida, quedarán resueltas, sin más, las obligaciones emergentes del contrato.

8.4. CLÁUSULA DE TERMINACIÓN EXPRESA Y EL JUEZ O TRIBUNAL

En la cláusula o cláusulas del contrato (vid. II. 2.4), las partes pueden establecer que ante determinado incumplimiento el contrato quedará terminado de pleno derecho. Al ocurrir el hecho señalado por los contratantes como constitutivo de la inejecución de la obligación, la parte que se considere afectada por el incumplimiento hace valer ante el incumpliente que el contrato quedó terminado de esa forma; lo cual indica que la intervención del juez o tribunal no es necesaria para pronunciar la terminación de la relación contractual, pues así fue estipulado por las partes. ¿Es admisible este tipo de terminación del contrato (la resolución del mismo) ante el incumplimiento, independientemente que haya que hacerse o no requerimiento o intimación al incumpliente para que cumpla dentro de determinado tiempo?

1. Intervención del juez o tribunal

El contratante afectado por el incumplimiento definitivo del otro hace valer la cláusula que le autoriza para declarar terminado el contrato de pleno derecho, razón por la cual aquel no está obligado acudir al juez o tribunal a pedir que dicte una sentencia que ante el incumplimiento, declare terminado el contrato. Esta es, en pocas palabras, la resolución de pleno derecho.

La comunicación del acreedor al deudor incumpliente, manifestándole que de no cumplir dentro del plazo que indique la ley, cuando esta exige esta comunicación, y que de no cumplir dentro del mismo el contrato quedará terminado o resulto de pleno derecho; constituye un acto extrajudicial continente de la declaración de dar por terminado el contrato, ante lo que el acreedor califica como el incumplimiento del deudor. Por lo general la ley se ocupa de disponer la forma o medio para que "esa comunicación" se realice. Se supone que la voluntad del acreedor, o del contratante a quien corresponda (pues los contratantes en el contrato bilateral son deudores y acreedores al mismo tiempo), debe expresarse sin ambigüedades, con la debida claridad y en la residencia o domicilio del deudor. Y, ¿hasta qué momento tiene oportunidad el acreedor para hacer llegar al deudor incumpliente la declaración de voluntad de dar por terminado el contrato? En algunos casos *ex lege* no se conoce, pero podría deducirse que tendrá lugar desde que se genera el incumplimiento específico y como no se sabe hasta qué momento temporal, podría pensarse que aun cuando haya incumplido el deudor, entonces este podría cumplir tardíamente mientras no le llegue esa comunicación, lo que evidentemente crea incertidumbre (v. 2 *infra*) incluso en cuanto a si el acreedor omisivo, en notificar al deudor, ha renunciado al derecho de solicitar después la extinción del contrato por aquel específico incumplimiento. Sin embargo, esta sanción en contra del acreedor omiso no parece necesaria pues mientras no se intime al deudor, este no estará obligado a cumplir.

La aplicación de la cláusula resolutoria expresa, sin intervención judicial alguna, se explica por la autonomía de la voluntad privada como facultad reconocida por el ordenamiento positivo a las personas para disponer de sus intereses con efecto vinculante y, en consecuencia, para crear derechos y obligaciones. Sin embargo, la autonomía de la voluntad privada debe entenderse como un principio que debe ser objeto de limitación por causa del interés general y del respeto a los derechos fundamentales, razón por lo cual es inaceptable la prevalencia de un poder absoluto e ilimitado para la regulación de los intereses de los particulares. Aun cuando la ley concede a los particulares la facultad o poder de concertar el contenido de las obligaciones que se imponen, deben someterse a las disposiciones o normas de orden público que limitan la libertad contractual; a lo dispuesto en las normas imperativas y prohibitivas, pues el poder de establecer las obligaciones contractuales es solo relativo y condicionado.

Desde la anterior perspectiva, ante una terminación *ipso iure* del contrato alegada por el acreedor cumpliente, de aducir el deudor que no existe incumplimiento alguno o que el incumpliente es el acreedor, ¿nada, absolutamente nada, le está permitido al deudor en su defensa, pues el contrato quedó automáticamente terminado y extinguido? El deudor, en tal hipótesis, tiene en su beneficio el ejercicio del derecho a la defensa y, en consecuencia, puede pedir al juez o tribunal, a través del proceso, que emita una decisión al respecto. En este caso el juez o tribunal no queda sometido a una simple constatación o verificación del significado de la cláusula y de si se dan o no las condiciones para que ella opere. No se limita a constatar. La finalidad de la sentencia no es - como se ha dicho - el del médico en presencia de un cadáver, ni que quien vendió con condición resolutoria ordinaria un inmueble, verificada la condición, puede reivindicar directamente, y que no tiene que pedir la declaratoria judicial de la resolución del contrato. El juez está obligado a calificar si el hecho alegado o afirmado como incumplimiento ha sido o no demostrado, y aun así verificar si el mismo (incumplimiento) es suficiente o grave para que se dé la extinción o terminación del contrato.

De darse valor a la *cláusula contractual expresa*[216] que permita unilateralmente - a través de una notificación - pronunciar la terminación del contrato, obviamente estaremos en presencia de la extinción o terminación *ipso iure* del contrato, sin necesidad de pronunciamiento del tribunal; pero esta "notificación" no está así prevista en algunas legislaciones, ni como medio que permita al contratante hacer del conocimiento del otro que el contrato queda extinguido o terminado sin más, si en determinado plazo no cumple, ante lo que él considera constituye el incumplimiento del notificado; notificación que llevaría en sí misma la calificación unilateral del incumplimiento de la obligación, especialmente designada en la cláusula o *pacto comisorio*, al libre criterio del acreedor, sin necesidad de que sea el juez el que califique el incumplimiento y proceda o no a declarar la terminación o extinción del contrato a través de sentencia, a los efectos o consecuencias de la misma.

Desde luego, cabe afirmar que la vía para lograr que se restituya la situación jurídica infringida debe ejercerse ante el administrador de justicia, mediante la acción prevista en el ordenamiento procesal al efecto, como lo ha sido desde la época

216 En el Derecho romano no se aceptaba la condición resolutoria tácita y establecieron la *lex commissoria* aplicable a la venta, a fin de que si el comprador no pagaba el precio el vendedor quedaba autorizado para mantener el contrato o de tenerle por resuelto. La venta puede estar también afectada, se observa, de una condición resolutoria o, para hablar más exactamente y según el lenguaje de los jurisconsultos romanos, las partes pueden unir al contrato, en el momento mismo de su formación, una cláusula en virtud de la cual será resuelto si se realiza determinada condición. La venta es entonces considerada como pura y simple: produce inmediatamente sus efectos ordinarios; pero está sujeta a una resolución condicional. Entre estas cláusulas he aquí las que eran más usadas: 1. Las partes han convenido al hacer la venta que si, en cierto plazo, un tercero ofrece condiciones más ventajosas al vendedor, quedará resuelto el contrato. Es la *addictio in diem* (L. I, D., de in diem ad., XVIII, 2). En este caso, la resolución no tiene lugar necesariamente solo porque se ofrecen mejores condiciones: el vendedor debe informar de ello al comprador que tiene la preferencia (L. 7 y L. 8, D., eod). Pero si no usa de ella, el vendedor puede tener el contrato por resuelto. - 2. El vendedor se reserva el derecho de resolver la venta, restituyendo el precio al comprador en cierto plazo, o en cualquier época (L. 2, C., de pact. empt., IV, 54). Es la cláusula llamada hoy *pacto de retroventa*. - 3. En fin, se conviene que será resuelta la venta, si el comprador no paga el precio en un plazo determinado. Esa es la *lex commissoria* (Eugene PETIT. Ob. cit., n° 372, p. 496).

en que el Estado asumió la función jurisdiccional para evitar que las personas hicieran justicia por su propia mano. De allí que no es posible para ningún juez decretar "automáticamente" la terminación o extinción de un contrato, sin que medie la pretensión correspondiente por parte del contratante a quien se le ha incumplido la obligación.

De ocurrir la terminación o extinción del contrato de pleno derecho, mediante lo establecido convencionalmente por los contratantes, no tendría sentido alguno acudir luego, por el contratante que se considere afectado con esa terminación unilateral notificada, a pedir al juez su intervención contra el abuso en que incurrió el contratante prevalido de su actuación declarada, por la aplicación de la estipulación contractual, pues el juez se encontraría reducido, como advertimos, a constatar o verificar, en el proceso judicial, si quien declaró terminado y extinguido el contrato, ejerció bien el derecho que le concede la cláusula, en cuyo caso sería algo así como una sentencia confirmatoria del poder decisorio de aquel, o en su defecto, es de suponer, pronunciaría una decisión favorable al afectado.

2. Cláusula de terminación expresa e incertidumbre

La cláusula expresa de terminación y extinción del contrato denota la no intromisión del juez ante la autonomía privada negocial, porque sería un ataque a la libertad contractual; cuando el juez está obligado a intervenir para evitar abusos y desviaciones de esa autonomía privada en contra del *contratante débil* (cfr. IV. 4.5). El débil contractual no guarda relación ni se refiere al "deudor" en la relación obligatoria, sino a la persona que en aquella está en desventaja; la desventaja de esta cuando celebra el contrato aceptando las obligaciones económicas impuestas por el acreedor sin negociación o discusión alguna, que resulten exageradas o abusivas. La asimetría intersubjetiva se da no porque esa persona (deudor) deba pagar determinado precio, sino que, al constituirse en deudora en situación desventajosa frente a su acreedor, este le impone la obligación a su manera aprovechándose de su necesidad, especialmente en materias en las cuales está interesado el orden público. La necesidad de limitar la libertad contractual en función de la justicia en los contratos, no solo en el sentido jurídico formal sino en lo económico; inacabada, perfectible, siempre insatisfecha, donde se busque la relativa igualdad y el equilibrio entre obligaciones y derechos - según las necesidades esenciales y la capacidad - para evitar la imposición del rapaz sobre el débil.

El reconocimiento del poder del juez de intervenir sobre el contrato, entendido en sentido amplio, sería una solución eficaz frente al dualismo liberismo/dirigismo. Esto en el sentido de que el juez puede constituir un "instrumento" de control y de dirección de la autonomía privada por medio del empleo de la regla de buena fe constitucionalizada: en este orden de ideas, la autonomía privada no sería restringida, sino solo dirigida a fines solidaristas. De esta forma, en la cláusula resolutoria expresa, evidentemente estos fines podrían extenderse hasta la preclusión de la operatividad de la cláusula misma, si se logra probar que la cláusula resolutoria se tradujo, en sustancia, en un abuso contractual en perjuicio de una parte. Todo está en el modo en el que el derecho es usado. La perspectiva de este escrito es ver la buena fe, no como instrumento de represión de la autonomía contractual, ni como instrumento de justicia contractual, ni como instrumento de represión de las conductas incorrectas en sentido moral o económico, sino simplemente como una técnica de análisis del significado económico del pacto. La economía del contrato es algo que tiene su propia objetividad y, entonces, debe ser netamente separada de la idea del contrato como producto de las voluntades de las partes: en consecuencia, la regla de buena fe puede ser entendida, no como criterio para alterar, en una única dirección, el equilibrio originario del contrato (como si el desequilibrio fuese siempre, y solamente, un efecto del abuso del poder económico de la contraparte). Por el contrario, puede convertirse en un criterio dúctil por medio del cual el juez ejerce un control sobre el equilibrio del contrato, pero sin trastornarlo, es decir, no para alterarlo en sentido conforme a la jerarquía axiológica que se cree vincula el ordenamiento y el contrato, sino para obtener precisamente la economía del contrato, el contenido económico, las reglas jurídicas no expresadas del pacto que son apropiadas porque razonables respecto a la economía del contrato en cuanto instituciones de la sociedad abierta y, de todas formas, en relación dialéctica con la axiología del ordenamiento[217].

Podrá también tratarse de reglas jurídicas que contrastan con el tenor literal de algunas cláusulas contractuales, pero que no pueden, de todas formas, ser calificadas como arbitrarias creaciones judiciales, precisamente porque reflejan el contenido de los intereses económicos del contrato. Bajo este punto de vista, nada puede excluir que una cláusula resolutoria expresa pueda ser sujeta al juicio del artículo 1455, cuando haya buenas razones económicas para afirmar que la aplicación del citado artículo es funcional al respeto del contenido económico que emerge del contrato. En realidad, se presenta una cierta esquizofrenia en la teoría general contemporánea del contrato. De una parte, los estudiosos y la jurisprudencia favorables a reconocer al juez un poder de intervención sobre el contrato tienen como objetivo defender una concepción de la autonomía privada y del contrato que sea objeto de un control de constitucionalidad por parte del juez ordinario, para garantizar la "justicia" del contrato. De otra parte, las posiciones contrarias a la intervención del juez se construyen sobre la discutible ecuación (poder del juez = hundimiento del contrato) para garantizar la "libertad" de las partes. Puede haber una tercera vía: aquella de la confianza en el juez. Una confianza atemperada, en el sentido de que, ciertamente, el juez pueda ejercer un control de constitucionalidad, incluso fuerte, sobre la economía del contrato, pero los límites de este control deben ser claros y definidos: más que por parte del legislador, por medio

217 GRONDONA, Mauro: *Gravedad del incumplimiento, buena fe y cláusula resolutoria expresa* (Traducción del italiano, Pablo Andrés Moreno Cruz.), Revista de Derecho Privado, enero-junio, España, 2011, pp. 271-299.

de la praxis y de los usos del derecho (y, entonces, le corresponde a los abogados una gran cuota de responsabilidad)[218].

La terminación de derecho del contrato, no surte mayor efecto por aplicación de la cláusula expresa, pues basta que el contratante - que se considere afectado por tal proceder - acuda al tribunal a pedir protección ante la conducta del otro, para que quede en duda la fuerza extintiva de esa cláusula. Esto equivale a decir que siempre será el juez o tribunal quien califique el incumplimiento y decida o no la *terminación del contrato.* Es más, de llegar la ley civil a contemplar una disposición que, como la contenida en el artículo 1454 del Código Civil italiano de 1942, estatuya que a la parte incumplidora la otra podrá intimarle por escrito que cumpla dentro de un término conveniente, bajo apercibimiento de que, transcurrido inútilmente dicho término, el contrato se entenderá, sin más, resuelto; y que transcurrido el término sin que se haya cumplido el contrato, este quedará resuelto de derecho; a pesar de que algo así se disponga, no quedará el órgano jurisdiccional sustraído del deber de administrar justicia, el debido proceso se aplicará a todas las actuaciones judiciales y administrativas y, en consecuencia, la defensa y la asistencia jurídica como derecho inviolable en todo estado y grado de la investigación y del proceso; siendo que toda persona tiene derecho a ser notificada o citada, de acceder a las pruebas y de disponer del tiempo y de los medios adecuados para ejercer su defensa; y tiene derecho a ser oída en toda clase de proceso, con las debidas garantías y dentro del plazo razonable determinado legalmente, por un juez o tribunal competente, independiente e imparcial establecido con anterioridad. Constitucionalmente tiene el derecho de impugnar la decisión por la vía de los recursos que regula la Ley.

Sin embargo, en honor a la verdad y a modo de conclusión de esta discutida temática, hay que admitir que si no se quiere hablar de "*terminación unilateral del contrato*"[219]

---

218 Ídem.

219 En materia contractual varias legislaciones han optado por la unificación entre el Derecho Civil y el Mercantil, como ocurre con el Código Civil italiano de 1942, el suizo de las obligaciones (1881); mientras otras han preferido la unificación parcial como en el Código Civil peruano (1984). Otras legislaciones han decidido mantener la dicotomía entre el Derecho Civil y Mercantil.

Para los contratos mercantiles internacionales, UNIDROIT (Instituto Internacional para la Unificación del Derecho Privado), con sede en Roma, Italia, por algunos llamado Estatuto de Roma, que elabora reglas uniformes de Derecho Privado, en especial de derecho material;ha elaborado los principios continentes de reglas aplicables a los contratos comerciales internacionales (2004); y dentro de estas las aplicables en el ámbito resolutorio:

SECCIÓN 3: RESOLUCIÓN

ARTÍCULO 7.3.1

(Derecho a resolver el contrato)

(1) Una parte puede resolver el contrato si la falta de cumplimiento de una de las obligaciones de la otra parte constituye un incumplimiento esencial. (2) Para determinar

por fuerza de una *cláusula resolutoria expresa*; sería por lo demás hasta justo estar de acuerdo en aceptar la aplicación de este tipo de cláusula, ante determinado incumplimiento grave y pernicioso, no como medio o vía resolutoria para reservar esta, sino como manifestación o comunicación al deudor de la declaración de "*terminación del contrato*" por parte del acreedor agraviado, para de esta forma impedir de inmediato que el incumpliente contractual continúe prevaliéndose del contrato y en uso de este, posiblemente cometa abusos o inequidades - que posiblemente no se puedan reparar - en perjuicio del contratante que se supone cumpliente y ha comunicado al otro la terminación del contrato. De esta forma no se impide que el contratante, a quien se ha comunicado la "terminación del contrato", pueda acudir al juez en ejercicio de sus derechos, a solicitar la terminación o el cumplimiento del contrato si considera que el incumpliente no fue él sino el otro contratante.

Sobre la "*cláusula expresa de resolución unilateral del contrato*", traemos a colación el contrato de transporte celebrado entre dos sociedades mercantiles, en donde establecieron que sin perjuicio del ejercicio por una de las contratantes de las acciones que le correspondan, para la indemnización de daños y perjuicios que sufriere, *podrá terminar anticipadamente el contrato*, inmediatamente después de notificar a la otra y *sin necesidad de resolución judicial*, en caso que ocurra cualquiera de los siguientes supuestos: 1. Disolución, liquidación, concurso, atraso o quiebra. 2. Embargo,

---

si la falta de cumplimiento de una obligación constituye un incumplimiento esencial se tendrá en cuenta, en particular, si: (a) el incumplimiento priva sustancialmente a la parte perjudicada de lo que tenía derecho a esperar en virtud del contrato, a menos que la otra parte no hubiera previsto ni podido prever razonablemente ese resultado; (b) la ejecución estricta de la prestación insatisfecha era esencial según el contrato; (c) el incumplimiento fue intencional o temerario; (d) el incumplimiento da a la parte perjudicada razones para desconfiar de que la otra cumplirá en el futuro; (e) la resolución del contrato hará sufrir a la parte incumplidora una pérdida desproporcionada como consecuencia de su preparación o cumplimiento. (3) En caso de demora, la parte perjudicada también puede resolver el contrato si la otra parte no cumple antes del vencimiento del período suplementario concedido a ella según el Artículo 7.1.5.

ARTÍCULO 7.3.2

(Notificación de la resolución)

(1) El derecho de una parte a resolver el contrato se ejercita mediante una notificación a la otra parte.

(2) Si la prestación ha sido ofrecida tardíamente o de otro modo no conforme con el contrato, la parte perjudicada perderá el derecho a resolver el contrato a menos que notifique su decisión a la otra parte en un período razonable después de que supo o debió saber de la oferta o de la prestación defectuosa.

ARTÍCULO 7.3.3

(Incumplimiento anticipado)

Si antes de la fecha de cumplimiento de una de las partes fuere patente que una de las partes incurrirá en un incumplimiento esencial, la otra parte puede resolver el contrato.

secuestro, confiscación u otra medida similar contra los activos, cuyas consecuencias hagan imposible o menoscaben significativamente la ejecución del objeto de este contrato, siempre que dichas medidas no se levanten dentro de los sesenta (60) días continuos siguientes de la fecha de ejecución; y, 3. Incumplimiento de las disposiciones de este contrato cuando dicho incumplimiento no fuere subsanado dentro de los diez (10) días hábiles siguientes a la fecha en que lo solicitare por escrito; estipulándose, asimismo, que las notificaciones que las partes deban darse por virtud del contrato se realizarán por escrito y se entregaran en las direcciones estipuladas, ya sea personalmente, mediante telegrama con acuse de recibo u otro medio de notificación fehaciente.

Ocurre que una de las contratantes, ante lo que consideró fue el incumplimiento de la otra, aun cuando en la ley civil venezolana no existía para la fecha de la sentencia previsión autorizatoria la resolución unilateral del contrato; procedió a declarar - mediante notificación - resuelto el contrato sin necesidad de intervención judicial.

Observemos lo que ocurrió: la Sala de Casación Civil del Tribunal Supremo de Justicia de Venezuela, en sentencia de fecha 05/10/2011 (caso: Transporte Doroca, asociación civil, contra Cargill de Venezuela S.R.L, por cumplimiento de contrato e indemnización de daños y perjuicios; afirmó lo siguiente:

> "... por vía de consecuencia, acarreó que la demandada en aplicación de la cláusula séptima del contrato suscrito por las partes resolviera de manera anticipada y unilateral el contrato, lo cual podía hacer perfectamente porque así fue pactado y convenido por las partes, en caso que la contratista incumpliera las reglas de transporte y carga de mercancía ...".

La dispositiva de la sentencia antes citada presenta algunas características que, entre otras, resultan de interés su tratamiento:

a) En esa sentencia se llega a la conclusión de que uno de los contratantes puede resolver de manera anticipada y unilateral el contrato, lo cual puede hacerse perfectamente si así es pactado y convenido por las partes, en caso de incumplimiento; pero no se aportan los fundamentos de tal disposición. El razonamiento argumental para llegar a esta conclusión es importante, porque permite conocer cuál es la función del juez en una situación como esa, si debe o no intervenir – cuando sea requerido por el contratante que se considere afectado – para calificar el incumplimiento y su gravedad. Por ejemplo, el Código Civil italiano contempla que los contratantes pueden convenir expresamente que el contrato se resuelva en el caso de que una determinada obligación no sea cumplida según las modalidades establecidas. En este caso, la resolución se verifica de pleno derecho cuando la parte interesada declara a la otra que pretende valerse de la cláusula resolutoria (art. 1456); pero el contrato no se puede resolver si el incumplimiento de una de las partes tiene poca importancia, teniendo en cuenta el interés de la otra (art. 1455).

b) Tácitamente interpreta y aplica parcialmente el artículo 1159 del Código Civil en la parte que dice: "los contratos tiene fuerza de ley entre las partes" ("*porque así fue pactado y convenido por las partes*").

c) Resulta autorizatoria de la voluntad (unilateral) de uno de los contratantes, que debe haber sido cumpliente, de aplicar en contra del otro, a quien considera incumpliente, la cláusula que le faculta para resolver anticipada y unilateralmente el contrato; pero no indica cuál es el procedimiento que se debe seguir para resolver extrajudicialmente el contrato de este modo.

d) Se puede entender que el artículo 1167 del Código Civil[220] no resulta aplicable a la resolución del contrato, cuando los contratantes disponen la resolución *anticipada y unilateral del* contrato, pues no será necesario que uno de ellos, ante el incumplimiento del otro, "reclame judicialmente" (¿ante quién?) la resolución del contrato, con los daños y perjuicios si hubiere lugar a ello.

e) Es importante apreciar la contradicción que se produce con las sentencias vinculantes de la Sala Constitucional del TSJ, n° 1658/2003 de 16 de junio (caso: Fanny Lucena Olabarrieta), y la 167 de fecha 04/03/2005 (caso: IMEL, CA); así como la afirmación de la Sala de Casación Civil de fecha 29/03/05 (caso: BPCA Tubulares Petroleros, CA contra Lloyd's Fundiciones, CA); sentencias estas en donde se afirma la competencia del juez o tribunal para pronunciar la resolución del contrato, y no por cualquiera de los contratantes. Por tanto, son revisables según la Sala Constitucional del TSJ, las sentencias definitivamente firmes que hayan sido dictadas por las demás Salas de este Tribunal o por los demás tribunales o juzgados del país apartándose u obviando expresa o tácitamente alguna interpretación de la Constitución contenida en alguna sentencia dictada por esta Sala con anterioridad al fallo impugnado.

f) Supóngase que la "cláusula resolutoria expresa" se aplique a un contrato de compraventa inmobiliaria, inscrito o no registralmente; y el comprador además de haber pagado parte del precio está en posesión del inmueble. Ante la falta de pago del comprador del saldo deudor restante y declarada que sea por el vendedor la *resolución del contrato, de manera anticipada y unilateral, "porque así fue pactado y convenido por las partes"*, ¿cómo hará el ven-

220 El art. 1167 CCv estatuye lo siguiente: En el contrato bilateral, si una de las partes no ejecuta su obligación, la otra puede a su elección reclamar judicialmente la ejecución del contrato o la resolución del mismo, con los daños y perjuicios en ambos casos si hubiere lugar a ello.

dedor para ejecutar la resolución que del contrato ha declarado mediante notificación al comprador?

g) El procedimiento por intimación o notificación que se pueda utilizar, por haberse previsto por las partes para declarar resuelto unilateralmente el contrato, sin intervención judicial, no está previsto en la legislación venezolana; aun cuando "los contratos tienen fuerza de ley entre las partes" (art. 1159 CCv), y "los contratos deben ejecutarse de buena fe y obligan no solamente a cumplir lo expresado en ellos, sino a todas las consecuencias que se derivan de los mismos contratos, según la equidad, el uso o la ley" (art. 1160 *eiusdem*).

h) Es importante considerar las hipótesis que se puedan presentar en orden a la determinación de casos en donde esté interesado el orden público; en las cuales no es posible declarar resuelto de pleno derecho el contrato. Por ejemplo, la falta de pago de menos de tres cuotas bajo régimen de propiedad horizontal y venta de parcelas, o la falta de pago prevista en la Ley sobre Ventas con Reserva de Dominio; suponiendo que en el contrato se estableció la falta de pago en adecuación con la cláusula resolutoria expresa del modo observado.

i) Además, y como se puede constatar, la regulación actual en el ordenamiento jurídico venezolano no autoriza la resolución unilateral del contrato, por ejemplo, de la hipoteca o la prenda entre otros, en los cuales, en términos generales, el acreedor pueda apropiarse de los bienes garantizadores en caso de incumplimiento del deudor, cuando la apropiación del acreedor de tales bienes puede ocurrir por la sola declaratoria de la resolución unilateral, sin que se cumplan los presupuestos necesarios para la terminación del respectivo contrato, que pudiera considerarse como un abuso de derecho; no habiéndose aperturado el debido proceso resolutorio a tenor de lo pautado en el artículo 1167 del Código Civil; más aún cuando como se ha afirmado en la legislación venezolana "no es posible resolver unilateralmente el contrato", salvo los casos de excepción expresamente autorizados[221] (cfr.

---

221 Entre otras disposiciones legales, de forma excepcional el Código de Comercio preceptúa: En la venta, la condición resolutoria tiene lugar de pleno derecho en favor de la parte que antes del vencimiento del término estipulado para el cumplimiento del contrato, haya ofrecido a la otra parte, de la manera acostumbrada en el comercio, la entrega de la cosa vendida o el pago del precio, si ésta no cumple su obligación.

A falta de tal oferta y de estipulaciones especiales, la resolución se rige por las disposiciones del Código Civil sobre la condición resolutoria tácita.

En ambos casos, la parte que no cumple su obligación queda sujeta al pago de los daños (art. 141).

Como se aprecia, esa norma no se refiere a la resolución del contrato de venta por el incumplimiento en que incurra el vendedor o el comprador, sino que la condición sentencia de la Sala político Administrativa del TSJ, de fecha 11/03/1999, caso: Sociedad de Corretaje de Seguros y otro contra Petróleos de Venezuela SA (PDVSA).

j) En el supuesto que la tesis que sostiene la validez de la posibilidad de que una de las contratantes precalifique cualquier conducta como incumplimiento y, por consiguiente, tenga la facultad de autotasar el *quántum* económico de dicho incumplimiento y fijar el monto al que estaría obligada la contraparte a pagar en razón de ese pretendido incumplimiento; hacemos seguidamente un ejercicio imaginativo sobre la operatividad práctica de esta postura.

Imaginemos que en el mismo contrato de transporte entre "A" y "B", "A" está facultado para "*resolver unilateralmente el contrato*", cuando a su solo entender considere que "B" ha incumplido. Como consecuencia de lo anterior, "A" se encuentra contractualmente facultado para, además de precalificar qué hecho u omisión sería un incumplimiento, también proceder a tasar el monto de los daños y perjuicios de ese incumplimiento, como lógica consecuencia de lo anterior, es decir, la admisión de que la calificación o determinación tanto de qué es un incumplimiento y cuánto son los daños económicos que se derivan del mismo; debe admitirse también que todo cuanto decida "A" debe ser respetado por "B", en virtud de que esa facultad en "A" constituye la fiel y exacta ejecución de la "libre autonomía de la voluntad de las partes", y que "el contrato es ley entre las partes". Lógico y consustancial es, pues, que también todo lo que diga "A" sobre este particular tenga fuerza de "ley entre las partes", y como tal, sus puntos de vista y determinaciones sean "vinculantes" y, por tanto, no revisables o cuestionables por la autoridad judicial y, en tanta medida, puedan tener la misma fuerza - *mutatis mutandis* - de la "cosa juzgada" (obviamente que estas notas discursivas, en ejercicio de la especulación, tienen que aparecer un poco extremadas).

En este mismo ejercicio se observa que "A", durante la ejecución del contrato, considera que "B" ha incumplido con una o varias de sus obligaciones, situación que determina y, por tanto, procede a la cuantificación de los daños y perjuicios. Acto seguido "A" procede a reclamar extrajudicialmente a "B" para que proceda a resarcir los daños y perjuicios que dice haber sufrido como consecuencia del incumplimiento culposo. Muy probablemente "B" se niegue y "A" no tiene otro remedio que "accionar" judicialmente, como es además lógico y si es de su interés.

Saltan a la vista varias preguntas: ¿Cómo llamaría o rotularía "A" su acción judicial? ¿Cómo una acción de resolución de contrato, o como una acción de cumplimiento? Si la intitula como una acción de resolución de contrato, sería una contradicción con toda la tesis bajo análisis porque, precisamente, la tesis postula que

---

resolutoria (cfr. VI) tiene lugar de pleno derecho en cualesquiera de las hipótesis a que la norma se refiere.

"A" puede resolver unilateralmente el contrato, y posiblemente también determinar los daños y perjuicios del incumplimiento que da lugar a esa misma resolución. En suma, denominar su acción como una resolución sería negar la validez misma de la cláusula o tesis bajo estudio. En cambio, pareciera – al menos más consecuente con la tesis - rubricar la acción como de "cumplimiento", en cuanto el deudor le indemnice el monto de los daños y perjuicios que considera le fueron causados, pero dentro del previo problema a resolver en relación a que tales daños son contractuales, en el contexto de la tesis, y como el contrato quedó resuelto unilateralmente por voluntad del acreedor, ¿cómo se hace ante la fuerza de la retroactividad conforme a la cual el contrato queda como si jamás fue celebrado?

Según la misma tesis bajo análisis, ¿cuál sería la función del juez? ¿Podría analizar o revisar la calificación que ha hecho "A" sobre el incumplimiento como causa de la resolución unilateral declarada? Aparentemente la respuesta es no, debido a que, si el juez cuestiona que lo declarado por "A" como un incumplimiento, no es tal, estaría cuestionando la validez misma de la cláusula que le otorga esa facultad a "A", de determinar qué es o no un incumplimiento. En definitiva, según la tesis, la función del juez en este supuesto posiblemente sería casi inoperante.

De todo lo anterior algún elemento aparece como susceptible de ser observado a la luz del principio de la justicia contractual, o del respecto al derecho a la defensa y el debido proceso, o a la garantía de ser juzgado por el juez natural, o incluso respecto a la posibilidad de hacer valer en juicio las pruebas que le asistan, o en atención a la usurpación de funciones en el poder judicial. O, simplemente, pensar que como el objeto del contrato es comercial o civil, donde no está interesado el orden público, bastará en considerar correcto lo pactado a la luz del principio de la autonomía de la voluntad de las partes.

CAPÍTULO IX

El incumplimiento en la terminación y extinción del contrato

El comentario sobre el incumplimiento, en este trabajo se refiere a su necesaria presencia en la relación obligatoria como requisito para que la terminación y extinción del contrato puedan tener lugar; y desde luego a este efecto su sentido, o lo que denota, en sintonía con su tipología o formas generales de incumplimiento, pues no todo tipo de incumplimiento tiene la virtualidad de permitir la terminación y extinción de la relación contractual; especialmente en lo que atañe a la ejecución del contrato o la resolución del mismo. Es solo a este aspecto al que nos referimos pues, como se afirma, en torno al incumplimiento de las obligaciones se suscita un conjunto de cuestiones dogmáticas y hasta terminológicas que la doctrina no ha sabido hasta ahora clarificar de la debida forma[222]. Por tanto, ¿qué sentido tiene el incumplimiento cuando el mismo se aduce como motivo para requerir la terminación y extinción del contrato? Y, ¿qué tipo de incumplimiento resulta exigible para que esta consecuencia pueda producirse?

9.1. A LO QUE SE OBLIGA EL DEUDOR

Es de interés observar a qué se obliga el deudor, pues conforme a esto se puede tener presente cuál es la actividad desplegada por el deudor para que esa obligación se considere o no ejecutada; y, desde luego, la procedencia o no de la terminación y extinción del contrato. En las obligaciones con *objeto fungible*, el deudor asume la obligación de realizar la actividad necesaria para que la finalidad del contrato se obtenga; pues tal finalidad consiste en el interés del acreedor que aspira a que sea satisfecho por el deudor según lo estipulado en el contrato; mientras que en las *obligaciones específicas*, el deudor asume una actividad concreta, por lo cual está obligado a realizar determinada conducta de modo que así satisfaga aquel específico interés del acreedor.

---

222 MONTES, Ángel Cristóbal: El incumplimiento de las obligaciones, ed. Tecnos, Madrid, 1989, p. 13.

En observancia de esas dos hipótesis, el deudor tiene más posibilidad para cumplir en la primera que en la segunda, pues en las obligaciones con *objeto fungible* el deudor dispone de un campo de cobertura mayor para el cumplimiento, que en las *obligaciones específicas* cuyo campo está más limitado por la propia especificidad que las caracteriza. Y como se afirma en la doctrina, la diligencia promotora del cumplimiento consiste en toda la actividad necesaria para que la prestación, contemplada inicialmente como un proyecto ideal, se convierta en una realidad. El deudor, actuando esta diligencia, debe superar toda clase de impedimentos u obstáculos, incluso imprevisibles al tiempo de contratar, que incidan en la ejecución de la obligación. Tratándose de estos impedimentos u obstáculos imprevisibles al tiempo del contrato, como ocurre en los supuestos de caso fortuito o fuerza mayor, la diligencia promotora es regla de integración de la prestación, imponiendo al deudor una actividad que no tuvo cómo prever inicialmente y, consiguientemente, unos costos adicionales.

9.2. LO QUE DENOTA EL INCUMPLIMIENTO

El vocablo "incumplimiento" tiene diversos significados, teniendo en consideración que en el contrato bilateral las partes se obligan recíprocamente, lo cual indica, obviamente, que cualquiera de ellas puede incurrir en incumplimiento. Desde el interés del acreedor, que también puede ser del deudor en observancia a la reciprocidad, el incumplimiento es la falta de percepción de la prestación debida, de acuerdo con los términos del contrato: El deudor es incumpliente, pero también puede ser el acreedor. La inejecución de las obligaciones, la no entrega de lo prometido por el deudor a su acreedor o viceversa, o la negativa injustificada del acreedor a recibir la prestación; la falta de pago o ejecución de la obligación adquirida por el deudor, pues las obligaciones deben cumplirse como han sido contraídas, salvo disposición expresa en contrario y en protección del deudor; o la infracción por el deudor de su deber de prestación, la no realización de la conducta debida por el deudor en beneficio del acreedor (débito); o la no obtención por el acreedor del específico, determinado y preciso resultado a que se obligó el deudor (obligación de resultado).

Desde luego que esos significados no satisfacen, de ninguna manera, la rigurosa exigencia de conducir a una definición, más aún cuando esta implica cerrar el círculo de lo conceptual para atenerse a ella sin posible discusión; pues la "definición" de lo que es "incumplimiento" viene a significar que se habrá dado o propuesto una fórmula que describe con claridad y exactitud los caracteres generales y diferenciales de este. Esto resulta imposible. Y más compleja aún la temática del incumplimiento, cuando este es un concepto jurídico indeterminado, que no es cerrado, que no tiene hasta ahora una precisa y aceptada definición, ni siquiera en lo conceptual, por lo cual la interpretación de un hecho calificado como incumplimiento puede no resultar de tal forma. Es un concepto jurídico indeterminado abierto, por lo que cabe interpretarse para explicitar la voluntad normativa por medio de la compleja metodología (interpretativa), en orden a establecer, ante el caso concreto, en qué consiste el incumplimiento, y si ante un supuesto dado es exacto sostener que ocurrió el incumplimiento; así como acontece con los conceptos ejecución y resolución del contrato.

Siendo de la manera antes señalada, esos tres conceptos jurídicos indeterminados (incumplimiento, ejecución, resolución) son abiertos, cada uno de los mismos tiene diversos significados; son vagos e imprecisos en la forma empleada, pero tienen una directriz indicada por la propia norma que les regula, no obstante, su indeterminación, que está sujeta a valoración sin que se autorice su tergiversación para sacarla del objetivo indicado en la regla. Por eso, cuando los conceptos jurídicos indeterminados afectan derechos fundamentales, su determinación tiene que realizarse a la luz de las normas constitucionales y legales que resulten aplicables a tales derechos, pues de la indeterminación legislativa del concepto no puede derivarse la posibilidad de imponer restricciones injustificadas a los derechos fundamentales, entendiendo por tales restricciones, aquellas que trasciendan los límites que a cada derecho trazan las respectivas normas constitucionales y legales.

En consideración de lo antes señalado, se habla de incumplimiento de la obligación de modo parcial o total, temporal o definitivo, voluntario o involuntario; y esta tipología tiene la lógica dificultad de admitir cuándo y de qué forma cada tipo puede permitir o no la terminación y extinción del contrato. Así, en las "obligaciones de dar", la no transmisión de la propiedad u otro derecho real (usufructo, servidumbre, hipoteca, uso, habitación). Respecto de las "obligaciones de hacer", el deudor no cumple cuando no realiza la conducta diferente a la transmisión de la propiedad u otro derecho real (construir una casa, pagar una suma de dinero, podar árboles, aserrar madera, cuidar un inmueble, fabricar un mueble). En las "obligaciones de no hacer", el deudor incumple cuando no se abstiene de realizar el acto prohibido (conducta negativa, no podar los árboles, no aserrar madera dentro de determinado horario, no construir una pared colindante más allá de determinada altura). Sin embargo, en cada una de estas hipótesis, no todo hecho que ocurra puede definitivamente ser apreciado o calificado como un incumplimiento que irrefutablemente dé lugar a la terminación y extinción de la relación obligatoria.

Asimismo, por "incumplimiento" también se entiende no el simple incumplimiento en sentido objetivo (que incluiría también la imposibilidad objetiva del incumplimiento), sino más bien un incumplimiento en sentido subjetivo (es decir, culposo como el que se presume para la procedencia de la resolución del contrato). En efecto, si el deudor no ha podido cumplir por un impedimento que constituya para él una causa extraña no imputable, no procederá la acción de resolución del contrato mientras dure esa imposibilidad de cumplimiento que justifica su retardo, y si la duración se prolongare en el tempo hasta hacer desaparecer todo interés del acreedor en su cumplimiento retardado o si el obstáculo fuera de tal naturaleza que desde un principio podamos hablar con certeza de un incumplimiento definitivo e irreparable (cfr. 9.5 *infra*), debido a una causa extraña no imputable al deudor, entonces serán más bien los principios relativos a la "teoría de los riesgos"[223].

Se ha afirmado que el incumplimiento supone la lesión o perturbación que se produce al derecho de crédito, originada por la ejecución inexacta de una prestación; pero esta noción tampoco satisface porque, por una parte lo que es exacto se refiere no solo a la cantidad y la cualidad de la prestación, sino además a otros varios aspectos materiales según el acuerdo de las partes y el propio interés del acreedor dispuesto en la relación obligatoria; e incluso que el deudor de ninguna manera cumpla y no por esto puede decirse que hay un incumplimiento inexacto; más aún cuando el incumplimiento también puede consistir en una ejecución tardía de la obligación, o la imposibilidad de cumplir. Con fundamento ha advertido LARENZ que la "ejecución de la prestación" no solo comprende la actuación del deudor encaminada a su cumplimiento, sino también la obtención de su resultado. Es así como, para que el pago sea efectivo, se debe entregar una suma de dinero, una cosa genérica o específica, realizarse un servicio, ejecutarse una gestión u omitir un comportamiento, lo cual depende de la obligación contraída y su correspondiente prestación.

También puede acontecer que el deudor no cumpla la obligación asumida, en cuyo caso de consistir en un incumplimiento no imputable al mismo, él no incurre en responsabilidad contractual (*res perit creditoris*), pues en principio el riesgo corre a cargo del acreedor (la prestación, la cosa, perece para él); y de tal forma el acreedor impedido de accionar el cumplimiento en especie en contra del deudor, y tampoco puede reclamarle daños y perjuicios. El contrato, en tal circunstancia, queda terminado y extinguido *ipso iure* (cfr. VIII), es decir, sin posibilidad alguna de declarar su resolución por incumplimiento. Cuando el deudor ya no puede cumplir su obligación por una causa sobrevenidamente imposible, en tal situación la imposibilidad (cfr. VII.7.6) de cumplir denota que la inejecución es absoluta y definitiva.

Incumplimiento también puede llamarse a cualquier desajuste entre la conducta debida y el comportamiento del obligado. No siempre es fácil determinar

223 De modo general y en relación con los contratos unilaterales, se afirma que el deudor será condenado al pago de los daños y perjuicios, tanto por inejecución de la obligación como por retardo en la ejecución, si no prueba que la inejecución o el retardo provienen de una causa extraña que no le sea imputable, aunque de su parte no haya habido mala fe. Esta regla denota que, si el deudor no cumple o retarda el cumplimiento por fuerza de una causa extraña no imputable, queda liberado de esa obligación y de indemnizar los daños y perjuicios derivado del no cumplimiento; pues la cosa perece para el acreedor (*res perit creditori*), aun cuando este principio tiene sus excepciones que aquí no son materia por considerar. En los contratos bilaterales el incumplimiento debido a una causa extraña no imputable impide que el acreedor pueda requerirle el cumplimiento, y como se trata de una relación con obligaciones correspectivas el deudor tampoco puede exigir a su acreedor que le cumpla.

exactamente cuál es el comportamiento debido o su modicidad[224], pues el hecho del "desajuste" comprende también una consecuencia de la actuación del obligado, de acción o de abstención, que no corresponde a la conducta debida en el cumplimiento de la obligación; pero también denota una actuación del obligado que significa apartarse de lo acordado o estipulado con el otro contratante. Pero también el incumplimiento es aquella situación antijurídica que se produce cuando, por la actividad culpable del obligado a realizar la prestación, no queda la relación jurídica satisfecha en el mismo tenor en que se contrajo, reaccionando el Derecho contra aquel para imponerle las consecuencias de su conducta[225]. Sin embargo, "la conducta debida" depende de que el deudor esté realmente obligado a cumplir lo que se obligó; pues no queda obligado a cumplir aquello que se encuentre en contradicción con normas en cuyo cumplimiento está interesado el orden público, o que la obligación sea imposible de cumplir.

Ese elenco de nociones - podría ser otro - no satisface plenamente lo que es el incumplimiento pues siempre habrá más por agregar, y se permea cierta confusión en algunas de las nociones. La confusión se debe, en parte, a su conexión con la institución de la "mora", o el retardo en cumplir, y también ante el inexacto cumplimiento de la prestación debida en cuanto a su cantidad y calidad, en los términos convenidos; la imposibilidad sobreviniente y un plural número de circunstancias que hacen discutible la noción o el concepto, dada su generalidad. La mora también es un incumplimiento, tomado en sentido lato (un incumplimiento en cuanto al tiempo para cumplir), pero ha sido considerada como una infracción de carácter leve, como una situación no demasiado anormal en el curso de los contratos, pero que puede llevar a un incumplimiento terminal.

Por eso lo que se ha llamado como "incumplimiento", con unos efectos más enérgicos y específicos, ha sido el restante incumplimiento, el que queda después de excluido el ámbito de la mora. Y ante la dificultad de definir de un modo positivo (y no solo por exclusión) en qué consiste este otro incumplimiento propio y peculiar, se ha recurrido al concepto de "imposibilidad" de la prestación. Habría una imposibilidad originaria, que hace nulo el contrato, y otra imposibilidad "sobrevenida" que constituiría el propio y específico "incumplimiento". Sin embargo, esta acepción, que es la dominante en la doctrina, ofrece bastantes dificultades, y resulta muy artificiosa. Lo primero que hay que objetar contra ella es que en la mayoría de los casos en que tendría que aplicarse, porque hay realmente incumplimiento, no se aprecia, en cambio, ninguna imposibilidad en sentido propio. Lo que se hace es admitir que en tales casos hay una cierta imposibilidad de la prestación, para poder así seguir manteniendo esa pretendida ecuación entre incumplimiento (llamado "definitivo") e imposibilidad sobrevenida. Se trataría de delinear un concepto, que sería intermedio entre los de mora e imposibilidad, y que sería, simplemente, el de

224 RAMELLA, Anteo E: La resolución..., ob. cit., p. 51.

225 PUIG PEÑA, Tratado..., ob. cit. t. 4, vol. 1, p. 197.

"omisión de la prestación". En el negocio a término fijo "o término esencial", la cosa sería fácil. Incumplida la prestación en la fecha marcada, ni habría una simple mora ni habría ninguna imposibilidad (prueba de esto último es que el acreedor puede todavía optar por recibir la prestación, aún después del término fijado). Lo que habría, simplemente, sería la omisión de la prestación. Y a esto es a lo que nosotros llamamos "el no cumplimiento", lo que debería ser admitido como el incumplimiento tipo[226].

Para PUIG PEÑA ha sido criterio corriente en la doctrina estudiar el "incumplimiento de las obligaciones" como la modalidad coactiva o forzosa del cumplimiento, considerando que aquel da lugar a la puesta en acción de la actividad del Estado para que la obligación, por encima de la resistencia del deudor, obtenga el cometido que se estipuló al contraerse. Este criterio, sin embargo, merece ser sometido a revisión por cuanto el incumplimiento debe estudiarse en sí como situación antijurídica que se predice cuando el obligado falta a tenor de la obligación[227]. Así las cosas, parece que cabe un concepto muy amplio de "incumplimiento", considerando esta idea como sinónima de toda infracción del deber jurídico que el deudor soporta. El deudor incumple o no cumple, siempre que infringe el deber jurídico que le atañe. Ahora bien, la pregunta por el incumplimiento-infracción impone cuestionar la responsabilidad, imputabilidad y participación que el deudor ha tenido en el resultado de la infracción. Las cosas, en cambio, adquieren una tonalidad diversa si la investigación toma como punto de partida la satisfacción o la violación del derecho de crédito. La pregunta es entonces en qué medida el acreedor ha quedado o no satisfecho, lo que es, al menos en principio, independiente de cualquier valoración del comportamiento del deudor y en sí mismo un hecho perfectamente objetivo. Por esto, la doctrina alemana, más que de incumplimiento, habla de perturbación de la prestación[228].

El incumplimiento es una acción o también omisión, un comportamiento (el *comportamiento no debido*) del deudor, o del acreedor, que hace incumplida la obligación. Si el obligado debe hacer determinada cosa y no la hace o incumple, o no da lo prometido, hay una "inejecución o incumplimiento por omisión". En tanto que, si el obligado no debe realizar determinado acto y lo efectúa, entonces habrá un incumplimiento por acción.

No resulta fácil determinar o establecer cuál es el comportamiento debido del deudor que satisfaga el interés del acreedor, pues es elemental decir que "el comportamiento" es la conducta del deudor orientada y dirigida a cumplir la obligación que asumió, y que necesariamente no tiene que ser de naturaleza patrimonial; no

---

226 ESPINAR, Francisco: Estudios de Derecho Civil en homenaje el profesor Castán Tobeñas, vol. 2, Universidad de Navarra, España, 1969, pp.129 y ss.

227 Tratado de Derecho Civil español, Revista de Derecho Privado, Madrid, 1951, tomo 4, vol. 7, p. 197.

228 DÍEZ-PICAZO: Fundamentos..., ob. cit., p. 661.

sin razón se afirma que no se requiere que sea patrimonial el interés particular y concreto que el acreedor tenga en el cumplimiento de la prestación (y mucho menos el interés que constituye el motivo por el cual ha contratado y que puede insertarse en la causa de la obligación o en la condición, pero no en la prestación). Basta que se trate de una prestación con un valor patrimonial. Pero una vez establecida la patrimonialidad de la prestación, en cuanto se exige que la prestación se enderece hacia el acreedor y en cuanto se considera que en esto hay un interés de aquel, de suyo la patrimonialidad se está reflejando en una valoración del interés en la prestación. Y a su turno, el interés puede influir en la propia valoración patrimonial[229].

En el trámite procesal será el juez quien en la sentencia lo determine (el comportamiento debido), en consonancia con la regla según la cual los contratos deben ejecutarse de buena fe y obligan no solamente a cumplir lo expresado en ellos, sino a todas las consecuencias que se derivan de los mismos contratos, según la equidad, el uso o la Ley; siempre y cuando el incumplimiento sea imputable, es decir, que no exista una causa de justificación. Ante una catástrofe que destruye la cosa que el deudor se obligó a entregar al acreedor, ¿cuál puede ser el comportamiento del deudor para evitar su destrucción? Posiblemente ninguna, incluso por lo sorpresivo a inevitable que fue ese hecho de la naturaleza; y sin embargo la conducta del deudor por lo omisiva no puede ser calificada de culpable, ni él de incumpliente voluntario, quedando justificado y libre de responsabilidad, y el contrato terminado de pleno derecho.

Se ha dicho que incumplimiento puede llamarse a cualquier desajuste entre la "conducta debida" y el "comportamiento del obligado". Pero ¿cómo se determina ese "comportamiento o conducta debida"? El judicante lo determina, ateniéndose a lo establecido por las partes en el contrato, en la interpretación de este - de presentar oscuridad, ambigüedad o deficiencia - el juez se atendrá al propósito y a la intención de las partes o de los otorgantes, teniendo en miras las exigencias de la ley, de la verdad y de la buena fe.

Por ello el juez interpreta el contrato, en primer término, a objeto de conocer en presencia de qué tipo de contrato está. La doctrina y la jurisprudencia tienen establecido que la naturaleza jurídica de los contratos no depende de la calificación que las partes le dan, sino del carácter de los elementos que lo constituyen, analizados a la luz de la ley, atendidas a la real intención de las partes y la ejecución que estas les hayan dado; y que la calificación última y definitiva de tales actos corresponde a los jueces. La interpretación del contrato tiene una función análoga a la de la interpretación de la norma jurídica. Se trata de reconstruir el pensamiento y la voluntad de las partes, considerados en su combinación, es decir, el contenido perseguido por las partes, de igual modo que en el caso de la interpretación de la norma se trata de reconstruir el pensamiento y la voluntad de la ley (ordenamiento jurídico). En otras palabras, interpretar el contrato significa y vale como indagar

229 GROSSO, Giuseppe: Las obligaciones..., ob. cit., p. 206.

la "intención (voluntad) común" *efectiva* -esto es, *concreta* - de las partes. Uno de los resultados más importantes a que puede llegarse una vez aclarada la intención común de las partes, es la identificación de la *efectiva naturaleza jurídica del contrato,* que se expresa por su exacto *nomen iuris* (o calificación) y que es la premisa indispensable para establecer cuáles son las normas (relativas al contrato *singular*) aplicables al caso concreto. Y no basta: aunque la *efectiva* voluntad común de las partes hubiese atribuido determinado *nomen* al contrato, el juez podrá sustituirlo por el más adecuado, con tal que del "conjunto acto" pueda inferirse a qué contrato tendía verdaderamente la intención práctica de las partes, no obstante las expresiones empleadas como consecuencia de un *error de derecho*[230].

No se requiere que exista un acto expresamente voluntario de incumplimiento que puede conducir hacia la terminación y extinción del contrato, pues la conducta activa o pasiva - que impide la ejecución de la prestación y origina el incumplimiento - hace en principio la procedencia. Es el indebido comportamiento del deudor lo que se aprecia y que da lugar al incumplimiento, cuando ya no es posible cumplir, que provoca que el acreedor cumpliente opte por la vía que la da la ley (ejecución o resolución). Se corresponde con el incumplimiento que el acreedor puede aducir, u oponer al deudor porque no realizó la actividad que debía en el cumplimiento de la obligación asumida.

Se presume que cuando el deudor no cumple, hay una tácita manifestación sobreentendida de inejecución, sin necesidad de que el deudor haga alguna manifestación expresiva de su rechazo o no querer cumplir, o rebelarse en contra de la obligación asumida de manera que el acreedor conozca de esta conducta negativa; pues si la obligación es de dar o de hacer, el deudor se constituye en mora por el solo vencimiento del plazo establecido en la convención, y si el plazo vence después de la muerte del deudor, el heredero no quedará constituido en mora, sino por un requerimiento u otro acto equivalente; y, únicamente dentro del término o plazo *ex lege* después del requerimiento. Si no se establece ningún plazo en la convención, el deudor no quedará constituido en mora sino por un requerimiento u otro acto equivalente; más aún cuando de no haber plazo estipulado, la obligación deberá cumplirse inmediatamente si la naturaleza de la obligación, o la manera como deba ejecutarse, o el lugar designado para cumplirla, no hagan necesario un término, que se fijará por el Tribunal; y si el plazo se hubiera dejado a la voluntad del deudor, se fijará también por el Tribunal.

Tal y como se puede apreciar en todos los supuestos antes informados, no se requiere ninguna conducta demostrativa de rechazo a cumplir, pues en principio y en ciertos casos es suficiente el solo vencimiento del plazo establecido en la convención, para conocer que el deudor entra en fase de mora que no se justifica; además de otros hechos ocurrentes y que conducen al establecimiento del estado moratorio después de que tengan lugar, tales como requerimiento u otro acto equivalente,

230 MESSINEO: ob. cit., vol. 2, pp. 89-105.

como también el agotamiento del término fijado por el tribunal. En estos casos no se requiere una voluntad expresa del deudor, que demuestre no querer cumplir.

Es de la doctrina alemana e italiana el tratamiento que se da al incumplimiento de las obligaciones en torno a la "imposibilidad sobrevenida de la prestación", admitiéndose que fuera de tal conocimiento el incumplimiento cae en el marco del criterio subjetivo del comportamiento del deudor. Por esto se ha dicho[231] que el genuino incumplimiento obligacional se circunscribe al caso en que la prestación deviene imposible, esto es, cuando objetiva o subjetivamente la conducta debida no es viable realizarla en los términos que fueron contemplados en el programa prestacional. El hecho que determina a posteriori la imposibilidad de dar cumplimiento a la prestación debida puede ser por completo ajeno a la voluntad del deudor o venir determinado por el querer de este. En uno y otro caso se produce la misma consecuencia objetiva que consiste en que ya no es posible que la relación obligatoria llegue a su fin en la forma en que fue configurada a la hora de su constitución o nacimiento. Deseándolo o no el deudor, lo cierto es que, en cualquier caso, se ha derivado hacia una situación en que ya no permite la plasmación del vínculo tal como fue originariamente diseñado. La imposibilidad sobrevenida debe ser objetiva, para resaltar que no bastará cualquier insuficiencia, malestar o inconveniencia del deudor, sino que el hecho atinente a la persona del deudor y que obstruye las realizaciones del vínculo obligatorio debe ser de tal naturaleza que no solo le genere mayores o menores molestias, problemas y erogaciones, que de manera básica y obligada le impide "objetivamente" cumplir lo prometido. Es decir, resultará intrascendente distinguir entre imposibilidad objetiva y subjetiva, pues para que quepa hablar de propia imposibilidad, capaz de extinguir la obligación y liberar al deudor, deberá tratarse siempre de un acontecer que torne irrealizable, y no meramente dificultoso y complicado, el comportamiento a observar por el deudor. Lo que equivale a decir que toda imposibilidad es, por definición misma, imposibilidad objetiva.

9.3. IMPORTANCIA DEL INCUMPLIMIENTO

El incumplimiento es el elemento que, en los contratos sinalagmáticos, permite la terminación y extinción del contrato que ha nacido perfecto, es decir, sin vicios o defectos que lo hagan inválido o ineficaz[232]; por lo cual es comprensible que

---

231 MONTES, Ángel Cristóbal: El incumplimiento..., ob. cit., pp. 23-33.

232 Solo la existencia de una obligación (válida) determina el derecho de las partes a exigir el correspectivo cumplimiento. Desde luego y como se admite, la existencia tiene lugar como consecuencia de las distintas fuentes de las obligaciones, singularmente por la concurrencia coincidente de las voluntades en el contrato. Nunca puede decirse que sea materia totalmente extrajurídica. Puede ser engendrada aun por la prescripción. La validez presupone la existencia física. La validez de la obligación es, al fin de cuentas, el requisito básico exigido para poder aplicar la cláusula resolutoria. Las obligaciones que tengan un origen en la ley reciben su existencia y validez conjuntamente de la propia imposición legal. ¿Cabe una obligación existente pero sin validez?

no cualquier tipo o clase de incumplimiento es suficiente para que se produzca la terminación y extinción del contrato. La terminación judicial de este y en aplicación de la ley, solo procede en determinados casos y ante un incumplimiento esencial o grave[233] (que recaiga sobre obligaciones principales, no accesorias cuando estas no tengan la finalidad de conducir al cumplimiento de aquellas); incumplimiento que en definitiva deberá calificar el juez, más aún cuando el incumplimiento es un concepto pluriunívoco. Y no solo esto sino que, además, el tipo de incumplimiento (v. 9.4 *infra*) de que se trate requiere su interpretación y calificación para conocer si el mismo es suficiente o no, para que la terminación y extinción del contrato pueda generarse.

Lo antes apuntado se puede apreciar en el caso de la venta. Así, v. gr., a) si con indicación de su medida se hubiere vendido un inmueble o un cuerpo de bienes, mediante un precio total y no a razón de tanto la medida, no habrá lugar a aumento o disminución de precio, sino en caso de que la diferencia entre la medida real y la indicada en el contrato sea según el porcentaje dispuesto *ex lege*; b) la falta en la cabida, cualquiera que sea, el comprador no tiene más derecho que exigir la cabida estipulada, o la disminución del precio, en caso de que el vendedor no pueda completarla; o si el comprador no se lo exigiere. No obstante, el comprador tiene la opción para demandar la resolución del contrato, si el inmueble fue comprado para un fin determinado conocido del vendedor, y el déficit lo hiciere impropio para ese fin. En la considerada hipótesis a), no procede la termi-

---

Únicamente como apariencia física, toda vez que la existencia, a la que en definitiva hemos de referirnos, es a la jurídica, que está constituida por la validez. Existencia y validez han de coincidir. Una obligación inexistente (aunque la ampare la apariencia) no puede ser una obligación válida. Así como una obligación que tenga física realidad, si no es correcta jurídicamente es inválida, y como consecuencia debe tenerse por inexistente.

233 UNIDROIT, en los Principios sobre los Contratos Comerciales Internacionales, contempla en la SECCIÓN 3: RESOLUCIÓN. ARTÍCULO 7.3.1 (Derecho a resolver el contrato). (1) Una parte puede resolver el contrato si la falta de cumplimiento de una de las obligaciones de la otra parte constituye un incumplimiento esencial. (2) Para determinar si la falta de cumplimiento de una obligación constituye un incumplimiento esencial se tendrá en cuenta, en particular, si: (a) el incumplimiento priva sustancialmente a la parte perjudicada de lo que tenía derecho a esperar en virtud del contrato, a menos que la otra parte no hubiera previsto ni podido prever razonablemente ese resultado; (b) la ejecución estricta de la prestación insatisfecha era esencial según el contrato; (c) el incumplimiento fue intencional o temerario; (d) el incumplimiento da a la parte perjudicada razones para desconfiar de que la otra cumplirá en el futuro; (e) la resolución del contrato hará sufrir a la parte incumplidora una pérdida desproporcionada como consecuencia de su preparación o cumplimiento. (3) En caso de demora, la parte perjudicada también puede resolver el contrato si la otra parte no cumple antes del vencimiento del período suplementario concedido a ella según el artículo 7.1.5.

nación del contrato por causa de incumplimiento, pues el incumplimiento es de escasa importancia y solo procede la disminución o el aumento del precio según corresponda; mientras que en la hipótesis b), corresponde a un incumplimiento grave si el inmueble hubiera sido comprado para un fin determinado conocido del vendedor, y el déficit lo hiciere impropio para ese fin. En tales circunstancias fácticas el comprador puede obtener la terminación y extinción del contrato de compraventa, mediante la acción resolutoria, con el efecto retroactivo de la restitución prestacional correspondiente, e incluso la indemnización resarcitoria de los daños y perjuicios a que haya lugar.

La doctrina y jurisprudencia se han pronunciado, sosteniendo que no es cualquier incumplimiento el que autoriza la terminación de un contrato, ya que esta solo puede tener lugar en presencia de un incumplimiento grave (vid 9.5 *infra*), específicamente tratándose de la resolución de este. No es procedente la resolución, aunque fuere demostrado el incumplimiento, si este no reviste tal importancia que amerite realmente la sanción más grave que existe en el ordenamiento civil frente a una relación contractual nacida válida y eficaz, cuál es su aniquilamiento definitivo con efectos retroactivos y sus lógicas consecuencias restitutorias y de resarcimiento. Hay ocasiones en que por no ser suficientemente grave el incumplimiento operado por una de las partes, en un contrato, lo procedente es solicitar el cumplimiento de las obligaciones contraídas y exigir el pago de daños y perjuicios, conforme lo autorice la ley, dado que, como se ha sostenido, puede ser más conveniente, para el interesado, pedir el cumplimiento del contrato y no su resolución, según sean las circunstancias; sino también porque en ciertos casos resultaría absurdo declarar resuelto un contrato que fue cumplido en su mayor parte y que uno u otro de los contratantes dejó de cumplir en un extremo secundario. De manera que, para que sea procedente la declaratoria de resolución de un contrato, no basta con probar en juicio el incumplimiento por parte de uno de los contratantes, sino que se debe demostrar además su gravedad, que debe ser de tal magnitud e importancia determinante de la extinción definitiva del contrato.

9.4. TIPOS DE INCUMPLIMIENTO

En la doctrina han sido consideradas varias formas o tipos de incumplimiento, debido a su origen o motivos, de su duración y según su magnitud.

1. El incumplimiento según los motivos que lo producen

El mismo puede ser voluntario o involuntario. El primero consiste en la inejecución de la obligación que el deudor ha asumido en beneficio del acreedor, por su dolo o culpa o por causa de impedimentos que le sean imputables. En el caso del dolo, cuando el deudor realiza ciertos actos intencionales o maquinaciones, produciendo error en el acreedor, con la finalidad de no cumplir la prestación prometida; mientras que la conducta culposa del deudor es atinente a cualquier circunstancia que no siendo imputable a la voluntad del mismo, no obstante se entiende como si objetivamente lo fuera, v. gr., la incapacidad económica del deudor que aun cuando quiere cumplir no puede patrimonialmente no puede, pues la dura realidad indica que la situación económica no exonera del deber de cumplimiento; más aún cuando - como se afirma -, actúa culposamente el deudor que en su acción u omisión no ha anticipado aquellas consecuencias negativas que eran perfectamente deducibles si hubiera tenido el grado de diligencia que le correspondía tener, porque la culpa no es otra cosa que ocasionar el incumplimiento de la relación obligatoria por no haber sido el deudor todo lo previsor que cabía esperar dada su condición de sujeto pasivo de la misma[234]. Desde luego que la acción u omisión del deudor que no ha anticipado aquellas consecuencias negativas que eran perfectamente deducibles si hubiera tenido el grado de diligencia que le correspondía tener; puede ser así, pero también lo contrario y, no obstante, habiendo hecho todo lo necesario y adoptado todas las previsiones, a la hora de cumplir los resultados le fueron adversos; y la consecuencia la sanción de la terminación y extinción del contrato según el medio conducente a estas.

Como el legislador presume que el incumplimiento de debe a una causa que es imputable al deudor (presunción de culpa), corresponde a este desvirtuar la presunción, probando que el incumplimiento se debe a una causa extraña no imputable. Al acreedor solo corresponde la prueba existencial de la obligación o del contrato, no el incumplimiento del deudor ni el carácter culposo del mismo.

El segundo (incumplimiento involuntario), tiene su origen en la inejecución de la obligación por hechos o circunstancias sobrevenidas al nacimiento de la relación contractual, independientemente de la voluntad del deudor y por tanto no imputables al mismo. Los hechos que impiden el cumplimiento, en tal hipótesis, no dependen de la conducta o comportamiento del deudor, sino que devienen de una *causa extraña no imputable* (entre otras: caso fortuito, fuerza mayor, culpa del acreedor, el hecho de un tercero, la culpa de la víctima), que por no ser imputable al deudor lo libera (en principio) del deber de prestación y de la responsabilidad civil (daños y perjuicios).

2. El incumplimiento según su duración

Puede ser temporal o definitivo. El incumplimiento será temporal o transitorio cuando ocurren sucesos que impiden momentáneamente al deudor cumplir con la prestación debida, y que una vez superados los acontecimientos queda restablecido el deber prestacional de cumplimiento del deudor. Sin embargo, en la doctrina se afirma lo contrario, aduciéndose que no cumplir en la oportunidad fijada por las partes, sino con posterioridad, no es más que un incumplimiento total; pero también se sostiene que, en ese caso, se corresponde a un incumplimiento parcial pues el deudor cumple con retraso. En realidad, vencido el momento temporalmente fijado por las partes para el cumplimiento de la prestación por el deudor, no se

234 MONTES, Ángel Cristóbal: El incumplimiento, ob. cit., p. 104.

justifica que la imposibilidad temporal o transitoria, por ser tal, pueda significar que el deudor incumpliente pueda cumplir tardíamente, salvo disposición legal en contrario, o la aceptación del acreedor. Ante la imposibilidad definitiva de cumplir la prestación por causa extraña no imputable, no hay retardo ni mora y la obligación se extingue. En los contratos de tracto sucesivo o cumplimiento periódico, v. gr., el arrendamiento, fijada la fecha o tiempo para el pago del arrendamiento, llegado que sea el mismo no obstante y por lo general la ley dispone un plazo de gracia en beneficio del deudor arrendaticio, que impide a este incurrir en incumplimiento definitivo, cumpliendo dentro de ese plazo.

El incumplimiento definitivo o absoluto significa la realización de determinados acontecimientos que obstaculizan el cumplimiento del deudor, de manera permanente e invariable. De esta manera se puede pensar que no le es posible un cumplimiento tardío, no hay posibilidad de cumplimiento futuro, a menos que el acreedor acepte un incumplimiento de tal significación. El incumplimiento definitivo también tiene otra connotación pues ante un acontecimiento que, como la causa extraña no imputable, llegue a generar la imposibilidad para el deudor de cumplir de la forma como se había estipulado.

De producirse el retardo o la mora en el cumplimiento de la obligación, está todavía tiene posibilidad de su ejecución por el deudor y la aceptación del acreedor, aun cuando tardía; pues en tal circunstancia no existe propiamente un incumplimiento absoluto y definitivo que frustre el interés del acreedor en la recepción de la prestación debida. Si al acreedor interesa recibir tardíamente la prestación nada le impide aceptarla de tener interés en ello. Diferente es cuando el deudor ya no puede cumplir su obligación por una causa sobrevenidamente imposible, pues en tal situación la imposibilidad de cumplir denota que la inejecución es absoluta y definitiva.

La imposibilidad absoluta y definitiva de cumplimiento de la obligación por el deudor, que dé lugar a la terminación y extinción *ipso iure* del contrato, tiene que devenir de algunas circunstancias que la demuestren. Una mera dificultad para cumplir con la obligación asumida, de ninguna manera exime al deudor del deber de cumplir en los términos convenidos. Tampoco queda exento de ese deber, si la prestación se torna más onerosa; pues en este caso no hay imposibilidad absoluta y definitiva para cumplir. Si la prestación consiste en una cosa genérica, la obligación que tiene el deudor de entregarla al acreedor nunca será imposible, conforme al principio de que el género no perece. Cualquiera de estos supuestos lo que se demuestra es que el deudor ha incurrido en un retardo en el cumplimiento de la obligación, siempre que - especialmente - el hecho que produjo el retardo haya sido sobrevenido, inevitable, imprevisible, que el deudor no haya tenido culpa, entre otras exigencias.

Por eso, la imposibilidad que impide el cumplimiento de manera absoluta y definitiva, tal y como hemos observado con anterioridad, requiere de ciertas exigencias:

a) *La imposibilidad ha de ser sobrevenida*, es decir, que no exista en la celebración del contrato, sino que aparezca con posterioridad a esta; pues, de lo contrario, si es preexistente o simultánea, se estará en presencia de un supuesto de nulidad de la obligación o del contrato, en cuanto a que la posibilidad, como se admite, es uno de los requisitos de la prestación como objeto de la obligación y del contrato.

b) La *imposibilidad de cumplir debe ser fidedigna,* lo cual significa que no encubra en una dificultad para cumplir la prestación (*difficultas praestandi*), por onerosa que sea para el deudor, Caso contrario no hay imposibilidad sino de dificultad en el cumplimiento de la prestación prometida.

c) *Que la imposibilidad no sea imputable*, v. gr., en *caso fortuito o fuerza mayor*, es decir, una causa extraña no imputable, pues si se debe a culpa del deudor, como en el caso de encontrarse el deudor en mora, entonces no se genera la extinción de la obligación sino un incumplimiento imputable, y en esta hipótesis no hay liberación del deudor por extinción de la obligación, sino que (el deudor) continúa obligado. Si la imposibilidad (fuerza mayor o caso fortuito) hace que se demore o retarde el cumplimiento, habiendo el deudor realizado una actuación orientada a satisfacer el interés de su acreedor, de modo que no le ha sido posible ejecutar la prestación en tiempo oportuno; en esta hipótesis es admisible que la presencia de una causa extraña excusable que, aun cuando le exime de cumplir en el momento exacto, no obstante, le posibilita cumplir con retardo de modo justificado.

d) *La mora del deudor,* puede significar lo mismo que retardo o retraso en el cumplimiento de la obligación, cuando el deudor ha debido en tiempo oportuno, pero sin justificación alguna que le impida cumplir, no cumple; pero esto no es del todo así. La mora en cumplir una obligación y tardanza traducen lo mismo que *demora,* mientras que esta significa retrasar o retardar el cumplimiento de la prestación, "dar largo al tiempo" para cumplir después; pero no toda tardanza es mora, v. gr., el arrendatario puede efectuar el pago dentro de determinado lapso temporal determinado en la ley, contado a partir del vencimiento del respectivo período de pago; lo cual significa, desde luego, que si el arrendatario dentro de este tiempo no paga incurre en retardo pero no en mora, pues esta se produce cuando el arrendatario deja de pagar habiendo transcurrido el lapso prefijado *ex lege.* En este supuesto el retardo se justifica al concederse un "plazo de gracia" para cumplir. El retardo será, en la hipótesis, un *retraso* o tardanza en la satisfacción de la prestación debida, pero no objetivamente mora *debitoris.*

Mora y *retardo* son conceptos que no coinciden automáticamente. Se afirma en la doctrina que los términos "mora" y "retardo", aún cuando coinciden en principio, sin embargo no coinciden con carácter general; que hay retraso si llega el vencimiento de la obligación y el deudor incumple. La mora, en cambio, exige en algunos casos una *intimación*. El retraso por si solo es intrascendente desde el punto de vista jurídico, y solo cuando a aquel se agrega el hecho de la mora, aparecen consecuencias jurídicas y entonces tal "retraso" se eleva a la categoría de lesión del derecho de crédito y de violación de la relación obligatoria.

En la doctrina también se ha planteado, en un ángulo opuesto, que todo retraso ya es de por sí una infracción de los deberes que el deudor soporta y puede, por tanto, ocasionar responsabilidad. Según este criterio la mora no sería más que un retardo cualificado. Sin embargo, este criterio no es del todo exacto cuando se le contrasta con determinadas obligaciones en el ámbito arrendaticio, como en el caso de la obligación del arrendatario de pagar el arrendamiento en los términos convenios, y sin embargo cuando en la ley le da el derecho a pagar dentro de determinado lapso temporal a partir del vencimiento del respectivo pago, este tiempo constituye un plazo de gracia. El retraso por si mismo carece de relevancia para el Derecho - según se ha sostenido - y no despliega en este apenas efectos cuando el acreedor sigue teniendo interés jurídico en recibir la prestación, ya que esta conserva su total o, al menos, parcial utilidad. La presunción (*"iuris tantum"*) a favor de la conservación del interés, lleva a la acertada consideración de que "no es posible la ejecución o la resolución del contrato por el simple hecho del incumplimiento o del retraso". El incumplimiento de la obligación debe ser grave y absoluto, de tal magnitud e importancia, que solo así se autorice la actuación del acreedor.

e) *Que sea imprevisible.* El deudor no justifica el eximente del deber de cumplir, si ha podido prever el hecho que imposibilita el cumplimiento de la obligación. En esta hipótesis el deudor ha debido tomar todas las medidas necesarias para enfrentar esa circunstancia futura, pues de no tomarlas el deudor no queda exento del deber de cumplir.

Si el acontecimiento no es previsible y acontece, de manera que el deudor no puede cumplir con la obligación, pues la prestación desapareció y no se encuentra (v. VII.7.6); o si la prestación se arruinó totalmente sin que le sea posible adquirir otra de la misma cantidad y calidad. En estos casos como en otros conforme el mismo tenor, es deducible que el deudor incumple pero su incumplimiento es involuntario y, por tanto, puede decirse que si la prestación era la única que tiene como objeto el contrato, este queda de pleno derecho terminado y extinguido, por fuerza de la causa extraña no imputable.

La terminación y extinción el contrato va a depender especialmente de la apreciación que se haga entre la imposibilidad definitiva o absoluta y la parcial o relativa, en lo concerniente al cumplimiento de la relación obligatoria; puesto que la primera denota no haber manera para que el deudor pueda cumplir, aun cuando muchos puedan ser los esfuerzos desinados a ello, pues el impedimento es de tal fuerza o magnitud que no existe forma de vencerlo; y así la imposibilidad llega a un punto del cual ya no hay retorno, derivando inevitablemente en la extinción de la obligación. No ocurre lo mismo ante la imposibilidad parcial o relativa, pues el impedimento que padece el deudor puede ser superado tal como así lo explica la sola existencia de la relatividad que lo caracteriza; estando así el obligado a realizar el esfuerzo o iniciativa necesaria para superar la dificultad; pues de otra forma el incumplimiento puede tornarse definitivo, salvo disposición legal que proteja al deudor ante un incumplimiento parcial especialmente en aquellos asuntos en que está interesado el orden público, que no autorizan la terminación y extinción de la relación obligatoria, al no ser considerado, en tal caso, el incumplimiento como se suficiente gravedad o importancia para una sanción que, como la extinción, puede imponérsele. Es que, además, si la prestación se ha hecho imposible de forma parcial, el deudor se libera de la obligación cumpliendo la prestación en la parte que sea posible.

No bastará cualquier tipo de insuficiencia, malestar o inconveniencia del deudor (lo que las fuentes romanas denominan *difficultas dandi*), sino que el hecho atinente a la persona del deudor y que obstruye la realización del vínculo obligatorio debe ser de tal naturaleza que no solo le genera mayores o menores molestias, problemas y erogaciones, sino que de manera básica y obligada le impide "objetivamente" cumplir lo prometido. Es decir, resultará intrascendente distinguir entre imposibilidad objetiva y subjetiva, pues para que quepa hablar de propia imposibilidad, capaz de extinguir la obligación y liberar al deudor, deberá tratarse siempre de un acontecer que torne irrealizable, y no meramente más dificultoso y complicado, el comportamiento a observar por el deudor. Lo que equivale a decir que toda imposibilidad es, por definición, imposibilidad objetiva. El problema consiste en determinar cuándo en una concreta obligación su objeto devenga imposible si la extinción del vínculo y consiguiente liberación del deudor solo se producirán en el supuesto de que la imposibilidad resulte absoluta o si las mismas también se darán aunque dicha imposibilidad sea únicamente relativa[235].

3. El incumplimiento según su magnitud

Este tipo puede ser total o parcial. El incumplimiento total deviene de la inejecución absoluta o total de la prestación a que se obligó el deudor. El deudor no realiza ninguna actividad inclinada al cumplimiento, o que habiendo habiéndola realizado no produjo algún resultado. En el parcial el deudor realiza cierta actividad orientada al cumplimiento, pero este resulta imperfecto, inexacto o defectuoso.

El incumplimiento parcial, defectuoso, imperfecto o inexacto, es la ejecución incompleta o en parte de la obligación; pues el deudor realiza una actividad orientada a cumplir de forma total con la misma, pero su desempeño no le permite cumplir la integridad de lo asumido, sino que ejecuta relativamente lo estipulado; o simplemente el deudor se propone ejecutar y ejecuta parte de la totalidad a que está obligado. Sin embargo, el incumplimiento imperfecto o inexacto denota que el deudor "cumple" su prestación, pero no de la manera como se obligó, entregando una cosa cualitativa o cuantitativamente diferente a la estipulada.

a) Incumplimiento cuantitativo. El incumplimiento cuantitativo guarda relación con el concepto "cantidad", es decir, propiedad de lo que es capaz de número y me-

235 MONTES, Ángel Cristóbal: El incumplimiento..., ob. cit., pp. 33-36.

dida y que puede ser mayor o menor que algo con que se lo compara (cfr. DRAE). Equivale a decir que el acreedor, no está obligado a recibir pagos parciales, salvo estipulación en contrario, y puede rechazar un cumplimiento cuantitativamente inexacto o incompleto.

El acreedor no puede ser obligado a recibir un pago parcial y puede rechazarlo, no obstante que el rechazo puede constituirlo en incumpliente. En la obligación de pagar sumas de dinero a través de los sistemas de cuotas o medios similares, que signifiquen cumplimiento sucesivo, ¿qué ocurre si el acreedor rehúsa el cumplimiento parcial que le ofrece el deudor? El acreedor no puede válidamente rechazar ese pago parcial o "incumplimiento defectuoso, parcial o inexacto", constitutivo, v. gr., de la cuota insoluta en la venta a crédito o por el sistema de pagos parciales y periódicos y, consiguientemente, no podrá obtener la resolución del contrato o la ejecución del mismo, en aquellos casos especialmente regulados por la ley en protección del deudor.

b) Incumplimiento cualitativo. El incumplimiento cualitativo guarda relación con la "cualidad", que es lo que hace que una cosa sea de determinada manera, forma o características que la diferencian de otra aun cuando parecida; o de cada uno de los caracteres naturales o adquiridos que distinguen a la prestación a que se ha obligado el deudor. Ejemplos de este tipo de incumplimiento serían, entre otros, el cumplimiento de inferior calidad, cumplimiento vicioso, cumplimento defectuoso.

En la obligación contractual el deudor solo está obligado a cumplir con la prestación a que se obligó, dentro de las exigencias positivas o negativas establecidas en la ley. Por tanto, no puede obligarse al acreedor a recibir una cosa distinta de la que se le debe, aunque el valor de la cosa ofrecida sea igual o aún superior al de aquella; no obstante que los contratantes pueden establecer que el cumplimiento se efectúe mediante una prestación diferente de la que inicialmente hayan acordado. De igual modo, si la deuda es de una cosa determinada únicamente en su especie, el deudor, para libertarse de la obligación, no está obligado a dar una de la mejor calidad ni puede dar una de la peor; a menos que los contratantes hayan dispuesto lo contrario, pues esta norma no es de orden público. Y si como se afirma, de haber el acreedor convenido en recibir una cosa distinta de la que le era debida, por ser de mayor valor, de mejores condiciones para el fin a que la destina, o por cualquier otro motivo, se verifica entonces una *dación en pago*, que supone una novación del contrato celebrado entre las partes, y cuyos efectos se regirán por el nuevo pacto.

Sin embargo, se pueden confundir el *incumplimiento parcial cualitativo* - se quiere entregar la cosa prometida pero esta tiene alguna circunstancia que hace a la cosa distinta (identidad) - y el *vicio oculto* (defecto del que adolece el objeto del contrato); pues ambos conceptos se relacionan de alguna manera con la *cualidad* que hace que una cosa sea la específicamente determinada en sus características que la diferencian (identidad) de otra aun cuando equivalente o semejante, que distinguen a la prestación que debe cumplir el deudor.

El incumplimiento de la prestación debida, porque el deudor no entrega la misma a que se obligó, en orden a su identidad, indica que el objeto del contrato aun cuando de la misma especie sin embargo este tiene una identidad diferente que no es la prometida por el deudor; mientras que el vicio oculto es un defecto del que adolece el objeto del contrato, que no puede apreciarse a simple vista, o se requieren conocimientos técnicos para advertirlo. Defectos de este tipo traen consigo otro al mismo tiempo, pero en caso de estar viciado el consentimiento, se entiende que se exteriorizó la voluntad dirigida a la aceptación de comprar, sobre un bien en aparente buen estado, que no revelaba daños manifiestos. Esta razón obliga al enajenante, en los contratos conmutativos, a reparar los daños ocultos. Además de exigir esto, el comprador puede optar por la resolución del contrato y el pago de los daños causados.

En los contratos conmutativos, el enajenante está obligado al saneamiento por los vicios ocultos del bien transmitido, pues ambas partes buscan y tienen un beneficio económico. Los *vicios redhibitorios* (cfr. V. 5.7) son los defectos ocultos del bien, cuyo dominio, uso o goce se transmitió onerosamente en el momento de la adquisición, y que como resultado el bien resulta impropio para su destino, si de tal modo disminuyen el uso del bien y que de haberlos conocido el adquirente, no lo habría adquirido, o hubiera pagado menos por él. Los efectos en este caso son originar la acción redhibitoria que da lugar a la resolución del contrato de venta o a la *quanti minoris* o reducción del precio. Debe entenderse que se produce entrega de cosa distinta (*aliud pro alio*) cuando existe pleno incumplimiento del contrato de compraventa por inhabilidad, idoneidad o ineptitud del objeto vendido; defecto tan grave que ocasiona evidente insatisfacción del comprador e inevitable frustración al tratarse de resultado negativo. Como consecuencia del mal cumplimiento el vendedor viene obligado a reparar, indemnizando al comprador por los daños y perjuicios causados, con amparo en la de petición de cumplimiento exacto de la obligación.

El vicio o defecto deben estar ocultos, pues no pueden observarse o apreciarse aun cuando se revise de manera prudente y diligente. La prudencia consistirá, en tal circunstancia, en que el comprador no solo distinga bien la cosa que se le vende, de modo que no observe el vicio o defecto de que se trata; mientras que la diligencia se traduce por el cuidado que debe tener el comprador y la actividad que debe realizar en la observación de la cosa, de manera que no sea pasivo en el obrar. Asimismo, el vicio o defecto deben ser graves, es decir, que no sean insignificantes como acontece con los vicios o defectos aparentes y que el comprador habría podido conocer por sí mismo. La gravedad puede determinarse o establecerse tomando en consideración que el vicio o defecto oculto hagan impropia la cosa para el uso a que está destinada, o disminuya el uso de ella de tal manera que, si el comprador los hubiere conocido, no la habría comprado o hubiere ofrecido un precio menor.

9.5. GRAVEDAD DEL INCUMPLIMIENTO

El vocablo "gravedad" como *concepto jurídico indeterminado* está sujeto a interpretación, y desde luego puede entenderse que la gravedad del incumplimiento denota que este debe ser de mucha importancia, serio, esencial, sustancial, de gran magnitud, no leve ni parcial o inexacto, indicativo de que el incumpliente ha incurrido en mora y no en un simple retardo de obligaciones principales, no tanto accesorias, demostrativo de que al no cumpliente ya no le es dado cumplir no solo por el estado de morosidad sino por la magnitud de esa gravedad, además de la cantidad y cualidad de la prestación, cuyo incumplimiento afecta el interés del acreedor, y que dada su gravedad puede presumirse la virtualidad terminativa y extintiva del contrato, cumplidas que sean las exigencias *ex lege* (entre otras, v. gr., que el tribunal pueda acordar al deudor un plazo de gracia para cumplir, cuando la ley así lo estatuye); sin obviar que el incumplimiento puede no serle imputable en caso fortuito o fuerza mayor (vid. VII.7.6 y 7.11).

Dada la relevancia que la gravedad del incumplimiento tiene para que la terminación del contrato pueda permitir la terminación del contrato, UNIDROIT (Instituto Internacional para la Unificación del Derecho Privado, con sede en Roma, Italia, por algunos llamado Estatuto de Roma); en relación a los principios sobre los contratos comerciales internacionales en su artículo 7.3.1., instituye que: (1) Una parte podrá dar por terminado el contrato si la falta de la otra parte al cumplir una de las obligaciones contractuales constituye un incumplimiento esencial. (2) Para determinar si la falta de cumplimiento de una obligación constituye un incumplimiento esencial se tendrá en cuenta, en particular, si: (a) el incumplimiento priva sustancialmente a la parte perjudicada de lo que tenía derecho a esperar en virtud del contrato, a menos que la otra no hubiera previsto ni podido prever razonablemente ese resultado; (b) el cumplimiento estricto de la obligación insatisfecha era esencial dentro del contrato; (c) el incumplimiento fue intencional o temerario; (d) el incumplimiento le otorga a la parte perjudicada razones para creer que no puede confiar en el cumplimiento futuro de la otra; (e) la terminación del contrato hará sufrir a la parte cumplidora una pérdida desproporcionada como consecuencia de su preparación o cumplimiento. (3) En caso de demora, la parte perjudicada podrá dar por terminado el contrato si la otra parte no cumple antes de la expiración del plazo adicional previsto por el artículo 7.1.515. Por su parte, la Convención sobre los Contratos de Compraventa Internacional de Mercaderías también califica al incumplimiento, nombrándolo como esencial, en su artículo 25 que expresa: "El incumplimiento del contrato por una de las partes será esencial cuando cause a la otra parte un perjuicio tal que la prive sustancialmente de lo que tenía derecho a esperar en virtud del contrato, salvo que la parte que haya cumplido no hubiera previsto tal resultado y que una persona razonable de la misma condición no lo hubiera previsto en igual situación".

Que el incumplimiento sea esencial para poder originar la terminación de la relación obligatoria, se explica, pues al celebrar las partes el contrato y cada una de estas tiene interés en las recíprocas obligaciones a ser contraprestadas; razón por la cual cuando una de las mismas inejecuta la obligación a su cargo, si la misma es imprescindible, principal o necesaria, y fue la que le llevó a contratar; la gravedad del incumplimiento denota la frustración del interés del contratante afectado por el incumplimiento, y desde luego su derecho a poner término y extinguir el contrato. Es que el incumplimiento de tal magnitud priva sustancialmente a la parte perjudicada de lo que tenía derecho a esperar en virtud del contrato, y lleva a la contratante cumplidora a creer que no hay motivo alguno que la lleva a confiar en el cumplimiento futuro de la otra parte que no ha cumplido; pues es un riesgo que posiblemente no está dispuesta a correr sin necesidad alguna. De igual manera en caso de demora, la parte perjudicada podrá dar por terminado el contrato si la otra parte no cumple, antes de la expiración del plazo adicional, que pueda seguir al incumplimiento todavía no definitivo, ante una disposición legal dictada en protección del deudor.

Asimismo, en la doctrina se han aportado algunos criterios orientados a determinar cuándo el incumplimiento es grave, esencial o sustancial, señalándose, entre otros, la previsión contractual, es decir, lo estipulado por las partes. Si se previó que un incumplimiento determinado - sea total, parcial o defectuoso - dará derecho a la terminación del contrato, salvo que la cláusula sea ineficaz, o que su contenido esté en contradicción con alguna norma en cuyo cumplimiento está interesado el orden público. La previsión contractual permite omitir la discusión sobre si el incumplimiento de una determinada cláusula - nuclear o accesoria - frustra el interés contractual y, por ello, faculta esa terminación. Sin embargo, esta orientación de la doctrina puede encontrarse ante una disposición *ex lege* en contrario que impida la terminación de la relación obligatoria, en protección del deudor, al requerir que el incumplimiento sea de determinada magnitud, importancia o gravedad, por tratarse de una materia en la cual está interesado el orden público.

También que el incumplimiento de obligaciones esenciales y de deberes accesorios, ante la ausencia de convenio sobre el particular, el cumplimiento de la obligación esencial es el fin perseguido por los contratantes y por esto su incumplimiento frustra necesariamente el interés del acreedor y da derecho a pedir la terminación del contrato; siendo que los deberes accesorios son conductas debidas por las partes que coadyuvan a la satisfacción plena del interés, pero el incumplimiento de una cláusula accesoria, que no afecta en lo fundamental el contrato, no puede tener la virtualidad de dar lugar a la terminación y extinción de la relación obligatoria, a menos que la importancia de la obligación accesoria sea de tal importancia en el cumplimiento de la obligación esencial, que su no ejecución impida a dé lugar a incumplimiento total o definitivo.

El incumplimiento no solo puede referirse a la *cantidad* de la cosa debida sino también a la *cualidad* de la misma. El incumplimiento en cada caso puede tener diferente gravedad. Si la prestación en lugar de comprender cosas genéricas, se refiere a cosas ciertas y determinadas, el incumplimiento cualitativo, según los casos, puede revestir diferente gravedad y efectos; pues si la prestación consiste en la entrega de una cosa determinada, no individualmente considerada sino en cuanto a su especie, no está obligado el deudor a dar una de la mejor calidad, ni el acreedor a recibir una peor; y, asimismo, el acreedor no está obligado a recibir parcialmente ni por partes el pago de una obligación (principio de la integridad del pago). Incluso, tampoco puede obligarse al acreedor a recibir una cosa diferente a la que se le debe, aunque el valor de la cosa ofrecida se igual o aún con valor superior de aquella.

El cumplimiento o entrega de la prestación prometida debe corresponder a su exactitud en cuanto a su identidad e integridad, para no incurrir en incumplimiento. Lo primero, el deudor está obligado a entregar la cosa a que se obligó o realizar la misma conducta estipulada en la obligación, por lo cual el acreedor no está obligado a recibir una diferente; y en relación a lo segundo (la integridad del pago), el deudor está obligado a cumplir con lo estipulado en la obligación, es decir, no le está permitido un cumplimiento parcial o por partes, salvo que el cumplimiento parcial haya sido aprobado por estas o según disposición *ex lege,* emitida en protección del deudor.

En la doctrina se admite que ese efecto es mejor conocido como el *principio de la indivisibilidad del pago*, que admite excepciones permisivas de pagos parciales: (i) En caso de muerte del deudor de una obligación divisible, la deuda se divide por sus respectivas partes entre los herederos, quienes solo quedan obligados a pagar su parte. (ii) Al declararse con lugar la compensación, que extingue las acreencias hasta el *quántum* en que concurren, de existir un remanente a cargo del deudor, este queda obligado a pagarlo a la otra parte. (iii) En los casos en que la deuda sea en parte líquida y en parte ilíquida, de no haberse establecido que deba procederse de otra manera, el acreedor podrá exigir y el deudor efectuar primero el pago de la parte líquida, antes de hacer el pago de la ilíquida.

El deudor de una cosa cierta y determinada se liberta entregándola en el estado en que se encuentre al tiempo de la entrega, con tal que los deterioros que le hayan sobrevenido no provengan de culpa o hecho del deudor o de las personas de que él sea responsable y que no se haya constituido en mora antes de haber sobrevenido los deterioros. En ese caso, el comprador no podrá rechazar la percepción de la cosa, alegando que está incompleta pues el vendedor se libera dándola en el estado en que se encuentra en el tiempo de la entrega, con tal que los deterioros que le hayan sobrevenido no provengan de culpa o hecho del deudor, o de las personas que de él sea responsable, y que no se haya constituido en mora antes de haber sobrevenido los deterioros.

9.6. INCUMPLIMIENTO Y OPCIONES QUE PERMITEN LA TERMINACIÓN DEL CONTRATO

Hemos visto que en algunos códigos civiles se autoriza a las partes, en el contrato bilateral, para que en caso de incumplimiento de la obligación por una de ellas la otra pueda, a su elección, solicitar la resolución del contrato o la ejecución del mismo; mientras en otros se habla que en el contrato bilateral va implícita la condición resolutoria por falta de cumplimiento, como hemos observado (VI). Estas dos concepciones podemos nuevamente observarlas, entre otros códigos civiles, para la primera hipótesis la del CCv y la segunda correspondiente al Código Napoleón o CCf (ya superada con la reforma del 2016).

El CCv estatuye que "En el contrato bilateral, si una de las partes no ejecuta su obligación, la otra puede a su elección reclamar judicialmente la ejecución del contrato o la resolución de este, con los daños y perjuicios en ambos casos si hubiere lugar a ello" (art. 1167); mientras que conforme al CCf, "La condición resolutoria está sobreentendida siempre en los contratos sinalagmáticos, para el caso de que una de las partes no satisficiera su obligación. En este caso, el contrato no se resuelve de pleno derecho. La parte a la cual no se haya cumplido la obligación, puede elegir entre compeler a la otra al cumplimiento, o demandar su resolución, con abono de daños y perjuicios. La resolución debe demandarse judicialmente; y puede concederse un plazo al demandado, según las circunstancias" (art. 1184).

A tenor de la primera hipótesis normativa (art. 1167 CCv), tanto la resolución como el cumplimiento del contrato (ante el incumplimiento) son una facultad o derecho de la parte cumpliente para solicitar una u otra opción. Según la segunda hipótesis normativa (art. 1184 CCf)[236], para el ejercicio de una otras opciones (cumplimiento o resolución del contrato), ante el incumplimiento en que incurra una de las partes la condición resolutoria (cfr. VI) está sobreentendida siempre en los contratos sinalagmáticos o bilaterales.

En cualquiera de esas dos hipótesis, la parte que ha cumplido puede exigir el cumplimiento del contrato o la resolución de este, con los daños y perjuicios en ambos casos de haber lugar a ello. Estas concepciones integran, a su vez, dos hipótesis medulares a los efectos de la presente anotación. La primera se refiere a la opción que la misma concede ante el incumplimiento de la obligación contenida en el contrato, es decir, la ejecución o la resolución de la relación contractual. La segunda hipótesis opcional consiste en el motivo o causa para que se pueda ejercer la dualidad de la opción, como es el incumplimiento.

Originado el *incumplimiento* permite la ley al contratante que ha cumplido[237], u ofrecido eficazmente cumplir (vid. VII. 7.4), un poder opcional, aun cuando lo

---

236 Ya tuvimos ocasión de señalar de qué manera el CCf (Napoleón) cambió el concepto de la resolución del contrato, en cuanto concierne a su procedencia abandonando el criterio napoleónico de la condición resolutoria: "La resolución resultará ya sea de la aplicación de una cláusula resolutoria, ya sea, en caso de incumplimiento suficientemente grave, de una notificación del acreedor al deudor o de una resolución judicial (art. 1224).

237 La nueva concepción del Código francés (2016), cuando el incumplimiento del contrato se ha presentado o se ha producido de manera parcial o imperfecta; concede a la parte que ha cumplido seis diferentes opciones preceptuando que: "La parte en cuyo detrimento no se haya cumplido el compromiso, o lo haya sido imperfectamente, podrá: «-negarse a ejecutar o suspender el cumplimiento de su propia obligación; «-instar la ejecución forzosa in natura del compromiso; «-solicitar una reducción del

ejerza o no (*ejecución* o *resolución* del contrato). Como se aprecia, la regla es cerrada porque solo permite la ejecución del contrato o la resolución del mismo, pero, asimismo, contiene a la vez tres conceptos jurídicos indeterminados como son: "*incumplimiento*", "*ejecución*" y "*resolución*" que, como tales, son abiertos, no son determinados sino indeterminados; por lo que cabe ser interpretados para explicitar la voluntad normativa por medio de la compleja metodología (interpretativa), en orden a establecer, ante el caso concreto, en qué consiste el "incumplimiento" la "ejecución" y la "resolución".

Siendo de la manera antes señalada, esos tres conceptos jurídicos indeterminados abiertos, cada uno de los mismos tiene diverso significado. Son vagos e imprecisos, pero tienen una directriz indicada por la propia norma que lo contiene, no obstante, su indeterminación que está sujeta a valoración sin que se autorice su tergiversación para sacarla del objetivo indicado en la regla. Por eso, cuando los conceptos jurídicos indeterminados afectan derechos fundamentales, su determinación tiene que realizarse a la luz de las normas constitucionales y legales que resulten aplicables a tales derechos, pues de la indeterminación legislativa del concepto (que es comprensible y aceptable) no puede derivarse la posibilidad de imponer restricciones injustificadas a los derechos fundamentales, entendiendo por tales restricciones, aquellas que trasciendan los límites que a cada derecho trazan las respectivas normas constitucionales y legales.

La opción que da la regla (ejecución o resolución del contrato) configura una pauta (que se debe seguir u obedecer por estar así establecido ex lege, o también aunque aquí nada se diga abstenerse de actuar); porque el concepto es cerrado, determinado, y no cabe allí una interpretación distinta ni se puede incorporar un contenido que cambie lo que se dice, pues se opta por una u otra alternativa, o simplemente no se ejerce el derecho inevitablemente estatuido en la norma, por lo cual la regla se aplica o no se aplica. Se trata de una regla (la primera hipótesis en comentario), de un concepto jurídico determinado, cerrado, donde no cabe una interpretación distinta a la que la norma ordena, por lo que no se permite establecer que es posible otra actuación judicial diferente, por lo cual se aplica o no se aplica en su contenido, tal como ella es, como está estructurada; pues esta norma jurídica contiene esos conceptos que la misma menciona (*incumplimiento, ejecución* y *resolución*); determina su contenido y lo construye de modo explícito, sin dejar ninguna duda: "la ejecución o la resolución del contrato", pero no ambas al mismo tiempo. Igualmente, la regla es cerrada cuando dispone que para optar por una u otra opción, se debe acudir a la vía judicial, o abstenerse de acudir en cuya hipótesis espera hasta que considere que le conviene, o simplemente guarda silencio (no actuando) con las consecuencias que la actitud silente le deparan.

---

precio; «-provocar la resolución del contrato; «-solicitar la reparación de las consecuencias del incumplimiento. «Los remedios que no sean incompatibles podrán acumularse; los daños y perjuicios podrán añadirse a todos los demás remedios" (art. 1217).

Resulta obvio que sin el incumplimiento puede resultar imposible predicar la resolución o de la ejecución del contrato, como medios típicos o normales que pueden conducir a la terminación de la relación obligatoria. Sin embargo, al celebrarse el contrato las circunstancias fácticas que llevaron a las partes a contratar, es posible que cambien en el futuro al producirse un desequilibrio entre las prestaciones correspectivas, causado por acontecimientos imprevisibles y extraordinarios (inflación vertiginosa, catástrofes, guerras) que originan un cambio en las condiciones económicas que pueden hacer imposible el cumplimiento de la obligación asumida por el deudor; o puede suceder que el deudor tiene que realizar un esfuerzo extraordinario para cumplir con la prestación prometida, más allá de lo humanamente posible; aun cuando también la prestación puede hacerse exigua para el acreedor, en cuyo caso también puede sufrir el perjuicio con la disminución de la prestación que tiene derecho a exigir. Ante la excesiva onerosidad de la prestación para cualquiera de las partes, algunas legislaciones han adoptado, en protección del contratante afectado, una solución ante tales circunstancias.

Así, cuando las condiciones bajo las cuales fuere contraída la obligación cambiaren de manera notable, a consecuencia de hechos extraordinarios imposibles de prever y de evitar, haciendo su cumplimiento demasiado oneroso para el deudor, el convenio podrá ser revisado mediante declaración judicial (art. 1330 CCg). Al respecto se ha considerado que esta norma contiene el "principio de la teoría de la imprevisión", en donde, a raíz de hechos extraordinarios e imprevisibles se ocasiona para el deudor un cumplimiento de naturaleza onerosa; por lo cual procede la revisión judicial que puede dar lugar a la modificación de las condiciones de cumplimiento o a la suspensión de la obligación, mientras no desaparezcan las circunstancias que la hacen difícil o demasiado onerosa. Asimismo, pero no solo en beneficio del deudor sino también del acreedor, si en un contrato conmutativo de ejecución diferida o permanente, la prestación a cargo de una de las partes se torna excesivamente onerosa, por una alteración extraordinaria de las circunstancias existentes al tiempo de su celebración, sobrevenida por causas ajenas a las partes y al riesgo asumido por la que es afectada, esta tiene derecho a plantear extrajudicialmente, o pedir ante un juez, por acción o como excepción, la resolución total o parcial del contrato, o su adecuación. Igual regla se aplica al tercero a quien le han sido conferidos derechos, o asignadas obligaciones, resultantes del contrato; y al contrato aleatorio si la prestación se torna excesivamente onerosa por causas extrañas a su álea propia (art. 1091 CCCN). Asimismo, la posibilidad de solicitar la resolución del contrato, no por causa de incumplimiento sino por excesiva onerosidad sobrevenida; también se ha estatuido que en los contratos de ejecución diferida, si sobrevinieren circunstancias imprevisibles y extraordinarias que hicieren la prestación excesivamente onerosa, el deudor podrá pedir la resolución de los efectos del contrato pendientes de cumplimiento. La resolución no procederá cuando la onerosidad sobrevenida estuviera dentro del alea normal del contrato, o si el deudor fuere culpable (vid. art. 672 CCpar). En los contratos conmutativos de ejecución continuada, periódica o diferida, si la prestación llega a ser excesivamente onerosa por acontecimientos extraordinarios e imprevisibles, la parte perjudicada puede solicitar al juez que la reduzca o que aumente la contraprestación, a fin de que cese la excesiva onerosidad. Si ello no fuera posible por la naturaleza de la prestación, por las circunstancias o si lo solicitara el demandado, el juez decidirá la resolución del contrato. La resolución no se extiende a las prestaciones ejecutadas (art. 1440 CCp).

Puede acontecer, asimismo, que el cumplimiento del deudor se haga imposible de forma absoluta y definitiva, no ya la referida dificultad o lo oneroso del cumplimiento ante el cambio de las circunstancias que existían celebrarse el contrato; sino que ya es definitivo y absoluto el incumplimiento del deudor ante una sobrevenida imposibilidad de la prestación, es decir, que la prestación que inicialmente fue posible al celebrarse el contrato ha devenido imposible.

En materia de incumplimiento de obligaciones contractuales, el acreedor debe probar los hechos constitutivos, es decir, aquellos que crean o generan un derecho a su favor (la existencia de la obligación del deudor), o el hecho que supone la constitución de efectos jurídicos, que contribuye a la creación de una nueva situación con relevancia jurídica; y al mismo se tiempo traslada la carga de la prueba al deudor con relación a los hechos extintivos (que emanados con posterioridad han venido a destruir la eficacia desplegada por el hecho constitutivo); hechos modificativos (denominados así porque tales efectos pueden consistir en alterar, modificar, cambiar, conservar o extinguir una relación jurídica); y hechos impeditivos (que impiden a un hecho constitutivo extender su normal eficacia).

En efecto, se admite que quien pida la ejecución de una obligación debe probarla, y quien pretenda que ha sido libertado de ella debe por su parte probar el pago o el hecho que ha producido la extinción de su obligación; desde luego que mientras que las partes tienen la carga de probar sus respectivas afirmaciones de hecho. Quien pida la ejecución de una obligación debe probarla, y quien pretenda que ha sido libertado de ella, debe por su parte probar el pago o el hecho extintivo de la obligación. Las supra citadas normas regulan la distribución de la carga de la prueba, y establecen con precisión que corresponde al demandante probar los hechos constitutivos, es decir, aquellos que crean o generan un derecho a su favor; y al mismo tiempo traslada la carga de la prueba al demandado con relación a los hechos extintivos, modificativos e impeditivos.

CAPÍTULO X

Efectos generales de la terminación y extinción del contrato

La terminación y extinción de cada contrato en particular produce determinados efectos o consecuencias, algunas de estas coincidentes o disímiles, según se orienten al pasado (*ex tunc*) o hacia el futuro (*ex nunc*); efectos estos entre las partes y en determinados casos también ante los terceros. Es a esta temática a la que nos referimos en este punto, razón por la cual no hacemos acotación de los efectos que puedan producirse para cada contrato que termina y se extingue; solo de los efectos genéricos y en orden a si los mismos secuencian retroacción o no y la liberación del deudor; pues de forma más específica los efectos en comentario han sido anotados de forma simplificada en el transcurso de este trabajo (cfr. V y VII).

Esos efectos dependen, en cierto modo, del tipo o clase de contrato bilateral; especialmente según la duración de la ejecución de las prestaciones: Contratos de tracto o cumplimiento instantáneo o de ejecución única y contratos de tracto o cumplimiento sucesivo o periódico. En efecto, los primeros se distinguen porque las partes ejecutan las prestaciones a su cargo en un único momento o unidad de tiempo, es decir, pueden cumplirse de manera instantánea, en el mismo momento de su celebración, sin solución de continuidad, como en el caso de la compraventa de un bien al contado; mientras que en los segundos, como hemos visto (cfr. V.5.8,6), la prestación correspondiente a una de las partes no se cumple instantáneamente, en una unidad de tiempo, sino en momentos periódicos o más o menos largos, v. gr., el contrato de arrendamiento. Y esta clasificación aquí tiene importancia, pues al terminar el contrato, al extinguirse, las consecuencias que se originan varían o dependen del tipo de contrato; pues estas o los efectos no son los mismos.

Además, esos efectos tienen diversa significación en orden a si el contrato se ejecutó o cumplió total o parcialmente, o si no tuvo lugar su cumplimiento por ninguna de las partes. En el primer caso, es posible que las partes estén obligadas a la restitución recíproca de las correspondientes prestaciones recibidas en especie o a través de su equivalente, cuando las mismas han sido consumidas o han desaparecido; dependiendo del tipo de contrato. De no haberse cumplido el contrato por las partes, la terminación de este se genera para ambas y la subsiguiente liquidación de las prestaciones ejecutadas a que haya lugar.

A manera de ejemplo, y para señalar que según el tipo de contrato o del medio que pueda conducir a la terminación del contrato, se producen efectos a veces diversos, entre unos casos y otros, como el de la nulidad del contrato que además de reputarse este como si jamás existió, la obligación de restitución resulta improcedente en aquellos casos dispuesto en la ley (cfr. b, *infra*). O en relación con la novación que, como medio atípico conducente a la terminación del contrato, entre sus principales efectos están la extinción de la obligación anterior (efecto liberatorio: desaparecen las obligaciones accesorias y las obligaciones de garantía, tales como fianzas, hipotecas, privilegios que caucionaban o aseguraban la obligación extinguida); así como el nacimiento de una nueva obligación con su sistema o régimen propio que le es característico. En correspondencia al pago (medio típico que da lugar a la terminación y extinción del contrato), el efecto normal consistente en que el deudor paga directamente a su acreedor y se libera, o el pago efectuado por un tercero que puede subrogarse en los derechos del acreedor (efecto extraordinario), e incluso cuando el acreedor rehúsa el pago y de tal forma obliga al deudor a recurrir a la oferta real y depósito (efecto accidental), o en el caso del arrendamiento que el rehusamiento del pago arrendaticio por el arrendador obliga al arrendatario a la consignación del canon. Y así, otros contratos que terminados, según su tipo, ocasionan determinadas secuelas. O en la prescripción que, como medio atípico que puede conducir a la terminación y extinción de la relación obligatoria, entre otros efectos extingue la acción (cfr. VII.7.7).

10.1. SEGÚN EL TIPO DE CONTRATO

Los efectos a que da lugar la terminación y extinción del contrato dependen de la relación jurídica de que se trate, pues no todo tipo de contrato terminado y extinguido produce los mismos efectos. Así tenemos, en el contrato bilateral o sinalagmático las partes son deudoras y acreedoras al mismo tiempo y las prestaciones deben estar en relación de *interdependencia* entre sí, de manera que cada prestación debe aparecer como presupuesto necesario de la prestación de la otra parte. En este punto y solo a modo de ejemplo, observamos tres tipos: el contrato bilateral, el unilateral y el plurilateral.

Los efectos de la terminación y extinción del contrato sinalagmático dependen de la clase de contrato bilateral de que se trate y del modo o medio que se utilice para poner fin a la relación contractual o jurídica, *v. gr.*, los efectos del *mutuo disenso o distractus*, van a aparecer de lo que dispongan los contratantes (en ejercicio de su voluntad) en relación a sus correspectivas obligaciones (si reintegran algunas prestaciones o no, o si extinguen obligaciones o no). Así, la resolución del contrato declarada por el órgano jurisdiccional da lugar a la restitución de las prestaciones cumplidas salvo en los contratos de cumplimiento continuado o tracto sucesivo (*cfr.*

V. 6.6). Puede hablarse de efectos hacia el pasado, con esta excepción, y en algunos casos hacia el futuro, como apuntamos *infra*.

En el contrato unilateral una sola de las partes se obliga, *v. gr.*, en la donación se obliga el donante, salvo la donación con cargas[238]; y una vez aceptada no puede revocarse sino por causa de ingratitud. Revocada que sea se deben restituir al donador los bienes donados de la forma como indique la ley. En el comodato a la expiración del mismo, el comodatario obviamente debe devolver la cosa, pero puede retenerla hasta que sea reembolsado de los gastos que haya hecho en su conservación, pero sin poder de retención para compensar lo que le deba el comodante.

Los contratos plurilaterales son aquellos en que la voluntad de dos o más partes, y las obligaciones y prestaciones que genera de cada una de ellas, van dirigidas a la consecución de un fin común. En el contrato plurilateral las prestaciones de las partes se orientan a la obtención de un *fin comunitario*, que constituye la causa del contrato; v. *gr.*, las sociedades mercantiles inscritas en el Registro Mercantil tendrán personería jurídica y declarada la inexistencia o la nulidad del acto constitutivo, se procederá a la disolución y liquidación de la sociedad sin efecto retroactivo; pero en la liquidación solo una vez pagadas las deudas sociales, se podrá practicar la distribución del remanente del patrimonio entre los socios o cuota de liquidación, de acuerdo con las reglas que para cada tipo de sociedad la ley disponga.

10.2. EFECTOS *IN GENERE*

El efecto es la consecuencia de la terminación del contrato y su extinción. La consecuencia como acontecimiento que sigue a la terminación denominada "extinción". La "extinción" como la liquidación total del contrato, o saldar enteramente la relación que ha concluido y se extingue (v. I). Por tanto, hacemos referencia en esta temática a los efectos que se producen a la terminación de la relación contractual u obligatoria, comprendiendo solo algunos, ante la dificultad compleja de poder indicarlos a todos. De modo general los efectos son *ex nunc* y *ex tunc*. *Ex nunc* (hacia el futuro) que se refiere a que una acción o norma jurídica produce efectos desde que se origina o se dicta, y no antes, por lo que no existe retroactividad en cuanto a sus efectos. La locución latina *ex tunc* (hacia el pasado) se traduce como "desde entonces" y consiste en que terminado el contrato este deja de producir sus efectos regulares, pero con fuerza retroactiva en cuanto las partes deben repetir las prestaciones cumplidas, salvo los casos de excepción constituidos por los contratos de tracto sucesivo o cumplimiento periódico o continuado (vid. V. 6.6).

---

238 La donación es un acto jurídico unilateral y gratuito, pero la misma tiene lugar cuando se haya creado obligaciones de dar o hacer a cargo del donatario, lo cual cambia el carácter gratuito de la donación; cargas que pueden hacerse en interés del donante o de otra persona, o disponerse lo que se debe hacer con los bienes donados.

1. Efectos entre las partes

A la terminación del contrato entre las partes, los efectos principales, no los únicos, son: la liberación del deudor y la retroactividad en determinados casos.

a) Liberación del deudor

El efecto del cumplimiento, porque el deudor satisfizo el interés del acreedor, es la extinción de la obligación en un doble significado: por una parte, el deudor queda liberado o desvinculado de esa obligación, y por la otra la acción del acreedor para requerir el cumplimiento queda extinguida por efecto del perecimiento de la misma; no obstante que como hemos apuntado en este trabajo, en la doctrina hay quienes disienten del criterio de la extinción de la obligación, aduciendo que esta no se extingue al subsistir algunos de sus componentes como son el objeto, y los sujetos, como hechos de la vida real; pero no es fácil sustentar ese criterio, de que el vínculo existente entra las partes no se extinga por fuerza del cumplimiento de la obligación como fue contraída. Que algunos de sus componentes como son el objeto y los sujetos subsistan, como hechos de la vida real, no tiene nada de extraño; pues el objeto, si es la prestación, ha sido recibido por el acreedor y los sujetos (deudor y acreedor) se mantienen, no como tales porque dejaron de serlo, sino como personas que contrataron y se supone que cumplieron sus correspectivas obligaciones. Siendo esto así, la obligación ya no puede continuar existiendo como obligación sino bajo otra perspectivas que le caracteriza como es la de estar extinguida, pues dejó de existir como tal.

b) Retroacción

Retroactivo es lo que obra o tiene fuerza sobre lo pasado. En el ámbito jurídico se refiere específicamente a la traslación al pasado de los efectos de una ley, sentencia o acto jurídico. La retroactividad es un concepto jurídico indeterminado y, por tanto, tiene una compleja equivocidad que impide precisar con certidumbre los supuestos apreciablemente subsumibles en su significado. Es la reposición de las cosas al estado anterior al que existía al momento de contratar (estado precontractual, tal y como si el contrato no se hubiese celebrado, salvo la liquidación de las prestaciones u obligaciones pendientes de ejecución especialmente por imperativo de la ley).

La retroactividad de la eficacia jurídica no es exactamente una excepción: la retroactividad o irretroactividad no son otra cosa que dos consecuencias lógicas de las dos especies de eficacia, la autónoma y la complementaria. Tan natural es que la complementaria opere retroactivamente como que la autónoma opera en sentido contrario. Y tampoco es la retroactividad una ficción, puesto que el derecho opera a través del juicio, y el juicio puede referirse en la misma medida al pasado como al futuro: no se trata de excluir del pasado algo que ha pasado, sino de incluir también en el juicio el pasado.

La retroacción indica que produce el efecto restitutorio o reintegrativo, y este significa que las partes se deben restituir las prestaciones cumplidas, como el efecto más importante del concepto retroactividad, atinente a la terminación y extinción del contrato, y parejamente la extinción del deber de ejecutar las obligaciones todavía no cumplidas, que no sean exigibles *ex lege*; pues establece que un contratante está obligado a devolver la prestación o el bien recibido con motivo de la celebración del contrato.

El efecto retroactivo se produce y consigue principalmente mediante la restitución de las prestaciones que la parte satisfizo.

(i) *La restitución de las prestaciones que se hayan entregado.* En esta hipótesis hay referencia esencialmente a los *contratos de cumplimiento instantáneo* para evitar un enriquecimiento injusto en perjuicio de la otra parte, pues si una de las partes cumplió y la otra no, esta tiene la obligación de devolver la prestación recibida; pues a nadie está permitido enriquecerse a costa de otro, salvo que el enriquecimiento se justifique por un motivo contemplado en la ley; y esto resulta demostrativo de que cuando uno de los contratantes recibe la prestación a que el otro se obligó y aquel no cumple su correspectiva obligación, al terminarse el contrato por causa de incumplimiento, lo justo y equitativo consiste en que el incumpliente devuelva la prestación ejecutada o su equivalente; y de no ser así el incumpliente habrá aumentado su patrimonio ante el empobrecimiento de la parte cumpliente, cuando este ve así reducido su patrimonio. En caso contrario hay un desplazamiento patrimonial de una de las partes a la otra sin una causa que lo justifique.

En esos contratos es posible que las prestaciones se ejecuten en un solo momento, ya sea inmediatamente a la celebración, como ocurre en la compraventa al contado - contrato de ejecución inmediata - o que se difiera la ejecución de la prestación, de una de las partes o de ambas, para oportunidad posterior mediante la fijación de un plazo para cumplir - contrato de ejecución diferida -, o que el cumplimiento se divida en partes o cuotas como en la compraventa a plazos - contrato de ejecución escalonada.

Sin embargo, es improcedente la restitución derivada del contrato nulo en los siguientes casos: Cuando la causa es contraria a las buenas costumbres la restitución prestacional no se permite a la parte que ha incurrido en la violación de estas. La restitución será parcial o relativa cuando la nulidad se ha declarada por incapacidad, el incapaz solo restituirá el monto de lo que se haya convertido en su beneficio o provecho. Tratándose de los frutos e intereses, se sostiene en la doctrina que no procede la restitución por razones de equidad. Si uno de los contratantes ha procedido de buena fe, sin haber dado lugar a la nulidad, tiene el derecho de solicitar indemnización por los daños y perjuicios que le hayan sido ocasionados como consecuencia de la nulidad declarada.

En la doctrina se admite que los terceros adquirentes de un derecho o un bien, como causahabientes a título particular, la nulidad surte efecto contra ellos;

pues si el derecho de su causante es nulo, también es el adquirido por el tercero. La misma consecuencia se admite en contra de los subadquirentes. No obstante, quedan a salvo de esta sanción los derechos adquiridos por terceros, que se refieran a bienes muebles adquiridos de buena fe, desde luego que la posesión equivale a título. Desaparecido el contrato que sirvió de antecedente para que una de las partes adquiriera el respectivo bien, aquel queda como si jamás fue celebrado y, en consecuencia, queda como si no existió el título de adquisición del bien. Al respecto, la Ley Hipotecaria española protege al tercero adquirente, denominado también tercero hipotecario, a tenor de lo pautado en el artículo 34, cuando preceptúa: "El tercero que de buena fe adquiera a título oneroso algún derecho de persona que en el Registro aparezca con facultades para transmitirlo, será mantenido en su adquisición, una vez que haya inscrito su derecho, aunque después se anule o resuelva el del otorgamiento por virtud de causas que no consten en el mismo Registro. La buena fe del tercero se presume siempre mientras no se pruebe que conocía la inexactitud del Registro. Los adquirentes a título gratuito no gozarán de más protección registral que la que tuviere su causante o transferente". Sin embargo, la jurisprudencia española ha interpretado claramente que si el inmueble fue adquirido en virtud de un contrato de compraventa que está viciado de una causa de nulidad de pleno derecho, no se desplegaría la protección registral de la fe pública.

(ii) No hay *restitución de las prestaciones ejecutadas en el contrato de cumplimiento periódico o sucesivo.* Terminado y extinguido este contrato, pues en este contrato, como se ha argumentado, sus prestaciones singulares tienen carácter autónomo, entendiendo la doctrina por tal que se hace referencia a que de tales contratos nacen cantidades de prestación y atribución que en sí están en relación económica de equivalencia, pudiendo económica y jurídicamente separarse de las prestaciones precedentes y sucesivas, sin perjuicio de la finalidad del contrato; lo que también suele expresarse afirmando que las prestaciones están en relación de causalidad recíproca, esto es, que constituyen cada una el equivalente de la otra.

Se aduce, asimismo, que los contratos de tracto sucesivo se caracterizan por el hecho de que dan origen a una serie de prestaciones correlativas o conjuntos de prestaciones que tienen, cada conjunto respecto a los otros, una notable autonomía económica y jurídica. Esta notable autonomía deriva del hecho de que cada uno de los pares de prestaciones o cada uno de los períodos de tiempo en el cual puede descomponerse la relación contractual llena en manera satisfactoria el interés de las partes contratantes, de forma que los pares de prestaciones o los períodos de tiempo en relación pueden separarse sin que por ello quede perjudicada la finalidad del contrato.

En el contrato de tracto sucesivo o cumplimiento periódico, la repetición de las prestaciones cumplidas no se produce en virtud de que las mismas no pueden, obviamente, sustraerse de la realidad al haber sido consumidas (*factum fieri nequit infectum*: Lo que hecho es, no se puede deshacer, o *factum infectum fieri non potest*), como ocurre en el caso del arrendatario que ha usado o tenido la cosa arrendada, y el arrendador, en orden a la reciprocidad, no puede ser obligado a repetir el *quántum* de los cánones o pensiones arrendaticias recibidas, pues el locatario ha disfrutado de la cosa arrendada durante determinado tiempo y pagado el precio, salvo, por supuesto, tratándose del cobro en exceso por parte del arrendador, en caso de regulación del máximo a cobrar (por el inmueble arrendado), en los casos regulados *ex lege*. Y como hemos apuntado en este mismo trabajo, el arrendatario ha usado la cosa arrendada y el uso no es susceptible materialmente de devolución al arrendador, pues la prestación ha sido consumida o agotada temporal y espacialmente. El uso de por sí, es intangible y no se puede tocar o captar con ninguno de los sentidos. El usuario no puede devolver el fluido eléctrico consumido y, de consiguiente, la empresa de energía eléctrica no está obligada a repetir los pagos recibidos por tal concepto. Se ha producido una especie de compensación con las prestaciones que se han consumido y que, por tanto, no pueden repetirse.

(iii) L*a extinción de la obligación de ejecutar las obligaciones todavía no cumplidas y que no sean exigibles conforme a la ley*. El primer efecto que se produce es la terminación del contrato que se extingue, y la extinción lleva implícita, en principio, la no obligación de cumplir aquellas prestaciones que, por efecto de la retroactividad, habría de ser devueltas o repetidas, más aún si la otra parte no ha cumplido la debida contraprestación; pues se restituirán las cosas al mismo estado como si la relación obligatoria no hubiera existido.

Obviamente, que la liquidación es posible se refiera al pago del valor de la cosa consumida y no pagada, de todo disfrute no pagado, de todo servicio no pagado y de todo aquello recibido y no contraprestado. En la hipótesis más simple, esto es, en caso de que ninguna de las partes haya ejecutado prestaciones a su cargo, no se da el presupuesto de la retroactividad y carece de sentido referirse al efecto reintegrativo. Las partes nada deben restituirse y el único efecto consiste, en tal hipótesis, en la extinción del vínculo. En cambio, como se admite en la doctrina, cobra virtualidad el efecto reintegrativo cuando ha existido entre las partes un comienzo de ejecución del contrato en virtud del cumplimiento unilateral o el intercambio de prestaciones.

(iv) *¿Repetición de los frutos?* Clásica es la discusión en la doctrina en cuanto a si se deben devolver o no los frutos recibidos, e incluso los que habrán podido percibirse. Para algunos, la solución aplicable debe ser igual a la adoptada por el legislador en materia de condición, o sea, que no hay lugar a la extinción de los actos de administración ni a la restitución derivada de la percepción efectuada de los frutos mientras esté pendiente la condición. Otros sostienen que los frutos percibidos serán devueltos. También se sustenta el criterio de que si quien efectúa los actos de administración y percibe los frutos incumple su obligación, hace imposible que los actos y percepciones referidos puedan mantenerse respecto al demandante que obtiene la resolución del contrato.

En criterio de DEMOLOMBE, en referencia al Código Civil Napoleón o francés (art. 1184), hay que exceptuar de la retroactividad: 1.º Los actos de administración, 2.º La adquisición de frutos. Graves disidencias existen en lo que concierne a la adquisición de frutos. Según la opinión que parece prevalecer en la jurisprudencia y en la doctrina, el efecto retroactivo debe ser aplicado a la adquisición de frutos o de intereses; de suerte que, en el caso de que el contrato es resuelto por causa de inejecución de las obligaciones que él imponía a una de las partes, las restituciones recíprocas a las cuales la resolución de nacimiento deben comprender no solo el capital sino también los frutos o los intereses que han podido ser percibidos, *medio tempore*, por cada una de las partes. Y afirma que a pesar de la autoridad de sus defensores, que recomiendan esta doctrina, hace falta exceptuar la adquisición de frutos y los intereses del efecto retroactivo. La percepción de frutos ha sido por parte del adquirente un acto de administración y que él estaba en posesión de su crédito y podía constreñir a los deudores a pagarle, pero hay que ir más lejos y que, incluso entre los contratantes o sus causahabientes, el efecto retroactivo no debe ser aplicado a los actos de goce y a la adquisición de frutos. El adquirente puede conservar los frutos en virtud del principio de que la retroactividad es una ficción que opera *de iure*, y no de facto[239][240].

En opinión contraria, la adquisición de los frutos percibidos, *medio tempore*, por el demandado no entre los efectos irreparables y queridos necesariamente por las partes, porque aparece más lógico, verosímil y conforme a la equidad que hayan querido la restitución de los frutos a fin de que una parte no se enriquezca injustamente en daño a la otra; tanto más cuanto que la restitución de los frutos y de su equivalente no presenta tampoco dificultades insuperables de ejecución práctica, respecto de los actos de administración, realizados *medio tempore*, la cuestión es más seria y merece solución diversa. Atribuir a las partes la intención de que, resuelto el contrato por no haber satisfecho una de ellas su propia obligación, tengamos que considerar como no ocurridos los actos de simple administración, realizados en el tiempo intermedio, no se puede absolutamente. En ningún contratante es presumible una intención tan contraria, no solo a su interés privado, sino también frente al

---

239 Ob. cit., vol. 24, pp. 513-514.

240 El nuevo CCf en referencia a "Las restituciones", *in genere*, dispone que: "La restitución incluirá los frutos y la compensación del disfrute que haya proporcionado la cosa. «La compensación del disfrute la evaluará el juez el día en que provea. «Salvo estipulación contraria, la restitución de los frutos, si no se hallaren en especie, tendrá lugar conforme a un valor estimado a la fecha del reintegro, según el estado de la cosa el día del pago de la obligación (art. 1352-3).

Por su parte, el CCch regla que la resolución de la venta por no haberse pagado el precio dará derecho al vendedor para retener las arras, o exigirlas dobladas, y además para que se le restituyan los frutos, ya en su totalidad si ninguna parte del precio se le hubiere pagado, ya en la proporción que corresponda a la parte del precio que no hubiere sido pagada (cfr. art. 1875).

interés público y en oposición a la cual toda seria y regular administración resultaría imposible. Todo hace presumir que una de las partes haya conferido a la otra un mandato tácito de administrar la cosa y es en base a una semejante presunción, a la cual no resiste en modo alguno la letra de la ley, que nosotros decidimos deberse por el acreedor respetar los actos de ordinaria administración, realizados de buena fe por el deudor[241].

En los actos de administración no opera la retroactividad, porque estos actos se mantienen, en criterio de MAZZEAUD, ya que así lo exigen razones no solo de interés individual, sino sobre todo de interés general que requieren que las cosas objeto del contrato en cuestión sean debidamente administradas. Observa PALACIOS HERRERA[242], que en los contratos que se resuelven por incumplimiento de una de las partes, tenemos un elemento que no hay que perder de vista: es el elemento culposo, la culpa del deudor. En consecuencia, si el deudor que ha adquirido una cosa por el contrato, que ha realizado actos de administración sobre la misma, que ha percibido sus frutos, no cumple por su culpa, es lógico deducir que aquellos actos y percepciones no podrán mantenerse respecto al demandante que intenta con éxito la acción resolutoria. Por lo tanto, este podrá desconocer los actos de administración y podrá exigir la restitución de los frutos. El actor tendrá la obligación de indemnizar al demandado por los gastos de mejora y de conservación que haya hecho en la cosa objeto del contrato. La indemnización comprenderá la suma menor entre el monto efectivo de dichos gastos y el mayor valor que se le haya dado a la cosa; ella se basa en el principio del enriquecimiento sin causa[243].

En la doctrina se admite que el demandante, el caso v. gr., de la resolución del contrato, tiene derecho a reclamar los frutos que han podido percibirse, pues la parte que después de la recepción de la cosa ha omitido por su falta, retirar de ella los provechos normales, es responsable frente a la otra parte. El criterio es objetivo. La parte debe rembolsar solo los provechos normales que habría podido percibir según las reglas de una administración regular; se trata de los *fructus percipiendi*[244]. Parece evidente comprender que si la parte que después de la recepción de la cosa ha omitido por su falta, retirar de ella los provechos normales, es responsable frente a la otra parte - como afirma el autor que citamos -, se trata de una omisión del demandado incumpliente en contra de quien ha sido intentada la acción de resolución del contrato; omisión que se entiende como la negligencia a percibir, con la debida diligencia, los frutos que ha podido producir la cosa, debe resarcir el daño o perjuicio económico al contratante beneficiario de la resolución; pues el que con

241 GIORGI: Teoría de las obligaciones, ob. cit., vol. 4, pp. 230-231.

242 Ob. cit., p. 181.

243 Ob. cit., p. 354.

244 CONSTANTINESCO, Leontin J: La resolución de los contratos sinalagmáticos en el Derecho alemán, ed. Rousseau y Cié, París, 1940, p. 360.

intención, o por negligencia o por imprudencia, ha causado un daño a otro, está obligado a repararlo.

(v) *¿Queda obligado el incumpliente a devolver la cosa libre de deterioros?* En el caso del arrendatario, este debe conservar la cosa en buen estado y responder por todo daño o deterioro que se cause por su falta, culpa, negligencia, o por acción u omisión de las personas que habitan con él; sus familiares, empleados, trabajadores, clientes, huéspedes, visitantes; por lo cual el arrendatario no responde por deterioro del inmueble debido a vetustez o por otro hecho o causa que no le sea imputable; pues no habrá culpa por parte del locatario si el deterioro se debe a la calidad de la construcción, o por vicios o defectos de la cosa, por caso fortuito o fuerza mayor, entre otras circunstancias.

Sin embargo, en la doctrina se discute en cuanto a si el deudor está o no obligado a indemnizar los deterioros que, por su culpa, haya causado a la cosa objeto del contrato[245]. Se afirma que la dificultad de fundamentar jurídicamente la responsabilidad del comprador incumplidor que haya por hecho propio deteriorado la cosa a él enajenada, ¿puede recurrirse aquí el concepto de culpa, desde el momento en que el comprador ha deteriorado una cosa suya? No obstante, habría que considerar si en el contrato existe una cláusula que específicamente estipule que determinado hecho dará lugar a la terminación del contrato y la restitución de la cosa sin deterioros, en cuyo caso, de producirse su terminación, el comprador deberá restituir la cosa libre de deterioros. Evidentemente que el comprador, en el supuesto considerado, ha hecho la cosa suya, pero por causa de la reversión resolutoria deja de ser dueño y esto plantea la devolución en buen estado.

2. Efectos ante terceros

Conforme al principio de la relatividad de los contratos, estos no tienen efecto sino entre las partes contratantes y no dañan ni aprovechan a los terceros, excepto en los casos establecidos por la Ley. Al respecto y como dispone el CCf (2016), el contrato no crea obligaciones sino entre las partes contratantes, los terceros no podrán ni solicitar el cumplimiento del contrato ni verse compelidos a cumplirlo, sin perjuicio de lo dispuesto en la presente sección y en el capítulo III del título IV; y, asimismo, los terceros deberán respetar la situación jurídica creada por el contrato. Podrán prevalerse de ella en particular para aportar la prueba de un hecho (cfr. arts. 1199-1200).

Los efectos que el contrato produce tienen un doble significado. En primer lugar, son consecuencias que intrínsecamente se producen para las partes, pues solo estas intervienen en su celebración; siendo los terceros ajenos a la misma y por lo

---

245 Quien restituya la cosa responderá de los empeoramientos y deterioros que hayan disminuido su valor, a menos que obre de buena fe y aquellos no se deban a falta suya (art. 1352-1 CCf, 2016).

tanto no se han constituido en deudores o acreedores en esa relación subyacente. Esto indica que el contrato no puede producir efectos intrínsecos en beneficio o en contra de terceros, es decir, ni créditos ni obligaciones; razón por la cual no pueden procedentemente exigir el cumplimiento de ese contrato y tampoco se les puede pedir el cumplimiento. Esto último explica el efecto extrínseco del contrato. Los efectos extrínsecos del contrato significan que los terceros no quedan obligados por aquel, pues la obligación solo compete a las partes como efecto interno para los mismos, y no obstante los contratos tienen el carácter de oponibilidad a los terceros conforme las disposiciones *ex lege*.

Sin embargo, los principios antes apuntados tienen excepciones. En orden a los efectos internos, el contrato produce efectos en beneficio de los terceros en determinados casos, como ocurre cuando (los terceros) acceden a la condición de acreedores como consecuencia de un contrato, tal el ejemplo de la estipulación en beneficio de terceros, pues el beneficiario puede exigir al promitente la prestación que este ha estipulado con el estipulante, en cuya hipótesis se evidencia que el beneficiario no es parte y no obstante reclama la prestación. Cuando el locador puede accionar directamente en contra del sublocatario exigiéndole el monto impagado por el arrendatario al tiempo de la presentación de la demanda, si lo dispone la ley. Por vía de excepción también los contratos generan efectos contra los terceros, en aquellos casos que - entre otros - la doctrina menciona: los créditos contra el vendedor de un fondo mercantil son exigibles al comprador, cuando no se han cumplido los requisitos requeridos por la ley para la enajenación del fondo de comercio, en protección de los terceros. El pago realizado de buena fe por el deudor al poseedor del crédito, es válido frente al verdadero acreedor. Los arrendamientos efectuados por el usufructuario por los años determinados en la ley son válidos frente al propietario, por el tiempo estipulado aún después de terminado el usufructo.

Es posible que en seguridad del tráfico de los bienes, especialmente mediante contrato, se haya impuesto o defendido la protección de los terceros de buena fe, que no resultarán afectados con la terminación y extinción del contrato celebrado entre las partes; contrato del cual deviene el bien adquirido por el tercero de buena fe. En consecuencia, ante el deber de retroacción resultante de esa terminación y extinción contractual, que puede determinarse en la sentencia, el tercero de buena fe no resulta necesariamente afectado, conservando - en principio -. el bien que ha adquirido bajo este carácter.

3. El principio de la buena fe

Se ha señalado que el denominado tercero registral adquiere protección legal cuando se presentan en forma concurrente los siguientes requisitos: Buena fe, adquirir del titular registral, adquirir a título oneroso y registrar su propiedad. De estos requisitos, en posible que el generador de mayor controversia, por sus alcances, sea el de la buena fe o, en su versión negativa la existencia de la mala fe, que de ser probada el adquirente dejará de tener la protección y perderá su derecho de propiedad.

Resulta generalmente admitido que la buena fe es un principio general del Derecho, que se aplica a todas las ramas del sistema jurídico, y actúa como fuente del Derecho en defecto de la ley y de la costumbre; de fundamental importancia en las relaciones jurídicas y especialmente en el ámbito contractual, pues las obligaciones de las partes deben sujetarse no solo a las disposiciones estipuladas en el contrato, sino a los requerimientos de la buena fe.

Ese valor se ha consagrado en la mayoría de los códigos civiles al contemplarse que los contratos obligaban no solo a lo expresamente previsto en ellos, sino a todas las consecuencias que se derivan de la equidad, el uso o la ley. Es así como la buena fe es un principio que impregna todas las fuentes del sistema jurídico y obliga a que los contratantes dirijan su acción conforme a dicho principio.

Según la doctrina los códigos civiles en los que se hace alusión a la buena fe se pueden clasificar en tres grupos claramente diferenciados, a saber:

(i) En un primer grupo de textos, la buena fe es considerada como la convicción que tiene una persona de que su comportamiento es regular y permitido, aunque en realidad el mismo es irregular y antijurídico. V. gr., "La venta de cosa ajena es absolutamente nula; pero el comprador que ignora el vicio del contrato tiene derecho a los daños y perjuicios aun contra el vendedor de buena fe" (v. art. 1061 CCcr).

b) En el segundo grupo la buena fe se asocia con la confianza en la apariencia jurídica. El sujeto de derecho actúa con la convicción de que su contraparte, en una determinada relación jurídica, es el titular de un derecho que él aspira a incorporar en su patrimonio, pero en realidad tal apariencia no tiene correspondencia con un derecho subjetivo radicado en el patrimonio de aquel. Es el caso, v. gr., de que la buena fe del poseedor consiste en la creencia de que la persona de quien recibió la cosa era dueña de ella y podía transmitir su dominio (art. 622 CCg).

c) En el tercer grupo de disposiciones que aluden a la buena fe, esta "significa fundamentalmente rectitud y honradez en el trato y supone un criterio o manera de proceder a la cual las partes deben atenerse en el desenvolvimiento de las relaciones jurídicas y en la celebración, interpretación y ejecución de los negocios jurídicos"[246]. La conciencia de tener el dominio de la cosa por medios legítimos, sin fraude o cualquier otro vicio (criterio subjetivo). El artículo 723 CCh preceptúa que la buena fe es la conciencia de haberse adquirido el dominio de la cosa por medios legítimos, exentos de fraude y de todo otro vicio. Sí, en los títulos traslati-

246 DÍEZ-PICAZO y PONCE DE LEÓN: «*La doctrina de los actos propios, un estudio crítico sobre la jurisprudencia del Tribunal Supremo", Bosch* Casa Editorial, Barcelona, 1963, pp. 136 y ss.

cios de dominio, la buena fe supone la persuasión de haberse recibido la cosa de quien tenía la facultad de enajenarla, y de no haber habido fraude ni otro vicio en el acto o contrato. Un justo error en materia de hecho no se opone a la buena fe. Pero el error en materia de derecho constituye una presunción de mala fe que no admite prueba en contrario

Dos posturas se presentan en los diversos códigos civiles que consagran el principio de la buena fe, en orden a su significado, tal y como se puede apreciar en los tres grupos normativos (haciendo alusión a las citadas normas como ejemplo, que en los códigos civiles la contemplan), que precedentemente se han apuntado; apreciándose el significado de la buena fe en *sentido subjetivo* y en *sentido objetivo*.

Desde el punto de vista subjetivo, se admite que la buena fe significa confianza, seguridad y honorabilidad. Se refiere a que una de las partes se entrega confiadamente a la conducta leal de otra en el comportamiento de sus obligaciones, confiado en que esta no lo engañará. Denota, además, que el hombre cree y confía que una declaración de voluntad surtirá en un caso concreto sus efectos usuales, los mismos efectos que ordinaria y normalmente ha producido en casos análogos. Es un estado psicológico de la persona que entiende que está en una situación normal, actuando correctamente, aun cuando no sea así, pues la persona no conoce las reales circunstancias del acto realizado, con cuyo proceder lesiona un derecho ajeno. Desde luego que la noción en comentario, en el ámbito jurídico no hace referencia a toda confianza psicológicamente cierta, sino solo a aquella que además de existir en sentido psicológico, es válida en sentido jurídico por no encontrar un límite en los usos sociales o en Derecho.

En sentido objetivo la buena fe se la ha entendido como una norma de conducta fundada en la lealtad, la fidelidad, la honestidad, la cooperación y el respeto que debe orientar todas las relaciones jurídicas. La buena fe vendría a constituirse en un "estándar", un parámetro objetivo, genérico, que no depende del elemento psicológico, sino de una base general de comportamiento, la del hombre medio que actuaría de manera normal y razonable en una situación determinada. Es, por tanto, un parámetro que debe ser respetado para armonizar los intereses de las personas en las relaciones jurídicas en general. El principio de buena fe objetiva, al incidir en todas las relaciones jurídicas, autoriza al magistrado a examinar, objetivamente, la conducta de los sujetos. Si una de ellas fuere reprobable, por ser contraria al comportamiento normal y correcto de un hombre medio honrado, deberá, consecuentemente tomar providencias para corregir y reprimir eventuales abusos que puedan haberse verificado en la relación jurídica, decretando, eventualmente, la anulación o la revisión del acto practicado. Eso independientemente de la intención del sujeto beneficiado con el abuso[247].

---

247 DE ALMEIDA VILLACA AZEVEDO, Marco: Buena fe objetiva y los deberes de ella derivados, Tratado de la buena fe, ed. La Ley, Buenos Aires, 2005.

4. Fe registral y protección al tercero

El principio de la fe pública registral se orienta a la protección de las adquisiciones que los terceros adquirentes hayan realizado, confiados como están en el contenido del Registro; pues cuando ellos participan en el acto del otorgamiento registral consideran que su adquisición es indudable e infranqueable por cualquier otro, que la propiedad sobre el bien adquirido no presenta duda alguna sobre su titularidad con efectos frente a todo el mundo.

La publicidad esencial del Registro de la Propiedad genera una doble protección presuncional: Primera, que los derechos reales publicados existen y son propiedad del titular de la manera como aparece en el asiento correspondiente (fundamento del principio de legitimación). Segunda, que al cumplirse con los requisitos esenciales *ex lege*, el tercero adquirente adquiere una posición inexpugnable o categórica.

El Registro tiene dos destinatarios perfectamente definidos: el titular registral, es decir, aquel que tiene un derecho inscrito en el Registro; y los terceros quienes adquieren un derecho amparado en la publicidad que brinda el Registro. Se inscribirán en el registro los títulos que reúnan los requisitos de fondo y forma establecidos por la ley (principio de legalidad); y siendo así los terceros entienden que el título inscrito es presuntamente inatacable al estar revestido de la *buena fe registral.*

La fe pública registral protege la verosimilitud y certeza jurídica que muestran sus asientos. La información contenida en los asientos de los Registros es pública y puede ser consultada por cualquier persona. Buena fe es la ignorancia del adquirente de que la titularidad de su causante está viciada o el vicio ha desaparecido, así como la creencia de que quien aparece como titular es dueño del bien y puede transferir su propiedad sin problema alguno; v. gr. es poseedor de buena fe quien posee como propietario en fuerza de justo título, es decir, de un título capaz de transferir el dominio, aunque sea vicioso, con tal que el vicio sea ignorado por el poseedor (art. 788 CCv). No obstante, la inscripción no convalida los actos o negocios jurídicos inscritos que sean nulos o anulables conforme a la Ley. Los asientos registrales en que consten esos actos o negocios jurídicos solamente podrán ser anulados por sentencia definitivamente firme.

La protección del titular registral surge a través del principio de *legitimación registral* en la medida que de la presunción relativa de exactitud que impone, se desprende que aquel no podrá ser despojado de su derecho sin el cumplimiento de las exigencias legales. La protección de los terceros, además del principio de oponibilidad de lo inscrito, proviene del principio de fe pública registral, de acuerdo con el cual los terceros no se verán perjudicados en sus derechos si las contingentes causas de ineficacia o invalidez, que puedan perturbarlos, no figuraban en el Registro al tiempo de su adquisición. La misión de los Registros es garantizar la seguridad jurídica de los actos y de los derechos inscritos, con respecto a terceros, mediante la publicidad registral; y, la publicidad registral reside en las bases de datos del sistema automatizado de los Registros, en la documentación archivada que de ellas emanen y en las certificaciones que se expidan. De aquí que los asientos e información registrales contenidos y emanados oficialmente del sistema registral surtirán todos los efectos jurídicos que corresponden a los documentos públicos.

5. Efecto retroactivo y tercero de buena fe

El efecto retroactivo parece no alcanzar al tercero de buena fe en el ámbito registral, pues el sistema registral designa quién es el titular de cada derecho y tal designación se halla garantizada, de modo que el adquirente puede tenerla por segura sin ulterior examen. El hecho de constar en el Registro Público un sujeto como adquirente o titular de un derecho real, es una prueba de su titularidad. Acredita la existencia de un documento o título de propiedad (o de atribución del derecho), que es el que se llevó a inscribir. Se reconoce a quien aparece como propietario, cuyo instrumento está inscrito, como verdadero titular mientras no se demuestre lo contrario. La inscripción no solo vale para dar seguridad a quien va a adquirir y adquiere, sino pasado el acto de adquisición como medio específico de prueba de la titularidad del sujeto designado por ella. La inscripción, en cualquier Registro (el de la propiedad u otro), sirve a estos fines de probar la atribución y medida de la titularidad, o de provocar la transmisión, con independencia de su función de publicidad: se trata de funciones distintas, eventualmente desempeñadas a la vez por un mismo asiento.

Se admite la protección al tercero que habiendo adquirido con anterioridad a la decisión judicial que pronunció la nulidad, resolución, rescisión o revocación de la titularidad del transferente; acudió al Registro con anterioridad a la trascripción de la sentencia. No ocurre lo mismo en la situación contraria, pues si la adquisición no ocurrió con antelación a la resolución, al dictarse esta, debeladora del derecho del *tradens*, el tercero verá desaparecer su titularidad, pues en principio, y de acuerdo a la normativa civil general, cuando se ejercitó con éxito la impugnación de una determinada titularidad jurídica, esta se extingue retroactivamente como si nunca hubiese tenido existencia efectiva. La impugnación triunfante hace retornar las cosas a la situación en que se hallaban antes del nacimiento del derecho atacado. Sin embargo, sucede con alguna frecuencia - sobre todo en el ámbito rural -, que el adquirente de un inmueble no lo inscribe en el Registro de la Propiedad, pero no solo ocupa ese inmueble, sino que realiza en el mismo actividades, tales como vive allí con su familia, realiza labores de mantenimiento, siembra de pastos, colocación de cercas, cultiva, cría ganado o animales diversos.

Ante la hipótesis precedentemente ofrecida, se sostiene que no hay que examinar los problemas desde uno solo de sus ángulos. Al contrario, hay que contemplar el anverso y reverso de la cuestión. El propietario que posee y cultiva sus tierras, pero olvida su inscripción, por ejemplo, es diligente en lo sustancial, aunque negligente en lo formal. En cambio, el tercero adquirente, que se preocupó de registrar la propiedad, pero no de examinar el inmueble ni su estado posesorio, es muy diligente en lo formal, pero descuidado en lo sustancial. Desde este punto de vista, ¿qué razón hay para que sea preferida la negligencia formal a la sustancial? Si nosotros hacemos un análisis de corte social, podríamos afirmar que no cabe duda que merece mayor protección el trabajador campesino que cultiva su tierra o el poseedor de un inmueble donde habita con su familia, cumpliendo con el fin social de la propiedad, que el segundo adquirente, probablemente un especulador, que, aunque haya cumplido a la perfección todos los requisitos formales (entiéndase registro del negocio jurídico) ni tan siquiera se ha dignado echar una mirada al pedazo de la madre tierra que va a adquirir[248].

En relación con los terceros, se afirma, especialmente de los subadquirentes de una de las partes, y en relación con la resolución del contrato, que no tiene eficacia sobre los derechos adquiridos ya por ellos antes de la resolución, salvo los efectos de la trascripción de la demanda de resolución (art. 1458 del CCi), si el contrato tiene por objeto derechos sobre los inmuebles o sobre los muebles registrados. Y también en referencia a la resolución del contrato por incumplimiento es inoponible, sostiene BIGIAVI[249], a los terceros subadquirentes durante el período intermedio, también si ellos son de mala fe, al menos cuando se trate de la adquisición de bienes muebles. Al aplicar a este tema la distinción entre adquiriente poseedor de buena y de mala fe la doctrina ha recurrido al principio consagrado en el art. 707 CCi, y se debe observar que este principio puede aplicarse exclusivamente a la hipótesis de *adquisición a non domino,* mientras en nuestro caso el subadquirente que toma causa del comprador incumplidor ha adquirido del *dominus,* que es tal, si bien no ha pagado todavía. En verdad, la doctrina francesa e italiana tienen cuidado de advertir que para considerar la mala fe el subadquirente de una cosa mueble no pagada (y por tanto, admitir contra él la reivindicación) no basta probar que el subadquirente mismo supiese que su causante no había satisfecho su obligación hacia el originario vendedor. Un semejante principio conduciría, en efecto, a consecuencias peligrosísimas, limitando de forma extremadamente grave el comercio de los muebles. Todos adquirimos diariamente de nuestros proveedores cosas que sabemos no están todavía pagadas y ninguno de nosotros piensa lejanamente estar expuesto mañana a la reivindicación del primitivo enajenante. No obstante, la doctrina afirma que se debe considerar de mala fe y admitirse contra él la reivindicación a todo subadquirente el cual sepa, no solo que la cosa enajenada a él no ha sido todavía pagada, sino que conozca además que su causahabiente no está ni estará presumiblemente en condiciones de pagarla. Llegados a este punto resulta fácil la demostración del error a que ha llegado la doctrina: el

248 VALLET DE GOYTISOLO, Juan: "La buena fe en las transmisiones inmobiliarias *a non domino*". En: M. Córdoba, *Tratado de la buena fe en el Derecho*. Buenos Aires, ed. La Ley, 2005.

249 Irretroactividad..., ob. cit., pp. 695-722.

estado subjetivo del subadquirente delineado más arriba, no constituye en efecto la mala fe, esto es, aquel conocimiento del vicio del título que solo puede permitir la reivindicación, pero se identifica de lleno con aquel elemento del fraude, que junto con el *eventus damni* permite el ejercicio de la revocatoria. En síntesis, no puede en absoluto hablarse de reivindicación contra los terceros subadquirentes de mala fe de una cosa mueble, por el motivo de que el incumplimiento no constituye un vicio del título. Existen, en cambio, terceros adquirentes fraudulentos, contra los cuales, concurriendo el *eventus damni*, podrá ser eventualmente ejercida la acción revocatoria, no la reivindicatoria.

La jurisprudencia de la Sala de lo Civil del Tribunal Supremo español, en sentencias, de fecha 19 de mayo de 2015 (sentencia número 144/2015) y de 12 de enero de 2015 (núm. 465/2014); ha dispuesto, en relación a la buena fe registral, que la eficacia positiva de la publicidad registral o, si se quiere, la plena protección de la fe pública registral que dispensa el artículo 34 LH[250], comporta la consolidación de la adquisición del tercero que inscribe su derecho con arreglo a los requisitos legales contemplados en dicho artículo, siempre que se trate de un adquirente de buena fe; y que debe partirse de que la buena fe constituye uno de los presupuestos de la protección registral, pues justifica que el tercero adquirente resulte protegido en la medida en que ha contratado confiando en la información ofrecida por el Registro. Si esta razón quiebra, y el tercero es conocedor de la inexactitud del Registro respecto a la realidad jurídica, la especial protección registral carece de justificación. Asimismo, que en el plano de la configuración de la buena fe en el proceso adquisitivo debe señalarse que se han desarrollado dos líneas o perspectivas de razonamiento en liza. Conforme a la primera, la idea o noción de buena fe responde a un puro estado psicológico o psíquico del tercero adquirente en orden a la creencia de que el titular registral es el verdadero dueño de la cosa y ostenta un poder de disposición sobre la misma. De forma que la ignorancia o el equivocado conocimiento de la realidad jurídica no desvirtúa la protección registral otorgada con base en esta creencia acerca de la legitimidad de transmisión realizada. Por contra, para la segunda línea de configuración, que requiere la convicción de no lesionar legítimos derechos o intereses ajenos, la noción de buena fe responde a una actuación diligente conforme a unos criterios o pautas de comportamiento que resulten socialmente aceptados; de ahí que, a diferencia de la anterior concepción, no sea suficiente padecer cualquier

---

250 Art. 34 de la Ley Hipotecaria: El tercero que de buena fe adquiera a título oneroso algún derecho de persona que en el Registro aparezca con facultades para transmitirlo, será mantenido en su adquisición, una vez que haya inscrito su derecho, aunque después se anule o resuelva el del otorgamiento por virtud de causas que no consten en el mismo Registro.

La buena fe del tercero se presume siempre mientras no se pruebe que conocía la inexactitud del Registro.

Los adquirentes a título gratuito no gozarán de más protección registral que la que tuviere su causante o transferente.

tipo error, sino sólo el error que, según las circunstancias, sea excusable, esto es, que no se hubiera vencido actuando diligentemente. Paralelamente, y con independencia de la concepción escogida, la buena fe también puede ser determinada, directamente, con referencia al conocimiento mismo (*scientia*) por el tercer adquirente de la razón o causa que obsta la legitimidad de la transmisión en el momento de perfección del negocio adquisitivo, de forma que pierde la protección otorgada.

En consideración al tema jurisprudencial que antecede, cuatro puntualizaciones parecen oportunos en la temática:

a) Estado psicológico del tercero. La idea o noción de buena fe responde a un puro estado psicológico o psíquico del tercero adquirente en orden a la creencia de que el titular registral es el verdadero dueño de la cosa y ostenta un poder de disposición sobre la misma (criterio subjetivo). Desde luego que la persona que adquiere un bien de otra que aparece como titular registral de la misma, por este hecho adquiere la confianza de que el titular es el verdadero dueño y, por lo tanto, adquiere para sí sin inconveniente alguno. El adquirente tiene así la conciencia de haber adquirido el dominio de la cosa sin fraude o cualquier otro vicio; que de quien recibe el bien puede transmitir su dominio.

b) La ignorancia. La ignorancia o el equivocado conocimiento de la realidad jurídica no desvirtúa la protección registral otorgada con base en esta creencia acerca de la legitimidad de la transmisión realizada. Se ha observado en el ámbito jurisprudencial que la buena fe registral en materia de propiedad y derechos reales, en su sentido positivo, consiste en la creencia por quien pretende ampararse en la protección registral, que la persona de quien adquirió la finca de que se trata era dueño de ella y podía transmitirle su dominio; y en sentido negativo, en la ignorancia y desconocimiento de inexactitudes o de vicios invalidatorios que puedan afectar a la titularidad del enajenante; y que, asimismo, la ignorancia de las inexactitudes o vicios debe ser modulada por la exigibilidad de una diligencia normal o adecuada a quien se ve perjudicado por ellos, es decir, debe darse la imposibilidad de conocer la inexactitud.

c) Inscripción del derecho del tercero adquirente. La protección al tercero adquirente deviene de que inscriba su derecho con arreglo a los requisitos contemplados *ex lege*, siempre que se trate de un adquirente de buena fe. Se aprecia de modo directo que la buena fe tiene prevalencia en la adquisición registral, pues sin la misma la protección del tercero no está garantizada con la inscripción. Y como se ha preceptuado: Cuando se trata de cosas registrables, la buena fe requiere el examen previo de la documentación y constancias registrales, así como el cumplimento e los actos de verificación pertinente establecidos en el respectivo régimen especial (v. art. 1902 in fine, CCCN); más aún cuando la buena fe es la conciencia de haberse adquirido el dominio de la cosa por medios legítimos, exentos de fraude y de todo otro vicio. Sí, en los títulos traslaticios de dominio, la buena fe supone la persuasión de haberse recibido la cosa de quien tenía la facultad de enajenarla, y de no haber habido fraude ni otro vicio en el acto o contrato. Un justo error en materia de hecho no se opone a la buena fe. Pero el error en materia de derecho constituye una presunción de mala fe que no admite prueba en contrario (art. 723 CCh). Quien adquiere de buena fe un inmueble o un derecho real sobre un inmueble, en virtud de un título debidamente registrado y que no sea nulo por defecto de forma, prescribe la propiedad o el derecho real por diez años, a contar de la fecha del registro del título (art. 1979 CCv).

d) Inexactitud registral. Cuando el tercero es conocedor de la inexactitud del Registro respecto a la realidad jurídica, la especial protección registral carece de justificación. Necesidad de la debida concordancia. Entre las finalidades fundamentales de toda reforma hipotecaria, como se ha afirmado, está la de armonizar la realidad jurídica con la registral, organizando medios para superar la inexactitud y lograr la mejor concordancia. Que por "inexactitud" se entiende todo desacuerdo que, en orden a los derechos inscribibles, exista entre el Registro y la realidad jurídica extrarregistral; de lo cual se deduce que lo contrario de inexactitud es la exactitud o concordancia; es decir, se identifica exactitud con concordancia y se identifica asimismo discordancia con inexactitud.

Terminación y extinción del contrato civil
de
GILBERTO GUERRERO-QUINTERO
se imprimió en la República Argentina en
noviembre de 2021.

Made in United States
Orlando, FL
05 November 2026

90230604R00203